COLLECTION
FOLIO/ESSAIS

Régis Debray

Cours de médiologie générale

Gallimard

© *Éditions Gallimard, 1991, pour le texte
et 2001 pour la postface.*

Ancien élève de l'École normale supérieure, agrégé de philosophie, Régis Debray est professeur à l'Université de Lyon-III. Il préside le Conseil scientifique de l'École supérieure des sciences de l'information et des bibliothèques.

SOMMAIRE

Cours de médiologie générale

Avant-propos		11
PREMIÈRE LEÇON	*Le droit à l'indépendance*	15
DEUXIÈME LEÇON	*Le domaine médiologique*	51
TROISIÈME LEÇON	*Cinq dragons entre la technique et nous*	87
QUATRIÈME LEÇON	*Le mystère de l'Incarnation*	123
CINQUIÈME LEÇON	*L'expérimentation chrétienne*	169
SIXIÈME LEÇON	*Est-il vrai que « les idées mènent le monde » ?*	217
SEPTIÈME LEÇON	*La dynamique du support*	265
HUITIÈME LEÇON	*La notion de médiasphère*	311
NEUVIÈME LEÇON	*Vie et mort d'un écosystème : le socialisme*	349
DIXIÈME LEÇON	*Propositions pour une médiologie civique*	411
ONZIÈME LEÇON	*Logique de la censure*	449
DOUZIÈME LEÇON	*La loi des trois états*	491
Postface		539
Index		543

Avant-propos

J'avais signalé, au tout début du *Pouvoir intellectuel en France* (1979), que ce petit essai de description faisait partie d'«un travail théorique plus ample intitulé *Traité de médiologie*, en instance de publication». Et je demandais alors au lecteur, pour apprécier la méthode et les enjeux de ces observations, «de bien vouloir m'ouvrir un crédit suspensif et limité jusqu'à sa parution».

On ne peut pas toujours penser à crédit, localement et momentanément. Ni se contenter d'«ouvrir des débats» ou de «soulever des questions». Notre phobie des systèmes et du temps long, l'intolérance à l'impersonnel, la dérision ambiante de l'École ont beau nous intimider, il faut parfois tenter d'y répondre. Ce que je fais aujourd'hui, non sous la forme cacochyme du traité mais sous celle, un peu moins abominable et tout aussi anachronique, du cours.

C'est qu'en 1988-89, en effet, je fus invité par Daniel Bougnoux, professeur à l'université Stendhal de Grenoble, à donner un enseignement de médiologie dans le cadre de l'unité de formation et de recherche (UFR) en sciences de la communication.

En 1989-90, Daniel Bougnoux et moi-même avons ensuite conjointement dirigé un séminaire sur le même sujet au Collège international de philosophie. Ce livre reprend les séances de ce parcours didactique et correspond au tome premier du traité annoncé.

Dix ans. Je n'ai pas eu le temps de faire plus bref. Quelques publications, dans l'intervalle, concernant la stratégie, la diplomatie et les mythologies publiques du moment, ont retardé, sans m'en distraire, cette entreprise éminemment et sereinement scolaire. Il aurait fallu produire rien de moins que les solutions des problèmes ici abordés pour atteindre à la froideur idéale de l'exposé démonstratif. Dans le doute, on a préféré, lambins de la connaissance, suivre les voies piétonnes et un peu hasardeuses de l'ordonnancement pas à pas d'un cours à base de notes, qui se serait voulu moins professoral et plus germinal.

Quel fil directeur nous a conduit à l'étude des médiations ? Notre vieil intérêt pour la figure du médiateur, de *l'hommedium* — le scribe, le clerc, l'intellectuel. La généalogie historique de cet être intermédiaire, *Janus bifrons*, à la fois homme de Dieu et homme d'État, chargé par son groupe d'appartenance de faire le lien entre les valeurs fondatrices et le cours des choses, débouchait sur une bifurcation. Vers l'amont, vers la fonction symbolique elle-même : que faut-il que soit le groupe pour qu'il ait toujours besoin, à travers ce témoin de l'extérieur, d'un point de fuite, utopie ou transcendance ? D'où la recherche, en quelque sorte transhistorique, d'un invariant explicatif, baptisé, à partir du théorème de Gödel, incomplétude, qui a servi de noyau logique à un déchiffrement du fait religieux[1]. Vers l'aval, vers une conception opératoire des actes de pensée puisque la transmission du sens est l'exercice professionnel de l'homme de parole, qui, par son dire, fait faire. Que faut-il donc que soit le dire, mot dit ou écrit, pour qu'il ait, tout au long de l'histoire, des effets aussi réels de transformation du monde objectif ? D'où la recherche d'une pragmatique de la pensée, qui fait l'objet de ce cours. En fait, ligne amont et ligne aval se rejoignent. Logique de la transmission et logique de l'organisation ne semblent pas séparables, et c'est bien l'hypothèse centrale de la médiologie.

Ce cours s'adresse non à des experts mais à l'étudiant et je l'espère à l'honnête homme. Il articule des notions que les différents corps de métiers, et notamment les spécialistes en communication, jugeront à bon droit élémentaires. Chacun tissera les arabesques de son choix sur cette trame un peu rêche, et le lecteur n'est pas forcé de suivre l'ordre d'exposition logique. Attachées à dégager principes et méthodes, les trois premières leçons sont les plus abstraites. Ceux qui répugnent aux inévitables mais fastidieux scrupules disciplinaires peuvent commencer par le commencement historique, à savoir le *christianisme* (IV et V), bon début de carrière, et enchaîner sur la *dynamique des supports* (VII) comme entrée en matière.

---

[1]. *Critique de la raison politique ou l'inconscient religieux*, Paris, Gallimard, 1981.

PREMIÈRE LEÇON

LE DROIT À L'INDÉPENDANCE

Que signifie « médiologie » ?
La définition par l'objet : une impasse ?
La définition par la méthode : un carrefour
Une injustice éclairante : Auguste Comte
La médiologie, fille de son temps
L'intersection, théorie et pratique

QUE SIGNIFIE « MÉDIOLOGIE » ?

L'invention d'un néologisme ne crée pas une idée neuve. Il y a loin entre déclarer sa flamme à une jeune fille et lui faire un enfant, mais il est courtois de commencer la seconde opération par la première. En proposant naguère ce terme de « médiologie », j'ai cru devoir manifester que les faits de transmission justifiaient une discipline spécifique. L'histoire des sciences humaines a cette originalité que les noms de baptême y apparaissent avant les naissances (les mauvaises langues ajoutent qu'ils en tiennent souvent lieu). « Technologie » date de 1777 (d'un auteur allemand nommé Beckmann) : on avait déjà fait des observations pleines de sens sur les outils et les machines. « Biologie » date de 1802, inventé par Lamarck (et repris seulement en 1826 par Fodera, dans son *Discours sur la biologie ou la science de la vie*) : il existait déjà une « Naturphilosophie » ou philosophie de la vie, et quelques connaissances positives sur le sujet. Quand Auguste Comte, en 1837, inventa, à partir d'un *socius* latin et d'un *logos* grec, la «sociologie» pour désigner ce qu'il avait jusqu'alors appelé «la physique sociale», l'évolution des sociétés humaines avait déjà donné lieu à plus d'une enquête et à quelques découvertes. La formation d'un mot cristallise simplement la prise de conscience d'un nouvel et singulier objet d'investigation «échappant à toute analogie essentielle» (Canguilhem) avec l'objet des sciences déjà existantes. J'espère vous faire partager ma conviction que ni la sociologie de la culture, ni l'histoire des idées, ni «les sciences politiques» ne pouvaient, en l'état, rendre raison des bases matérielles de l'univers symbolique.

Pour justifier ce néologisme, il faut le définir, et donc surmonter un double handicap terminologique : l'inconnu au bataillon qui sent le déjà-vu. La chose en effet n'est pas homologuée par l'Université et le terme paraît galvaudé par la mode. Cela commence mal.

Dissipons le quiproquo : rien à voir avec la «mass-médiologie» lancée sur le marché dans les années soixante et soixante-dix. La médiologie n'a ni plus ni moins de rapports avec les médias que la psychanalyse n'en a avec les lapsus et les rêves. Scribes, intellectuels, mass-media — ces objets nous ont en leur temps servi de simples trous de serrure pour épier à travers eux la *camera obscura* dont nous cherchons à présent la clef, l'une des clés du trousseau, et où se noue l'intrigue appelée avenir : la régie claire-obscure des paroles et des actes, des représentations et des comportements. On disait jadis : la conscience des hommes et leur vie collective. L'idéal serait de parvenir à penser l'impensable de la pensée, son action. Interférences, commutations, régulations. La médiologie a pour but, à travers une logistique des opérations de pensée, d'aider à clarifier cette question lancinante, indécidable et décisive déclinée ici comme «le pouvoir des mots», là comme «l'efficacité symbolique» ou encore «le rôle des idées dans l'histoire», selon qu'on est écrivain, ethnologue ou moraliste. «La puissance matérielle des paroles» qui faisait rêver Edgar Poe. Elle se voudrait l'étude des *médiations* par lesquelles «une idée devient force matérielle», médiations dont nos «médias» ne sont qu'un prolongement particulier, tardif et envahissant. Ni supplément d'âme des sondages d'opinion ni gonflement prophético-mystique de la rubrique «communication» de nos journaux, notre recherche, à ce stade préliminaire, ne s'adresse pas en priorité aux curieux ou aux professionnels de l'univers médiatique (même si elle peut voir en eux des expérimentateurs bénévoles d'hypothèses de travail). Quant aux sociologues qui analysent l'évolution du marché intellectuel, il est à craindre qu'ils interprètent notre revendication d'autonomie comme un des moyens pour la philosophie, reine détrônée des humanités du XIXᵉ siècle, de rétablir un peu de sa prééminence perdue. Désormais incapable de régenter les sciences dures, comme de légiférer sur les sciences molles, déjà émancipées de sa tutelle rhétorique, on irait chevaucher sur un territoire à la mode, «la communication», et sur des catégories médioprofessionnelles en position socialement dominante pour se remettre en selle. Qu'ils se rassurent: on s'efforcera d'éviter le discours de couronnement et le fantasme de législation. Notre petite discipline ne postule pas à la présidence, ni à se constituer en totalité impériale, attrape-tout. Elle ne prétend qu'à combler certaines lacunes de nos connaissances que l'histoire et la sociologie traditionnelles ont jusqu'ici laissées béantes.

Dans *médiologie*, *médio* désigne en première approximation *l'ensemble*, techniquement et socialement déterminé, *des moyens de transmission et de circulation symboliques*. Ensemble qui précède et excède la sphère des médias contemporains, imprimés et électroniques, entendus comme moyens de diffusion massive (presse, radio, télévision, cinéma, publicité, etc.). Moyens d'information encore unilatérale, dits à tort de «communication» (qui suppose retour, rencontre, «feedback»).

Une table de repas, un système d'éducation, un café, une chaire d'église, une salle de bibliothèque, un encrier, une machine à écrire, un circuit intégré, un cabaret, un parlement ne sont pas faits pour «diffuser de l'information». Ce ne sont pas des «médias», mais ils entrent dans le champ de la médiologie en tant que lieux et enjeux de diffusion, vecteurs de sensibilités et matrices de sociabilités. Sans tel ou tel de ces «canaux», telle ou telle «idéologie» n'aurait pas eu l'existence sociale que nous lui connaissons. Mais je reconnais qu'une énumération de cette sorte ne vaut pas pour délimitation d'un domaine d'objectivité: vous y verrez plutôt, je le crains, un mauvais pastiche de Prévert.

Et maintenant qu'on a grossièrement repéré notre *médio*, pourquoi cette *logie*, inaugurale et grandiloquente, se demanderont certains d'entre vous? Eh bien, par provocation et protestation; pas seulement mais *aussi*. Contre le terrorisme du *multi* et du *micro* qui règne sur les esprits depuis vingt ans et récuse le moindre effort de systématisation comme totalitaire, confus, massif. La «nouvelle histoire» récuse les abstractions et les tendances conceptualisantes, pour ne rien dire, *horresco referens*, des philosophies de l'histoire. Les philosophies les mieux cotées récusent quant à elles les « concepts globalisants », le moindre article défini (le sacré, la religion, le livre, l'État) les met hors de leurs gonds, elles s'adonnent aux joies du tactique, du pluriel, de l'écart. Mot d'ordre général : dispersion ! Quand viendra-t-on nous dire : Unité ! Concentration ! Organisation ! L'exaltation des marges, interstices et dissidences nous a conduits jusqu'à soupçonner une faute morale sinon un programme de dictature dans la prise de champ et la moindre mise en perspective. Quel que soit notre penchant pour le nominalisme (n'ont d'existence que les individualités réelles), certains gestes de formalisation préemptive, coups de force ou coups de pouce, nous semblent indispensables pour débloquer l'intelligence des singularités empiriques. Qu'on ne nous accuse pas d'élever *a posteriori* quelques monographies utiles à la généralité pompeuse et creuse. Il s'agirait plutôt dans notre esprit de faire remonter les études de « communication » à un jeu d'éléments premiers et universels qui les ordonne et les éclaire. De ce que les systèmes synthétiques à prétentions totalisantes ou exhaustives, aux bords arrêtés ou tranchants, soient caducs, il ne s'ensuit pas que nous devions, au nom de l'aléatoire et du flou objectifs, nous installer à demeure dans le floconneux ou le granulé. La spécialisation dispersive propre aux recherches érudites se combine aujourd'hui avec les conditionnements de l'Ordre Nouveau (« small is beautiful ») pour imposer l'*éclaté* comme figure supérieure du savoir, le *pointu* comme norme de style, et le *fragment* comme format et stigmate d'authenticité. L'art expressif qui va de l'aphorisme au borborygme peut aussi passer dans le champ universitaire par l'étude de cas, la contribution ponctuelle, la note restrictive : plus de coupes, ni de définitions, ni de cohérence. Proposer des vues d'ensemble n'est pas forcément synonyme d'insuffisance documentaire ou de paresse dans l'enquête et l'analyse, et Auguste Comte n'avait pas tort d'estimer que « les vues générales sont liées aux sentiments généreux ». Nous sommes devenus bien avares et secs, ces derniers temps. Bref, on ne cédera pas ici au terrorisme débilitant de la *complexité*, brandie comme interdiction de penser simple. Jusqu'à plus ample informé, le travail d'explication consiste à substituer de l'invisible simple à du visible compliqué.

Sans doute, si l'on ambitionne de compléter la physique sociale des pères fondateurs par une *physique morale* traitant à son tour les processus de la conscience collective « comme des choses », la complexité des analyses et analogies rationnelles ne peut qu'aller croissant. La « vie de l'esprit » ne peut mettre en jeu la même lourde physique que celle des sociétés, même si le scandale sera de la même eau (traiter la foi chrétienne comme un fait de propagation n'est pas plus honorable que de traiter le suicide individuel par la statistique). *A fortiori* devrons-nous, pour comprendre l'aventure d'un message creusant son chemin au milieu du bruit qui l'environne et l'étouffe, quitter le monde-horloge pour le monde-four ou le monde-nuage, et préférer, en guise de références, à la physique de Laplace celle, buissonnante, aléatoire et instable, des physiques contemporaines. En droit et dans l'abstrait, on peut faire simple sans être simpliste, ni épouser les paradigmes de l'avant-veille.

Nous n'aimons pas spécialement les généralités, mais nous savons que « la généralité la plus imparfaite surpasse théoriquement la pure spécialité » (A. Comte).

LA DÉFINITION PAR L'OBJET : UNE IMPASSE ?

Vous vous demandez : qu'est-ce que c'est, la médiologie ?, et je commence par vous indiquer ce qu'elle n'est pas. C'est frustrant, mais c'est une question de méthode, comme disait l'autre. L'unité d'une discipline est à chercher soit dans la direction de son objet soit dans celle de sa méthode. Et je suis l'ordre d'exposition du bon sens, qui commence par l'objet : de « quoi » parle-t-on ? Nous ne pourrons vraiment répondre qu'en fin de parcours. Les commencements sont les plus difficiles, et ennuyeux. Nous sommes tenus d'utiliser des mots, des catégories, des schémas, qui sont autant de mythes, d'écrans ou d'obstacles à la connaissance (comme « la pensée », « l'esprit », « l'idéologie », etc.), pour aborder un itinéraire à la fin duquel nous nous apercevrons que ces mots, catégories ou schémas étaient des expressions machinales ou des formules magiques. Je vous demande donc de la patience. Je crois pouvoir vous indiquer, puisqu'on en parle, que « la pensée », par exemple, cela n'existe pas. Cette pompeuse abstraction désigne pour le médiologue *l'ensemble matériel, techniquement déterminé, des supports, rapports et moyens de transport qui lui assurent, pour chaque époque, son existence sociale*. Définition quelque peu scandaleuse, à nous pour qui le mot aussitôt évoque « les géants de la raison », « la suite des élus qui ont donné la mesure de l'humain », parce que nous feuilletons les encyclopédies.

La définition d'un territoire médiologique par un domaine d'objets semble à première vue une impasse pour la simple raison que *le* médium n'existe pas. Il ressemble fort à une abstraction réifiée coiffant un fourre-tout empirique. On peut y faire entrer des institutions (l'école), des objets techniques (un poste de radio, un écran de cinéma, un tube cathodique), des supports matériels (le papier, la toile, le ruban magnétique, la brique), des codes sociaux (grammaire, syntaxe), des organes du corps (le larynx, les cordes vocales), des modes généraux de communication (oral, écrit, imprimé, audiovisuel, informatique). L'addition de tous ces éléments permet-elle l'induction d'une notion cohérente de médium ? Apparemment non. Autant dire que tout est message ici-bas, et n'importe quoi vecteur de communication (un parfum me communique de l'information sur une femme, un coup de klaxon sur mon environnement, etc.). Même si l'on s'en tient à la seule communication verbale, « symbolique » et non « indicielle », celle donc qui appelle encodage et décodage, le terme de *médium* pourra aussi bien s'appliquer au langage naturel utilisé (anglais ou latin), à l'organe physique d'émission et d'appréhension (*voix* qui articule, *main* qui trace des signes, *œil* qui déchiffre le texte), au *support* matériel des traces (papier ou écran), au *procédé* technique de saisie et de reproduction (imprimerie, électronique) : soit quatre acceptions au minimum. La médiologie serait-elle alors l'art de tenir des propos flous sur un objet flou ?

Nous ne le croyons pas. Car le flou ne vient pas de la synthèse, mais de la confusion par amalgame et quiproquo entre ces diverses acceptions. Quand on nous parle de communication, par exemple, il faut d'abord préciser qu'il s'agit de la communication sociale, et non directe, individuelle. C'est pourquoi la médiologie préfère parler de *transmission*, pour désigner une communication médiatisée qui opère par relais, au moyen de messages transportés à distance. Ces véhicules sont de nature très diverse, selon leur objet. On peut transporter des nouvelles ou des spectacles à destination d'un public : ce que font les médias ; des messages individuels à destination de particuliers : ce que font traditionnellement les « télécoms » ; de l'information numérisée à destination de clients ou d'usagers : ce que font les réseaux télématiques ; des personnes physiques d'un lieu à un autre : ce que font les moyens de transport. Ces véhicules mettent en jeu des techniques différentes, ou plutôt une même technique peut avoir plusieurs emplois. L'électronique, par exemple, sert au traitement de l'information comme au transport du signal. Mais la transmission au sens médiologique ne se réduit pas non plus à la seule étude des techniques de diffusion puisque ces dernières ne sont pas à ses yeux séparables des techniques de saisie ou d'enregistrement. Il est vrai qu'on aurait pu, techniquement, inventer le phonographe, le micro ou la caméra sans découvrir les ondes hertziennes, mais on ne peut, médiologiquement, tronçonner les domaines d'investigation. Les inventions techniques font système entre elles, et un système n'est jamais seulement technique mais techno-culturel. Aussi son étude doit toujours se rattacher à l'histoire générale des cultures et des civilisations, qui englobe l'histoire des techniques dont, cependant, elle dépend en partie.

La médiologie voudrait justement opérer la synthèse de toutes ces modalités matérielles de la transmission. La notion de *médiasphère*, par exemple, comme nous le verrons, embrasse les effets cumulatifs de toutes les acceptions du mot « transport » en un lieu et à un moment donné (des traces comme des hommes). D'où une certaine polyvalence ou instabilité du médiologue, qui ne peut se raccorder exclusivement à un seul réseau (d'interconnaissance et de concélébration) ni à une institution professionnelle unique. Les médias ont pour opérateurs des journalistes, descendants des humanistes, si l'on veut, et rattachables aux humanités littéraires. Les télécoms opèrent avec des techniciens et des ingénieurs, comme les services de transports. Les informaticiens sont des savants et l'ordinateur relève d'une histoire des sciences et des techniques. Cette bâtardise ou cette pluridisciplinarité (selon qu'on est adversaire ou ami) est celle des études contemporaines de communication. La médiologie en souffre moins, car de par sa nature historique et philosophique, elle reprend et repose le problème du «transmettre» par ses débuts, à la fois chronologiques et conceptuels, en amont des éclatements contemporains. Le fait technique, par exemple, ne commence pas à nos yeux avec l'électronique, ni même la typographie, mais avec les premières écritures et les premières lectures. La transmission scolaire est de même une technique intellectuelle sans artefacts ni engins. Une religion est aussi un fait de transmission (d'un capital symbolique à des fidèles). C'est, en définitive, l'approche historique qui peut redonner à la fois aux médiations concrètes de la pensée leur solidarité interne et à la fonction médiatrice sa généralité théorique.

Le *médium* n'existe pas et, pour la médiologie, je réclame le droit d'exister. Comme une discipline indépendante. Contradiction ? La sociologie existe. Pourtant, *la* société n'existe pas. À quel barreau de l'échelle zoologique commence-t-elle — abeilles, fourmis, hardes ? À quel stade de l'évolution préhistorique — l'australopithèque, le zinjanthrope ? À quel seuil de densité d'association — le couple, la famille, le clan ? Une entreprise est-elle une société, un parti, une foule, l'humanité ? La « société des nations » est-elle encore un « fait social » ? Aucun sociologue n'a apporté de réponses définitives et universellement admises à ces questions qui paraissent pourtant élémentaires.

La sociologie, direz-vous, existe, puisqu'il y a des sociologues, mais vous conviendrez qu'elle n'existe pas comme science. Voilà bien un fâcheux précédent. « Ce mélange de truismes, d'à-peu-près, de logomachie et de même-pas-faux que l'on parcourt parce qu'on peut y pêcher de loin en loin un petit fait instructif, une idée ingénieuse ou un bonheur de plume » — selon les termes sévères de Paul Veyne — se distribue entre des monographies empiriques et descriptives et des discours invérifiables sur l'homme en général et en société[1]. Les premières relèvent d'un journalisme réfléchi, les seconds d'une philosophie relâchée. Les sociologues meublent l'entre-deux avec des spéculations sans rigueur ou bien des statistiques sans grand intérêt. A. Comte semble bien avoir échoué, une fois de plus, dans son projet d'élever la sociologie au rang de science positive. Cette « discipline » ne permet de rien prédire, ni d'intervenir à bon escient dans le cours des choses. Elle n'a découvert aucune loi, défini aucune corrélation univoque, produit aucun déterminisme. Preuve en est que son histoire n'est pas cumulative et axiale comme celle d'une véritable science, mais répétitive

---

1. Paul VEYNE, *Comment on écrit l'histoire*, Paris, Le Seuil, 1971, p. 319.

et kaléidoscopique comme le temps immémorial de la *doxa* et de la métaphysique. Étudier la sociologie à l'Université c'est apprendre les doctrines successives des sociologues célèbres, où chaque étudiant peut faire son marché dans n'importe quel sens et ordre : effet de pouvoir, effet de mode, autant en emporte l'actualité et le vent. La sociologie est née des blancs ou des ratés de l'histoire événementielle, et de bons esprits ont le mauvais esprit de considérer ceux qu'on appelle « sociologues » comme des historiens ratés ou des philosophes empêchés.

Socius évanescent, *médium* improbable. La médiologie, science des entre-deux et des promiscuités suspectes, est-elle promise au même destin que son aînée : succès universitaire, débâcle épistémologique ? On préférerait la formule inverse : opprobre et fécondité, mais nous ne pouvons encore garantir que le premier terme. Inutile d'ajouter qu'elle a beaucoup moins d'ambition sociale ou salvatrice que sa glorieuse devancière. Elle n'entend ni réformer ni prophétiser et encore moins moraliser, au nom d'une instance ou d'un facteur posé comme déterminant et explicatif de toute l'histoire humaine, mais simplement décrire. Si elle avait à se choisir un point de mire disciplinaire très en amont, elle se tournerait plutôt vers une science plus ancienne, plus modeste et mieux assurée, la géographie. Toute descriptive qu'elle soit, cette dernière s'élève à des généralités utiles lorsqu'elle dépasse l'observation des régions pour procéder par séries, invariants et variables. C'est de *médiographie* qu'il nous faudrait parler, pour être exact. Nous aussi, nous ne serons explicatif qu'en devenant comparatif. Dans l'immédiat, un simple recensement des observations accessibles serait déjà bien opportun.

LA DÉFINITION PAR LA MÉTHODE :
UN CARREFOUR

« En toutes circonstances, prévient Bachelard, l'immédiat doit céder le pas au construit. » Partout et encore plus ici. C'est parce qu'elle est *immédiatement* donnée dans l'évidence d'une représentation spontanée que la question médiologique ne se pose pas comme question. Illusion renforcée par l'effet paradoxal de « l'épaississement médiatique » actuel (Bougnoux) qui efface en quelque sorte le médium par lui-même, et tend à gommer les médiations techniques parce que plus elles sont complexes et lourdes à mettre en œuvre, plus le résultat impose le sentiment d'une aérienne et rayonnante immédiateté (un plan de cinéma, par exemple, se reçoit comme la vie elle-même à l'état brut quand il a fallu des dizaines d'heures de travail pour le répéter et le produire).

Loin donc de pouvoir présupposer un objet pour lui adjoindre ensuite une méthode de connaissance, c'est la méthode qui construira notre objet en mettant une familiarité à distance. En transformant une fausse solution en un véritable problème. En rompant la magie naturelle de mots comme « influence », laquelle suppose acquis ce qui est à expliquer ; la trompeuse banalité de ces clichés : « les paroles qui ébranlèrent le monde », ou « les idées qui soulèvent les hommes ». Les paroles n'ont pas de bras ni de marteau pour cogner. Les idées ne prennent pas les gens par la main ; elles ne portent personne sur leurs épaules. « Les mots sont des pistolets chargés », disait Brice Parain. Pourquoi donc ? Ai-je la berlue pour ne pas voir dans des traits noirs sur un fond blanc un canon d'acier, avec un barillet, de la poudre, un chien ? « Ce livre a eu de l'impact. » L'a-t-on lancé à la tête des gens, comme un projectile ? Dans l'« idée-force », que désigne le trait d'union, et comment une grandeur physique peut-elle s'adjoindre une entité immatérielle ? Comment une « vision du monde » peut-elle agir ou rétroagir sur un état du monde ? Replacer tout cela dans un étonnement de principe, dans un refus de comprendre et de tenir pour simple et naturel que des traces inertes, des vibrations sonores ou des petits parallélépipèdes de papier imprimé soient « à l'origine » de mouvements de foule, de dépeuplements, colonisations, révolutions, amputations ou annexions, guerres civiles, exterminations. Comment de minuscules énergies viennent à ébranler des forces sans commune mesure avec elles ? Admirer ces titres usuels, ces banalités impensables comme « la chute des grands idéaux » ou le « chancellement des croyances ». Un idéal est-il un pondéreux pour aller s'écraser ainsi sur le pavé ? Les croyances ont-elles un polygone de sustentation pour perdre soudain l'équilibre ? Questionner ces métaphores, refuser un instant de jouer le jeu de nos licences poétiques ne signifie pas qu'on adhère au sens commun qui tient le symbolique pour du vent, oppose la paille des mots au grain des choses, les esprits rhétoriques aux esprits positifs, etc. Nous n'entendons aucunement nier que « les révolutions, les renaissances, les réformes sont œuvres de rhétoriqueurs », comme l'explique si narquoisement Paulhan. Nous tenons pour un fait avéré que l'élucubration d'un individu se transforme, non sans médiations et corps intermédiaires, en bouleversement collectif. En Église, Parti, Armée, État. Banalement : apparaissent au xvıe siècle, en Europe, des États réformés. À l'origine de ces États, des Églises du même nom. À l'origine de ces Églises, un «courant de pensée». À l'origine de ces courants, des textes — feuilles imprimées, reliées et colportées de main en main, lues, interprétées, annotées. Donc, entrée: les *Quatre-vingt-quinze thèses* de Luther (1517), ou *L'Institution Chrétienne* (Calvin, 1534). Sortie: guerres civiles, nouvelles cités, nouvelles frontières, émigrations. Nouvelles notions, nouvelles nations. Notions qui vieillissent, nations qui dépérissent, tandis que d'autres renaissent portées par la remontée d'autres notions (plus anciennes, généralement: voyez l'Est européen). Nous voudrions simplement savoir *comment ça marche*, concrètement, ces phénomènes.

Noire, cette boîte? Trop blanche, au contraire. Ce qui se voit le plus se regarde le moins. Pourquoi accommoder là-dessus? On aurait pu s'attendre à ce que le devenir-monde d'une idée constitue le problème des problèmes pour les hommes d'idées. L'exercice d'une influence intellectuelle semble aussi évident aux hommes d'influence que la santé paraît naturelle au bien portant. Comme si le résultat escamotait le processus, comme si l'acquis cachait les aléas de l'acquisition. Christianisme, freudisme, marxisme... Pour saisir un peu mieux ce qu'il y a d'improbable (ou d'aléatoire ou de surdéterminé, etc.), disons de problématique, dans ces diverses transsubstantiations d'une idéalité ponctuelle (livre, enseignement, découverte, etc.) en praxis de longue durée, il faut se replacer en amont *des métamorphoses possibles qui n'ont pas eu lieu*, pour la même période et au même endroit. La secte de Christos n'était à l'origine, dans le magma des religions orientales de la décadence, dans le tohu-bohu des doctrines de salut en vogue, qu'une parmi des dizaines d'autres. Pourquoi le Christ, et pas Mithra, Osiris, ou Hermès Trismégiste ? On a tort de ne pas mettre Paris en bouteille, avec des si. On se prive de certaines «variations éidétiques», comme disent les phénoménologues. Si le Prophète était devenu muet ou bègue en arrivant à Médine, la face du monde en eût été changée. Pas d'Islam ni d'Occident. Si par suite d'accidents matériels — catastrophes naturelles ou saccage révolutionnaire —, *Le Capital* n'avait pu être *imprimé*, s'il n'avait jamais été décodé en trouvant les quelques dizaines de lecteurs qui de 1867 à 1885 ont fait relais, ce «travail théorique» aurait revêtu un caractère proprement «spéculatif», et le Doktor Marx serait aujourd'hui un pisse-copie parmi d'autres. Si un courant de pensée surnommé les Lumières n'avait pas diffusé et cristallisé en institutions, rituels et sociétés, tout au long du XVIIIe siècle, eussions-nous connu la Révolution française ? Non que le *faire* fût dans l'axe du *dire*. Mais cette action-ci supposait cette chaîne-là, qui a conduit d'une émission à une transcription, d'une communication d'idées à une communauté d'hommes. Du symbolique au politique. Pourquoi Freud, et pas Jung, ou même Charcot ? Pourquoi Marx et pas Proudhon, Fourier ou Comte ? Soit la question que ne peut se poser le chrétien, ni le freudien, ni le marxiste. Le fils de Dieu ne pouvait tout de même pas passer inaperçu, dira le premier — et encore moins son fils unique. Quand on est dans le vrai, ou bien dans le sens de l'histoire, diront les autres, ça marche tout seul. *Omne bonum est diffusum sui. Verum index sui et falsi.* Tout se passe au fond comme si nous supposions une justice immanente dans le devenir-force des idées, une sorte de cynisme transcendantal du type «la preuve du pudding, c'est qu'on le mange», ou encore «la vie a tranché». La preuve de la présence réelle du Christ, c'est qu'on mâche de l'hostie sur les cinq continents, et que l'Église en est à son deux cent soixante-quatrième pape. La preuve que c'était plus solide et plus sérieux que les concurrents — Marx et la Sainte Famille — c'est qu'il y a eu dix États et cent partis qui se sont assis dessus pendant cinquante ans. Vraiment? Que d'excellents puddings moisissent sans clients! Le temple de l'Humanité de la rue Payenne, à Paris, est aujourd'hui abandonné et l'Église positiviste plutôt déserte. S'ensuit-il que le positivisme est un tissu de fadaises? Rien de plus utile à l'attention médiologique que la découverte d'une formidable «injustice» dans les aventures parallèles de deux doctrines d'âge et de profil comparables.

UNE INJUSTICE ÉCLAIRANTE : AUGUSTE COMTE

Personnellement, je ne m'en remets pas. Cela me scandalise. Je ne suis pas un dévot en carte du premier et dernier grand prêtre de l'Humanité. Je ne fais pas partie de la société positiviste dont A. Comte confia la direction par vœu testamentaire à Pierre Laffite, le premier des apôtres (décédé en 1903). Je ne suis même pas membre de l'association internationale «la Maison d'Auguste Comte» (fondateur: Paulo Carneiro, décédé en 1982). Je ne me vante pas de cette inconséquence, c'est ainsi. Je n'en suis que mieux placé pour regretter que le XXe siècle se soit trompé et de doctrine et d'Église (puisqu'il en faut, choisissons la moins pire). Car si on avait pris un peu plus au sérieux les disciples du docteur de Polytechnique qui proclamait : « La Raison publique flétrira désormais comme étant à la fois perturbateur et arriéré tout docteur qui prétendra commander et tout gouverneur qui voudrait enseigner », et un peu moins les disciples d'un rejeton de Hegel pour qui « l'histoire du monde est le tribunal du monde », il me semble que notre siècle aurait un peu mieux évité le court-circuit communiste du temporel et du spirituel. Reste à expliquer le contraste des écoutes respectives.

Le drapeau rouge a hanté notre planète pendant un siècle, et Marx ne s'est jamais soucié de drapeaux, d'insignes ou d'emblèmes — colifichets, eût-il dit. A. Comte a sciemment donné pour emblème au positivisme un drapeau vert (la couleur de l'avenir, disait-il) qu'on n'a vu se déployer nulle part en Europe. Marx s'est moqué du devenir-secte de Comte, mais n'aurait rien pu comprendre à son propre devenir-mythe, que Comte en revanche aurait fort bien expliqué. Le positivisme qui avait cru se constituer, du vivant de Comte, en religion d'avenir, est resté en fait « étranger au mouvement social du siècle ». Le marxisme s'est incorporé au mouvement social du xxe siècle — mais on a vu comment. Or celui qui a compris ce qu'est une association, un mythe, une religion sans Dieu et à quel besoin ils répondent, ce n'était pas Marx, c'était Comte. Il avait tout faux ou presque dans la science, et il a laissé une réputation de scientiste ; il avait tout bon en matière religieuse, et il a manqué son Église. Marx n'a rien compris à la religion et il nous en a légué une ; c'était un bon savant, mais sa science n'a pas eu de suites. Avouez que c'est fâcheux. L'un voulait expressément faire du chaud (en subordonnant l'esprit au cœur, au sentiment, à l'élément féminin), et il est resté un objet froid — du moins en France où il n'a ému que des ingénieurs et des professeurs : malgré Clotilde de Vaux, sa Vierge Marie, la transsubstantiation populaire attendue n'a pas eu lieu (sauf, un peu, au Brésil). Marx qui voulait à tout prix rester froid, en écartant, comme ridicules ou accessoires, les femmes, le sentiment, le fétichisme, a suscité un dévastateur dégagement de chaleur en gagnant les foules. Marx est devenu en somme tout le contraire de ce qu'il avait voulu, mais tout ce que son contemporain Comte aurait voulu être lui-même : le fondateur d'une religion ouverte aux pauvres et aux humiliés. En quoi il a confirmé le bien-fondé des trouvailles de Comte, esprit trinitaire et non binaire qui avait intégré, lui, à sa réflexion les «êtres intermédiaires» comme le sont les femmes «entre l'humanité et les hommes», ou «l'humanité» elle-même entre le monde et l'homme. «Aucune société ne peut se conserver, disait-il, et se développer, sans un sacerdoce quelconque.» Mais le sacerdoce de l'Humanité, c'est le clergé marxiste qui en a tenu lieu sur un demi-siècle, et non la doctrine de l'éducation qui était cent fois mieux préparée à «cimenter la tête et le cœur» et eût sans doute rendu l'entreprise plus indolore, pour en connaître les dangers. L'échec posthume du projet comtien est d'autant plus regrettable et étonnant que, contrairement à Marx, il avait fait de sa succession, gardiennage et transmission de son patrimoine intellectuel, une véritable question de principe, objet de tous ses soins. Comte, qui tenait le Christ pour «essentiellement charlatan et aventurier», a eu une théorie et une pratique cohérente de la propagande — allant jusqu'à constituer un «fonds typographique» positiviste. Il a réglé et géré par avance son réseau de relais et de disciples — mais la propagation a fait faux bond. En fondant la religion universelle de l'Humanité «sur la saine philosophie après avoir tiré celle-ci de la science réelle», cet esprit encyclopédique à la prose limpide voulait être à la fois l'Aristote et le saint Paul du XIXe siècle. L'Université nous a beaucoup entretenus de la visée première, presque pas de la seconde, qui lui semblait loufoque ou un peu honteuse. Mais c'est le saint Paul manqué qui retient toute l'attention du médiologue. Sa philosophie du cœur nous paraît encore plus digne d'intérêt que sa philosophie de l'intelligence.

Comment expliquer le ratage? Par ses scrupules, qui font sa supériorité intellectuelle et morale sur les utopies socialistes de l'époque: il s'était fait un point de doctrine de séparer le pouvoir spirituel du pouvoir politique, réservant la prééminence au premier. Involontaire ou délibérée, la confusion des deux du côté des socialismes «scientifiques» les a conduits à habiller l'idolâtrie de la puissance en doctrine d'émancipation — subterfuge que la précaution positiviste eût rendu impossible. Le pontife du Grand-Être, lui, voulait écarter les prêtres des préfets, dissocier l'ordre de l'estime de l'ordre du pouvoir. Les «sociocrates» ou cadres positivistes étaient supposés contrôler les classes affectives au profit des classes actives, mais en préservant leur propre indépendance. Laïcité fatale, d'un point de vue épidémique. La faute médiologique consistait très précisément dans cette séparation de l'esprit et de la chair qui l'a conduit à penser l'incorporation ou le moment religieux comme postérieur et déduit du moment intellectuel « définition du savoir ». Bien qu'ayant théoriquement accordé la primauté à l'organique sur le critique, Comte a conservé une approche critique — « dissolvante », « individualiste », etc. — des tâches d'organisation. en sorte que les résultats n'ont pas tenu la promesse des prémisses. Le vrai saint Paul ne se confiait pas comme lui à l'autorité du dogme ; il a d'abord construit un appareil d'autorité, à partir duquel les dogmes devenaient des évidences. Faites-moi d'abord un corps, l'âme suivra — comme l'intendance. Or Comte a mis la charrue devant les bœufs, le savoir avant le pouvoir. Bachelard nous a appris que « la science contemporaine pense avec ses appareils, non avec les organes des sens ». Tous les *ismes* confirment que « l'idéologie » fait de même. En matière symbolique, les appareils commandent. Comte, cette tête bien faite et bien pleine, a voulu faire sortir une doctrine de son cerveau comme Athéna sortant tout armée du crâne de Zeus. Il a cru pouvoir penser avec sa tête — ce qui est folie pure. La bureaucratie fait l'idéocratie, et non l'inverse. Comte était un doux, trop pacifique, pas assez bagarreur et « tueur » pour faire un saint Paul, ou un socianalyste en chef, à la Freud.

Les origines du Mouvement chrétien s'accordent avec celles de l'Église freudienne (ou l'inverse) pour montrer qu'un penseur est « grand » autant par son sens de l'organisation que par ses idées. Le génie de Freud, par exemple — et la fortune du freudisme —, consiste en ceci qu'il n'a à aucun instant, contrairement à ses rivaux, séparé savoir et faire-savoir, construction (intellectuelle) et diffusion (sociale). Il a doublé les progrès de l'avancée conceptuelle d'une méthodique et non moins progressive prise de corps : édition, journal, revue, réseau local, puis national, puis international, association professionnelle, correspondance, voyages, interventions. Le choix des relais, interlocuteurs et disséminateurs, l'art du rebond, l'entretien de la rumeur, le soin des photos et le refus argumenté du film montrent un flair médiatique digne de Voltaire en son temps et dans son ordre. Mais Voltaire avait le génie tactique du franc-tireur, Freud le génie stratégique du chef de guerre. La belle aventure de la transmission psychanalytique témoigne qu'à côté de Freud, et toutes choses égales par ailleurs au plan scientifique, Fliess, Jung ou Groddeck ne faisaient pas le poids en matière logistique. Le docteur de Vienne sait qu'organiser un groupe c'est agréer des membres, et donc contrôler les uns et en exclure d'autres. Propager une théorie, c'est nécessairement l'enclore pour la défendre, donc cimenter une orthodoxie, et donner la chasse aux hérétiques, opposer un «nous» à un «eux» pour polariser le champ et tremper sa force de frappe. Freud le savant se fait ou se laisse faire guide, héros, mage. Il devient à la fois le Christ et saint Paul, l'Incarnation du Verbe et le généralissime de sa reconnaissance. La *chose* freudienne est d'emblée posée par le fondateur comme une *cause*, qui doit «gagner du terrain pour ne pas en perdre». Une cause, donc une bataille, donc un corps de bataille: «notre horde sauvage», comme il l'écrit avec humour à Groddeck, en 1917.

LA MÉDIOLOGIE, FILLE DE SON TEMPS

Vous me direz que nous arrivons un peu tard, poussés par l'air du temps, pour coloniser des champs déjà bien défrichés et qui ne nous appartiennent pas.

Sur le retard, d'abord. Je vous répondrai sur ce point dans les termes que les sociologues ont peut-être déjà lus quelque part, s'ils pratiquent encore Durkheim.

La médiologie ne pouvait apparaître avant qu'on eût acquis le sentiment que les moyens de transmission, comme le reste du monde, sont soumis à des lois qui dérivent nécessairement de leur nature et qui l'expriment. Or cette conception a été très lente à se former. Pendant des siècles, les hommes ont cru que les machines à informer n'étaient pas régies par des lois définies mais pouvaient prendre toutes les formes et toutes les propriétés possibles pourvu qu'une volonté suffisamment puissante s'y appliquât. On croyait que certaines politiques ou certaines décisions avaient la vertu de transformer un appareil de télévision en un moyen d'instruction publique, une image vidéo en un concept de l'entendement, et inversement. Cette illusion, pour laquelle nous avons une sorte de penchant instinctif, devait naturellement durer longtemps dans le domaine des faits de transmission.

Je n'ai fait que changer un mot par un autre. À cette bonne et classique raison d'arriver en retard à nos rendez-vous — « la chouette de Minerve s'envole à la tombée du jour » —, s'ajoutent quelques autres. Personnelles, je vous en ferai grâce. Parlons des raisons théoriques. Prenons l'exemple de l'économie. Les hommes ont produit et échangé des biens pendant des millénaires, sans avoir besoin de recourir à une discipline spéciale comme l'économie politique. La valeur-travail existait avant Ricardo. Mais la notion de travail abstrait, donc de valeur d'échange, requérait la multiplication des travaux concrets et l'approfondissement de la division technique et sociale du travail, bases d'une généralisation possible. Disons que la catégorie abstraite de *médium* supposait l'essor de la multiplication technique des médias, ainsi que leur montée en puissance. Elle ne pouvait apparaître dans sa *simplicité* tant que son développement réel n'avait pas atteint une suffisante *complexité*. Effet critique de toute rétrospective : on découvre mieux le rôle du manuscrit à partir de l'imprimé, de l'écrit à partir de l'image. La mémoire analogique (télé, radio, etc.) prend tout son relief à la lumière des technologies numériques (disques compact et lecture laser) qui lui succèdent. De même que le téléordinateur de demain permettra de mieux comprendre la télévision d'aujourd'hui, nos actuels et rustiques médias éclairent la fonction du médium «ex post ante», tout comme l'anatomie de l'homme éclaire celle du singe, et le grand capitalisme industriel du XIXe siècle la petite production marchande du XVe. C'est après un long développement historique que se découvre cela qui s'était développé depuis le début.

Mais il y a plus contraignant.

Les hommes ont modifié leur milieu naturel pendant des siècles, sans besoin de réfléchir aux effets de ces modifications. Les notions de «milieu», de «biotope», d'«équilibre» ne pouvaient apparaître qu'au-delà d'un certain volume de production industrielle, affectant les équilibres acquis, jusqu'alors tenus pour naturels. Que le socle naturel du développement économique n'a rien de « naturel », bref qu'il existe une histoire sociale de la nature, il a fallu, pour le découvrir, qu'interviennent certaines catastrophes, par pénurie ou bien engorgement, dans l'environnement physique des pays industriels.

La médiologie se voudrait au monde idéologique ce que l'écologie est au monde économique. Non qu'elle ait à tirer systématiquement des sonnettes d'alarme. Elle suggère simplement que « l'intelligence » n'est pas une propriété naturelle, indéfiniment reproductible, abondante et gratuite comme l'air et l'eau. Que tel ou tel stock d'idées ne peut pas survivre et se reproduire dans n'importe quel milieu, par n'importe quel médium. Peut-être en est-il des constructions idéales comme des espèces animales : on ne s'aperçoit de leur dépendance à l'égard de leur médiasphère que lorsqu'elles meurent. Il y a quelque chose de crépusculaire dans notre discipline, qui doit cependant se garder de tout passéisme romantique, comme du ton déploratoire en usage chez les vestales de la trace. Dans l'évolution technique des armements comme des outillages de la pensée, il n'y a pas de désinvention, on ne revient pas en arrière. La bombe atomique ne disparaîtra jamais de notre horizon (car on pourra à tout instant en refabriquer, même après un désarmement général). Évaluer sobrement les gains et les pertes du passage à l'écriture électronique est une chose, vouloir revenir au calame et au papyrus en serait une autre. La chouette de Minerve ne doit pas céder à la mélancolie, même si elle préfère la tombée du jour.

L'air du temps, maintenant. Je prendrai au sérieux l'expression, et sur la longueur. Oui, il y a un temps pour tout, et nous sommes entrés dans les temps n° 3 de l'intelligence des choses humaines.

L'étude des collectifs s'est d'abord et pendant longtemps concentrée sur les créations de l'esprit et les institutions où elles s'incarnent (rites, dogmes, symboles, lois et règles). Puis, elle a tourné son regard vers les infrastructures matérielles ou l'appareillage techno-économique des sociétés. C'est seulement maintenant qu'elle aborde non plus la culture, ni la culture matérielle, mais, ce qui est différent, les *matérialités de la culture* — qu'elle retourne en quelque sorte la préoccupation matérielle sur le monde spirituel. On avait commencé par le moins résistant, le logiciel des groupes, le *software*. Puis le *hardware*, la base matérielle. Restait le dur du mou, les appareillages du monde symbolique. Ou, en langue ancienne, l'infrastructure des superstructures. Après «la pensée des sociétés», âge classique, puis «le corps des sociétés», âge moderne, est venu le moment d'examiner le corps des pensées sociales (ou la pensée comme corps). Depuis au moins une vingtaine d'années, nos meilleurs historiens s'y emploient.

Même si les hommes dans leur masse sont toujours plus vieux que leurs machines, même si nos artefacts sont en avance sur nos réflexes, les grandes philosophies ont l'âge des machines de leur temps, et nul ne peut sauter par-dessus sa technique. Or les machines, qui ont toujours eu de l'esprit, en ont de plus en plus. Chaque génération technologique dessine un horizon d'universalité et se donne ses truchements, interprètes ou porte-parole, car tout se passe comme si l'appareillage d'une époque nous était fourni avec son mode d'emploi, ses installateurs à domicile, son ergonomie. L'étendue fut l'universel physique du XVIIe siècle, la gravité du XVIIIe, la chaleur du XIXe, l'information du XXe. Géométrie, mécanique, thermodynamique, informatique. Après les machines à gravité, les machines à feu, les machines à information suscitent depuis presque un demi-siècle leur environnement culturel, leur rumeur sociale, leur escorte théorique, avec Hermès pour divin patron et la grande famille des savoirs tout neufs qui ont trait à la communication, à l'information, au signe. La médiologie prend place dans cette cohorte, sagement, une unité parmi d'autres, au croisement des autres. Elle arrive donc à son heure, après un long et obscur cheminement.

Car elle vient de loin. Elle n'a rien de nouveau, en un sens. Ni rupture ni coup de tonnerre. En France, le terme de *communication* remonte au XIVe siècle, inventé par un philosophe et physicien, conseiller du roi Charles V, Nicole Oresme. Charles V, fondateur de la première bibliothèque royale. Oresme, traducteur émérite, du latin au français, vulgarisateur décidé du savoir de son temps. Ce concept au XIVe siècle était nouveau, car l'univers médiéval ne connaissait que le concept de communion qui suppose une non-distance, une symbiose non seulement entre ses acteurs mais aussi entre les médiums et les messages[1]. L'intrigue médiologique se noue peut-être, tout en amont, autour de ce premier décollement, ce flottement, ce dégagement d'une distance problématique, insolite, entre un savoir et une forme, une information et un médium langagier (le latin), reflet d'une distance nouvelle entre les hommes, où

---

1. Antoine BERMAN, «Traduction, communication, entropie», communication au colloque *Mémoires du futur*, sous la direction de Bernard Stiegler (Paris, 1987).

la question de la circulation du sens surgit comme quelque chose qui ne va plus de soi, qui n'est plus « naturel ».

Ce qui m'amène à la question de la paternité. Elle ne se pose pas : seules les doctrines ont des géniteurs, les disciplines n'en ont pas. C'est même l'inverse. Nous sommes des enfants de la médiologie, issus d'elle et tissés par elle, simples continuateurs d'un tissu bicentenaire qui eut des dizaines d'ouvriers, inconnus ou célèbres. McLuhan, géniale et baroque figure de proue, leur a fait de l'ombre (nous parlerons de lui en détail dans un second cycle). Heureusement pour vous et pour nous, nos précurseurs sont légion. Ils sont d'abord dans la littérature, chez les écrivains qui ont réfléchi à leur support et à leurs moyens : Diderot et Balzac au premier chef, qui ont fait de la médiologie sans le savoir, comme monsieur Jourdain faisait de la prose. Les familiers de la Lettre ont eu dans ce domaine plus d'intuitions que les servants de l'Esprit baptisés philosophes. Encore que Leibniz avec sa théorie des passages et des transformations, son goût pour les réseaux et les machines. Encore qu'Emmanuel Kant, lorsqu'il analyse dans son *Anthropologie du point de vue pragmatique* (trad. Michel Foucault) ce qu'est « un bon repas en bonne compagnie » — « la forme de bien-être, dit-il, qui paraît s'accorder le mieux avec l'humanité » —, pénétrant exercice de médiologie appliquée (à la table comme support et rite de communication). Encore que Valéry, avec son *Introduction à la méthode de Léonard de Vinci*, son approche physique de la pensée et sa constante préoccupation technique. Encore que Michel Serres, l'auteur leibnizien d'*Hermès*, notre poète physicien qui réhabilite le corps et les choses. Encore que Derrida avec sa

Grammatologie, qui a problématisé la trace et l'inscription. Bernard Stiegler, de son côté, après avoir conçu en 1987 l'exposition *Mémoires du futur* au Centre Pompidou, poursuit une réflexion fondamentale sur les «nouveaux instruments de la mémoire[1]». Je m'arrête. Il me faudrait un cours entier pour mentionner nos créanciers. Sans parler du penseur de l'aventure humaine le mieux informé, le plus puissant et le plus synthétique de notre siècle, André Leroi-Gourhan. Il a posé, du dehors et sans même mentionner le poncif «communication», les cadres de référence de notre discipline. Mis à part ces grands noms, il est troublant de constater, parmi les pionniers de la médiologie, le rôle sinon des marginaux, du moins des outsiders de l'Institution universitaire. Je pense à Augustin Cochin, historien assez obscur mort au début du siècle. Et surtout à Walter Benjamin, l'auteur de *L'Œuvre d'art à l'ère de sa reproduction mécanisée* (1935), à qui Malraux doit le Musée imaginaire et qu'il passe sous silence. Cet esprit pathétique et froid qui, entre tant d'autres anticipations fulgurantes, notait à propos de la radio, au bas d'une page, en passant, que «cette nouvelle technique vide les parlements comme elle vide les théâtres». Benjamin, le Traducteur, l'homme des Passages et de la Photographie, le suicidé de Port-Bou en 1940, pourrait donner son nom à notre salle de conférences. Rien ne convient plus à la médiologie, qui se voudrait mémoire de toutes les mémoires, que de ployer sous «le noble joug du passé».

Comment expliquer le caractère sinon maudit, du

---

1. STIEGLER, «Les temps de la lecture», *Signes du présent*, Rabat, 1988, et «Mémoires gauches», *La Revue philosophique*, juin 1990.

moins assez malchanceux de nos parrains et totems ? Nos devanciers ont rarement laissé leurs noms en lettres d'or sur les frontons des académies. Je crois deviner pourquoi : seuls les ratés de la transmission peuvent la ressentir comme une *via crucis* et un enjeu crucial. Les bien portants ne réfléchissent pas la santé. Vous ne faites pas de traité d'agronomie quand vous avez la main verte. Ni de manuel de stratégie quand vous êtes Napoléon. Machiavel a ouvert le Prince et la politique à la connaissance rationnelle parce qu'il était un disgracié du Prince et de la politique. Quand vous avez tous les moyens de l'écoute et de l'influence à votre disposition, vous devenez médiologiquement aveugles car ces moyens vous sont devenus transparents. Naturels, donc inexistants. L'échec, comme le pathologique sur le normal, ouvre grands les yeux sur les conditions de la réussite.

En fait, peu importe quelques années de retard sur notre programme d'études. Nous courons plutôt le risque d'arriver trop tôt. On se consolera en pensant que la médiologie va rajeunir au fur et à mesure que le temps passe. C'est la science sociale de l'avenir parce que le XXIe siècle sera le siècle des médiations techno-culturelles, où la lune comptera de moins en moins et le doigt qui la montre de plus en plus ; où la quincaillerie déterminera le programme ; où les moyens partout risquent d'éclipser les fins, et le « je peux » le « je dois ». C'est pourquoi, sauf à déchoir en doctrine ou en rhétorique, la réflexion politique et morale sur les limites, les fins et les abus de pouvoir devra de plus en plus passer par *l'étude technique du pouvoir des moyens*, qui ne serait pas une mauvaise définition de notre projet.

L'INTERSECTION, THÉORIE ET PRATIQUE

La médiologie générale ne peut trouver son profil théorique qu'à travers et à mesure de ses déclinaisons régionales. L'approche ou l'esprit médiologique consistant à référer chaque domaine d'activité au dispositif véhiculaire qui le soutient, il aura tant d'applications ou de branches que la sociologie ou l'histoire : de la religion, des sciences, des institutions, des cultures, du droit, de l'art, etc. À savoir : comment ça se transmet, diffuse, circule, propage, multiplie, etc. ? Sur quel support ? Qu'est-ce que cela modifie et recompose dans le corps des transmetteurs et récepteurs ? Par quels vecteurs ? Parcours, réseaux, alliances, confluences, débouchés, etc. ?

La médiologie politique, en étudiant les corrélations entre les formes d'organisation publiques et les outils et matériaux de la mémoire (« culture » est le nom noble de ce stockage), pourra, dans l'immédiat, servir à une meilleure intelligence des nouvelles économies de l'opinion, de la loi, de la légitimité, mises en œuvre par le régime de démocratie médiatique en voie de formation sous nos yeux.

Plus fondamentale et attrayante, la médiologie de l'art, en rapportant l'évolution des langages plastiques à celle des supports physiques, des techniques de diffusion et du marché, pourra, nous le croyons, renouveler notre compréhension de l'art contemporain (anti-art, fin de l'art ou peinture de défi). La vie des formes trouvera ici la plus plausible des logiques de transformation, d'appréciation et d'accréditation. C'est pourquoi il nous importe au plus haut point de donner une suite aux premières recherches de Walter Benjamin.

À l'intersection de nombreuses disciplines déjà cartographiées (l'histoire des techniques, la pragmatique, la sociologie de la culture, etc.), la méthode devra ses fécondités éventuelles à la traversée des champs. Elle se nourrira de diagonales et transversales à travers des territoires généralement clos. Nos petites passerelles iront le plus souvent d'un *micro* trivial à un *macro* prestigieux, raccordant une microénergie à une mégaforce, un déclic insignifiant à un glissement de terrain sur une tout autre scène. Par exemple, la victoire du *codex* sur le rouleau au IVe siècle et celle du christianisme sur le paganisme au même moment. La gravure sur cuivre, et les premiers développements des sciences naturelles d'observation (botanique, géologie, médecine, minéralogie, etc.). L'organisation de la casse dans les ateliers d'imprimerie (les graveurs de poinçon supprimant les ligatures entre les lettres pour normaliser les matrices et accélérer la composition) et l'esprit d'analyse comme nouvelle norme de raison. La trouvaille typographique du tiret (permettant le style direct sans hiérarchisation des interlocuteurs) et l'apparition du genre «roman». L'invention du télégraphe électrique et celle du fait divers. La naissance de la photographie et le rejet de l'anecdote qui a fait la peinture moderne. La photocomposition dans l'imprimerie, et la disparition de la forme «parti» dans le paysage politique. Le satellite d'observation, et l'éclosion de l'écologie (que favorise la vue de la Terre comme une petite boule perdue dans le système solaire). La télégraphie sans fil (1922) et la naissance du grand reportage comme genre littéraire, puis sa disparition avec la transmission télévisée, etc. Petites causes, grands effets: le nez de Cléopâtre. Un officier général qui avait roulé sa bosse en Afrique remarquait dernièrement que la jeep et le réfrigérateur avaient tué l'Empire, bien avant que les indigènes nationalistes ne s'en mêlent (ceci préparant à cela). La *jeep*, parce que l'officier de la coloniale n'empruntant plus les pistes intérieures à cheval ou à pied s'était coupé de l'arrière-pays et de ses populations. Le réfrigérateur, parce que rendant une vie domestique possible, il avait fait venir l'épouse légitime et chassé la maîtresse indigène, interface cruciale avec le milieu, qui forçait d'abord son concubin à apprendre la langue du pays. Ce général a ses galons de médiologue, parce qu'il a le sens du détail qui compte. L'horloge mécanique est une minuscule et anonyme invention médiévale, mais qui a fait décoller la civilisation européenne. Le sentiment du péché et la honte de la chair dans l'Occident chrétien, c'est un vaste problème, et la pilule contraceptive une bien petite chose. La minuscule nouveauté pharmaceutique a pourtant eu quelque effet sur la grande question théologique. *Mutatis mutandis*, faire advenir l'inférieur dans le supérieur est le signe distinctif et le devoir professionnel du médiologue, exposé plus que tous ses collègues, sociologues et économistes réunis, à l'accusation rituelle de «réductionnisme».

N'y a-t-il entre technologie, histoire et sociologie que des terrains vagues où camper? L'intersection entre vie intellectuelle, vie matérielle et vie sociale dégage-t-elle un site pour une discipline carrefour ou bien pour un sous-produit bâtard des savoirs classifiés? L'avenir le dira. Notre projet disciplinaire est en tout cas fier de sa bâtardise. Il s'avoue et se veut impur, car l'impureté est son objet et même sa méthode.

Interférer, c'est un bonheur et un malheur.

Un bonheur épistémologique : parce que c'est *à et par* l'intersection de diverses disciplines que « l'information croît et la transformation se réalise » (Michel Serres). Par-delà les pieuses exhortations à l'interdisciplinarité, c'est un fait commun aux sciences sociales et exactes que « la dynamique des transports et des courts-circuits » assure à la connaissance sa plus forte productivité, comme nous le rappelle si souvent l'envoyé d'Hermès.

Un malheur institutionnel : parce que ces divers territoires mis en coupe et règlement se sont érigés en principautés, chacune avec son dialecte, son clergé, ses douanes et ses juridictions. Notre modeste tentative risque de heurter au moins quatre souverainetés internationalement reconnues, pour s'en tenir aux seules sciences molles : politiques, juridiques, sociologiques et historiques. Il nous faudra zigzaguer sous les tirs croisés de « Sciences po », « Fac de droit », « Socio » et « École pratique ». Voilà pourquoi nous sommes non pas en Pologne et nulle part, comme le Père Ubu, mais sur la montagne Sainte-Geneviève, dans un entre-deux institutionnel propice aux réfugiés et apatrides. Merci au Collège international de philosophie d'avoir bien voulu nous octroyer, avec son extra-territorialité, le passeport Nansen des migrants.

DEUXIÈME LEÇON

LE DOMAINE MÉDIOLOGIQUE

Énoncés et messages
Connaître le croire
L'épistémologie
L'archéologie
L'histoire des mentalités
La sémiologie
La tradition fait l'Écriture
Un bon médiologue est un chien

ÉNONCÉS ET MESSAGES

L'histoire humaine, j'ai essayé de le montrer dans la *Critique de la raison politique*, c'est deux histoires en une. Deux registres qui se croisent en fait, mais doivent se distinguer en droit (et dont la confusion engendre les pires terrorismes, intellectuel et policier). Il y a l'histoire des rapports de l'homme à l'homme, et l'histoire des rapports de l'homme aux choses. La première est une intensité réversible, espace de répétition sans avant ni après ; la seconde est une extension cumulative, espace ouvert d'inventions et de découvertes. L'art, la religion, la mythologie, le politique appartiennent à la première sphère ; la science et la technique à la seconde. Il y a des métamorphoses mais non des progrès à proprement parler dans le premier domaine, où chaque homme demeure contemporain de ses prédécesseurs, où Antigone reste notre sœur et Alceste un cousin, où Rembrandt et Picasso, Bouddha et le Christ, César et Napoléon peuvent par notre entremise dialoguer indéfiniment à travers les siècles, d'égal à égal et sans rien qui puisse venir les départager une fois pour toutes. Il n'y a de progrès linéaire et infini, avec des ruptures irréversibles entre présent et passé, que dans le deuxième domaine : là, entre savants et techniciens, il y a des vainqueurs définitifs et universels. Nous n'allons plus à cheval à Séville, Einstein se meut dans un autre univers que Ptolémée, et aucun garagiste ne pensera nous vendre une Dion-Bouton 1904, sauf si nous sommes collectionneurs.

Bien sûr, notre rapport aux choses est médié par des hommes, et notre rapport aux autres hommes par des choses. La médiologie a précisément pour fonction de mettre en rapport l'univers technique avec l'univers mythique, ce qui change tout le temps avec ce qui demeure à travers le temps. Mais il est bon de commencer, pour plus de clarté, par distinguer les deux ordres de réalité, les deux catégories de temps, quitte à montrer, ensuite, comment les frontières peuvent se brouiller.

La distinction sujet/sujet et sujet/objet soutient la division classique du *certum* et du *verum*, deux modalités du discours, et d'adhésion au discours. Il y a des *vérités* scientifiques et techniques, qui une fois acquises ne se discutent plus, mais dans l'ordre politique, esthétique, religieux ou social, je ne peux avoir, au mieux, que des *certitudes*. Les vérités s'imposent toutes seules (en droit). Les certitudes doivent être « poussées » (acheminées, inculquées, enjolivées, etc.).

L'univers intersubjectif est régi par des *croyances*, invérifiables ; l'univers objectif par des *savoirs*, réfutables (en général). Le premier est le domaine du mythe, de la thèse, de l'opinion, de la doctrine, etc. ; le second, du résultat, de la loi, de la découverte, de la démonstration. Toujours, le prêtre ou le commissaire mettent le savant sur la sellette, mais une fois condamnés à l'infamie, les Galilée déboutent les Saints-Offices, à titre posthume. Le savoir naît dans l'opprobre, mais il n'y reste pas.

Ce qui fait deux régimes logiques : ici, vous avez des *messages*, là, des *énoncés*.

Notre domaine de compétence forte est le *certum*, la zone des messages. Les audacieux de la médiologie font des incursions, brillantes et instructives, dans le domaine du *verum*. Daniel Bougnoux nous le montre ici même avec éclat. Il me semble cependant que le rendement de l'approche médiologique va décroissant du mou au dur, en raison inverse des degrés de scientificité ou de l'échelle encyclopédique. À toutes fins utiles, et sans être dupe des coupures contemporaines entre « idéologies » et « sciences » (au XIVe siècle, après tout, la théologie était « la reine des sciences »...), j'ai choisi de m'attaquer en premier lieu à la sphère sujet/sujet, celle qu'Althusser appelait « idéologique », et à l'intérieur de celle-ci aux idéologies religieuses, artistiques ou politiques (de préférence aux « idéologies scientifiques » comme l'atomisme ou l'eugénisme). De la coupure épistémologique entre idéologie et science, on fera ici abstraction. Notre question n'est pas comment on est passé, dans l'histoire des sciences, de l'alchimie à la chimie, de l'astrologie à l'astronomie, des théories de l'âme à la psychologie, mais comment on a cru et on croit encore, dans le tuf des mentalités, à l'astrologie, à l'alchimie et à l'âme. Entre les croyances qui louchent du côté des sciences et les sciences qui suscitent des croyances collectives, l'observation montre qu'il y a enchevêtrement, réversibilité, continuité. Le médiologue ne veut et ne doit pas le savoir. Ce n'est pas son critère.

Disons-le autrement. Dans l'infinie population des *énoncés*, nous avouons d'emblée un faible particulier pour la famille des *messages*. Vous connaissez les traits distinctifs du message, analogues à ce qui oppose chez Barthes *l'écrivant* et *l'écrivain* dans le domaine littéraire : c'est un énoncé plus ou moins *vocatif*, à destinataire incorporé (*vous* les pécheurs d'ici-bas, *vous* les prolétaires du monde entier, *vous* les névrosés de Vienne, *vous* citoyens français, etc.); un énoncé *prescriptif*, plutôt que descriptif ou dénotatif (comme dans les sciences); un énoncé dont les valences *pragmatiques*, ostensibles ou implicites sont indéniables. Le premier domaine de la Raison pratique trouve là sa nourriture, en priorité. Les linguistes parlent de « pragmatique »; certains philosophes de « praxéologie ». Je parlais à l'ancienne d'une physique « morale » — et ce que la linguistique nous précise dans ses termes spécialisés, le « règne moral » d'antan et l'Académie des sciences du même nom nous l'indiquaient déjà. Ouvrons un dictionnaire à l'article « Moral » : « 1) relatif à l'esprit, à la pensée (ant. matériel, physique); 2) qui concerne les mœurs, les habitudes, les règles de conduite admises et pratiquées par une société; 3) qui concerne l'action et le sentiment (opposé à logique, intellectuel) ». Faisons de ces démarcations notre morale provisoire. Les pertinentes critiques du « grand partage » ont fort bien mis à jour « la fabrique rhétorique, instrumentale et sociale du vrai » (Bougnoux). Toujours la sémantique découle d'une pragmatique, et l'opposition de l'*énoncé* propre, froid, impersonnel et pacifique, et du *message* sale, chaud, polémique et rhétorique, bref de la science et de l'idéologie, se brouille dans l'exercice scientifique *in vivo*, *in statu nascendi*. « Les énoncés de la science aussi relèvent du rapport de force des énonciations» (Latour, Bougnoux). L'approche médiologique des sciences, déjà très avancée, en révélant le sournois, l'acharné travail des médiations à l'œuvre dans la recherche techno-scientifique, a quelque peu démystifié la transcendance du vrai. La médiologie des sciences n'envisagera pas seulement ses modes de vulgarisation, à la périphérie, ni même leur institutionnalisation, consécutive et seconde ; elle rentrera sans doute, comme le font Serres, Lévy-Leblond, Latour et d'autres, dans la constitution même de la Raison savante, en son cœur. Mais puisqu'il faut commencer par le commencement, le débutant en médiologie que je suis trouvera sa pâture du côté des vieilles sciences morales, et non des sciences dites cognitives. Impure est la naissance des connaissances ; mais l'âge adulte efface le bruit et les batailles de l'histoire d'une science. Bien plus cruciale, car indépassable et mille fois plus coûteuse, nous paraît l'impureté des «batailles d'idées» et des guerres d'images. Le bruit que font, au beau milieu de la scène sociale, des messages qui ne cherchent que l'*adequatio intellectus et intellectus* et non *rei et intellectus*, cette course éperdue et toujours recommencée à la reconnaissance par autrui qui donne son branle distinctif, bruit et fureur, au théâtre du monde. Ce n'est pas là un choix, mais une priorité personnelle. Je vais donc vous proposer les fruits de mes priorités sans vouloir vous imposer la philosophie qui les sous-tend. C'est une philosophie qu'on jugera à tort pessimiste. Elle ne voit pas de dépassement possible du *certum* vers le *verum*, ne croit donc pas en la fin de la croyance dans le monde intersubjectif. Cette certitude n'est pas subjective mais rationnelle et logique, fondée sur l'axiome d'incomplétude qui stipule l'impossibilité d'une autofondation du social par lui-même, et donc la nécessité intrinsèque de l'absurde, dans l'existence d'un groupe, si on peut ranger sous cette catégorie les idéologies et religions diverses dont la science positive n'a que faire (mais qu'il faut tout de même bien expliquer positivement). « Les mythes sont les âmes de nos actions et de nos amours, disait fort bien Valéry. Nous ne pouvons agir qu'en nous mouvant vers un fantôme. » Mais il ajoutait, dans sa *Petite lettre sur les mythes*, qui définit le mythe comme « tout ce qui n'existe et ne subsiste qu'ayant la parole pour cause », que « ce qui périt par un peu plus de précision est un mythe ». Pour lui, donc, la science est ce qui fait reculer le mythe, comme la lumière électrique dissipe les fantômes dans une vieille maison, et l'histoire de la Raison fait lentement s'évanouir « la faune des choses vagues ». Il me paraît au contraire évident que, dans les rapports de sujet à sujet, il n'y a pas d'après-mythe à attendre, et qu'une utopie séculière à base mythique (disons : le communisme) ne peut socialement disparaître qu'au bénéfice d'un mythe religieux à projection utopique (disons : la Sainte Russie). Valéry confond les ordres. Nous sommes, dans l'ordre subjectif (et celui-là seulement), condamnés ou plutôt voués au délire collectif, fût-il paisible et doux, comme chez nous aujourd'hui (car il varie heureusement d'intensité), en sorte que le cauchemar de l'Histoire n'a pas de réveille-matin.

Vous pouvez ne pas me croire. Mais vous ne pouvez pas ne pas m'accorder que l'élaboration et la transmission d'un savoir sont de droit séparables des résultats de ce savoir. Tandis que l'élaboration et la transmission des systèmes de croyance font corps avec eux. Ici, et c'est horrible, le fait dit le droit.

CONNAÎTRE LE CROIRE

C'est le même Valéry qui, évoquant «l'importance réelle de l'imaginaire», remarquait «que toute la structure sociale est fondée sur la croyance ou sur la confiance». On peut dire, écrit-il, que «le monde social, le monde juridique, le monde politique sont essentiellement des mondes mythiques», qui reçoivent de notre esprit «leur existence, leur force, leur action d'impulsion et de contrainte[1]». Serment, constitution, traité, contrat, signature, passé, avenir, projet: ces choses ne sont «que de l'esprit». À propos de la monnaie, par exemple, il constate que ce papier ne tient sa valeur que du crédit que nous lui apportons, et désigne alors la croyance comme «*support de ce support*». Il n'y a pas que l'économie et les finances qui sont des constructions de l'imaginaire. L'équilibre de la terreur aussi. La dissuasion nucléaire est une opération de crédit, essentiellement mentale, puisqu'elle repose sur la crédibilité d'emploi par ses détenteurs. Je dois croire que l'autre appuiera sur son bouton si j'appuie sur le mien, et réciproquement. Cela s'appelle la stabilité stratégique, qui n'est pas du tout affaire d'un équilibre quantitatif de stocks de vecteurs et de têtes

---

1. Paul VALÉRY, *La Politique de l'esprit*, *Variété*, «Bibliothèque de la Pléiade». t. I, édition de 1957, p. 1033.

mais de persuasion mutuelle. Cela, entre les partenaires du club atomique. Dans le reste du monde, le maintien de la paix repose sur le dogme de la non-prolifération nucléaire : il est entendu qu'un État non nucléaire du tiers monde qui se doterait de l'arme opérationnelle (charge + vecteur) déclencherait une situation inacceptable, s'exposant à un casus belli. Pourquoi? Parce que l'arme nucléaire ne serait pas une arme comme une autre. Cela n'est qu'un mythe, mais c'est un mythe sage. La vie a repris à Hiroshima et le bombardement de Dresde a été plus meurtrier. Rien n'est irréparable. L'herbe repousse toujours, et les fleurs et les enfants. Or Truman et les Américains, à partir d'Hiroshima, ont accrédité dans l'esprit du public l'idée de l'exceptionnalité de la Bombe, avec toute la mythologie science-fiction du frisson d'apocalypse, de la « Doomsday machine », du « cataclysme cosmique », etc. Et ils ont fort bien fait. Sinon, il n'y aurait pas eu un interdit tacite sur l'usage de l'arme. La sagesse en l'occurrence est du côté du mythe. L'arme ne peut continuer d'assurer la paix mondiale qu'en restant tabou et tout ce qui diminue la peur ou banalise l'emploi, comme le nucléaire tactique dit du champ de bataille, la bombe propre ou à neutrons, la miniaturisation des charges ou la réduction à quelques kilotonnes, met la dissuasion en danger. Démystifier le nucléaire, c'est déstabiliser les rapports de force réels, en sapant la base fiduciaire de l'équilibre atomique. Phénomène subjectif, hallucination positive, la Bombe aussi est une œuvre de l'esprit.

« Gouverner c'est faire croire », disait Hobbes, et Churchill à sa suite. Mais *croire* est un verbe à déclinaison. Ce n'est pas un invariant homogène, tout temps et tout terrain, toujours égal à lui-même. Il y a des croyances flottantes, carnassières, sceptiques, sereines, etc. On ne croit pas de la même façon dans un mythe d'origine, un verset de la Bible, une fable de La Fontaine, une doctrine philosophique, un sondage, etc. Faire croire, c'est faire faire. Quoi ? Ce que les sujets de la croyance croient en leur for intérieur devoir faire. Comment fait-on croire ? En transmettant une information, en émettant des signaux. « L'action de l'homme sur l'homme » s'opère par communication d'information (du moins dès qu'on exclut la contrainte physique). Obéir et écouter sont, en grec ancien, des termes apparentés. Mais on n'écoute pas de la même façon et la communication ne produit pas les mêmes effets selon qu'elle a pour véhicule la voix d'un orateur sur l'agora, la lecture psalmodiée d'un texte sacré dans une église, la lecture silencieuse à domicile d'une bible en langue vernaculaire, etc. En articulant les modalités de la croyance à ses différents moyens de diffusion, la périodisation médiologique peut aider à mieux faire l'histoire du lien collectif, c'est-à-dire des religions civiques successives. La servitude volontaire a une histoire ; l'hystérie et le délire collectif aussi. Elle n'est pas séparable de l'évolution des formes d'accréditation du discours, qui ne l'est pas elle-même de l'évolution des supports d'inscription symbolique.

Une étude des effets de parole donnerait peut-être une base plus positive aux « sciences politiques » en ceci qu'elles deviendraient plus clairement une branche de la mythologie appliquée. À cet égard et à ce jour, les politologues semblent se contenter de peu. C'est avec des notions oscillant entre la sorcellerie et la parapsychologie comme le charisme, la suggestion, l'ascendant, le prestige, l'attraction, l'envoûtement, etc., qu'ils décrivent sans les expliquer les effets de transmission, adhésion ou croyance.

Une *discipline* est ouverte à une série indéfinie d'énoncés nouveaux dont elle offre simplement les règles de construction. Une *doctrine* est, par définition, fermée sur un corpus, avec des étrangers, qui restent dehors, et des convaincus, qui sont dedans, des profanes, des initiés et des gardiens. La médiologie se voudrait *discipline*, dont l'objet serait l'histoire des *doctrines* (naissance, prise de corps et clôture). Non pas l'étude des mots en *iques*, donc, mais des mots en *ismes*.

Rien de ce qui est assignable à un nom propre et donc justiciable d'un suffixe en *isme* — où s'alignent hitlérisme, bouddhisme, lacanisme, etc. —, producteur ou produit d'une affiliation, support d'une communauté d'adhérents, ne peut lui rester étranger. Sa première intention serait de fonder une histoire raisonnée de ce qui n'est pas vraiment rationnel ni tout à fait raisonnable. De « l'idéologie », si nous pouvions faire nôtre ce mot-valise, cache-misère et chausse-trape, pré-notion funeste non pas inventée mais intronisée par Marx, qui a sans doute retardé d'un siècle l'examen objectif des processus de socialisation des idées, ou du devenir mythe de l'idée (le mythe étant l'idée socialisée). Or c'est la genèse des *ismes*, ou encore les mouvements d'idées *in statu nascendi et moriendi* qui en révèlent le mieux la fonction. Le secret de l'*isme* s'expose dans l'*isation*, comme le virus dans l'épidémie. Christianisation du monde païen, déchristianisation de l'Occident industriel. Communisation, décommunisation de l'Est européen. Autorisation, désautorisation d'un nom propre. En 1970, le nom de Marx faisait autorité dans le monde universitaire français et le non-marxiste affichait en repère, dans ses articles, citations et définitions du théoricien allemand; le même, vingt ans après, gommera toutes références à cet auteur démonétisé: plus d'encaisse morale. Cela se faisait, cela ne se fait plus. Crédit, discrédit. Attachement, détachement, réattachement. Place à Weber, Braudel, Aron, etc. jusqu'au prochain tour de croyance. Car dans ce jeu de bascule, chaque «désenchantement symbolique» fait se lever une nouvelle constellation d'enchanteurs à l'horizon des discours d'autorité.

Vous voyez maintenant mieux comment notre champ spécifique d'intervention était en quelque sorte orphelin. Théoriquement en friche. Coincé entre d'imposantes constructions que vous connaissez bien parce que vous avez malheureusement fait des études. Personne n'est parfait. Vous lisez journaux, revues et magazines. Vous avez donc, nous avons tous des repères glorieux, qui nuisent à l'excursion. Vous pensez donc, j'imagine, que nous nous aventurions sur les brisées de nos grands-ancêtres et que, lorsqu'on disposait déjà de l'*épistémologie* contemporaine, héros Bachelard, de la *sémiologie*, Barthes porte-parole, de l'*archéologie*, Foucault inventeur, de l'*histoire des mentalités* enfin, Lucien Febvre pionnier, il était assez ridicule de vouloir en rajouter. Je voudrais vous montrer fort brièvement que nos très estimables voisins ne s'occupent pas, hélas, de nos affaires. Passons-les en revue.

L'ÉPISTÉMOLOGIE

L'épistémologie, réflexion sur les sciences, étudie la constitution des connaissances *valables*. Elle tient un discours *normatif* sur des systèmes d'énoncés *descriptifs*. Elle dégage des critères de validité et repère des «obstacles» au développement du vrai. Exigeante et soupçonneuse, elle se meut dans l'horizon classique de la philosophie comme tribunal du savoir, recherche des fondements, travail de vérification.

La médiologie fait exactement le contraire : elle vise à *décrire les discours normatifs*. «La vérité» n'intéresse pas les médiologues, pas plus que les élans du cœur les cardiologues. On ne se pose pas ici de questions sur l'essence et les fondements, pas plus, disons, que le baron Fourier sur le pourquoi de la chaleur, lui qui n'en voulait qu'à sa propagation. On se moque de savoir si Dieu existe, si le Prolétariat, les Droits de l'Homme, l'Histoire, le Post-moderne ont ou non une réalité *objective*. Toute idiotie ou même toute proposition perspicace circulant à ces divers propos, pourvu que ça tourne et fasse causer, mérite notre considération. Plus que de l'agnosticisme, notre démarche professe un cynisme résolu qui tourne le dos à toute morale de la connaissance et remplace «vrai/faux» par «performant/non performant» : nous, on applique du «constatif» à du «performatif». On n'a pas d'erreurs à dénoncer, comme l'épistémologue classique, ni de configurations infra-conceptuelles à exhumer, comme l'archéologue foucaldien, mais des traces et des tracés à enregistrer, naïvement. Sans quoi nous bâtirions une doctrine de plus, et non un début de discipline. Pas de tri. Ce qui fait fable ; un récit s'accréditant de sa propre transmission ; un discours à quoi on ajoute foi, et même auquel on ne croit pas vraiment mais qu'on reçoit et relance : tout cela suffit à faire notre bonheur. Vaste programme, puisqu'il va du racontar à la religion et du commérage aux « plus hautes constructions idéales de l'humanité » en passant par la rumeur, y compris par la mise en rumeur d'une découverte scientifique. Nos cobayes théoriques si l'on veut pourraient aller de l'échotier au Messie, avec une tendresse spéciale pour le charlatan, sans oublier le vrai médecin qui, au-delà d'un certain seuil de notoriété, passera inévitablement pour un guérisseur d'écrouelles et un « gourou médiatique ». L'examen des formes d'évolution de la crédulité publique, sur toute la gamme (et dont la soi-disant « incrédulité » de nos sociétés post-modernes est une variété parmi d'autres), n'a pas à se prononcer sur la validité rationnelle de telle ou telle partie de ce tout. Que nul n'entre dans la « noosphère » (Teilhard) ou la « noologie » (Morin) s'il a un souci de vérité.

L'ARCHÉOLOGIE

L'archéologie des discours, quant à elle, remonte vers « le jeu des règles qui déterminent dans une culture l'apparition ou la disparition des énoncés, leur rémanence et leur effacement, leur existence paradoxale d'événements et de choses » (Foucault). Ces interrelations demeurent internes au champ du savoir, et ces conditions de possibilité intrinsèques formant système et soutenant la variété des disciplines d'une époque se désignent comme «épistémè». Sans doute l'archéologie se place en amont de l'épistémologie comme il y a antériorité de l'*ordre* sur la *mesure*, de l'*épistème* sur la *mathésis*, de la *norme* sur la *loi*, du *savoir* sur la *science*. Dans tous les cas de figure cependant, ce type de démarche vise des «formations discursives», soit des systèmes de positivité tels que l'économie politique, l'histoire naturelle, la botanique, la linguistique, la psychopathologie, même si elle montre leurs liens avec des pratiques institutionnelles et des rapports de force sociaux. La mise en relation d'un champ théorico-scientifique avec un champ pratico-politique (les pratiques administratives d'internement par exemple) s'opère encore chez Foucault sous l'horizon de la connaissance. Nous n'aurons, nous, affaire qu'aux reconnaissances, y compris de la connaissance, et aux effets de résonance. Le médiologue ne se décale pas seulement de l'amont vers l'aval, ou des pratiques du savoir vers les pratiques de croyance (sans ignorer le fait que le marxiste croyait savoir mais ne savait pas qu'il croyait, que le chrétien sait qu'il croit mais croit détenir la vraie sagesse, tandis que le bouddhiste croit savoir que tout savoir n'est qu'une croyance — bref qu'il n'y a pas de frontières sûres et reconnues entre savoir et croyance)... Il ne juge pas de la musique, il évalue l'acoustique de la salle. Non pas: «de quoi ce discours est-il le produit» — par emprunts, dérivations ou assimilation de discours antérieurs — mais «qu'a-t-il effectivement produit — quels déplacements, clôtures, ruptures, massacres, hiérarchies nouvelles dans les dispositifs d'autorité». Non pas la gamme énonciative, interne à l'ordre conceptuel sous-jacent à telle ou telle population de discours, mais les conséquences de l'énonciation sur les populations humaines (y compris celle des professionnels du discours). Il y aura donc comme un renversement fond/forme : ce qui est notre « forme », comme les modalités techniques d'apparition d'un message, ses contextes sociaux de réception et d'effectuation, sa transformation par les récepteurs, etc., n'était que le « fond » de l'archéologue. Et c'est bien normal.

Une archéologie des messages n'aurait guère plus d'intérêt en effet qu'une médiologie des énoncés, parce que ce qui est intérieur aux premiers est extérieur aux seconds, et vice versa. Critères de validation et règles de construction d'une « formation discursive » lui sont internes. Doctrine ou religion attendent leur validation du dehors, car aussi formalisées ou thématisées soient-elles, ce sont des options d'organisation, visant à « informer » les destinataires. À modifier des comportements, originer des choix de vie. En ce cas, le « haut » et le « bas » permutent. Dans l'ordre des messages, « l'histoire du monde est le tribunal de l'idée », la réception détermine les valeurs de l'émission. Dans les énoncés du savoir, détachables comme ils le sont en droit de leurs conditions d'énonciation, les réactions du public ne font pas la différence. Ce qui fait pour nous critère n'est pas ce qu'a ou non écrit la main de saint Paul, mais si ce qui a été écrit par l'épistolier a produit ou non, en fin de parcours, des têtes et des corps chrétiens. Le souci *généalogique* de l'archiviste cède alors le pas au souci *médiologique* de l'activiste. Au traditionnel « qu'est-ce qui a guidé Marx dans sa rédaction des thèses sur Feuerbach », substituons le « comment cette rédaction a-t-elle pu guider sur un siècle un nombre respectable d'agents historiques ?» ». «Guidage», en langue cybernétique, désigne l'ensemble des moyens mis en œuvre pour rendre une action efficace.

Prenez, par exemple, *L'Ordre du discours*, livre célèbre de Michel Foucault. «Je suppose, y lit-on, que dans toute société la production du discours est à la fois contrôlée, sélectionnée, organisée et redistribuée par un certain nombre de procédures qui ont pour rôle d'en conjurer les pouvoirs et les dangers, d'en maîtriser l'événement aléatoire, d'en esquiver la lourde, la redoutable matérialité.» L'analyse en fait théorise l'immatérialité des pouvoirs du discours, puisque ce dernier paraît s'incorporer entièrement ses procédures de sauvegarde, ses interdits comme ses partages implicites et fondateurs (Raison/Folie, Tabou/Licite, Vrai/Faux, etc.). Celui qui parle n'a pas le droit de tout dire : il y a un code intrinsèque fonction de *l'épistémè* en vigueur. Mais les règles de sélection des haut-parleurs sont aussi à examiner. Ce ne sont pas que des conditions discursives ou logiques qui ont fait de *L'Ordre du discours* une leçon inaugurale entendue dans le recueillement par une assistance choisie, abondamment commentée le lendemain dans le journal-institution, aussitôt imprimée en plaquette par l'éditeur-institution, citée et glosée par les membres de l'institution professorale. Et commentée ici même, dans un autre champ institué : celui des séminaires de philosophie autorisés, se déroulant dans des locaux d'État. L'angle d'attaque médiologique pose de suite trois questions : contre qui ? Derrière quoi ? Par quelles voies ? 1) Dans quel champ stratégique ce discours advient-il et contre qui dirige-t-il ses coups ? Il bataille en force : quel est son but de guerre ? 2) Quelle institution donne droit à la parole, sous quelles formes et conditions? Ce discours fait parade. Quel corps d'autorité rend cette parole cérémonieuse digne d'être écoutée, enregistrée et reproduite? 3) Quel est son support ou plutôt: de quel réseau de transmission est-il solidaire? C'est au croisement de ces trois interrogations, politico-militaire, institutionnelle et vectorielle ou logistique, que se dessinerait à nos yeux la structure médiologique de cette solennelle adresse. Il est, bien sûr, d'autres angles d'attaque non moins légitimes ou féconds.

Pour nous résumer: «Ils ne savent pas que nous leur apportons la peste», aurait dit Freud à sa fille en arrivant à New York, sur le pont de son bateau, en 1909. L'historien des idées a pour tâche d'isoler le bacille de Yersin sous son microscope; l'épistémologue, en bon pharmacien, trouve la streptomycine. Le médiologue ne s'occupe que des rats et des puces, sans oublier les paquebots — le tout sans intention prophylactique.

L'HISTOIRE DES MENTALITÉS

L'histoire des mentalités, elle, est une voisine immédiate et capitale, notre meilleure interlocutrice. Mais nous ne faisons pas le même métier. L'historien des mentalités tient de l'ethnologue, et le médiologue du balisticien. La mentalité relève de la statique morale, indique un *état* de conscience, un niveau relativement stable d'attitudes et de comportements. La balistique des messages observe les points d'impact, les écarts à la cible, la résistance ou la portance de l'atmosphère, les vitesses parcourues : elle relève d'une dynamique. Certes, on ne peut pas évaluer la portée et l'impact d'un missile symbolique homme-homme indépendamment du psychisme collectif qu'il a à traverser, qui déviera ou freinera plus ou moins sa course. Pas d'innovation sans un immémorial porteur, et tueur aussi. Toute révolution, spirituelle, morale ou politique, c'est l'histoire d'une fulguration qui s'éteint lentement dans des couches d'air visqueuses et grises ; d'un élan amorti dans le machinal. Les nébuleuses immobiles engloutissent les idées-météores, après les avoir elles-mêmes projetées en avant, puisque toute rupture est rupture d'une permanence et produit de la structure qu'elle vient rompre. Le médiologue s'intéresse à l'élan, plus qu'aux freins. *L'histoire longue* des mentalités entoure *l'histoire courte* des faits de transmission, comme la rampe de lancement encadre le lanceur et l'espace interplanétaire. Ce qui nous intéresse, nous, dans le surgissement d'une pensée, fait de parole ou fait d'écriture, prophétie ou Testament, c'est ce qui la distingue des manières de table ou des habitudes vestimentaires étudiées par l'ethnologue. Une idée forte n'est pas seulement effet, mais cause (ou origine, ou condition) de quelque chose qui n'est pas de l'ordre de la pensée. S'il n'y a pas d'histoire sans une donnée ethnique ou mentale, il y a plus dans l'histoire de France que dans la sociologie ou l'ethnologie des peuples français. « Les hommes pensaient comme Bossuet ; soudain ils pensent comme Voltaire », constate un historien du XVIIIe siècle français. Il ne suffit certes pas de penser comme M. de Voltaire pour pendre les aristos à la lanterne (beaucoup de pendus chérissaient et pratiquaient Voltaire). Mais ce qui est sûr c'est que des hommes qui pensaient comme Bossuet n'auraient jamais pensé à prendre la Bastille.

L'histoire des mentalités — si bien étudiée et définie par Jacques Le Goff — embrasse beaucoup plus large que le médiologue. Elle est dans la position du groupe par rapport à l'individu, de l'atmosphère par rapport au projectile, de l'immobile par rapport au mobile. Comme l'attitude par rapport à l'acte. La tradition par rapport à la rupture. L'inconscient par rapport au conscient. L'historien des mentalités est un spécialiste de l'inertie ; le médiologue, du mouvement et des transformations. Première différence. Il en est une deuxième. L'historien des mentalités ne se soucie peut-être pas assez de ce qui fait la communauté des lieux communs d'une époque, d'où sort et comment se fabrique l'outillage intellectuel qu'il examine. Le médiologue peut, je crois, l'éclairer en mettant en évidence ces matrices de mentalités, ces usines à lieux communs que sont les méthodes et techniques de transmission. Donc, d'un côté, nous tenterons de remonter en amont des descriptions de la psychologie collective en proposant des modèles explicatifs. Et de l'autre, nous nous tiendrons très en aval, en nous attachant à des exemples individualisés de parcours symbolique. Nous connaissons l'importance des climats mais nous ne pouvons ignorer l'histoire-bataille, car la bataille et l'échange de coups, c'est notre table de travail.

L'historien des lenteurs de l'histoire serait, je crois, le premier à reconnaître qu'à l'intérieur de ces grands massifs immobiles que dessinent les mentalités, il est des trajectoires discursives ou mythologiques dont le découpage n'est pas artificiel puisqu'il enregistre un acte de fondation. Le médiologue fait alors comme les bateaux dits de trajectographie pour les missiles et les lanceurs. Il suit le parcours de la fécondation, disons de lancement, par la parole ou par le mot, daté et localisé. À tel jour, telle heure, tel lieu. Ici fut le point d'émission. L'événement énonciatif. Le premier maillon des chaînes de transformation du message, le point zéro du train d'ondes. Un jour il y eut, dans un studio de radio londonien : « Moi, général de Gaulle (...) j'invite les officiers et les soldats français à se mettre en rapport avec moi. » Un jour, il y eut, dans un amphi parisien : « Moi, Lacan, je fonde, aussi seul que je l'ai toujours été dans ma relation à la cause psychanalytique, l'École freudienne de Paris. » Un jour d'octobre 1902, au Berggasse 19, dans son appartement à Vienne, l'auteur d'un ouvrage intitulé *L'Interprétation des rêves* réunit autour de lui trois amis. Quelques semaines plus tard, il baptise ce petit regroupement « la Société psychologique du mercredi », embryon de ce qui deviendra en 1908 la Société psychanalytique de Vienne, puis en 1910 l'Association psychanalytique internationale, etc.

Nous ferons donc honneur à ces haut-de-gamme de la transmission, ces héros solitaires dont l'histoire des mentalités doit justement s'écarter — prophètes, docteurs, fondateurs de républiques, d'ordres, de partis ou d'Églises. Ils nous offrent les meilleurs protocoles d'expérience, les plus clairs exemples d'efficacité symbolique. Les « grands idéologues », comme saint Paul, qui fraient en personne les voies et construisent les vecteurs de leur propre message, constituent pour nous un échantillon de choix. De même que les périodes de l'histoire que Saint-Simon baptisait « critiques », que nous disons de transition ou de rupture. Il y a là des viviers d'expérimentations contagieuses plus fécondes que les périodes « organiques », où cohésion sociale et stabilité ont la partie belle. Nous préférons donc le XVIe siècle au XVIIe, et le XXe au XIXe. L'instable retient toujours plus l'attention des médiologues, qui, dans les idées, s'attachent à ce qui fait bouger autre chose que des idées.

La psychanalyse se caractérisait comme « l'embryologie de l'âme » ; le médiologue rêve d'une embryologie des croyances et des mythes. S'il consent à regarder les nouveau-nés, les premiers moments de la dissémination, de la fécondation *in vivo* le captivent encore plus. Il ne manquera pas d'occupations. Les sacralisations tournent mais le sacré social n'affiche jamais relâche (même s'il connaît des éclipses, le temps de passer, par exemple, de saint Lénine à la Sainte Russie). Au Zaïre, c'est en vaccinant la population contre la peste qu'on a dégagé un terrain favorable au sida.

LA SÉMIOLOGIE

Puisque nous nous occupons des signes et des signaux, la question s'est posée de notre relation à la *sémiologie*. C'est bien compréhensible. Les dernières décennies ont placé les sciences humaines, particulièrement françaises, dans la mouvance ou en ambiance « sémiologique ». Réponse : nous sommes ailleurs. Et même dans le coin opposé. Funeste *Zeitgeist* hexagonal, ce « moment intellectuel » long d'une trentaine d'années, redondant, brillant aussi, est évidemment défavorable à une démarche comme la nôtre. La promotion, derrière Saussure, de la linguistique structurale en science pilote a euphémisé notre approche des faits symboliques comme elle a dématérialisé le monde social, en reléguant dans les marges l'analyse des techniques, matériaux et outils. Nous avons ainsi allégrement découplé la bouche de la main, le langage de la technique. Leroi-Gourhan faisait remarquer que s'il y a «continuité entre les deux faces de l'existence des groupes», celle-ci avait été exprimée par les sociologues et anthropologues plutôt «comme un déversement du social dans le matériel que comme un courant à double sens dont *l'impulsion profonde est celle du matériel*. De sorte, enchaîne-t-il, qu'on connaît mieux les échanges de prestige que les échanges quotidiens, les prestations rituelles que les services banals, la circulation des monnaies dotales que celle des légumes, beaucoup mieux la pensée des sociétés que leur corps». Notre approche des faits de pensée a subi un déséquilibre analogue. De sorte qu'on connaît mieux les réseaux d'analogies entre telle et telle pensée que les lieux de rencontre et de travail des penseurs, les architectures métaphysiques que les organisations scolaires, la circulation des concepts que celle des livres, beaucoup mieux la pensée des sociétés que les sociétés de pensée. La médiologie est tout entière protestation contre cette coupure, réclamation matérialiste de réunification des deux versants. Pour commencer, elle tordra le bâton dans l'autre sens — en parlant imprimerie au lieu de textualité, typographie au lieu de sémantique, moyens de transport plus que métaphore.

Science de la signification en général, la sémiologie s'étendait aussi aux signes extra-linguistiques. Saussure: «On peut concevoir une science qui étudie la vie des signes au sein de la vie sociale. Elle formerait une partie de la psychologie sociale et par conséquent de la psychologie générale.» Les applications ont procédé en sens contraire. Elles ont transporté la vie sociale au sein des signes, en faisant de la psychologie sociale une annexe de la linguistique. Le monde sémiologisé est un monde immobile, mince et pâle, où flottent, dans l'intemporel de la coupe «synchronique», des simulacres de langue, des spectres sémantiques, *tous retranscrits au préalable en «binaire»*. N'importe quoi peut ainsi devenir système signifiant, et la transformation de toutes sortes de pratiques socio-historiques en jeux de langage est elle-même devenue un jeu. À travers la mode, l'automobile, la nourriture, etc., la langue n'a affaire qu'à elle-même puisqu'il y a nécessairement précodage d'un champ objectif en un corpus linguistique, condition du traitement structuraliste. C'est la mode *écrite*, la nourriture *écrite*, etc., dont il est toujours question, en sorte qu'on retrouve à la fin du traitement ce qu'on y a introduit au préalable (les grilles de dépendances internes, les systèmes d'oppositions pertinentes, etc.). D'où des résultats garantis et anodins. L'hallucination formaliste propre à une époque qui a fait de Saussure son ouvre-boîtes et de Raymond Roussel son totem, coupant les ponts entre le langage et l'existence, ou plus exactement faisant du langage, et de lui seul, «le système de l'existence», n'a pas précisément fait le lit d'une histoire matérielle de la communication. La linguistique saussurienne suppose les lois du sens contenues dans celles du signe, abstraction faite de sa nature et de ses supports d'inscription. Sans doute prend-elle en compte le matériau verbal, le phonème, et le signifiant, image acoustique du mot, donne à la parole sa matérialité. Mais cette incarnation reste intérieure au langage. La sémiologie, prisonnière de l'analyse linguistique, et de la pensée binaire qui lui est accolée (bien qu'elle ne fût pas celle de Saussure au départ, qui n'oubliait pas le référent, après le signifiant et le signifié), neutralise d'avance la production, le transport, la réception des signes. Autant dire que le narcissisme de la structure n'est pas notre référence. À l'autre extrême, les sciences du *signal*, beaucoup plus éclairantes, ne peuvent faire nos affaires. Le signal est le moyen qui rend la communication techniquement possible ; ce n'est ni plus ni moins que la variation d'une grandeur physique (une tension sur une ligne télégraphique, une modulation d'ondes hertziennes, etc.) — la théorie faisant abstraction de la nature physique de cette grandeur.

Je me résume. Nous sommes deux fois réfractaires à la vogue sémiologique. Comme matérialistes et «matiéristes» d'abord, car la sémiologie à la Barthes me paraît une des multiples expressions du formalisme contemporain. Et comme trinitaires pratiquants, toujours à la recherche du «tertium gaudens», le support matériel par exemple, ou le transporteur organique du message, Église, parti ou école, car la sémiologie, comme toutes les pensées spéculatives étrangères à la pratique des transformations, à l'action historique, me paraît stérilisée par des modèles binaires de travail. L'étude des médiations qui est la médiologie ne peut jamais oublier le petit intermédiaire, le tiers exclu ou le troisième larron des transmissions dont «les grands penseurs» font traditionnellement fi.

Cela dit, il est des études qui sans échapper à ce champ de gravité formaliste nous ont beaucoup apporté. Je pense en particulier à Jean-Pierre Faye, l'auteur des *Langages totalitaires* et de *Théorie du récit* (1972), auquel nous unit le goût du commencement et des figures en mouvement. Le change du *dire* en *faire*, Faye l'a analysé *in vitro* dans l'Allemagne de Weimar, avec la « production » ou « l'introduction, ou l'induction » du nazisme par les « récits idéologiques » en vogue dans les années vingt de ce siècle, en Europe[1]. Comment ne pas souscrire au point de départ de son enquête sur « *le pouvoir transformatiste des langues* » : « Parce que l'histoire ne se fait qu'en se racontant, une critique de l'histoire ne peut être exercée qu'en racontant comment l'histoire, en se narrant, se produit ? » Tel est bien en effet « le rapport tout premier de la pratique humaine ». Mais cette pratique à ses yeux peut faire l'impasse sur ses moyens. C'est un pur récit.

Sans doute la *fiction narrative* produit-elle d'autres faits, par exemple la dépêche d'Ems fabriquée par Bismarck qui permit de déclencher la guerre franco-allemande de 1870, ou encore « le roman historique » de Mably qui, recalant l'histoire des Francs sur celle des Gaulois, a contribué à faire la France moderne (les faux sont éminemment productifs en histoire). Mais le narratif restreint le champ d'enquête au littéraire et au passé, alors que mythologies et idéologies visent explicitement à organiser un futur collectif.

La « narratique » de Faye dresse surtout une topographie des discours dans laquelle des énoncés se changent en d'autres énoncés, mais ces chaînes de transformation restent pour l'essentiel sur le terrain symbolique. La médiologie regarde la Raison pra-

---

1. Jean-Pierre FAYE, *Les Langages totalitaires*, Paris, Hermann, 1972.

tique, non la Raison narrative. Elle observe comment les faits de langue s'exilent hors du langage, et c'est cet exode dont elle s'occupe en propre. Elle se décale du symbolique au pragmatique, par inversion des pôles dans l'économie classique du dire et du faire. À chacun ses urgences, ses manques et sa biographie.

LA TRADITION FAIT L'ÉCRITURE

Le sourcilleux pragmatisme des fondateurs en matière de diffusion fournit une règle de méthode à l'étude du devenir-force des idées. Utile aussi pour une petite idéo-pathologie de la vie quotidienne. Le flair en l'occurrence, c'est référer d'instinct une pensée à ses vecteurs et non à ses cibles. Par exemple, s'il interroge l'intelligentsia d'une époque et d'un pays donné, ce sera sur ses méthodes et ses instruments plutôt que sur ses principes et ses idéaux proclamés. La télédétection par satellite sait à présent établir une corrélation entre le mouvement des vagues en surface et le relief des fonds océaniques. Ainsi le médiologue détecte par la surface les profondeurs d'un courant de pensée, d'une famille d'esprit, d'une mouvance. Pour l'ausculter, il regarde ses porte-parole, ses relais, ses alliances, sa réclame, sa tactique. L'exposition vaut radioscopie.

Si la « nouvelle philosophie » nous a en son temps intéressés, c'est précisément parce qu'elle n'avait pas de contenu théorique assignable mais qu'elle donnait à penser une nouvelle logistique du message, comme une pensée hors école, qui ne pouvait faire, et pour cause, une école de pensée, et encore moins un mouvement de pensée, identifiable par un *isme* (comme l'existentialisme ou le structuralisme). Nous connaissons tous les noms des nouveaux philosophes, et leur sympathique visage, mais nous ne savons pas au juste ce qu'ils pensent ni sur quoi — et peu importe. Le trait distinctif est en effet la suprématie de l'énonciateur sur l'énoncé, le branchement en direct sur l'actualité et ses fabricants, le court-circuit de l'enseignement et des médiations laborieuses de la recherche (la thèse, le séminaire, l'enseignement) pour l'instantané journalistique, pour le «faire-événement». Le tout aux cris de «enfin une pensée libre et subversive», c'est-à-dire détachée d'un corps social agonisant, les réseaux de l'école, mais rattachée à un corps social montant, le réseau des médias. Dépendance organique effectivement nouvelle et vécue comme émancipatrice par ceux qui avaient pour horizon ou habitude les périphéries médiologiquement moribondes du monde universitaire. La «nouvelle philosophie» fut chez nous l'une des premières estafettes de la vidéosphère dans la graphosphère, du futur dans le passé, et elle a joué, à cet égard, un rôle pionnier de révélateur technologique. Son contenu le plus notable était sa forme, le déplacement des vecteurs faisait bien «événement» dans la vie intellectuelle.

Rien de plus incarné qu'une idée «qui marche», de plus ingénument anatomique qu'une «construction idéale de l'esprit». Et l'esprit est dans la chair comme la lettre volée sur la table du salon. Parce qu'il n'existe pas d'idées conductrices sans corps conducteur, c'est au corps qu'il faut viser pour aller profond. Pour savoir l'essentiel demandez-vous par où cela passe: appareil, machinerie, circuit d'autorité. La « domination idéologique » ne s'exerce pas par le contenu des messages mais par l'agencement de leurs formes d'imposition et d'inculcation. La nature d'un projet de société, d'un programme politique ou d'une conception du monde peut se lire sur la gueule des chargés de mission et dans les procédés des fondés de pouvoir. Non pas : est-ce vraiment de l'art, ce tableau ? Est-ce vraiment de la philosophie, ce texte ? Mais *comment* se décide aujourd'hui le partage de l'art et du non-art ? De la pensée et de la non-pensée ? Qui tranche et en vertu de quel rapport de force ?

Une certaine posture d'indifférence aux « contenus de pensée » comme aux « qualités plastiques » déplace heureusement l'attention vers les « moyens et méthodes » (de l'adhésion à ces contenus, de l'intérêt pour ces qualités). Je ne saurais trop vous le recommander.

On s'en rapprochera d'autant mieux qu'on aura mis entre parenthèses le dédoublement de la bonne origine et des (fâcheux) avatars ; de l'original et des (mauvaises) copies. La coupure entre l'*éso*, réservé aux savants, et l'*exo*, réservé aux tâcherons. On connaît ce traditionnel jeu d'éclipses entre l'Évangile et la tradition, Marx et la Vulgate, le Coran et l'Islam ; entre le sens du Sens, et ses abus ou déchéances. Le monde de l'esprit n'a pas à nos yeux d'arrière-monde : il n'est que la somme de ses institutions. Chassons des confins cette navrante absence, ce miroitement narquois à l'horizon du commentaire. Si l'on est toujours en défaut par rapport à un texte premier, on sera toujours en reste avec les clercs. Le dévoiement des origines n'est peut-être là que pour fonder l'autorité des commentateurs, qui ont tout intérêt à exalter l'autorité perdue du texte.

S'il y a du dévoiement quelque part, c'est qu'il faut s'en remettre au bon médiateur pour revenir dans la bonne voie, redresser l'opinion (ortho-doxie) sur un patron enfoui, jamais vraiment atteint. Traiter tout discours comme un parcours, en bon logographe, conduit à s'en remettre à la tradition, au sens fort que donne au mot la théologie chrétienne lorsqu'elle parle de la *paradosis*. L'écriture sainte est le corps du Verbe, et la tradition le corps de l'Écriture. Il n'y a rien de plus dans l'une que dans l'autre : l'expression de la Révélation est la révélation elle-même[1]. La tradition doit autant à l'Écriture que l'Écriture à la tradition (le canon scripturaire des catholiques ne s'est pas fixé avant le ve siècle).

Nos maîtres, jadis, nous conviaient au retour, à l'anabase vers l'arche perdue. Althusser, et son « retour à Marx », à ce paradis originel qu'était l'opus lui-même, en personne, primordiale plénitude permettant de juger (de haut) l'enfer du marxisme français et son purgatoire allemand. Lacan et son retour à Freud. Heidegger et son retour à Parménide. Arrêtons-nous là.

D'abord, il n'y a pas eu, premier temps, *l'opus*, puis, deuxième temps, *la praxis*. L'unité de l'opus est un infini en acte : c'est l'opération synthétique et continue de l'ensemble des utilisateurs du texte. Séparer la pratique discursive de Marx de son institutionnalisation historique, c'est oublier que la deuxième a fait précisément de la première un *système*, ou corpus d'énoncés. Au fur et à mesure que se sont édifiés des partis, une confédération internationale, des instances centrales, des échelons, des

---

1. Voir Peter LENGSFELD, *Tradition, Écriture et Église dans le dialogue œcuménique*, Paris, Éditions de l'Orante, 1964.

frontières et des contrôles, bref une *hiérarchie*, le corps de doctrine s'est peu à peu synthétisé ou solidifié comme système stable, donc pratiquement fiable (en ce sens, ce sont les *membra disjecta* qui ont composé au fur et à mesure un corps, ce n'est pas un corpus originaire, égal à lui-même dans son intégrité première, qui se serait peu à peu décomposé entre une pédagogie primaire de masse et un ésotérisme savant). Si on entend par «Marx» la somme idéale des textes dénotés par ce nom propre, et par «marxisme» l'ensemble des pratiques, croyances et représentations qui se sont regroupées sous et référées à ce nom-là, le premier est le produit du second, non l'inverse. Il est probable qu'il en est allé de même avec Freud. Appelons *doctrine*, ici et là, l'ensemble des opérations par lesquelles une série d'énoncés signés de Marx et de Freud ont été constitués en opus. Plus simplement : la somme des erreurs d'interprétation commises sur leurs textes au fur et à mesure où ils ont été découverts, résumés, diffusés et utilisés comme supports et moyens d'une praxis d'organisation. L'œuvre de Marx, qui fut celle des marxistes, a commencé bien après le début de sa rédaction et légèrement avant sa mort : elle lui est posthume. L'étude et l'entretien de la vulgate aurait dû être la plus haute préoccupation *théorique* des *théoriciens* marxistes. Lesquels l'ont toujours tenue pour la plus basse. Si le marxisme avait un sens, il n'était problème que de sa vulgarisation : soit le seul problème que les marxistes «dignes de ce nom» répugnaient à se poser. Les doctrines sont toujours tuées par-derrière — par ce qu'elles négligent d'envisager. Le fatal dédain des médiations a précipité la mort de ce système symbolique. Reste à transformer ses obsèques en leçon de choses pour tous les candidats à la succession.

L'illusion idéaliste propre aux professionnels de l'idée les pousse à croire qu'une idéologie sociale, c'est un corpus doctrinal, *plus* le réseau technique de sa socialisation. Le marxisme-léninisme, ce n'était pas *Le Capital* + *Le Viol des foules*. Le protestantisme, ce n'est pas l'Écriture sainte + Gutenberg. L'*isme* fixateur n'est pas suffixe, un rajout en aval, l'expansion seconde d'un donné premier, suite à une bonne fortune ; mais préfixe et raison d'être du tout. Le marxisme-léninisme a fait corps avec les supports de sa production/diffusion (journal-manuel-parti-école) ; comme la Réforme évangélique a suivi pas à pas l'expansion de l'imprimerie en Europe, laquelle était déjà, par elle-même, une « technique intellectuelle » (Pierre Chaunu). Récusons dans ces conditions la démarcation hiérarchique des domaines qui réserve aux disciplines nobles l'étude des *opus*, et aux savoirs subalternes celui des *praxis*. Au théoricien le texte marxien comme au théologien le texte luthérien ; à l'historien des idées et au sociologue de la religion de compléter par la carte des chemins de diffusion. Résultat de cette division du travail : le constat désolé qu'il n'y a guère de rapport entre l'in-put textuel et l'out-put culturel. En somme, au lieu de mettre en cause l'écartèlement des méthodes, on le projette dans l'objet lui-même, en le lui imputant à faute.

Le haut et le bas, l'amont et l'aval, l'avant et l'après : catégories périlleuses. Illusion tenace que cette géographie imaginaire des « niveaux » « sources », « bras », et « débouchés ». En haut, toujours plus haut, inaccessible et pure, le surgissement d'une pensée vive, autonome. En bas, fangeuse et eaux-mêlées, incarnation, descendance, utilisation. Entre les deux : déformation, dégradation, distorsion. Dont il convient de se lamenter, en levant les yeux au ciel.

UN BON MÉDIOLOGUE
EST UN CHIEN

Qui suit l'efficacité de la trace à la trace se réveille au moment où l'interprète des grands textes passe le relais à «l'amateur d'anecdotes». Le philosophe nous explique d'où vient le concept de «société civile» chez Marx, la filiation hégélienne, les périls du réemploi, etc. Nous, on se demande où le livre est allé. *L'Idéologie allemande* : imprimé comment ? Tiré à combien d'exemplaires ? Combien d'invendus ? Lu par qui, et de quelle façon ? Commenté dans quelles revues ? Répété, imité, déformé par qui ? Bref, on prend le problème, tous les problèmes, par *le petit bout*.

Le médiologue est un chien. Il met son orgueil à regarder par terre, à renifler dans les coins. Vulgaire amant de vulgates et du *vulgum pecus*. De basse extraction, de bonne traduction. C'est précisément parce que, curieux enfants du christianisme, nous vénérons saint Jean et le Saint-Esprit que nous rendons à saint Jérôme, l'inventeur de la Vulgate à majuscule, plumitif et défricheur, relayeur de l'hébreu au latin, alors langue vulgaire, la prééminence qui lui est due. Témoins de la disparition du socialisme, nous respectons l'esprit d'utopie. Aussi bien, nous aimerions rendre hommage au fondateur du saint-simonisme, ce pauvre comte de Saint-Simon, non quoique mais parce que « doué d'un immense pouvoir de suggestion », il était « ingénieux mais superficiel », « incapable d'achever un livre, se prodiguant en mille lettres et opuscules », bref le contraire d'un créateur et d'un penseur. Tous les intermédiaires nous sont chers, et particulièrement les brigands de la pensée, traducteurs, transformateurs, multiplicateurs et circulateurs. Les « vulgarisateurs de bas étages ». Les leibniziens ne « méprisent presque rien », imitons-les. *De minimis curat mediologus*. Rien n'est trop prosaïque pour qui veut comprendre les plus « sublimes créations de l'esprit humain », comme on dit, et nulle considération de boutique ne nous sera étrangère. Le service après-vente, la promotion, le marketing. La qualité des photocopies, le tirage exact du bouquin, le stock disponible à telle date, les interviews, les signatures, le nombre des « retours », le pilon, le nombre et l'emplacement des critiques, des placards, les lettres de lecteur et les réponses que fait, ou non, le grand homme aux petits inconnus. Oui, nous mangeons de ce pain-là, ce sera notre brioche. Un bon conseil : n'entrez jamais au salon sans passer par l'office pour interroger le valet de chambre, car, contrairement à ce qu'on dit, il sait mieux qu'un autre reconnaître le grand homme. C'est celui qui respecte son valet de chambre.

TROISIÈME LEÇON

CINQ DRAGONS ENTRE LA TECHNIQUE ET NOUS

Dualisme
Spiritualismes
Humanisme
Individualisme
Modernisme

Quoique infiniment plus complexe et moins assurée, l'exploration des bases médiologiques du psychisme collectif regarde avec envie la découverte des bases neurologiques du psychisme individuel. Mais ici, pas de caméra à positron, de singes cobayes ou de micro-électrodes à disposition comme on en a dans les labos, pour suivre les messages électriques et chimiques des neurones et neuro-transmetteurs. L'examen physiologique du « tissu conjonctif de l'esprit des sociétés » (Jacques Le Goff) ne peut pas non plus recourir, comme celui de la fonction neuronale, aux artefacts métaphoriques de l'intelligence artificielle : pas de machines témoins. Mais un contre-courant similaire. Les neuro-sciences se sont développées au rebours du béhaviorisme américain, mais aussi, et en France d'abord, à rebrousse-poil des psychanalyses idéalistes qui détachent le psychisme de son support physico-chimique, comme la sémiologie détachait les signes de leur support et de leurs voyages. Ce que les neurobiologistes ont fait pour la conscience individuelle, en abolissant le clivage esprit/cerveau, doit être néanmoins tenté pour les mentalités, avec les moyens du bord. Il y a

matière à croire, comme il y a «matière à penser».
Si notre matérialisme éhonté a besoin d'encouragement, parapluie ou paradigme, inspirons-nous plutôt de Changeux que de Karl Marx qui, en matière symbolique, a l'âge de la phrénologie. La dissociation infrastructure/superstructure est au moins aussi pertinente pour notre propos que la théorie des localisations cérébrales de Gall pour la neurobiologie d'aujourd'hui.

Notre tentative a tout pour susciter l'antipathie des docteurs en «sciences morales» par le fait que les résistances à la recherche positive sont encore plus lourdes, encore plus anciennement ancrées dans le collectif que dans le cognitif. J'aperçois cinq sources d'inimitié, cinq foyers d'*ismes* réfractaires, obstacles médiologiques majeurs. En allant du plus ancien au plus moderne ou du plus machinal au plus sophistiqué : le dualisme ontologique ; le spiritualisme antitechnique ; l'apologétique humaniste ; l'individualisme des intellectuels ; et l'espéranto moderniste. Excusez le catalogue, qui fait catéchisme. Je n'exorciserai pas des démons, mais il faut bien sérier l'adversité.

DUALISME

L'opposition primordiale, archaïque, Sacré/Profane, explique sans doute, comme le suggérait Durkheim, la persistance, l'emprise sur nous du couple Pensée/Matière, Esprit/Corps. C'est elle que nous véhiculons d'instinct dans ces dichotomies spontanées qui ont en nous la force de l'habitude :

machinisme contre humanisme, les technos et les intellos, compétence et baratin. Le partage humanités/sciences dans l'institution scolaire, des outils et des œuvres dans l'anthropologie, du techno-économique et du psycho-culturel dans les sociologies, voire des intellectuels et des manuels dans le bottin des professions; de la forme et du sens dans nos analyses de textes (comme si la mise en page, la police des caractères, la disposition graphique ne véhiculaient pas du sens par elles-mêmes), de la surface et du contenu, du message et du support, etc., n'est-il pas une déclinaison du dualisme premier?

Réconcilier la culture avec sa matérialité exige de renverser les murs de la paresse disciplinaire et de l'atavisme culturel, en sorte que les habitués de la BN à Paris puissent aller aussi au musée de l'Imprimerie à Lyon, et que les amis du musée du Louvre trouvent le chemin des Arts et Métiers. Il n'est plus temps que des sociologues enquêtant « sur les pratiques culturelles des Français » concluent que « la technologie aujourd'hui l'emporte sur la culture », en présentant une sorte de match entre deux termes opposés, avec un gagnant et un perdant, comme si le théâtre, le music-hall, le bal public ou le livre n'étaient pas, n'avaient pas toujours été des techniques culturelles, comme si la technologie commençait avec la télévision et le microsillon. Comme si l'histoire d'une culture était autre chose que l'incessant renouvellement technique des formes culturelles, faisant coexister dans le déploiement de ses techniques l'ancien et le nouveau. Il n'est plus temps qu'un historien se laisse refiler une définition de la culture comme « l'ensemble des représentations collectives d'une société », comme si la culture c'était ce que les gens avaient dans la tête, ou plutôt comme si ce qu'ils avaient en tête n'était pas fonction de ce qu'ils avaient entre les mains. Comme si on pouvait penser les œuvres d'une époque indépendamment de ses outils, ses représentations et comportements de ses appareillages de mémoire. Tous ces petits gestes de démarcation anodine reproduisent l'antique partage, et peu importe ici que le bien, le sérieux, le lourd soit placé du côté «représentation-culture» ou du côté «production-technique». Marx reprend à Platon le modèle du double ou du reflet, en se contentant d'inverser les places. «Idéaliste» ou «matérialiste», qu'on fasse dans la dentelle ou dans les forces productives, on se garde tout uniment d'envisager l'acte intellectuel comme une opération matérielle, dont la forme fait force.

Sans doute le retournement de la «main» sur le «cerveau» est-il paradoxal et déplaisant. L'activité symbolique est un moyen de maîtriser notre milieu naturel, d'en conjurer la pesante, l'humiliante matérialité en déjouant ou en desserrant ses contraintes. Aussi n'est-il ni facile ni agréable de prendre conscience que l'activité qui libère des servitudes naturelles et matérielles est elle-même asservie à des conditions naturelles. Mais à trop opposer pensée et matière, on oublie ce fait élémentaire que la pensée n'existe qu'en se matérialisant, ne se prolonge qu'en s'extériorisant. «Dieu prothétique», l'homme ne s'élève à la condition divine qu'en allant vers le «bas», par adjonction d'organes de suppléance, de facultés matérialisées. Physique, l'émission vocale et l'écriture alphabétique qui ordonne la trace au son. Pendant six mille ans, penser, symboliser, concevoir, cela a consisté à traiter un matériau plus ou moins souple avec un matériau plus ou moins dur. De l'intellectuel comme ouvrier manuel spécialisé, gymnaste de la main, doigts et poignet. Le corps du caractère, l'œil de la lettre. La main, l'avant-bras, le dos du traceur. Exercice corporel, dur désir de durer. Encore la pratique graphique est-elle séparée en Occident de la pratique picturale des Orients, nous avons écopé d'une calligraphie allégée, sans pinceau ni vélin, nous dissocions la peinture de paysage de l'écriture d'un poème. Mais griffonner, gribouiller, «gratter», c'est toujours un effort musculaire autant que cérébral. Hédonisme, mortification, ou les deux. *Travaux* d'écritures où le corps s'engage dans la peine, la jouissance, ou les deux. Écrire, jusqu'au matin des télématiciens, jusqu'à la page électronique, ce matin même: incruster, inscrire, inciser. Enchaînement de barres et de traits sur une surface plane, un solide plus ou moins résistant. Sans oublier la manipulation et le transport de ces pondéreux, les livres (que l'euphémisme «ouvrages de l'esprit» ne rend pas plus aériens). Mensonge romantique du penseur de Rodin, romanesque du philosophe de Rembrandt. Vérité des images médiévales ou renaissantes du clerc, quand il habitait encore sa rugueuse et fonctionnelle vérité d'artisan, sans signature, sans pose, avant la naissance de «l'auteur» et du «génie». Le *Saint Jérôme dans sa cellule*, par exemple, d'Antonello de Messine, c'est un bâtiment, des murs de pierre, avec du mobilier, des objets lourds, des pointes. Coffre à livres, ouvrages enchaînés à l'*armarius*, casier ou niche pour bréviaires ou psautiers, écritoire, sablier, lutrin, pupitre. Un fabricant à son atelier. Avec sa discipline, son cérémonial, son appareillage de copiste: rasoir, craie, pierre ponce (pour lisser le parchemin). L'encre, qui se prépare avec du noir de fumée. La plume qui se taille, s'aiguise, se sèche, s'use, et doit se remplacer. Poids-plume, disent-ils? Cela pèse, une plume. Cela ne tombe pas du ciel. Cela se cherche et coûte, il faut tuer une bête, ou arracher une branche, ou usiner du métal. Cela a une histoire individuelle, une plume, et historique aussi, comme les civilisations et les matériaux: calame, roseau, plume d'oiseau, plume de fer, stylographe, pointe-bic. Une drôle d'histoire, méprisée mais sérieuse.

Les mots nous piègent. L'*homo faber*, n'est-ce pas, a des outils. L'*homo cogitans* n'en a pas — ou seulement à titre métaphorique. Ce qu'on appelle «l'outillage mental» (Lucien Febvre) ou «l'équipement intellectuel» (Jacques Le Goff) désigne des cadres logiques de pensée ou des dispositions de sensibilité, un mode d'intériorité collective. L'historien qui parle choses, matériaux, vitesses, transports, fabrications, ustensiles, sort aussitôt de la rubrique noble: «histoire culturelle» (public large d'honnêtes gens, échos journalistiques, ventes régulières), et tombe dans la rébarbative et accessoire «histoire des techniques» (public spécialisé, voir au troisième étage, marché improbable). Il glisse de la Sorbonne à Compiègne (université technique), du centre à la périphérie des sciences de l'homme. Ce qui est en cause ici n'est pas la question de savoir si l'univers symbolique se répercute ou non, et à quel degré, sur l'évolution du monde social et matériel, mais où se situe la ligne de partage entre l'immatériel et le matériel. La ligne de démarcation entre spéculation et positivité n'oppose pas les tenants du matérialisme aux autres, mais ceux qui parlent matériellement des idéalités aux autres. Difficile d'admettre, après l'imprégnation marxiste, que la matérialité n'est pas en bas ni l'idéalité en haut, mais que les « superstructures » ont une infrastructure qui leur est propre, incorporée et déterminante.

Un historien aussi éminent que Georges Duby, réfléchissant sur « histoire sociale et idéologie des sociétes », oppose encore en instances extérieures les « structures matérielles » et les « idéologies », les phénomènes économiques et démographiques d'un côté, les phénomènes mentaux de l'autre. Il concède volontiers aux seconds un rôle actif, sinon déterminant, une durée spécifique, avec ses décalages et ses discordances. Mais modèles de comportement, procédés d'éducation et systèmes de valeurs sont traités comme des entités immatérielles, choses invisibles, corps spirituels sans organes et donc sans anatomie ni physiologie possibles. On postule une histoire idéologique indépendante de l'évolution des supports et vecteurs de diffusion. On constate qu'il se creuse souvent des écarts entre un système idéologique conservateur, à évolution lente, et l'évolution plus rapide des rapports sociaux vécus. Mais l'instance des médiations techniques par lesquelles se reproduit une idéologie sociale — *les outils de la tradition* — est sautée, comme si elle n'avait pas de temporalité propre. Or l'écart qui se creuse entre un patrimoine symbolique et la transformation des « réseaux pensants » peut s'avérer non moins décisif. Le marxisme-léninisme, par exemple, était frappé d'obsolescence par l'évolution technique des médias (dès les années cinquante) avant même que les « rapports sociaux vécus » ou l'imaginaire social des masses contemporaines ne viennent à le déserter.

SPIRITUALISMES

Depuis à peu près un siècle, le discours des hommes de culture face à « la » technique paraît osciller entre deux mythes contraires, Faust et Prométhée, et deux tonalités de pathétique : catastrophe ou rédemption. Apocalypse ou parousie. Le croquemitaine a élu domicile en Europe et la bonne fée en Amérique. Le pessimisme, dans nos contrées, et malgré un certain Jules Verne, l'emporte sur l'ébahissement, et la gamme est vaste qui va de la fulmination vengeresse au moralisme morose. Technique et Modernité, couple maudit, s'assoient ensemble au banc des accusés, pour répondre de leurs méfaits devant le Tribunal de l'Esprit. N'entrons pas dans le détail de ces diatribes à majuscules que nous connaissons et goûtons tous. *Contre* la civilisation mécanique, la société industrielle, l'américanisation de la vie, la massification de l'individu, la culture de masse, l'uniformisation de la société, l'homme unidimensionnel, la société de consommation, la fabrication en série, la Technostructure totalitaire, « les aristocrates de la Techno-science », etc. Avec la *technè* comme arraisonnement de la nature, provocation et réduction de l'Être, le contraire donc de la *poièsis*, Heidegger a redoré le blason métaphysique de cette tradition de pensée aux résonances chagrines ou réactives ; Marcuse et l'école de Francfort, avec la dénonciation de la technique comme ruse de la domination capitaliste et, plus largement, la notion dépréciative de « Raison instrumentale », lui ont donné aux alentours de 68 et du côté gauche des barricades ses lettres de créance progressiste ;

Jacques Ellul, son arrière-fond et sa réelle profondeur eschatologiques. C'est un thème où ont excellé, en France, moralistes et littérateurs de l'entre-deux-guerres — voyez Bernanos, Duhamel, Guénon —, «la liberté de l'esprit» rejoignant alors la sainteté de la Nature, comme moteurs de la vitupération.

Pas besoin de vous faire le tableau des oppositions pertinentes qui s'enchaînent à la dichotomie première Ciel/Terre, Esprit/Matière, Sacré/Profane. Chaque culture historique, chaque personnalité affective peut broder sur le canevas originaire les antithèses de son choix : qualité contre quantité ; individu (ou élites) contre masses ; civilisation contre barbarie ; contemplation contre travail ; noble contre vil ; l'aérien et le pesant, le propre et le sale, l'unique et le multiple, l'artificiel et le naturel, la ville et la campagne, le noir et le vert, le durable et le jetable, le bois et le plastique, etc. Indéfinies combinaisons qui donnent à la rhétorique sacrée de la malédiction anti-technique («le gouffre nihiliste où s'effondrent les grandes transcendances...») un chatoiement toujours séduisant, de bon aloi et de vente aisée.

L'autre pôle, optimiste et néanmoins conquérant, inverse le passé et le futur comme sites du Bien et du Mal pour chanter «le devenir-autre de l'homme contemporain». C'est la technique comme rédemption, le salut par le micro-ordinateur, la naissance du «cosmanthrope» et de l'«iconanthrope». L'homme nouveau, promis hier par les chemins de fer, nous attend désormais tout au bout de l'informatisation de la société : petit entrepreneur innovant, émancipé, convivial et libertaire. La religion nord-américaine du futur nourrit une myriade d'essais prophétiques où l'information factuelle sur les ultimes générations de microprocesseurs vient entretenir l'attente eschatologique du Salut par la Machine. De Toffler à Servan-Schreiber, de *La Troisième Vague* au *Défi mondial*, on peut bien appeler «technocratique» cette version euphorisante du pathos millénariste. Elle accorde à la technique une influence proprement démiurgique sur le cours des sociétés.

La religion industrielle oublie que l'histoire humaine se joue, hélas, à plusieurs niveaux, simultanés mais discordants, *zoologique*, *social* et *technique*, pour rabattre unilatéralement les deux premiers sur le dernier. L'homme est un *animal* pensant, qui vit en *société* et fabrique des *outils* ; et ce n'est pas parce que ses machines à voir, à se déplacer, à voler, à calculer, etc., sont de plus en plus performantes qu'il cessera d'être le descendant du seul primate à avoir une alimentation carnée, et donc, en tant que mangeur de produits charnus, attaché à un territoire de chasse, avec points de fixation alimentaire, trajets saisonniers, etc. Comme le rappelle Leroi-Gourhan, «l'homme aurait-il possédé une denture râpante et un estomac de ruminant que les bases de la sociologie eussent été radicalement différentes». La fixation territoriale ou sédentarisation, comme donne phylogénétique, avec ses très sévères contreparties du côté des religions et des systèmes symboliques, est l'une de ces contraintes naturelles (il en est d'autres) que les extrapolations utopiques de l'hymne à l'innovation ignorent superbement. L'universelle astreinte à la particularité que le *sapiens* tient notamment de sa physiologie, statut contingent, n'a pas sa place dans les tableaux en vogue de la réconciliation mondialiste par l'objet nomade, de la démocratie informatique, ou de l'autarcie universelle par la télématique. Fantasmagories de techno-fiction où le réalisme high tech des allusions cache une démarche d'abstraction des «systèmes techniques» coupés des rapports sociaux où ils s'inscrivent. L'ébriété moderniste, type Exposition universelle, est la forme aujourd'hui la mieux reçue du spiritualisme technique ou de l'illusion de toute-puissance qu'engendre la formation d'un «technocosme» insulaire, coupé de ses déterminants biologiques et historiques. L'illusion politique ou culturelle consiste à penser l'histoire des cultures ou des institutions comme indépendante des systèmes techniques. L'illusion techniciste la conserve en la renversant. Elle ne voit pas que l'histoire des médiations techniques est une histoire immédiatement animale, sociale, économique et politique.

Notre défi, et il n'est peut-être pas tenable, serait d'échapper, face aux processus d'innovation technique, à tout jugement de valeur, toute réaction affective de répulsion ou de séduction. D'abandonner la posture religieuse et morale pour une estime agnostique et sereine, une comptabilité minutieuse et sobre des coûts et des gains de chaque outillage de pensée, sans stridences ni extase. Or, un système de transmission symbolique, à commencer par l'écriture alphabétique, constitue de par ses enjeux un objet chaud et même brûlant, qui exige du médiologue un traitement froid (*La Raison graphique* de Goody ou les travaux d'Elizabeth Eisenstein sur l'imprimerie comme agent de changement montrent à cet égard la voie). La difficulté me semble résider en ceci que, s'il faut *neutraliser* le discours sur la technique, la technique elle-même n'est pas neutre, en dépit de ses légendes. Innocenter la technique de ses retombées et effets pervers est une chose, la tenir pour une «innocente» en serait une autre. Sociologues et historiens ont beau jeu d'opposer au délire technocratique sans cesse récurrent que *la* technique n'existe pas, comme réalité totalitaire et substantielle; qu'on ne peut sérieusement en faire notre malin génie comme sujet manipulateur impersonnel ni notre planche de salut comme système de signification indépendant des hommes qui la produisent et la reproduisent. L'imprimerie, l'audiovisuel, l'écriture informatique, chacun de ces systèmes de transmission a été filtré, bricolé, détourné par ses usagers en fonction de ses valeurs et de ses intérêts. Cela est incontestable.

Il ne semble pas pour autant qu'on puisse en revenir à l'idée ancienne et tranquille que la technique ne porte en elle-même aucune prédestination, qu'elle consiste dans la simple articulation de moyens sur des fins qu'il appartient aux hommes de poser à leur gré et convenance. Une révolution technique comme la motorisation, cela peut servir, il est vrai, à de Gaulle et à Guderian, aux *Panzerdivision* nazies pour occuper et aux divisions de Patton pour libérer. La radio, cela peut servir à Hitler pour chauffer à blanc la tribu et à Roosevelt pour des causeries civiques au coin du feu. Dans la télécommunication des pensées, pour s'en tenir là, peut-on, du fait que «l'ustensile n'est pas pensable sans son utilisateur», conclure que «la technique n'a pas d'éthique, seuls les techniciens en ont une»? Rien ne me paraît moins sûr.

Si les structures de réception sociales sont toujours actives, cette activité elle-même n'est pas libre mais déterminée en amont par les moyens et supports de transmission. On ne connaît pas de technique intellectuelle ou informative qui ne véhicule une éthique, ne serait-ce que professionnelle, et bientôt sociale. Les historiens de la Réforme (Pierre Chaunu par exemple) ont bien montré que l'atelier d'imprimerie a servi de base à une éthique du savoir, par le relais de l'établissement du texte, indispensable lorsque la reproduction mécanique à de multiples exemplaires rend «irréparable» la moindre erreur d'interprétation, interpolation ou version fautive d'un texte imprimé. L'*homo typographicus* a tiré de cet «esprit critique», défaut ou vertu professionnelle au départ, une morale de vie, une perception de l'histoire qui lui sont propres. L'*homo audiovisualis* ou l'*homo informaticus* en ont une autre et ce n'est ni leur mérite ni leur faute.

HUMANISME

Même si nous faisons les glorieux, nous ne sommes pas des sujets libres et souverains vis-à-vis de nos outils intellectuels et moraux.

Nous héritons de l'idée reçue que l'homme se tient face à ses truchements, à ses courroies de transmission, à ses canaux, comme un pilote sur son navire, maître du sens et des usages. «L'avenir sera ce que vous le ferez», lançait André Gide à la jeunesse, avant de mourir. À quoi le médiologue serait tenté d'ajouter un modeste avertissement : «Mais avant de vous lancer à la conquête de l'avenir, observez d'abord comment fonctionnent et ce qu'induisent, notamment dans l'esprit des lois et la nature du lien social, vos diverses machines à communiquer. Sinon, chers anges, vous serez refaits. Je veux dire : le monde sera ce qu'en auront fait vos outils spirituels. Votre monde aura de l'esprit, il en a toujours ; mais ce sera le leur, pas le vôtre. À moins que vous ne confondiez les deux, bévue naguère appelée aliénation.»

Vous l'avez compris: la médiologie n'est pas un humanisme. C'est bien dommage pour elle. Dans la cité et dans nos cœurs, le dernier mot est toujours à l'humaniste, car il a le beau rôle. Nous avons le vilain. Tant pis. Nous ne communierons pas dans la croyance en la souveraineté de l'esprit sur ses moyens, et nous avons tout lieu de craindre qu'il n'existe pas une harmonie *naturelle* entre la fonction expressive et ses organes d'expression. L'humaniste voit l'histoire de l'*homo sapiens* comme le développement continu d'une conscience fondatrice se mirant dans ses propres chemins, la promenade d'un sujet souverain, homogène à lui-même à travers ses déchirures, et retournant tôt ou tard à lui-même après les épreuves de passage que lui font subir les malheurs du temps. Il n'envisage pas la rupture. «La continuité de l'histoire est celle des oppresseurs», écrit Walter Benjamin, qui ajoute: «l'histoire des opprimés est une discontinuité». De même l'humaniste voit-il dans l'objet le miroir du sujet, dans l'outil le simple prolongement de ses gestes, dans l'histoire des techniques un jeu d'ombres portées. L'écriture? Un succédané de la parole, source vive et première. La radio? La projection orale du texte écrit. Le téléphone? Un prolongement de la voix dans l'espace. La télévision? Un téléphone optique. Bref, il a une conception instrumentale de ses instruments. Donc, rien de nouveau sous le soleil, et rien d'essentiel sur la scène des accessoires techniques.

Le même postulat de continuité unifie devenir historique et panoplie médiatique, chaque étape du développement marquant une simple halte dans le circuit qui ramène l'homme à l'homme, la fin à l'origine et l'esprit à lui-même. L'humanisme théorique suscite un *angélisme des moyens* doublé, et pour cause, d'un *cynisme* inopérant dans l'utilisation. La télévision par exemple (mais on peut en dire autant pour l'automobile, le transistor, l'ordinateur, la bombe atomique, etc.) n'est pas à ses yeux un appareil structurant, doté d'une logique et d'un pouvoir propres (assez contraignants pour s'imposer, à la longue, aux meilleures et aux pires volontés). C'est un contenant à remplir différemment. Nous allons la «libérer». La télé, comme l'avenir, sera ce que nous en ferons. Ce prodigieux outil asservi aux méchants exploiteurs (ou aux malveillances d'esprits subversifs, peu importe, cela se joue dans les deux sens) n'est pas la vraie télévision parce qu'elle n'est pas encore, ou qu'elle n'est plus, entre de bonnes mains. Mais quand nous arriverons aux commandes, nous la remettrons dans le bon sens, au service du Bien, du Vrai et du Beau. Nous en ferons l'instrument d'éducation et de création qu'elle est en son fond sans bien le savoir, une source d'information véritable et non truquée, bref nous rendrons l'instrument à sa dimension humaine, à sa vérité humaine, à sa finalité humaine. Applaudissements dans la salle, élections dans le pays, nouvelle loi sur l'audiovisuel à la Chambre. Mais la télévision libératrice tant attendue tombe mystérieusement à la trappe. L'instrument instrumentalise ses maîtres supposés ; le pouvoir reste à l'outil. Bizarre, bizarre.

Le plus curieux est que cette illusion de continuité ou d'homogénéité entre la chose créée et son créateur est parfaitement attestée par la généalogie des branchements techniques. Chez l'animal, le geste et l'outil se superposent, sans décoller, dans l'organe physique. Chez l'homme, l'outil prolonge le geste et s'en *détache*. Ce détachement, ou cette extériorisation matérielle des facultés humaines, «sorties» en quelque sorte du corps et se mettant à vivre d'une vie autonome dans une succession d'outils et de machines, définit autant que le langage le critère d'humanité. Mon cerveau mourra, non ces notes que je déchiffre devant vous, inscrites à l'encre sur un papier qui durera plus que moi. Si nous n'extériorisions rien, par-delà nos neurones et nos synapses, et compte tenu de l'atrophie de notre mémoire orale, pas de conservation, pas de transfert, pas de tradition, donc pas de culture possible. L'outil survit à l'organe. «Dieu prothétique», l'homme n'accède à un commencement d'immortalité que par ses prothèses. Et l'esprit à la durée, que par la matière où il passe et qui l'empêche de passer. Rien ne reste que par les médiations, qui viennent une à une, depuis cinq cents ans, prendre place dans «le cerveau imprimé de la communauté», c'est-à-dire nos bibliothèques. L'homme a ainsi extériorisé dans divers appareils, qui vont du chopper de l'Australanthrope au robot de troisième génération, son bras, sa jambe, son œil, son système nerveux, son cerveau moteur, puis son cerveau calculant, bientôt pensant, et un jour viendra sans doute où se retrouvant intégralement en dehors de lui-même, et mieux doté qu'à l'origine, l'individu se trouvera «embarrassé par cet appareil ostéomusculaire désuet, hérité du Paléolithique» (Leroi-Gourhan), fossile physique vivant mais superflu, allongé devant ses écrans de contrôle, avec une main atrophiée, des jambes sans emploi et un cerveau ralenti. Il aura depuis longtemps quitté son «dernier véhicule», comme dit Virilio, puisque c'est le monde extérieur qui désormais viendra à lui, dans sa bulle de verre.

Futurologie du troisième millénaire. Reste que s'il y a continuité à la naissance de l'outil entre évolution génétique et évolution technique, la seconde reproduisant en un temps très court et toujours plus accéléré les milliers de siècles de la première, il y a *solution de continuité*, en fin d'exercice, entre l'organe humain et son tenant lieu. L'objet technique se met à vivre de sa vie propre, chaque découverte libérant des effets imprévus qui déjouent les moyens d'appréhension et de contrôle tant intellectuels, des individus, que politiques, des sociétés. L'écriture extériorise la mémoire cérébrale pour la pérenniser mais le petit aide-mémoire du comptable de Sumer finit par créer une autre sorte de mémoire sociale, par la qualité et la masse des archives ; et ainsi de suite, à l'accéléré, avec les technologies mécaniques de reproduction (imprimerie), puis électromécaniques, puis électroniques, puis numériques, etc. Cette dynamique court plus vite et sur d'autres pistes que nos attentes, nos habitudes et nos décisions, comme le montrent les tentatives émouvantes de rattrapage du législateur dans son effort d'adaptation des lois en vigueur à l'évolution technique. On verra dans un prochain cours à quel point, plus encore que l'homme en général, le censeur est une passion inutile.

L'esprit humain conçoit et fabrique les machines, mais les machineries de l'esprit ont un esprit bien à elles, sinon de l'esprit pour deux. Cet esprit machinique fabrique à son tour et conçoit dans notre dos, sans rien nous demander, sans même nous informer, un monde, un espace-temps, une cité qui s'imposent à nous. À chaque type d'archive correspondent une configuration du pouvoir d'État et une modalité de la loi qui ne se déduisent pas des constitutions ou du droit public. L'espace public de la République est bâti sur la lettre imprimée et sur sa circulation entre citoyens susceptibles de lire, d'écrire et de se juger mutuellement. Mais la fabrication industrielle de l'événement en temps réel par l'image-son analogique modifie, comme nous le verrons, notre rapport au passé (dévaluation du monument) et à l'avenir (évanescence des postérités). De même suscite-t-elle un autre espace imaginaire, un autre milieu vécu que celui qu'ordonnaient les lois de la perspective, cette technique elle aussi immatérielle inventée par la Renaissance italienne. L'espace médiéval hiérarchisait des valeurs, l'espace perspectiviste est un système de grandeurs. Nous ne revenons sans doute pas à l'optique du Moyen Âge mais il est clair que notre relation visuelle au monde ne s'ordonne plus aux rapports de proximité issus de la perspective (avec premier plan, horizon et points de fuite), mais à une hiérarchie sociale de valeurs informatives d'où il résulte que j'ai dans l'œil, au premier plan, non mon voisin de palier ou de rue, que je croise comme des inconnus, mais la vedette de variétés, le présentateur de télévision ou le leader politique, que je n'ai jamais vus effectivement. Cette nouvelle géographie mentale n'a été conçue ni voulue ni organisée par personne. C'est un «effet de machine» dont je peux apprécier les effets, mais non abolir la cause. Je vis dedans et fais avec; cette chaîne d'opérations vécues, qui me fait en partie tel que je suis, s'est faite et se défera peut-être un jour, mais pas de mon fait.

Le médiologue s'en voudrait d'exalter un déterminisme technique, mais il cherche d'abord à dégager les déterminations objectives des appareillages de la pensée qu'il considère. S'il prend la mesure des machines, c'est pour ne pas subir aveuglément leur loi.

On peut se demander si les variantes de l'humanisme philosophique, que ce soit l'homme-mesure-de-toutes-choses de Protagoras, l'homme désaliéné du jeune Marx ou l'homme-projet de Sartre, n'ont pas en commun, et pour fondement commun, un certain mépris pour l'activité technique et le machinisme en général. Si c'est bien là une constante, il conviendrait d'interroger la persistance d'une mentalité magico-religieuse au cœur de ce blocage humaniste : pourquoi prendre la technique au sérieux si l'homme a la faculté de commander au monde par la parole ou le signe ? Soit la causalité magique paradoxalement réactivée aujourd'hui par les machines à voir, à entendre et à lire (qui tendent à se nier pour ainsi dire comme machines, pour se proposer comme divines télécommandes, de plus en plus faciles ou instantanées). L'ivresse du roi zappeur commandant à un monde presse-bouton est un reste en nous d'ébriété primitive, retour d'une mentalité prémécanicienne au sommet de la facilité technique.

Le postulat de continuité humaniste, libertaire ou marxiste, rhétorique, chrétien ou technocratique, doit son emprise à son ancienneté. Sa fraîcheur prometteuse vient de loin, avec des titres d'autorité puisés à Athènes et à Rome. La philosophie déteste les machines parce qu'elle est née de leur refus ; plus exactement : d'une conception qui en faisait de simples prolongements des organes du corps, petites merveilles sans conséquence, *thaumata* divertissantes, automates-jouets. Nous traînons tous après nous, et d'autant plus que nous n'y prenons pas garde, cette hiérarchie de valeurs qui opposait le citoyen et l'artisan, le savant et l'ingénieur, les arts libéraux et les arts serviles. On peut fort bien investir dans un activisme historique ce jeu d'oppositions, sans reprendre à son compte l'antinomie de la vie contemplative et de la vie active et le dédain du temps propres à l'Antiquité. Comme on peut allier l'optimisme du progrès technique, épopée libératrice, et une totale insouciance des mutations techniques concrètes, accessoires et étrangères au monde glorieux de la Raison. Les humanismes de la praxis et du progrès sont les cadeaux du XVIIIe au XXe siècle. La révolution industrielle a bien été pensée mais le plus souvent dans des cadres de pensée préindustrielle — ce qui explique la facilité avec laquelle nous avons pu absorber ces grandes promesses de salut.

Le médiologue doit donc être doublement modeste. Devant les outils d'abord, pour réviser à la baisse les aptitudes démiurgiques du sujet humain. Devant les collègues ensuite. Face aux philosophes du droit, de la liberté et de « l'espace public », héritiers des arts libéraux, il aura toujours l'air d'un préposé au mineur et au mécanique (bimbeloteries et divertissements). Et face aux prophètes de la Nature ou de l'Être, gardiens de l'authentique, de la vie et des énergies premières — grandis par les prestiges de l'ancienne *physis* —, les sentinelles de la *technè* sembleront vouées à l'inauthentique et aux contrefaçons. L'Occident comme l'Orient leur fermeront leurs portes, rebelles qu'ils sont à leur mythologie, disons à leurs valeurs respectives. « Superficiel », diront les uns, et les autres : « artificiel ». L'opprobre du factice, commun dénominateur des condamnations occidentalistes et orientalistes, guette inévitablement quiconque prend au sérieux les transitions du dire au faire et ses moyens d'effectuation.

Il va de soi, dans notre tradition, que l'esprit comme tel, l'esprit de plein exercice et de plein droit, doit et se doit de rester étranger à la technique, cette *illusion*. Même s'il est recommandé aux hommes libres d'avoir des esclaves ou des «machines animées», pour les tâches serviles, comme l'était dans la cité antique l'écriture de la parole vive, tâche de consignation indigne du philosophe et réservée à des esclaves alphabétisés ou des élèves de première année. L'homme libre dicte, il n'écrit pas lui-même.

Pour nous, c'est plutôt l'esprit comme tel qui est une illusion.

INDIVIDUALISME

Autre obstacle à surmonter : le narcissisme professionnel des hommes de pensée. Les poseurs de fins et de valeurs jugeront cette crispation sur les moyens, méthodes et vecteurs, anodine ou suspecte, ou les deux ensemble. Les hommes de lettres ne considèrent pas la lettre (la «lettreüre», ainsi qu'on disait au Moyen Âge pour la littérature) : indifférence fréquente des écrivains aux questions de typographie, aux arts et métiers de la lettre. Les producteurs de pensée répugnent à traiter la pensée comme produit : le mutisme des philosophes et psychanalystes sur la neurophysiologie du cerveau rappelle à sa façon l'embarras boudeur des sociologues devant la sociologie des sociologues.

Les médiateurs, en général, n'aiment pas regarder en face les médiations. À commencer par leur médium naturel, la langue : indifférence de l'intelligentsia française à la francophonie, inconscience des chercheurs anglo-saxons quant à l'enjeu de l'anglais comme médium unique de transmission du savoir. L'intellectuel est un humaniste de vocation parce que là est son plus grand confort (au sens de confort d'écoute). Il suit sa pente en s'abandonnant à une conception instrumentale de ses instruments, dont il se sert sans les voir. Ainsi se sentira-t-il libre comme l'air, sans remords ni *impedimenta*, léger manieur d'une langue légère, neutre, transparent *flatus vocis* où il se gardera de reconnaître une institution d'État, hérissée de canons, d'encaisse-or et de brevets d'invention, marque de fer d'une domination nationale, reconduisant ce rapport de force et propageant ses valeurs outre-mer. L'outil linguistique est immatériel mais lourd, peut-être le plus lourd de tous dans la panoplie qui soutient et perpétue une mentalité. Une langue, une écriture c'est toute une mémoire involontaire et c'est aussi un parti pris sur l'avenir, inconscient parfois. Atatürk l'avait bien compris, qui adopta des caractères latins pour transcrire la langue turque. L'arabe, c'est la langue du Coran. Et l'Algérien laïque et progressiste qui voulait arabiser entièrement la République algérienne n'écrasait pas seulement sa composante berbère (comme le français de Descartes et de Diderot, imposé par la monarchie, contribuait à écraser le breton, le provençal et l'allemand) : il frayait la voie à l'islamisation intégriste de sa république, à son insu et pour préserver, louable intention, son originalité culturelle.

Il est vrai que parler une autre langue que sa maternelle, c'est peu ou prou reconnaître l'autorité, la logique et les finalités du système de forces dont cette langue est l'instrument. L'américain, c'est la langue du business et de la religion technique. C'est, comme toutes les langues, une conception du monde, une obédience tacite et une échelle de valeurs. Admettre le *basic english* comme *lingua franca* du monde européen, ce n'est pas, ou pas seulement, choisir une facilité instrumentale, un moyen inessentiel et commode de communiquer, c'est ordonner l'Europe à une conception techno-économiste du monde et de son propre avenir. Il n'y a pas de langue « innocente » (pas plus la sienne que celle des autres). Aucun *medium* n'est gratuit : toujours quelque chose à payer. Il y a des *media* doux, comme il y a des technologies douces, moins coûteux que d'autres. Il n'en est pas de « naturel » (pas plus les langues naturelles que les langages-machines).

Précisons. Les voies et moyens du discours font l'objet de nombreuses disciplines intellectuelles, qu'il s'agisse des moyens d'*effectuation* (langue, papier, inscription), de *transport* (par exemple, pour la République des lettres du XVIIᵉ siècle, les routes, chevaux, relais de poste, courriers permettant la correspondance de point à point entre savants à travers toute l'Europe), de *stockage* (éditions, bibliothèques, etc.), de *circulation* (académies, écoles, lectures, colportage, etc.). Mais ces conditions sont d'ordinaire pensées par le penseur comme l'en-dehors de sa pensée, son con-texte. Supposer qu'elles puissent en faire le dedans ; reconduire l'esprit à ses appareils, donner la parole à la matière, ou plutôt redonner ses matériaux à l'acte de discours ; refaire glisser le support sous la trace, comme le réseau sous le message, comme le corps constitué sous le corpus textuel, c'est installer l'hétéronomie au cœur des événements discursifs. Et violer de sacro-saintes habitudes.

L'autonomisation du discours — l'orgueil du métier — a en France deux visages historiques, qui ne s'opposent qu'en apparence. Une face classique, rationaliste, d'entendement. Une face romantique, rêveuse, de sentiment. Descartes dans son poêle, Hugo sur son rocher. Hautes figures de solitude, clichés emblématiques, réunifiés par Rodin dans l'enroulement sur soi d'un homme nu, sans âge, sans instrument ni environnement, *le Penseur*. Deux imageries héroïques, mais au demeurant deux experts en politique de la pensée ; et on pourrait en fait saluer le réalisme, le flair, la conscience médiologique de ces deux héros de la diffusion. Descartes choisissant, contre les doctes et les théologiens d'une Sorbonne fermée sur son latin, d'écrire le *Discours de la méthode* en français, langue vulgaire, maternelle et monarchique, pour élargir canal et bassin d'audience aux femmes, aux courtisans et à l'honnête homme. Hugo, tarabustant par lettres et messagers ses éditeurs, du haut de son rocher, multipliant affiches, assiettes, statues, vignettes à son effigie, pour arroser un maximum de lecteurs dans la France des chemins de fer et des écoles primaires. Reste que faire apparaître dans le grand auteur l'interprète d'un certain réseau collectif — un espace déterminé d'élaboration, de circulation et de confrontation —, c'est resituer le soliste dans l'orchestre qu'il ne veut ni voir ni entendre. L'autoréférence et l'autofondation du sujet pensant restent la norme admise, et c'est curieusement au moment où la République des lettres cristallise au XVIIe siècle l'avènement du savoir comme fait communautaire inscrit dans un réseau serré d'échanges et de vérifications mutuelles que le *cogito* est venu occulter dans l'imaginaire intellectuel le *cogitamus* stipulé par l'«effisience» collective. La réalité, c'était: *nous* pensons, donc *nous* sommes; adossé à ce *nous*, le philosophe du sujet dit *je* et ne retourne pas la tête.

Dénégation de cette dénégation, la médiologie vient, derrière chaque *isme*, déloger l'enceinte qui le fait advenir et qu'il boucle en retour. Car on ne pense qu'en corps, le corps se pense à travers tel ou tel truchement, ce ne sont pas les esprits mais les corps qui pensent. C'est un fait bien connu des historiens des idées : l'intellectuel critique, inorganisé, est toujours plus organique et mieux organisé qu'il ne se pense, dépendant d'une société ou d'une contre-société, chacune le pilotant comme une intersociété, lieu et milieu clos d'interlectures et d'interactions. Derrière la forme «controverse», il y a le collège médiéval, base de la scolastique. Derrière la forme «polémique», il y a les journaux et revues d'opinion, supports de la pensée critique. Derrière la forme «table ronde», il y a le panel radiophonique et le plateau de télévision, matrices de l'échange d'aujourd'hui. Le clerc a été de monastère, d'université, de cénacle, d'État, d'école, de parti ; il est d'entreprise, par le biais de la presse ou de l'édition, ou bien d'académie, ou bien d'un peu de tous ces corps mêlés, chacun faisant l'anticorps de son voisin et rival. L'école fut une contre-Église (avec ses contre-prêtres et son anticatéchisme), comme les médias sont une contre-école (avec ces superprofesseurs qui sont l'antithèse des professeurs, les grands journalistes, nos nouveaux prêtres). Une dissidence intellectuelle sans réseau d'appui, national ou transfrontalier, est un conte de fées assez flatteur pour nous ensorceler, mais qui ne résiste pas à l'analyse médiologique, à sa liste de questions têtues : quel corps d'appartenance ? Quelle stratégie d'organisation ? Quel réseau de diffusion ? Quels supports ?

MODERNISME

Vous connaissez le leitmotiv «modernisateur» selon lequel plus il y a de technologies dans une société, moins il y a de place pour le symbolique. Nous avons tous entendu dire que la puissance croissante de nos machines diminuerait d'autant le pouvoir des mots ; que la dynamique technicienne dévalue les arts et procédures magiques ; que plus et mieux on calcule, moins on a besoin de délirer. On peut en effet imaginer que plus il y a de gens efficaces quelque part, moins il y aura de bavards et de songe-creux, mais l'observation des sociétés industrielles développées paraît infirmer cette supposition du bon sens. Voir l'augmentation constante du chiffre d'affaires des industries du mythe guérisseur (médecine douce, parapsychologie, astrologie, sectes occultistes, etc.) qui ont pour seul moyen de production la parole, le message «d'homme à homme». Lecture en France, chiffre d'affaires : trois milliards de francs. Astrologie : quarante. Marché publicitaire : soixante. Marginal et anecdotique ? Soit. Tournez alors vos regards au-dehors, vers «le grand réveil religieux», le retour des nations, la remontée mondiale des mythes d'origine et des credos communautaires, et vous verrez si les médiologues risquent d'être mis au chômage par l'universalité du progrès technique. Je ne vais pas vous renvoyer une fois de plus à mon analyse de l'inconscient religieux, mais vous trouverez aux chapitres «L'Universel à l'envers», et «Le Progrès rétrograde» une explication rationnelle à ces déraisons que les dix années écoulées n'ont pas précisément démenties. Simplement, rappelez-vous le «principe de constance» qui sanctionne dans une société tout déséquilibrage technique par un rééquilibrage symbolique de l'appartenance. Chaque nouveau cran dans la mondialisation techno-économique hausse d'un cran équivalent la balkanisation ethno-culturelle de la planète. Tout nouveau principe d'unification, d'un pays, de l'Europe ou de la Terre, déplace ailleurs son principe de différenciation, sans l'abolir. Ce qui veut dire: *le multiple est l'avenir de l'Un* (et vice versa: plus il y aura de tribus, plus on aura besoin d'une Organisation des nations unies). Jusqu'à quand faudra-t-il rappeler aux tenants du mondialisme futuriste, juridique ou technique, qu'il existe trois mille langues parlées sur cette planète et cent qui s'écrivent? Les systèmes techniques font le tour du monde, oui, mais il n'y a et ne peut y avoir de langue universelle ni de religion universelle (pour les mêmes raisons). Et plus il y aura de transistors et de computers pour communiquer, plus il y aura de patois, de peuples et de dieux *pour ne pas communiquer*.

Le credo évolutionniste se représente le progrès comme le remplacement progressif de l'ancien par le nouveau, où, dans la colonne «ancien», il y a la guerre, la nation, le religieux, les noires passions collectives, etc., et, dans la colonne «nouveau», l'échange économique, la mondialisation, la laïcité ouverte, la raison, l'individu. Comme un «ôte-toi de là sorcier que je m'y mette» de l'ingénieur et du savant. Cette vulgate si sympathique a simplement oublié que le progrès technique signifie aussi l'incessant rajeunissement de l'ancien par le nouveau, et de l'ethnologique par la technique. Sous la forme du savant thaumaturge, du médecin grand sorcier et du technicien manitou, ou sous celle du «je sais bien, mais quand même, demandons son avis au prêtre». Si les religions historiques n'étaient que des mythologies agraires gonflées, l'industrialisation de la planète, qui a fait «décoller» l'humanité de ses sols, aurait dû dégonfler ces systèmes archaïques d'identification.

Nous avons découvert que «l'ancien» n'est pas ce qu'on laisse *derrière soi* mais ce qu'on retrouve *devant* soi. Tout se passe comme si on pouvait appliquer aux mentalités collectives le schéma néojacksonien du psychisme individuel: en période de crise, la désintégration des fonctions corticales les plus récentes, supérieures et donc plus fragiles, provoque la remontée des couches les plus archaïques du cerveau, plus frustes et, à ce titre, plus résistantes. Ainsi comprend-on que notre temps soit si peu de son temps! Tribus tous crocs dehors, capucins partout aux créneaux, rugissements frontaliers, guerres saintes! Et c'est bien la même «civilisation mécanique» où le nombre des États laïques se réduit comme peau de chagrin. Le trop fameux désenchantement du monde wébérien a de ces retours de bâton «enchanteurs», et déjà l'Empire romain sur le déclin croyait voir s'affaiblir la notion de divin au fur et à mesure de la divinisation des empereurs. On sait ce qu'il en advint. Il faudra un jour se demander pour de bon s'il est bien vrai que nous ne gérons plus que des restes de religion, à titre purement individuel; si la structuration religieuse du groupe a rejoint le rouet et le soc de bois au musée des sacralités éteintes, pour laisser la place à la seule expérience personnelle du religieux, maigre survivance d'une défunte fonction sociale. Il faudra un jour examiner de près quel rapport constant peut bien unir la réapparition des dieux et la multiplication des ordinateurs, en particulier dans les sociétés en voie de développement.

Pour le moment, nous enregistrerons que symbolique et technique ne font pas un jeu à somme nulle, que la place faite à l'un n'est pas soustraite à l'autre. Le sacré est l'avenir de l'homme autant que la machine. Si vous en doutez, allez visiter la Turquie (où la réislamisation de la société passe par les couches urbaines les plus modernisées), ou encore l'Union indienne. Vous y verrez à l'œuvre les plus grandes révolutions technologiques contemporaines, de la révolution verte des campagnes aux industries spatiales, de l'informatique à la vidéo dans les villages. Vous verrez aussi des musulmans, des hindouistes et des sikhs se disputer à mort, par dizaines de millions, au fusil et au couteau, la propriété d'un temple. Ne croyez pas qu'il y a ici les développés, les urbains, les yuppies, et là les paysans arriérés partisans du système des castes : ce sont les mêmes.

On découvre aussi en Inde, État multinational et pluriethnique, que le rôle de médium unificateur, dévolu en Europe à l'imprimerie, revient là-bas à la télévision, et sans doute pourra-t-on bientôt dire de même pour l'Union soviétique. L'éclatement des nations et des langues donne à la télévision russe la fonction cruciale de lien confédéral suprême que la littérature, l'école, l'alphabet cyrillique ne pourront bientôt plus remplir. En France, en Allemagne, en Angleterre et ailleurs, l'imprimerie a créé la première audience nationale et constitué la nation comme tribunal du sens et du goût. Confinant, en haut, le latin chez les savants, écrasant en bas le patois des rustres, elle a fait de la langue naturelle instituée par l'État dans chaque pays un ciment de civilité. Mais en Inde, c'est l'audiovisuel qui fait la nation. Comment? Par la série du *Mahabharata*, en hindi, chaque dimanche matin. Qui permet aux gens du Sud de voir le Gange pour la première fois, qui donne un corps et des couleurs à *Mother India*. Mais c'est une unification par le sentiment religieux, hindouiste, et la République indienne est officiellement laïque.

L'espéranto du «village global» décline parfois l'histoire technique des moyens de communication comme une dilatation continue et bien rythmée, un décloisonnement progressif par cercles concentriques croissants qui effaceraient au fur et à mesure les particularismes, et qui aboutiraient au citoyen du monde enfanté par la mondovision : ainsi la parole vivante avait une portée citadine, agora ou forum ; l'imprimé, une portée nationale ; la radio, continentale ; la télé, planétaire. C'est techniquement exact, mais socialement et mentalement inexact. Car la vidéosphère n'assure pas l'unité humaine par globalisation des téléspectateurs. En Occident même, et sous nos yeux, elle instaure une géographie paradoxale par alliance directe du global et du local. Juxtaposition de l'Amérique et du biniou. De la Terre et du terroir — double articulation du sentiment écologique. Le câblage, les stations régionales ou communautaires, les nouvelles télévisions dites de proximité ou d'atmosphère contribuent à faire sauter les *majuscules médiatrices* antérieurement placées par l'*homo typographicus* entre l'Individu et l'Humanité, telles que la Nation, la Classe, le Parti, l'École, l'État, l'Armée, la Loi, la République, etc. Restent en vis-à-vis l'association « loi de 1901 », la famille, le club, l'entreprise, le couple, et la Mère Terre. Le rétrécissement des appartenances vécues sert de contre-poids, ou de contre-poison, au choix, à la planétarisation affichée de l'horizon.

*

Je ne voudrais pas, avec mon petit catalogue des cinq dragons, vous laisser sur l'impression d'une démonologie abstraite et par trop simplificatrice. La réalité vivante brouille astucieusement les cartes. Nous vivons fort bien avec ces grosses bêtes, en nous et autour de nous. Il me vient un exemple. Le centenaire du général de Gaulle tombe en 1990. Toute sa démarche pourrait être résumée dans un débat permanent entre l'âme et la technique, entre l'immuable et le mouvant, débat où le pôle mobile et mécanique a le mauvais rôle. Sa manière d'envisager le fait technique était certainement entachée d'au moins quatre des cinq péchés que j'ai énumérés. En bon fils de Descartes et de Bergson, de Gaulle était dualiste (il sépare pensée et matière, intuition et machine), spiritualiste antitechnique (la mécanique asservit les âmes), humaniste instrumental (les machines ne sont que des moyens soumis à nos volontés), individualiste en un sens (par la solitude du chef). Il n'était heureusement pas assez optimiste pour tomber dans le panneau de l'espéranto moderniste, et il n'attendait pas du progrès scientifique et technique la rédemption de l'humanité. Il n'est pas, en ce sens, fils des Lumières. Tout cela aurait dû déboucher sur un traditionalisme conservateur obtus, classique, aveugle aux mutations et aux nouvelles donnes, comme on l'était, dans les années trente, dans sa caste, sa classe et son pays. Pas du tout. Cette «civilisation mécanique» qu'il détestait d'instinct, dont il devinait la permanente ambiguïté (moyen d'affranchissement et d'oppression) et qu'il réduisait au fond de son cœur à presque rien, il fut l'un des rares, dans le monde qui était le sien, à déceler qu'elle changeait tout, pratiquement. Lisez *L'Armée de métier*, de 1934 : «Les machines.... nous sommes passés sous leur dépendance... Les jeux et désirs sont hantés de moteurs.» Il plaide pour la motorisation de l'ex-cavalerie et ne l'obtient pas. Mais là où l'on voit l'avantage du dualisme, c'est qu'au moment de la défaite de 1940, que le traditionaliste à la Pétain voit, avec la France entière ou presque, comme le signe du châtiment divin, il n'y voit, lui, que la défaite d'une moindre force mécanique par une plus grande. Épisode regrettable mais somme toute anodin, sans conséquence sur l'âme et l'essentiel, qui n'appelle qu'une remise à égalité des forces mécaniques en présence, pour renversement final. Donc, la poursuite de la guerre, là où sont les plus grands réservoirs de force et les meilleurs mécaniciens. Vous remarquerez également que cet antimoderniste a modernisé son pays plus qu'aucun autre chef d'État, comme le montre la multiplication par sept, en sept ans, du budget de la recherche. Rien n'est simple.

Je suis bien forcé de constater, par exemple, que de Gaulle n'a rien compris à la télé mais s'en est fort bien servi ; ce qui vaut mieux que de tout piger et de s'y faire piéger, comme il peut arriver au médiologue. Il n'a pas eu le temps de réfléchir à la télévision, comme il avait eu celui de réfléchir au char. «Le premier téléspectateur de France», comme l'appelait Romain Gary, n'eut que le temps de l'utiliser.

Avec toutes les illusions humanistes d'usage sur « cet instrument magnifique de soutien de l'esprit public », odieusement détourné par l'esprit tendancieux des « monteurs d'images » et la « nocivité des opposants » qui se sont infiltrés dans le journal télévisé. Je tire ces citations des directives par lui adressées au ministre de l'Information, publiées dans *Lettres, notes et carnets* (neuvième volume, 1986). Lorsqu'il signale à son ministre Alain Peyrefitte, pour redressement séance tenante, que :

> L'information est attachée :
> — au pittoresque (l'anecdote est préférée à l'exposé de la réalité);
> — au pessimisme (la catastrophe, le massacre, le crime sont préférés à ce qui marche bien);
> — à l'individualisme (le cas isolé, surtout s'il est malveillant ou désobligeant, l'intérêt particulier, surtout s'il est virulent, sont préférés à l'intérêt général et à l'attitude du plus grand nombre);
> — à l'opposition (tout ce qui est contre l'ordre établi et l'action des pouvoirs publics français, que ce soit au-dedans ou au-dehors, est préféré à ce qui est qualifié, officiel et national) [18 février 1963],

on peut raisonnablement penser qu'il prend les propriétés de l'information télévisée, inhérentes à l'écriture télévisée et à la nature de l'outil qu'il décrit assez bien, pour des travers ou des vices de forme, accidentels et amendables. Le malheur, en tout cas celui des présidents de la République quels qu'ils soient, c'est que l'information télévisée n'a pas changé en dépit des objurgations gaulliennes. Elle est restée attachée à *elle-même*. Telle est sa *nature*. « On ne peut pas demander à un orme de donner des poires », dit un proverbe espagnol.

QUATRIÈME LEÇON

LE MYSTÈRE DE L'INCARNATION

Le problème théorique
Les effets historiques
Révolution dans la Révélation
Les enjeux pratiques
Cruciale christologie

LE PROBLÈME THÉORIQUE

Je vous rappelle la question dont la médiologie entend faire problème : par quelles médiations une idée devient une force ? Comment une parole peut-elle faire événement ? Un esprit prendre corps ?

Nous ne sommes sans doute pas les premiers à nous poser cette question, et autant vous le dire d'emblée, la solution a été trouvée depuis longtemps. Elle porte un nom familier, notre nom de famille, par lequel l'Occident fait souche, en deçà de ses bifurcations byzantines, romaines et protestantes : l'*Incarnation*. «*Oui, la parole s'est faite chair*», dit le verset 14 du chapitre Ier de l'Évangile selon Jean (traduction Grosjean). Avec son message à annoncer, son messie à adorer, ses médiateurs à vénérer, le christianisme a de quoi entrer en résonance avec la médiologie. Mais qui rendra raison de ce *mystère* de l'Incarnation, par définition inaccessible à la raison en sa qualité de *dogme* révélé (l'un des trois mystères de la foi, avec la Trinité et la Rédemption), celui-là aura constitué la médiologie en science rigoureuse.

Pèche par optimisme celui qui dit: «L'humanité ne se pose que les problèmes qu'elle peut résoudre.» En réalité, l'humanité ne se pose que des problèmes historiques déjà résolus par les religions. Et c'est bien embêtant. Parce que les religions révélées ont la faculté de *résoudre les problèmes sans les poser*. Qu'est-ce qu'un *mystère* sinon une conclusion sans prémisses? Un *miracle*, sinon un résultat sans processus? *Comment* l'Infini peut-il devenir fini, l'inengendré advenir dans le sein d'une femme, l'Éternel venir en chair? *Comment* ça se passe quand Dieu fait passer le message par la Passion et la Résurrection d'un Fils unique abandonné? Interrogation redoublée par celle de la diffusion posthume du message chrétien. En l'occurrence: *comment* la parole de Dieu s'est-elle frayée sa voie parmi les hommes? «La propagation admirable» n'appartient pas, aux yeux du théologien, à l'ordre du Mystère mais à celui, subalterne, du Miracle. La canonisation de leurs martyrs a plus préoccupé les chrétiens que l'examen des voies de pénétration de leur foi à travers l'*oïkoumène* méditerranéenne. Et les docteurs de l'islam n'ont pas prêté plus d'attention au démontage de leur boîte noire. Les histoires saintes «informent» à tel point l'histoire profane qu'elles découragent les simples humains de s'informer en retour sur elles. Les *pourquoi* de la foi escamotent les *comment* de sa propagation. À nous de les en déloger.

C'est inévitable. Dans nos sciences humaines, les mauvaises réponses ont précédé les bonnes questions. Notre théologie chrétienne, anthropologie prématurée, est notre science politique à l'état sauvage et dans les vérités cachées en Dieu on ne trouvera rien de plus, mais rien de moins, que les opérations les plus banalement humaines. Et pour cause, si les sociétés se sont d'abord organisées au nom et à l'aide de conceptions religieuses du monde (avec ou sans dieu personnel), avant de le faire au nom et à l'aide de conceptions rationnelles du monde (avec ou sans valeur scientifique). La foi a précédé la certitude, les dogmes, les doctrines, et ce que nous stigmatisons à présent sous le nom d'«idéologie» a été révéré, des siècles durant, comme «révélation». Le jeune Marx qui voyait dans la religion «le sommaire des luttes théoriques de l'humanité» a bien fait de poser en principe dès les *Annales franco-allemandes* (1844): «La critique de la religion est la condition préliminaire de toute critique.» Dommage qu'il ait oublié ce bon précepte en chemin: de cette négligence, a découlé une fugace religion séculière qui fut au messianisme originel ce que le bijou Burma est à la perle de culture.

La médiologie, cette physique de la pensée sociale, est et restera matérialiste jusqu'au bout. C'est précisément pourquoi elle doit d'abord s'affronter à la critique du christianisme, qui est la *médiation faite religion*. Le succès du message chrétien ne serait en effet qu'une réussite parmi d'autres dans le grand train des illusions et délires qui fait l'histoire du *sapiens*, si elle ne se doublait d'une réflexion théorique dans la doctrine elle-même. Le christianisme a, en quelque sorte, anticipé son succès en s'incorporant dès ses débuts le principe-ressort de son expansion. C'est cette mise en miroir du *médium* dans le message lui-même qui fait du christianisme la porte d'entrée obligatoire de notre discipline. Le rationalisme moderne, qui suscite des problèmes là où il n'y avait que des évidences, a tout intérêt à interroger les «solutions» spiritualistes. Mais démystifier l'Incarnation comme l'expression mystique d'un invariant logique ne saurait signifier détruire d'un trait de plume mais *déconstruire* posément et méthodiquement. Le mystère est une raison pressée. C'est en recueillant le temps perdu et comme déposé au fond des grands mythes d'origine que la paresse rationaliste rattrapera le plus sûrement son retard. En sachant que remplacer la réponse par la question est une opération toujours indécente car profanatrice d'un acquis à la fois naturel et sacré, nous vérifierons ici comme ailleurs le mot de Giuseppe Verdi : « Tournons-nous vers le passé, ce sera un progrès. » Notre grand sachem n'est pas McLuhan mais saint Jean. Nous rendrons en son temps les honneurs au premier, mais nous devons d'abord une action de grâces au second.

Alain voyait dans la théologie une « philosophie sans recul » — ce qui peut se retourner dans : *la médiologie n'est qu'une christologie à retardement*, réfléchie dans la sphère profane. Les impatients, qui sautent par-dessus les propylées théologiques pour aller à l'actualité par un raccourci, sans tenir le moindre compte des prodigieuses dépenses intellectuelles effectuées entre le IIe et le Ve siècle par tous les Pères de l'Église qui ont tenté de comprendre l'assertion de saint Jean, se retrouvent plus vite du côté des shamans que des historiens.

Il est bon d'apprendre la médecine pour disserter de physiologie. Un peu de mathématique ou de physique avant de se risquer en épistémologie. Il faut se faire théologien pour « parler politique » en *méconnaissance de cause*, et pour les mêmes raisons, que nous dirons de bienséance et de précaution, maintien et méthode (au sens de : « se tenir comme il faut » et de : « pour aller là-bas, passer par ici »).

Ces dernières années, vous n'avez pas beaucoup

entendu parler du « Verbe qui s'est fait chair » mais beaucoup de Marx qui s'est fait Goulag, ou du maître penseur État totalitaire. C'était bien une réalité, et terrible. Reste à rendre compte du *processus* : autre chose que de désemboîter des poupées russes. Dire : cela était dans ceci, c'est dire que rien ne s'est passé qu'une manifestation d'essence. Le texte marxiste aurait révélé sa logique en couvrant la Sibérie de barbelés ? Cette *logophanie*, décalque des *théophanies* païennes, se modèle sur la causalité magique qui élimine la chaîne des interfaces autant que le hasard et l'accident, les liaisons des idées entre elles se donnant pour les liaisons entre les phénomènes.

Ce n'est jamais difficile de juxtaposer ; avec les instances, il n'y a jamais de problème (sinon faux ou insoluble). Il n'est question scientifique que de *transformations*, si l'on se propose d'expliquer au lieu de s'indigner. Telle est bien la problématique de l'Incarnation qui fait de la personne ambiguë du Christ la plus puissante cheville ouvrière dont ait jamais disposé une religion du Salut pour conquérir la terre. Calvin a produit des entrepreneurs et Marx des bourreaux parce que les seconds étaient dans les premiers ? Voilà l'avènement du capitalisme et du communisme transformé en *épiphanie*, apparition aux Rois mages du petit Rockefeller ou du petit Beria. On a mis du continu à la place du discret pour rester dans la pensée magique, qui fait sortir le même du même. C'est ainsi que procède l'imagerie pour le petit Jésus, non la théologie pour le Christ. La transformation Verbe/Chair, dont Marx/Goulag et protestantisme/capitalisme sont des contretypes faibles, n'advient comme complexité qu'avec la reconnaissance au départ de l'*hétérogénéité* des phénomènes mis en relation, sans laquelle la transformation de l'input en output ne peut *faire question*. Ce que postule la représentation magique, dans tous ses réflexes et dérivés, c'est en effet immédiat, *une causalité sans médiations*. L'esprit est alors une puissance autopropulsive, qui a la faculté d'agir toute seule, sans médiations matérielles extérieures à elle-même, comme l'idéocentrisme lui prête la faculté de se matérialiser sans matériaux. Il n'y aurait pas de mystère de l'Incarnation si la Chair était déjà dans le Verbe avant d'y être, ou en découlait immédiatement. Le christianisme de Nicée n'a pas inventé le dieu unique ni même l'homme-dieu, mais il a exploré l'unité inouïe des deux à travers l'inconcevable personne d'un entre-deux. Les termes d'un problème ne font jamais problème. La difficulté commence au contact — à ce qui assure ou non la traduction ou le transport de l'un dans l'autre.

*

Qu'est-ce qui est «noir» dans la boîte noire «Incarnation»? Ni le Verbe en lui-même, ni la Chair en elle-même. Pris isolément, chaque élément peut décliner son identité.

La généalogie du *Verbe* est connue. Ce mixte judéo-chrétien est né du croisement de la *parole* de Yahvé, cause efficiente de la création du monde, dès le début de la Genèse, avec le *logos* d'Héraclite, de Philon d'Alexandrie et des néo-platoniciens. En lui s'unissent le souffle de Dieu et le principe intelligible des choses. L'agir de Dieu coïncide avec son penser: c'est le seul Être qui ne parle pas pour ne rien faire. *Verbe* se traduit en latin indifféremment par *sermo* et *ratio* (Tertullien, *Adversus Praxean*, 5). Et en grec, par *logos*, parole ou principe premier. Mais aussi par *pneuma*, souffle vital, *anima* en latin.

Et *dynamis* — énergie, puissance, chaleur. Les trois sens se rencontrent au jour de la Pentecôte quand une langue de feu, le feu de la langue, viendra donner aux apôtres la puissance du parler et du prêcher. «Au commencement était le Verbe»: le *logos* est à la fois antérieur à la création et coextensif au monde, immuable et en devenir.

L'identité de la *Chair*, l'éternelle fugitive, est encore mieux connue. Synecdoque banale pour l'homme tout entier, à ce titre préférable au *sang*, trop sacramentel, et aux *os*, qui perdurent, la «Chair» figure la sphère inférieure et corruptible du périssable.

Le sujet de l'Incarnation n'est pas la première mais la deuxième personne de la Trinité. Et la meilleure preuve, soit dit en passant, que l'homme est triadique et ternaire, c'est que Dieu est trinité. Les tripartitions mythiques de l'ordre social (du type «prêtres, guerriers et paysans») ont un répondant théologique rassurant tandis que les anthropologies duelles qui marchent sur une opposition entre deux termes ne réussissent pas à l'examen de passage des Origines — symptôme fâcheux pour elles. Ce que nous contractons par convention ou paresse en l'Homme-Dieu, le Christ, désigne en réalité l'incarnation du *Verbe de Dieu*. Quoi qu'il en soit de la préséance, ce qui fait mystère n'est donc pas à l'entrée ou à la sortie de la boîte, là-haut ou ici-bas, mais au milieu. À la jointure, ou plutôt à la jonction. «*Egeveto*», «s'est fait», «*factum est*». Imperceptible cheville où la voix de l'officiant jamais ne s'arrête. Le maillon intermédiaire ne se voit ni ne s'entend, mais tout se joue dans cet intervalle. On tient en esprit chaque bout de la chaîne; mais on ne voit pas l'opération qui les réunit l'un à l'autre, l'un *dans* l'autre, personne incréée et nature créée.

Pour que le christianisme puisse faire communiquer entre eux, grâce au mythe du Sauveur crucifié, des catégories philosophiques (ou des traits culturels) qui lui préexistaient, il a dû donner figure à l'impensable médiologie et force de dogme à des contradictions logiques jusqu'alors insurmontables.

Face à l'Homme-Dieu, en effet, un esprit d'analyse normalement constitué, instruit par les principes grecs d'identité, de non-contradiction, etc., devait affronter une sorte d'aporie : *s'il est homme, il n'est pas vraiment Dieu*, et *s'il est Dieu, il n'est pas vraiment homme*. Ou encore : si le Christ a deux natures, c'est qu'il a deux personnes, et comment deux personnes peuvent-elles en faire une seule ?

Dans toutes les langues, le mot le plus obscur est « et ». L'imperceptible trait d'union résume l'impensable. Le Christ était comme vous et moi, charnel et corruptible, *et* il n'était comme personne d'autre, car sa chair était le Verbe, immortel et transcendant. Le *et* ne désigne pas une *addition*, puisqu'il n'y avait qu'un seul et même individu. Mais une réunion. Dans quel ordre et selon quels rapports ? Comment *deux peut-il faire un* ? Ce problème logique trouva tardivement au sein de l'Église une solution politique, par décision majoritaire et promulgation dogmatique.

Il aura donc fallu une élaboration pluriséculaire pour réussir cette délicate manœuvre conceptuelle, qui permet à l'Éternel d'advenir dans l'histoire, au Verbe d'être enfanté par une vierge et, de façon générale, à un esprit de venir en chair. La quête terminologique procéda par exclusion jusqu'au mot juste.

La réunion des deux natures sera appelée, après le concile de Chalcédoine (451), « union hypostatique ». La notion d'*hypostase*, qui veut dire *fonde-*

ment ou *support*, avait été déjà empruntée par les Pères de la doctrine à Plotin et aux Alexandrins pour résoudre l'énigme du dogme trinitaire : « Une substance, trois personnes ou hypostases », le Père, le Fils et le Saint-Esprit.

« L'union hypostatique » des natures divines et humaines, qui constitue le mystère même de l'Incarnation et le chef-d'œuvre de saint Cyrille, ne se désigne pas, ni ne se désignera, comme une simple union (*hénosis*), ni comme une mixtion (*mixis*), ni comme fusion (*krasis*), mais comme une *communication* (*antidosis*) des « idiomes » ou de deux natures. Dans cette « communication », cet échange entre deux termes où chacun se transforme dans son contraire *sans perdre sa nature propre*, se tient le sanctuaire logique et politique de la chrétienté. D'où l'intérêt d'en faire une vérité de foi, inaccessible à la raison naturelle. L'Église triomphante endossa au compte de l'inconnaissable ses titres à être reconnue comme porteuse de la parole de Dieu, et le droit qui en découle pour elle de légiférer sur toute la terre. De tenir le gouvernail du monde.

Gouvernail se dit en grec *kuberné*, et gouverner, *kubernan*. D'où fut tiré dernièrement *cybernétique*, pour désigner « l'ensemble des théories relatives au traitement de l'information », ou « transformation programmée d'une communication en commande », ou de l'information en exécution. Ces termes ont changé de registre puisqu'ils désignent des notions physiques, des grandeurs mesurables et comptables — reste que contrôle et communication avaient dès l'origine partie liée. Dans notre civilisation, *Incarnation* aurait alors été le premier nom de code, ou de baptême, du mécanisme « cybernétique ».

LES EFFETS HISTORIQUES

Ne vous méprenez pas. J'ai l'air, en folâtrant ainsi dans la patristique, d'agiter de vieilles lunes. Je ne parle pas à présent du passé, je parle au passé de notre présent même. Nous sommes tous, vous et moi, les fils de saint Jean.

La nature de notre civilisation assassine et dynamique s'est décidée dans ces conciles, quelque part entre Nicée et Chalcédoine, entre 325 et 451. Le départ de notre ère, le découpage de notre aire. L'Incarnation rédemptrice: année zéro du militant laïque, A.D.N. de notre génétique morale. Nous datons, raisonnons, observons, calculons, à partir de ce dogme dont nous avons fait notre histoire et notre chair: calendrier, laboratoires, encyclopédies, machines à vapeur, cinémas (dont l'essence, selon Bazin, se définit comme «l'abstraction par l'Incarnation»). L'Occident tout entier, d'Hollywood à Novosibirsk, du plus humble au plus glorieux de ses gestes, exhibe à son insu ce code génétique. De Lénine à Einstein, de Galilée aux frères Lumière, tous fils de saint Jean, car il n'est pas besoin d'être chrétien, ni même croyant, pour fonctionner au credo de Nicée (325). Il suffit d'ouvrir avec avidité son journal pour adhérer au Mystère séminal.

«Le sens de l'Histoire», par exemple, fort répandu jusqu'à ce matin, et qui ne sent pas la sacristie, c'est le christianisme du mécréant ou l'évangile de l'agnostique. L'idée que le temps qui s'écoule nous concerne au plus secret et qu'il doit aller d'un moindre-être à un mieux-être nous paraît une donnée d'évidence; mais un hindouiste et un bantou la jugent sans doute aussi saugrenue que l'aurait fait un contemporain de Pythagore ou d'Épictète. Si nous avons pu si facilement, si naturellement, faire nôtre, disons à partir du XVIIIe siècle, le postulat progressiste, c'est pour avoir communié dans Nicée tout au long des siècles précédents. Notre Révélation n'est pas une illumination, le Royaume de Dieu n'est pas immédiat, notre salut suppose tout un travail entre la grâce et les œuvres. «Les temps sont proches» — et, en attendant, ils nous font signe. Le temps fait sens, c'est par lui qu'advient la vérité, et cet accomplissement médiatisé fait un drame, avec un début et une fin, une Création et un Jugement dernier. Quand on est à la fin, on ne peut revenir au début, la flèche rend le cercle impossible. L'Homme-Verbe a inventé l'histoire comme déroulement inexorable d'un plan divin essentiel aux créatures; et Zarathoustra ne peut tuer l'idée d'histoire et introniser la Roue sans tuer l'image du Sauveur. Les Grecs tenaient pour évident que l'histoire repasse les plats, et les meilleurs d'entre eux n'avaient guère d'appétit. Ils n'attendaient rien d'essentiel du côté de l'historicité. Ils n'étaient pas «progressistes». Nous, oui — fussions-nous conservateurs en termes de politique. Nous avons pu supposer avec Condorcet l'humanité laborieusement irradiée par la Raison parce qu'elle l'avait été au préalable par le Verbe à travers le Seigneur. La loi d'incarnation régit toute l'œuvre de divinisation de l'humanité confiée par le Rédempteur à l'Église. Berdiaev sur le communisme: «C'est la pensée religieuse russe qui a apporté l'idée de la divo-humanité. C'est dans le Dieu-Homme ainsi qu'en Jésus-Christ que l'incarnation individuelle de Dieu s'est réalisée dans l'homme. Dans l'humanité doit s'accomplir l'incarnation collective, universelle de Dieu. La divo-humanité est le prolongement de l'incarnation de Dieu. » Ainsi la loi du progrès régit-elle le travail d'humanisation de la nature confié par la raison à la science. Si Dieu ne s'était fait homme en l'an 1 de notre ère, l'homme de Feuerbach et de Lénine aurait-il pu rêver de devenir à lui-même son propre Dieu en mettant un terme à l'aliénation de son essence en Dieu ? Le communisme n'eût-il été qu'un succédané du messianisme juif ou une resucée d'islam, comme on l'a dit, qu'il serait resté à l'état de « mouvement ». Il n'y aurait pas eu de partis communistes, ni d'« esprit de parti ». Ni de liturgie ni de « culte de la personnalité ». La généalogie de cette aberration remonte au concile de Chalcédoine et ce cléricalisme séculier doit autant à saint Paul pour l'ambition et les méthodes qu'à saint Jean pour l'esprit originaire.

Spéculations que tout cela ? Soit. Nous ne croyons plus en l'Histoire à majuscule, ni en la Révolution-Rédemption ? Il y a toute apparence. Mais nous allons encore au cimetière enterrer nos morts. Cela nous semble tout naturel. Jusqu'à présent du moins, quatre Français sur cinq adoptaient ce rite funéraire, en quoi nous sommes encore pieux. 99 % des Japonais se font incinérer. Et autant de Britanniques qu'il y a d'anglicans en Grande-Bretagne : 70 %, Dans tous les pays du monde, les rites survivent aux dogmes, et les crématistes, en pays catholiques, sortent à peine et depuis peu de l'ombre. La première incinération pratiquée en France le fut dans un contexte de ferveur rationaliste et anticléricale, celui du centenaire de la Révolution française : au Champ-de-Mars, lors de l'Exposition universelle de 1889. S'il reste d'usage toujours dominant de mettre nos cadavres d'athées dans une boîte et cette boîte dans l'humus, au lieu de les réduire en cendres, c'est d'abord parce que les conciles de Nicée et de Chalcédoine ont opté pour l'*homoiousios* ou consubstantialité de la Chair au Verbe. Sans aller, comme les Américains, jusqu'à la cryogénisation ou conservation des cadavres à basse température, convenons qu'il ne serait pas sage de pulvériser un corps médiatiquement sanctifié par l'Esprit et promis à la résurrection. Lequel d'entre nous serait assez insensé pour courir ce risque : comparaître au Jugement dernier sans un fémur à présenter ?

Vous n'avez plus d'espoir et vous vous ferez incinérer, fous que vous êtes ? Soit. Mais vous avez des tableaux chez vous, vous allez au Louvre le dimanche et vous demandez à un peintre de vos amis de faire votre portrait sans enfreindre l'accusation d'idolâtrie. Monothéistes, vous l'avez échappé belle ! Notre musée imaginaire n'a tenu qu'à un fil. Il remonte à l'Incarnation — mais le fil a failli être tranché entre 740 et 843, « crise de l'iconoclasme ». Nous devons nos réjouissances optiques aux décideurs byzantins de Nicée II (787) qui, considérant l'icône comme la petite monnaie de « l'incarnation véritable et non illusoire du Verbe de Dieu », autorisa la détention et la vénération des icônes comme un dogme de foi. Décision miraculeuse, qui n'allait pas de soi. « La civilisation de l'image » nous paraît naturelle ; elle a conquis la planète. Qu'on le déplore ou le célèbre, Hollywood aurait pu en tout cas élever une statue à saint Jean, ou, à défaut, au basileus de Byzance qui sut tenir tête aux iconoclastes. Car Yahvé en régie ou Mahomet au pouvoir, pas de statuaire, pas de peinture, pas de cinéma. Les arts profanes sont issus historiquement de l'art sacré, encore fallait-il que ce dernier fût autorisé à sortir du décoratif et de la calligraphie. Le monothéisme à l'état pur, naturellement iconoclaste, est brouillé avec la plastique. Et les visages. Il brime l'œil. « Tu ne pourras pas voir ma face », répète à Moïse le dieu du Décalogue et de l'Exode. L'islam a commencé par voiler la face de Dieu, brise les idoles des voisins en se voilant la face d'horreur et finit par voiler ses propres femmes. Une représentation sensible de la divinité est à ses yeux impossible puisqu'elle reviendrait à circonscrire l'illimité, à nier sa transcendance. Tout dieu unique instruit le procès du visible et de la vision. Mais la doctrine chrétienne a accouplé vision et vertu pour enfanter ce beau monstre théologique qu'est la *vision béatifique*, comme s'appelle l'extase que la contemplation de Dieu procurera aux élus après le Jugement dernier. En attendant ce jour-là, et faute de mieux, le culte de Jésus-Christ permet de traiter l'Éternel comme une personne (sensible), par le ciseau ou le pinceau. Car l'objectivation ici n'est pas synonyme de perdition, mais peut ouvrir la voie à la transfiguration de l'icône byzantine. Le Père n'est pas représentable mais « qui m'a vu a vu le Père » (Jean, XIV, 9). Nicée II n'autorisait certes pas à faire des images de l'invisible ; mais « le visible du Père c'est le fils », disait saint Irénée. Et c'est Dieu que la chrétienté peint sous les traits du Christ, jusqu'à laisser dépérir, vers le XIIIe siècle, en Occident, l'interdit de représentation de Dieu le Père. Le christianisme est la seule des trois religions monothéistes qui ait osé donner des images anthropomorphiques du Créateur, et vous remarquerez que les fresques de Michel-Ange à la Sixtine n'ont pas été dernièrement caviardées mais rafraîchies par l'autorité vaticane (qui en a plutôt rajouté sur l'incarnat malgré ses propres interdits théologiques renouvelés depuis douze siècles). L'exception historique au tabou monothéiste est d'autant plus méritoire que le paganisme ennemi reposait sur la sacralisation des images divines et impériales : que les catacombes soient peintes à fresque n'avait rien d'évident. Mais puisqu'une chair avait été sanctifiée, la preuve était faite que l'homme pouvait *adorer* Dieu en *vénérant* ses images, qui font descendre, à leur manière, en mineur, le ciel sur terre. Adorer n'est pas vénérer. C'est la *confusion* des deux qui fait le péché d'idolâtrie. L'*iconoclaste* rejette tout usage culturel des icônes, l'*iconomaque* en admet un culte relatif, l'*idolâtre* détourne la créature de ses devoirs envers Dieu en confondant le culte de *latrie*, réservé à lui seul, avec le culte de *dulie*, plus retenu. Ces « pinaillages » n'ont rien d'oiseux. On peut en effet, à l'âge de la télé, condamner l'idolâtrie ambiante sans cesser d'être personnellement *iconophile*. Une idole n'est pas la représentation d'un faux dieu, comme le penseront les chrétiens fanatiques briseurs d'idoles indiennes aux temps des Découvertes ; c'est la statue de bois que l'abruti prend pour le saint en personne. L'amour raisonné des images pratique, aujourd'hui comme hier, la *translatio ad prototypum*, le transfert sur l'archétype, par remontée de l'image vers le saint, ou de l'iconostase vers Dieu. Le droit à l'intercession figurative a fait de Byzance la véritable antichambre de la peinture moderne — les premiers « portraits » à l'encaustique datent des VIe et VIIe siècles — même si Giotto et Piero della Francesca nous cachent le monastère de Saint-Sauveur in Chora d'Istanbul. La Renaissance italienne commence avec le *trecento* byzantin... Et Sainte-Sophie, avec sa coupole centrale aux quarante fenêtres figurant les quarante siècles de la totalité des temps, par laquelle l'éternité cosmique de Dieu vient s'inscrire dans l'*integritas saeculorum* du monde créé, est une des traductions architecturales du dogme de Nicée (325).

Nous ne sommes pas encore ici dans l'histoire de l'art, mais toujours dans notre histoire de la «propagande». C'est l'originalité et la force de l'Occident que d'avoir pu mettre, durant plus d'un millénaire, la première au service de la seconde, en transformant les formes sensibles en supports de l'Esprit. Ce n'est pas seulement l'Écriture, c'est l'art qui pour nous est pneumatique. Du spirituel passe par des pigments, la matière est médium. Et l'artiste, du moins depuis Vélasquez, un incarnateur: il n'imite pas les apparences, tel l'artisan; il donne figure à l'invisible, tel un démiurge. L'Incarnation recelait un baril de poudre esthétique, à l'insu même des docteurs de l'Église, en ce qu'elle faisait passer la visée par la vision, ou l'intelligible par le visible. À la différence de l'islamisation, l'évangélisation du monde païen s'est faite par l'image autant que par la prédication, et il ne fait pas de doute que l'iconographie chrétienne a servi avant tout, et jusqu'au Moyen Âge inclus, comme moyen de propagande de la foi. «*Liber idiotarum*». «L'image est le livre des simples», répétait Grégoire le Grand. *Quod legentibus scriptura hoc idiotis praestat pictura*: la bible des illettrés. Allez-y. Faites du vitrail, du retable et du bas-relief. Il en restera toujours quelque chose. On a si bien suivi le conseil papal que certains docteurs se demandent aujourd'hui si, l'Incarnation se retournant contre elle-même, par torsion et saturation, l'image ne va pas finir par rendre les alphabétisés idiots... Chaque chose en son temps.

Vous êtes iconophobes et l'«imageologie» contemporaine, comme dit Kundera, vous dégoûte ? Soit. Alors l'apôtre saint Jean vous rattrapera par la règle à calculer. Non par le calcul des nombres ni par l'observation des astres dans le ciel : par la mesure exacte des choses d'ici-bas. Alexandre Koyré, l'historien des sciences, en analysant les conditions mentales ou idéologiques qui ont rendu possible la naissance de la science moderne, c'est-à-dire la physique mathématique, n'a pas rencontré Dieu mais l'Incarnation. Il est vrai que les Grecs ont inventé la géométrie, les Babyloniens l'astronomie, les Arabes l'algèbre. Certes. Mais l'application des mathématiques au réel empirique était impensable dans le cadre de l'opposition absolue intelligible/sensible. D'où l'absence de *technologie*, articulation de la science sur le monde matériel des machines, dans le monde antique. Il n'y avait de mathématique qu'idéelle ou astronomique, pour le monde supralunaire. L'infra-lunaire était condamné au flou approximatif parce que le *logos* n'était pas de ce monde, mais du côté des dieux ou des astres. Pas de transition entre « le monde de l'à-peu-près » et « l'univers de la précision ». Pour que la mathématique puisse s'appliquer au monde physique des apparences mouvantes et corruptibles et non aux seuls corps éternels, pour qu'*une science de ce qui change* devienne possible, il fallait rompre avec l'antithèse terre-ciel, mouvement-immobilité, propre au monde préchrétien, et donc se situer dans le sillage du dogme de l'Incarnation qui autorisait à rechercher l'ordre invisible de Dieu dans le désordre des choses visibles.

L'an 1 de l'Incarnation — point rétrospectif, bien entendu, posé en l'occurrence par les Carolingiens, toute histoire étant en retard sur ses principes fondateurs — fait donc bien, chez nous, charnière entre un avant et un après, et fracture entre un « nous » et un « eux » dans l'ordre des cultures. Point d'inversion de la vieille courbe théocentrique, il nous fait passer d'un monde où ce sont les hommes qui avaient besoin de Dieu à un monde où Dieu a au moins autant besoin des hommes ; point à partir duquel le sujet humain (mâle) pouvait devenir, dans le couple de forces, le plus fort. Cette bascule vers l'androcentrisme a permis la médiatisation de la nature d'abord, de l'histoire ensuite. L'insémination du visible par l'invisible a ouvert la voie à la pénétration de la raison dans le chaos, selon le credo des Lumières.

L'ombilic d'Occident : le moment où le Sacré n'est plus définissable comme « le Tout-Autre », selon l'acception de nos manuels. Où l'Autre et le Même se touchent. Contact déflagrant du Médiateur. Nous sommes nés de cette conjonction contagieuse.

Et le médiologue qui n'en revient pas devra sans cesse y revenir pour essayer de (se) comprendre.

RÉVOLUTION
DANS LA RÉVÉLATION

S'il n'y a pas d'histoire du religieux, il y a une histoire des religions. La genèse du christianisme marque ce que les biologistes appellent « un événement favorable rare ».

La singularité de l'événement n'est pas d'ordre spéculatif. Elle réside dans le rôle crucial, sans précédent, sans comparaison avec les anciennes médiations de salut (roi, lévite, prophète, sage), dévolu au Médiateur. La révolution chrétienne peut se définir comme l'intrusion d'une médiologie forte dans un milieu culturel à médiations faibles, qu'il s'agisse du judaïsme ou de l'hellénisme. C'est peu, dira-t-on, mais c'est considérable. Un véritable détonateur de modernité. La souveraineté annoncée de l'« Homme-dium », notre Seigneur, sur le monde a-t-elle amorcé celle d'Hermès sur le nôtre ? Ce serait jouer sur les mots et aller vite en besogne, mais la fécondité canonique et pédagogique du modèle Jésus-Christ mérite réflexion.

Le christianisme n'est pas une secte juive qui a réussi. C'est un monothéisme paradoxal et même contre-nature. Il suffit de voyager les yeux ouverts dans les terres d'Abraham pour en prendre conscience. Ce que permet Chalcédoine est sacrilège à Jérusalem comme à Bagdad ou Téhéran. L'Incarnation est une hérésie faite dogme, un scandale devenu institution. Mais, au départ — malheur à celui par qui le scandale arrive —, le Christ en est mort. Crucifié pour impiété. Quoi de plus scandaleux qu'un prophète qui se prend pour Dieu ? Les Esséniens divinisaient leur maître de justice, mais ce n'était au fond qu'une métaphore. L'Incarnation a fait naître Jésus comme fils de Dieu mais lui a coûté la vie comme homme. Le « truc » qui a permis la propagation optimale du message — profaner le sacré pour mieux le divulguer — a bien failli le tuer dans l'œuf.

C'est pourquoi nous ne pouvons suivre Jean Bottero pour qui « le christianisme n'a rien ajouté ni modifié d'*essentiel* au yahvisme et au judaïsme, ni sur le plan de la théologie ni sur celui du comportement religieux ». Au premier plan, nous expliquet-on, il reprendrait le monothéisme juif. Au second, il ne ferait que prolonger le mouvement d'intériorisation amorcé par les psaumes et la dévotion personnalisée qui créait déjà à l'époque une intimité de la vie spirituelle, plus proche d'une éthique que d'un rituel. Depuis l'Exil, le peuple juif ayant cessé d'exister comme tel, sa religion s'était individualisée. Jésus aurait profité de cette lancée en quelque sorte, accélérant le passage du dieu de justice au dieu d'amour.

Remarquons tout d'abord que la doctrine de l'immortalité personnelle est très tardive dans la religion juive, introduite, au Ier siècle avant J.-C., avec Salomon, pour sauver en l'humanisant la Justice divine. Mais là n'est pas le plus important. Le judaïsme doit sa force à sa puissance d'abstraction, le christianisme à sa faculté d'incarnation. La Loi judaïque ne s'incarne pas dans un individu — elle n'a pas de corps. Elle est portée par le temps et la mémoire d'un peuple entier. Loi en toutes lettres, et sans images. Bible sans illustrations. Loi statique, sans ressort de diffusion, à mythologie pauvre et prosélytisme minimal. Loi conservatrice, et d'abord d'une identité collective close sur elle-même, la clôture étant le prix de cette pérennité. Du « Tout Autre », Philon d'Alexandrie disait qu'on ne peut saisir que l'ombre. Pas même de nom à prononcer : un tétragramme. Comment participer à partager la différence absolue ? Sans doute le Christ n'est pas venu pour abolir mais pour accomplir l'Ancienne Alliance : il y en a ce sens continuité avec le judaïsme, qui pouvait voir en lui un de plus dans une longue série de prophètes. Mais le prophète est un envoyé, un avant-coureur d'Elohim : il n'est pas divin. Le héraut n'est pas roi. En se disant fils de Dieu, en se faisant adorer comme tel,

Jésus blasphème. Il s'apparente au genre pharaon, tout ce que l'on n'aime pas. Que Dieu se fasse chair, c'est de l'idolâtrie. Qu'un messie refuse la couronne de roi pour une couronne d'épines, c'est tout simplement grotesque. Le sanhédrin a obtenu la condamnation à mort de Jésus sans grande difficulté, tant la prétention paraissait monstrueuse.

Côté grec, le scandale n'était pas moindre. La résurrection des corps glorieux faisait rire tous les publics hellénisés. Pour eux, seule l'âme survit. Même si saint Paul et les Pères opposent le corps spirituel au corps psychique ou naturel (principe de vie). Dans le monde alexandrin, la matière est synonyme de mort, l'esprit, de vie. Le passage du corps-prison au corps-salut inverse tous les thèmes néoplatoniciens de l'exil et de la chute. Chercher la perfection, pour un Grec, c'est monter de la Terre au Ciel, de l'épais au subtil ; c'est séparer l'âme du corps en s'affranchissant de la matière. Le *Phèdre* de Platon fait même de l'incarnation le grand obstacle à la vie spirituelle. La vertu, pour un adepte de Pythagore ou de Plotin, consiste à spiritualiser le corps et désincarner l'âme. Dans la Gnose par exemple, l'homme a chu de la lumière dans les ténèbres. L'initiation sera alors une ascèse consistant à remonter vers la lumière, vers la science salvatrice. Pour un chrétien en revanche, il n'est pas par principe mauvais de *descendre* du Ciel sur la Terre : « Votre Saint-Esprit est tombé sur la tête », répondaient à saint Paul ses auditeurs grecs, lorsqu'il leur expliquait qu'il avait, lui aussi, une connaissance qui sauve (et une seule), un mystère (et un seul) à proposer, mais qu'on pouvait faire bon ménage avec un corps, la preuve notre Seigneur Jésus-Christ. Beaucoup d'hérésies chrétiennes ont résisté à la pensée du mixte, comme le montanisme, cet ascétisme qui mortifie le corps pour laisser la place aux dons miraculeux de l'esprit.

Le monothéisme est un intellectualisme, et comme tel un antihumanisme virtuel. Quelque chose en lui ne tolère que la perfection. Pousse à l'inhumanité. Ce qui le rend sec, anguleux, viril. Terrorisant, inhibant. Oppressif. Il manque de respirations, d'enjambements. Le dualisme absolu engendre des religions tragiques qui confrontent directement Dieu au pécheur, l'infini au fini, sans recours ni détours, sans amortisseurs. Le moyen terme, les classes moyennes, les hommes moyens, c'est toujours ce que l'intellectualisme oublie. Le marxisme de Marx, par exemple. Ou la Gnose. Inefficace parce qu'extrémiste.

Le problème des interfaces a toujours été le point faible des monothéismes. « Absolu » vient du latin *absolvere*, « détacher », « mettre à distance ». Éloignement, dessèchement, indifférence. Comment aimer un dieu qu'on ne voit nulle part ? À quels représentants se fier pour entrer en contact avec lui ? Le dieu chrétien a l'art de faire faire. Allah et Yahvé veulent tout faire par eux-mêmes. Ils sont à la fois omniprésents et désespérément absents. Trop imbus de leur transcendance pour déconcentrer sérieusement. Jaloux de ses prérogatives, Allah fait ses commissions lui-même. Il délègue l'archange Gabriel une bonne fois pour toutes, et se retire dans ses appartements. Yahvé, lui, a ses prophètes, ses rois, ses prêtres ; son peuple élu, ses anges. Mais ses mandataires restent des confidents, domestiques ou serviteurs qui ne participent pas vraiment à sa substance divine. Employés intéressés aux bénéfices de l'entreprise, mais sans participation au capital.

Le Christ réinstaure la dialectique dans l'univers tragique de la séparation. Il fonctionne avec le chiffre trois. Dans la Sainte-Trinité. Avec le merveilleux chrétien, entre deux termes, il y a toujours place pour un troisième; entre deux parties, pour un *ombudsman*; entre un canonisé et un simple fidèle, pour un bienheureux, ce saint de deuxième classe; entre deux rives, pour un pont et un pontife. Le Fils de Dieu est fils unique, mais entre lui et son Père intervient déjà le Verbe, consubstantiel à Dieu mais qui peut s'unir à l'homme. En contrebas, le Médiateur majuscule va déployer une longue chaîne d'entre-deux, une cascade pyramidale de perfections descendantes, catégories rebondissantes et intercédantes les unes auprès des autres. Il y a la Vierge Marie, le Saint-Esprit, les apôtres, les saints et martyrs, les Pères de l'Église, les docteurs, les bienheureux, les évêques, prêtres et diacres, etc., jusqu'au servant de messe et au dernier des catéchumènes. *Le génie du christianisme est celui des intermédiaires*. Ce sont eux qui ont fait sortir le dieu judaïque de ses retranchements et de sa morosité. Ils ont pu désintellectualiser l'Absolu, en l'attendrissant pour le dynamiser. Fait fonctionner à l'horizontale l'angoissante verticalité des origines. Islam et judaïsme sont des religions d'hommes, et qui pensent. Le christianisme est un monothéisme relativement féminisé, le moins misogyne des trois assurément: accessible au cœur, délivré du Livre, *érotisé*. De quoi échapper à la sécheresse, à la masculinité, au terrible ennui des sociétés monothéistes, car les dieux du désert font le désert autour d'eux. Il a introduit la couleur dans la ligne, la Madone sur le Golgotha, la polyphonie dans le monotonal. Disons: un monothéisme à visage humain, à goût d'enfance, avec du jeu et de la fête. Qui opprime les femmes, certes, comme toutes les religions, mais sans les voiler ni les lapider. Qui a mis des voyelles, des douceurs, des flexions maternelles dans les dures écritures consonantiques de l'hébreu et de l'arabe. Qui donne du corps à la Loi. Qui, avec ses saintes femmes et Marie-Madeleine, mêle un grain de féminitude aux valences patriarcales, mêle au sang la rosée, familiarise tout un chacun avec le «Tout-Autre», rend le sacré «sympa». Le christianisme, cet anti-intellectualisme du Saint-Esprit, doit à son formidable équipement médiatique le maximum d'immédiateté sensible.

Mahomet est un centralisateur entêté. Il n'aimait pas penser à sa succession, et d'ailleurs il n'a rien décidé qui puisse établir une chaîne de commandements, un relais de transmissions ordonnées et hiérarchisées. Tout juste un vague : «Obéissez aux autorités après ma mort...» Mais lesquelles ? Abou Bakr a présidé la prière à la mort du beau-père, mais après, quelle confusion ! C'est normal. Quand on est porteur d'une très bonne nouvelle, on n'aime pas la concurrence. On veut pouvoir la délivrer en personne. Et après moi le déluge. Ce réflexe d'homme providentiel ne fut pas celui du médiateur de Judée, cet entre-deux superlatif qui a admis et suscité une multitude de diminutifs.

Sans doute reste-t-il l'unique médiateur du salut. Marie et les saints ne sont pas médiateurs au sens propre, mais simples démultiplicateurs de la médiation christique. Roi-serviteur, berger-agneau, avocat des hommes auprès de Dieu, procureur de Dieu auprès des pécheurs, le Christ est plus qu'un maillon intermédiaire. Il ne tient pas ensemble, il *est* les *deux bouts* de la chaîne, liberté humaine et initiative divine. Incarnation n'est pas confusion. Elle n'efface pas la différence entre les deux natures. Mais elle a laissé assez de marge pour des va-et-vient, permettant au Christ de déconcentrer son pouvoir de décision, comme on le recommande aux grands managers.

Un messianisme sans messagerie n'a pas les moyens de sa fin. Là est le drame du judaïsme, comme plus tard du marxisme entendu comme messianisme séculier (la Révolution, c'est la Révélation conjuguée au futur) : l'impasse sur les moyens de transport rend peu opérationnelles ces visions du monde. Le polythéisme antique regorge d'exprès, d'estafettes, de coureurs — héros ou demi-dieux —, d'où sa vivacité et son agilité mytho-politiques. Mais Hermès n'est que le messager des dieux. Le Christ facteur *est* Dieu, et ses disciples ont eu l'intelligence de créer, en son nom, un incomparable service de télédistribution entre l'au-delà et l'ici-bas (il fonctionne toujours, même si on parle moins des anges). Cette Nouvelle Alliance, celle de l'Absolu judaïque avec les Postes et Télécom de la théologie catholique, n'est pas pour rien dans la mobilité, l'allant historique, l'esprit d'initiative qu'on reconnaît au petit cap de l'Asie. Notre écriture est centrifuge, elle s'avance de gauche à droite, du creux de notre corps vers le monde extérieur. Inversion des graphies centripètes de la tradition. Orient statique, Occident dynamique...

C'est qu'il se passe toujours quelque chose dans la maison du Seigneur. Pas de repos, on trouve à tout instant un voyage à faire, quelque chose à aller chercher. Parce qu'on a toujours un intermédiaire sous la main, pour faire passer le message de haut en bas et de bas en haut. Le bon Dieu ne reste pas en place, les bras ballants, comme un nigaud. Il marche, démarche et fait marcher. Jouer, danser, chanter. Théâtre, polyphonie, vitrail, sacrements, liturgies, statuaire, tout lui est bon pour se rendre présent aux cinq sens de ses créatures. Il descend, remonte, reviendra. La maison du Père est pleine d'ascenseurs, et c'est néanmoins le même Père. Sur la Terre comme au Ciel, aujourd'hui comme hier, il vaut mieux se déplacer si l'on veut garder sa place. La complexe hiérarchie des anges fournit les liftiers, grooms et chasseurs du palace chrétien, irremplaçables à ce titre. Le Très-Haut descend sur terre : Incarnation. Non sans se faire annoncer par l'archange Gabriel : Annonciation. L'Esprit-Saint descend sur la tête des apôtres : Pentecôte. Le Christ s'est arraché à son tombeau : Résurrection. La Vierge monte au Ciel : Assomption. Un jour, le Christ redescendra : Parousie.

Exemple de vecteur performant : l'ange. Traduction du grec *angelos*, le « messager ». Gardez-vous d'opposer l'angélique à l'opérationnel, ils ont partie liée. Usé par l'iconographie, l'agent de liaison, le petit télégraphiste joufflu et pansu ne paye plus de mine, d'avoir trop envahi les fresques et dessus de portes. Les chrétiens eux-mêmes n'y croient plus trop, et ils ont tort. « Les anges sont les grands inconnus de cette époque qui tend à idolâtrer le cosmos », déplorait justement Jean-Paul Ier ; et de fait, l'angeologie est, de toutes les disciplines théologiques, celle qui se porte le plus mal. Il n'y a plus que les directeurs du protocole, experts en préséances et hiérarchies subtiles, pour trouver goût et sens au traité de Diogène l'Aréopage classant les Anges, Archanges et Principautés, troisième catégorie, derrière les Puissances, Dominations et Vertus, au deuxième rang, elles-mêmes derrière les Trônes, les Chérubins et les Séraphins, les plus proches de Dieu. Ces distinctions de cour règlent pourtant la vie quotidienne de nos palais nationaux... Sans les anges, agiles comme des esprits sans corps, pas d'histoire sacrée. Leur existence fait partie du dogme, depuis le concile de Nicée qui a proclamé Dieu «créateur des choses visibles *et invisibles*». Et Jean-Paul II, restaurateur de l'intégrité de la foi, a dernièrement rappelé qu'en vérité, oui, ils existent (catéchèse de 1986).

Sans doute, le christianisme ne les a pas inventés. Ils étaient dans l'Ancien Testament. Dans les religions païennes aussi: génies de l'air, de l'eau, des forêts. Dryades, naïades, lutins, elfes. Ils y étaient décoratifs. L'Église leur donne du travail. Comme anges gardiens d'abord. Puisque chacun de nous est sous la protection d'une personne invisible et pourtant familière, céleste et lumineuse, dotée de volonté et de liberté. La Providence a beaucoup de ministres, celui-là n'a qu'un modeste portefeuille mais il est réconfortant de savoir qu'elle a détaché auprès de chacun de nous un sous-secrétaire d'État. Les Écritures ne mentionnent que ceux du premier rang. Il n'y en a que trois sur la bande-annonce: Michel, Gabriel et Raphaël. Mais ils n'ont pas chômé. Demandez à Marie...

Une autre catégorie de médiateurs, encore plus populaire: la classe moyenne des *saints*, originalité catholique. Ils étaient politiquement plus utiles que les anges, comme facteurs d'unification et de sécurisation des ouailles. Le saint patron ou la patronne d'une ville augmentait l'autorité de son évêque, à qui il (ou elle) permettait de placer les habitants ou les arrivants sous sa protection. L'Antiquité avait bien sûr ses héros et ses demi-dieux, mais n'importe qui ne pouvait pas devenir héros ou demi-dieu. On l'était de naissance ou on ne l'était pas. L'écart entre le simple mortel et l'immortel incitait le premier à invoquer les exploits ou le nom du second, mais comment l'*imiter*? Le christianisme, là encore, humanise, incarne le surhomme. Le saint devient l'homme du commun, monsieur-tout-le-monde. Style de vie apparemment ordinaire, condition sociale banale ou accessible. D'où émulation, imitation, effet d'entraînement. L'Église inverse la règle antique. Le héros échappait à la mort parce que héros. Le saint devient saint par sa mort. La mort d'un homme peut le «diviniser» — et le tombeau devenir autel. Formidable accroche. Tout le monde mourra un jour, alors qu'un immortel homérique ou virgilien c'était assez difficile à rencontrer dans la vie courante. Devant la sainteté aussi, les fidèles sont à égalité de chances. Le saint catholique n'a rien de divin. C'est un petit médium exemplaire du Saint-Esprit. Un intercesseur de plus à son arc, et au nôtre. Un point de contact. Dieu a besoin des hommes et les hommes ont besoin des saints pour s'en rapprocher. L'Église est là pour subvenir aux besoins populaires. Elle surveille même la production de saints, toujours un peu trop spontanée et anarchique, à travers sa «congrégation pour les causes des saints», bureaucratie tatillonne et sévère, répartie en trois sous-directions ou sections (procès canonique, examen des écrits, jugement final). Piston inutile, les procédures sont collégiales et prolongées. Car, où il y a moins d'élus que d'appelés, une bonne administration de la rareté accroît la demande en limitant l'offre. L'invention au XVe siècle des *bienheureux*, ces officiers subalternes de la grâce, dont la tête n'a pas droit à l'auréole mais aux rayons, et qui ne peuvent être honorés que localement, permit en son temps d'enrayer l'inflation ruineuse des saints médiévaux. La béatification, peut ainsi préluder à la canonisation. Même prudence pour le titre de docteur de l'Église (exceptionnellement conféré à deux femmes, en 1970, sainte Thérèse d'Ávila et sainte Catherine de Sienne). Mais personne ne doit se décourager d'avance. Sait-on jamais? En seulement dix ans, Jean-Paul II a fait 247 saints et 315 bienheureux.

Auguste Comte voyait dans l'Incarnation le dogme qui avait permis de sauver le monothéisme strict en réintroduisant en lui une dose de polythéisme. Rétablir le pluriel dans l'Un, c'était bien faire pousser des roses au milieu des sables. Réconcilier le tragique juif avec la dialectique grecque revenait à faire miroiter un peu de béatitude au bout de la détresse. Bergson, dans un autre langage, opposait aux religions closes, quand les dieux de la cité combattent avec et pour elle, la beauté d'une religion ouverte, où on peut se battre pour son dieu sans se battre pour sa cité, car c'est le dieu de toute l'humanité. Du clos à l'ouvert, de la nation à l'espèce, disait-il, on ne passe pas par voie d'élargissement. Mais par intériorisation. Et nous avons vu que le christianisme a bien débouché sur le dehors par le dedans, sur le monde par la conscience.

La médiologie, sans renier ces conclusions, y arrive par d'autres chemins. Elle commence par référer une culture à son écosphère, à son milieu de croissance, au sens d'abord géographique du terme. La force du christianisme est d'avoir, deux mille ans avant la vidéosphère, en pleine logosphère, mis la ville à la campagne, en mariant le clos et l'ouvert. Islam et judaïsme sont des produits du désert: quand ils arrivent en ville, ils sont déjà formés. L'islam est égalitaire comme le nomade, et âpre comme lui. La suppression (de principe plus que de fait) des intermédiaires lui confère un esprit d'égalité, une simplicité très subversive. Mais doublés d'une hauteur assez décourageante. La foi musulmane peut être fascinante, elle n'est guère avenante. Ce genre de monothéisme habite des nomades qui se sédentarisent. Le christianisme évangélique va en sens contraire : c'est une religion sédentaire qui nomadise ensuite. Il a recyclé, dans le monothéisme, des résidus de polythéisme et de fétichisme, comme un architecte utilise des matériaux de remploi, parce qu'il a reconstruit le désert en milieu urbain, à sa manière, celle d'Antioche, d'Alexandrie, d'Éphèse, de Césarée, de Corinthe, de Constantinople — toutes les métropoles de la culture hellénistique. Il a ainsi mêlé à l'aridité des origines «la fraîcheur du fétichisme», comme à l'angoisse de la déréliction la grâce poétique des sujets transitionnels (comme les objets du même nom) qui escortent le bon Dieu, ses bienfaisants cortèges de médiateurs.

D'où ce beau paradoxe : le charme du martyr, et que le culte d'un dieu souffrant se soit révélé aussi accueillant et accessible. Le sourire à travers les larmes est bien la plus parfaite traduction esthétique du mystère propre à ce monothéisme *urbain*.

LES ENJEUX PRATIQUES

Le triomphe temporel du christianisme prouve-t-il le pouvoir d'une pensée juste ou une pensée juste du pouvoir ? Je vous réponds : c'est la même chose. Impossible de séparer l'autorité de la religion chré-

Le mystère de l'Incarnation

tienne en Occident et la religion de l'autorité occidentale. La preuve ? Les sept premiers conciles qui ont « filtré » la chimie intellectuelle de l'Incarnation ont tous été convoqués par des empereurs romains, et les décisions prises — les dogmes — l'ont été par et pour eux, à leur initiative et profit. L'Incarnation fut, en son fond, une décision politique codée en langage théologique.

Le seul fait qu'il y va d'une métamorphose pouvait déjà nous mettre sur la piste. Depuis l'animisme primitif jusqu'au fétichisme de la monnaie (cette chose qui peut se transformer en n'importe quelle autre chose), nous savons que surnaturel, puissance et métamorphose sont termes synonymes. Zeus se changeait en pluie, en taureau, en cygne, en amphitryon, en tout ce qu'il voulait, car il était, dans l'Olympe, le *number one*. Plus je peux, plus je peux devenir autre chose que ce que je suis. Dis-moi quelles sont tes transformations possibles, je te dirai, divinité, quelle place tu occupes dans la hiérarchie céleste. En général, la distinction des ordres, des lois et des instances suffit au savant, à qui cherche la nature des choses. Celui qui s'intéresse au pouvoir de l'homme sur l'homme tournera son attention vers les mélanges, règles de déplacement et de mutation d'un ordre de réalité dans un autre. Du *dire* au *faire*, par exemple.

Les premières hérésies ont eu pour enjeu la divinité de la personne du Christ, qui fut elle-même *la première formulation dogmatique* de l'Église. Son élaboration est à la fois exclusive et instituante. Elle scande sur plusieurs siècles la constitution de l'Église en un appareil d'autorité, unique et centralisé. Comme la mise en ordre des dogmes, au cours des sept premiers conciles, propres au magistère ecclésial avec sa hiérarchie de centres et de primats. La synthèse doctrinale chrétienne est un effet de gouvernement. Elle a «pris» par l'Incarnation. Les flottements d'interprétation furent arrêtés en même temps que les fluctuations des frontières d'autorité par la *fixation* de Chalcédoine. Ce qu'il y a d'inexplicable dans une vérité de foi retrouve sa cohérence si on considère ce qu'elle apporte de cohésion à une communauté en voie d'organisation (contre les forces centrifuges de l'hérésie et du «n'importe quoi»). Les hérésiarques ont perdu le pouvoir dans l'Église pour avoir voulu rationaliser la Révélation en éliminant l'un des deux termes dont la déraisonnable réunion fait précisément le mystère commun à la personne du Christ et à tout gouvernement : la double nature. Le mystère christologique recoupe le mystère politique de l'autorité parmi les hommes, non en vertu d'une lecture rétrospective, à deux mille ans de distance, mais parce que l'autorité ecclésiastique s'est codée elle-même, à travers ses dogmes successifs. Il n'y a pas de «politique tirée de l'Écriture sainte», car l'induction s'est faite en sens inverse. L'Église a précédé l'Écriture, le Nouveau Testament et le canon scripturaire sont issus du collectif chrétien en voie de hiérarchisation. C'est seulement au bout de six siècles que l'Église a adopté les vingt-sept livres qui composent le Nouveau Testament.

Naissance, donc, du dogme de l'Incarnation. Son contenu sert de point fixe, son établissement advient au terme de longues et périlleuses fluctuations, et, très précisément, pour y mettre fin. Cette turbulence doctrinale de cinq siècles (si bien analysée par Manuel de Diéguez dans son *Et l'homme créa son Dieu*[1]), il

---

1. Paris, Fayard, 1984.

n'est guère facile de la faire entrer dans la grille paisible de nos catégories d'analyse, qui séparent bêtement politique, culture et théologie du IIIe au VIIIe siècle de notre ère, la guerre fut la continuation de la théologie par d'autres moyens. Dans l'adage si galvaudé, « politique » est un prête-nom tardif. Les parties aux prises fonctionnent ouvertement en partis politiques, et les historiens (le cardinal Daniélou entre autres) évoquent spontanément « le parti nicéen », « l'extrême gauche arianiste », une « large coalition majoritaire anti-Arius ». Les évêques et chefs d'école des divers cantons de la chrétienté naissante commençaient leur campagne sous forme épistolaire, mais la terminaient en force militaire. Dans l'intervalle, un traité dogmatique ; une profession de foi, en guise de note diplomatique ; un seul qualificatif, « semblable » ou « consubstantiel », valant pour ultimatum. Pas de concile qui n'ait alors donné lieu à des émeutes, séquestrations, batailles de rue, voire des affrontements en rase campagne.

Pourquoi cette fixation quasi millénaire des disputes nationales et politiques sur ce dogme ? Parce que toute la pyramide de l'autorité pivote sur cette pointe. Impossible, en effet, de contester le devoir d'obéissance à l'« Épouse du Christ » sans questionner la filiation qui l'unit à Dieu le Père. Supposons que le Christ ne soit pas le Fils de Dieu, et je n'ai plus besoin, moi, croyant, de l'Église chrétienne pour entrer en communication avec Dieu. Je peux alors court-circuiter l'intermédiaire obligé. Entre le IVe et le VIe siècle, l'Église vient à bout du nestorianisme (distinction totale des natures) et de l'arianisme (unité de la personne). La stabilisation du pouvoir impérial était en jeu. La foi de Nicée (325) et son explication à Chalcédoine constituent la solution mystique d'un problème politique qui avait tout pour soulever les passions : qui doit obéir à qui ? Qui dépend de qui ?

Si l'Église participe d'une Chair trop humaine, elle n'est plus déifiée ni déifiante : les laïcs eux-mêmes ne lui rendront plus les honneurs du culte, soit le respect et l'impôt. Pourquoi servir l'épouse d'un homme naturel, fût-il supérieur ? À l'inverse, si l'Épouse représente un être d'une nature entièrement divine, quel rapport peut-il bien exister entre Elle et Lui, et donc, à la limite, pourquoi passer par l'institution d'ici-bas pour entrer en rapport avec Lui ? Dans un cas, le charisme ecclésial pèche par manque ; dans l'autre, il est en trop. L'Incarnation a dû s'ouvrir une voie entre un « pas assez » et un « trop » de transcendance, entre Charybde et Scylla, parce que chaque solution extrême mettait en péril des bases de l'institution, sans qu'on s'en rendît toujours bien compte sur-le-champ. La logique des opérations qui s'ensuivaient constituant une sorte d'inconscient politique que le déploiement des hérésies postérieures, à partir du noyau dogmatique, tirait peu à peu au jour.

Si Dieu (ou le Verbe) existe en entier *dans* le Christ, la piété populaire va confondre le Père et le Fils, et servir le premier sous les seules espèces imaginaires du second. Dérive idolâtre contre laquelle réagit Arius qui, pour sauvegarder l'identité du Père, insistera sur la distinction des natures et maximisera dans l'élément « Dieu » sa pleine transcendance. Le Christ est né telle année, tel jour, telle heure ; mais Dieu, principe de tous les êtres, est inengendré (*agénétos*). Dieu s'est adjoint le Verbe, mais « il fut un temps où le Verbe n'existait pas », et donc l'incarnation du Verbe non plus. Le Christ n'est pas un accident, mais l'essentiel ne passe pas par lui et aurait pu à la rigueur se passer de lui. L'arianisme admettait les pouvoirs divins de Jésus, non la nature divine de sa personne physique. Or, si la Chair est extérieure au Verbe, il s'en déduit qu'on peut être soi-même extérieur à la Chair du Christ qu'est l'Église, conduite par le successeur de Pierre, sans trahir pour autant le service de Dieu. Ce n'est pas par hasard qu'Arius a commencé sa carrière d'hérésiarque en secouant la tutelle de son évêque. Impossible de mettre en cause la divinité de Jésus sans mettre en question tôt ou tard, à travers la réalité de son œuvre rédemptrice, le devoir d'obéissance à « l'Épouse du Christ », à son chef, et à la cascade de chefs par délégation procédant de Lui. On voit l'enjeu : l'autorité pyramidale telle qu'elle s'exerce dans l'institution ecclésiale, et au dehors, sur la société.

La première inquiétude, logiquement, vint de Constantin, empereur de son état et bien décidé à le rester. Le christianisme devenu doctrine officielle, force était de « bétonner » son socle pour sauvegarder l'État par lui stabilisé. Un pouvoir centralisé veut par nature du simple et de l'homogène. Les deux natures du Christ, d'être trop distinctes, postulaient une distinction entre pouvoir spirituel et pouvoir temporel. Et contenaient donc en germe un affaiblissement possible, par dédoublement du légitime et du légal, de l'autorité religieuse et de la puissance impériale. Constantin avait intérêt à tirer les deux natures vers l'unité pour apaiser troubles et rébellions. Ce n'est pas un hasard qu'il ait lui-même convoqué le premier concile œcuménique de Nicée, en faisant savoir sans ménagement aux Pères de l'Église ce qu'il attendait d'eux. Une motion de synthèse fut adoptée *in fine*, qui ruinait en fait les espoirs des arianistes. Le Fils fut déclaré « engendré mais non créé », consubstantiel à son Père, donc *Dieu issu du vrai Dieu*.

Rébellions et scissions aux quatre coins de l'Empire. Face aux arianistes, se dresseront peu après les *monophysites*, qui majorent dans le Christ l'élément divin, en allant jusqu'à nier son humanité. Tout se joue sur une lettre entre les tenants de l'*homoios* et de l'*homoiousios* : Christ « consubstantiel » ou bien « semblable » au Verbe ? Après le concile d'Éphèse (431), qui échoue à concilier les thèses opposées, vient enfin celui de Chalcédoine (451), auquel saint Cyrille d'Alexandrie, « le docteur de l'Incarnation », apporta la solution miracle, moyen terme entre le trop et le pas assez de nature humaine en la personne du Christ. Elle prévaudra pour dogme. Le « un fait deux » cède la place au « deux font un ». Le Christ assure la plénitude en Lui de l'humanité et de la divinité. Le vocabulaire cyrillien des deux natures heurta néanmoins les Égyptiens, réfractaires à l'idée qu'on puisse penser simultanément le un et le deux. Les théologiens de la curie, quinze siècles plus tard, froncent les sourcils aux seuls abords du chef-d'œuvre terminologique de saint Cyrille et répètent qu'on ne saurait montrer trop de vigilance à propos de l'union « hypostatique ». Il y va en effet de l'unité d'organisation et de direction de l'Église catholique. De fait, si la quasi-totalité des Églises chrétiennes d'Orient (syrienne, uniate, arménienne, maronite, copte, etc.) restent « séparées », c'est pour refuser d'accepter les décisions prises au concile de 451. On les appelle « non chalcédoniennes ».

Pour parler grossièrement, on peut voir, dans cette bifurcation à l'intérieur de la chrétienté, le départ du divorce Orient/Occident, qui deviendra division au synode de Francfort, en 794. Les Églises orientales, dites extérieures ou nestoriennes, pencheront pour la distinction simplement *logique* des deux natures. On les dira « monophysites » — portées à la contemplation du Verbe éternel, à la méditation adorante de la divinité du Christ. Les Églises occidentales, pour la distinction *réelle* des deux « natures qui font le Christ, consubstantiel à son Père selon la divinité, et à nous selon l'humanité ». Principe de passivité et d'immobilité là-bas (chez les nestoriens d'Égypte, les assyriens de Chaldée, les syromalabars de Kerala, etc.). Principe d'activité et de dynamique, ici. Orient érémitique du renoncement au monde, pétrifié par la pensée de l'Un, où l'ici-bas est subordonné à l'au-delà et l'écart maximal entre Ciel et Terre. Occident séculier mûr pour le dédoublement des règnes, le décrochage des domaines de compétence entre pouvoir civil et pouvoir ecclésiastique, État et Église, que nous nommons laïcité, et qui n'a pas, au Proche- et au Moyen-Orient, d'équivalent.

Les querelles christologiques ont déchiré la chrétienté orientale — c'est-à-dire le cœur historique de cette religion — jusqu'à la fin du VIIe siècle (concile de Constantinople, 681), quand elles cédèrent la vedette à la grande querelle des images qui en découle directement.

Si l'Occident latin fut moins secoué par ces controverses, c'est qu'il était moins civilisé, ou plus barbare. Ce retard intellectuel, entretenu par l'interruption des communications matérielles avec l'Orient hellénique, fut rattrapé et en partie effacé vers le XIIe siècle, notre première Renaissance, lorsque les rapports furent rétablis grâce aux Arabes, nos maîtres et nos éducateurs. Le Christ parlait l'araméen mais la théologie chrétienne a d'abord parlé (et donc pensé) grec, qui était la langue de tout l'Orient romain. Rappelons qu'il n'y a pas eu dans l'empire romain d'Orient, épargné par les invasions, solution de continuité entre «Antiquité» et «Moyen Âge». Les premiers théologiens organisateurs de l'Église se sont anathématisés, excommuniés, réhabilités dans le droit fil et avec les instruments de la philosophie hellénique. Il est piquant de remarquer que l'Occident chrétien — dont les défenseurs patentés ont la mémoire courte — a forgé ses matériaux de base en Asie Mineure et en Afrique, puisque c'est là qu'ont été raffinées par les Pères les paroles de ce prophète oriental, Jésus de Nazareth. Origène d'Alexandrie est plus puissant et subtil que Tertullien qui, quoique africain, écrit et pense en latin. C'est l'empire d'Orient qui a fait faire au christianisme son bond décisif hors de la culture judaïque et de son aire étroite, lui ouvrant les voies d'une diffusion mondiale. La religion juive a eu une diffusion limitée à la diaspora juive ; la religion chrétienne a pu briser ses cloisons géographiques et ethniques parce qu'elle a fait couler dans les canalisations impériales de l'Occident les modèles de pensée propres à l'Orient hellénistique. Sauf Hilaire de Poitiers et Ambroise de Milan (lequel démarque Basile de Césarée et Grégoire de Nazianze), les docteurs de l'Église sont des «Orientaux» (Irénée de Lyon vient en réalité de Smyrne) ou des «Africains» (comme Tertullien, Augustin ou Cyprien).

L'Europe est une fusée à trois étages — grecque, judéo-chrétienne et libre penseuse — dont la base de lancement a été l'Asie. Je mentionne au passage cette donnée triviale et sans cesse refoulée par les sectateurs de l'«Europe occidentale», c'est-à-dire de l'enfermement européen. Signe d'asphyxie culturelle et d'amnésie historique. Parce que l'alphabet à voyelles est né en Phénicie, la guerre de Troie et Homère en Ionie, la géométrie à Milet avec Thalès, et l'histoire en Carie avec Hérodote d'Halicarnasse, il est admis que l'Asie Mineure a donné son départ à l'essor grec. Saint Augustin a résolu à Hippone, aujourd'hui Abana, le casse-tête théorique de la Trinité, et le dogme de l'Incarnation s'est peaufiné entre Nicée, Alexandrie, Antioche et Constantinople, soit entre l'Égypte, la Syrie et la Turquie actuelles. Ce qui a modelé le visage de l'Europe s'est décidé en dehors d'elle.

Disons-le autrement et en quelques mots simples. L'Occident a quatre capitales : Jérusalem, Athènes, Rome et Byzance. Il ne veut se souvenir que des trois premières. Chacune a ses chantres, ses commerçants et son mot de passe. Jérusalem, c'est le monothéisme. Athènes, c'est l'humanisme. Rome, c'est l'État de droit. Byzance, c'est plus et mieux car c'est la synthèse de ces trois éléments : on y a pensé les rapports de Rome et de Jérusalem dans la langue et les concepts d'Athènes. Presque personne n'en a cure. La grande oubliée de notre histoire n'est rien de moins que notre laboratoire central. Nous devons à cette ville-empire nos principaux dogmes, nos catégories organisatrices, nos cérémonies civiles et religieuses — la liturgie chrétienne dérive des cérémonies de cour byzantines, comme notre protocole républicain dérive des hiérarchies célestes du césaropapisme —, notre esthétique, car c'est à Byzance que fut brisée la vague iconoclaste, et affirmée la légitimité d'un art sacré ou d'une figuration du divin.

À l'image du Christ, médium mixte et, à ce titre, déflagrant, le christianisme doit sa force propulsive à sa mixité culturelle : ni juive ni grecque, mais au croisement des deux traditions. Ce métissage a sauvé le Sauveur. Ses adeptes ont échappé à l'étiolement sectaire grâce à l'occidentalisation sans doute involontaire d'un messianisme oriental parmi d'autres. La diaspora des juifs hellénisés, surnommés les «hellénistes», avec Étienne à leur tête, chassés de Jérusalem pour outrecuidance, a permis au message originel d'essaimer en Syrie, en Samarie, à Chypre. Ces vaincus ont eu l'évangélisation conquérante, extravertie. Et la destruction du temple de Jérusalem, en 70, provoquant la défaite politique et l'éclatement du peuple juif, fit de ces exilés, dissidents un peu cosmopolites, des précurseurs qui avaient eu raison trop tôt. Cette transmigration a été conduite à grande échelle par Saül de Tarse, vivant trait d'union judéo-hellénique, né en Cilicie, carrefour traditionnel des cultures et des empires. L'apôtre des gentils, crucial médiateur, homme-pont, fit le *go-between* entre Antioche au sud, Césarée au nord de la Cappadoce. Il nous rappelle entre autres que l'Anatolie, avant et plus encore que l'Andalousie, a fait se rencontrer l'Occident et l'Orient.

CRUCIALE CHRISTOLOGIE

Dans la chaîne des transformations du message messianique, la personne du Christ demeure le point de passage névralgique. Et la christologie la plus périlleuse des spécialités théologiques. Car un système déraille par où il embraye, et qui relie les deux bouts de la chaîne — ici, le Père éternel et le Saint-Père — se fait beaucoup d'ennemis. Ce qui fait courroie s'use par friction. Le maillon faible du christianisme était son point fort, le statut personnel de Jésus, *cheville médiatrice* des syllogismes de la puissance impériale, puis papale : théoriquement la plus vulnérable, historiquement la plus attaquée. Dans le dispositif apologétique, la *christologie* est le cœur du cœur.

Fatalité médiologique : tout pouvoir tient par le milieu et le maillon médian est toujours le plus faible. Dans l'appareil de communications Ciel/Terre, l'Homme-Verbe raccorde l'un à l'autre les deux réseaux hétérogènes du temporel et du spirituel, du pastoral et du divin. Le divin interface fonctionne comme un commutateur charismatique : si le fusible saute, tout le réseau de grâce disjoncte. Cible de la critique philosophique et point d'éclatement des schismes, la redoute christologique a subi un feu bimillénaire de Boèce à Renan, et l'Église pourrait « tomber » avec elle. Branle-bas dans les dicastères. Pas de repli stratégique. Pohier, Schillebeeck et Kung en ont dernièrement fait les frais. Un point commun entre tous les procès engagés par l'ancien Saint-Office contre ces théologiens qui, en d'autres temps, y eussent laissé leur peau, et non leur chair : sauvegarder la divinité du Christ comme *Fils de Dieu et personne préexistante*. Car ce qui s'en déduit n'est pas peu : la hiérarchie ecclésiale et l'infaillibilité papale. Pohier (*Quand je dis Dieu*), accusé de mettre en doute la réalité objective de la résurrection du Christ, fut sanctionné par l'interdiction d'enseigner et de présider une assemblée liturgique. Schillebeeck (*Jésus, une tentative de christologie*), acquitté de justesse une première fois, fut ensuite incriminé et de nouveau convoqué à Rome. Quant à Hans

Kung (auteur notamment de *Être chrétien*), il s'est vu retirer, après de multiples «rappels à l'ordre», sa *missio canonica* ou permission d'enseigner. «Douloureuse décision» du Saint-Siège approuvée «sans réserve» par la conférence épiscopale, primat en tête.

Que reprochait-on à Kung? De manquer à «l'intégrité de la vérité dans la foi catholique» (1979). Comment? En tronquant l'identité du Christ, car Kung considérait Jésus «seulement comme lieutenant de Dieu et non comme son Fils éternel, consubstantiel au Père». «Réduction christologique» qui ne compromet pas seulement le dogme de la Sainte-Trinité, mais met en péril la cascade de ministères qui relie au Christ par le truchement du service de Pierre, soit de la papauté, l'ensemble de l'Église comme corps sacramentel participant de la vie divine de Jésus. L'autorité ecclésiale, sanctionnée par le dogme de l'infaillibilité, suppose à son tour le magistère universel de Rome en matière doctrinale; et le théologien est un délégué de la hiérarchie (dont il tient sa *missio canonica*). Nul, dans l'Église catholique, ne peut faire de la théologie, et pour cause, sans être en union étroite avec le pape et les évêques. L'imputation faite au professeur Kung de «dénier au magistère *sa fonction propre et exclusive* d'interpréter authentiquement le dépôt révélé», soit de contester le monopole central de la vérité, aurait en effet deux conséquences logiques: briser le monopole sacerdotal du ministère divin, ce qui permettrait par exemple aux simples baptisés de célébrer l'Eucharistie; et enlever à l'Église instituée son monopole de transmission, qui lui donne, à elle et à elle seule, la mission pastorale de délivrer aux hommes le message évangélique. Or, dit le Saint-Siège, c'est le

Christ lui-même qui a voulu « la verticalité existante dans l'Église ». CQFD. Le Souverain Pontife sous l'égide de qui, sitôt après son élection, ces décisions furent prises est Jean-Paul II. Ce pape combatif entendait refaire la chrétienté. Force lui est d'assurer son maillon faible. On a déploré et dénoncé « une inflexibilité sans précédent » dans ces sanctions papales. On a évoqué des « méthodes d'un autre âge » dans la chasse donnée par Jean-Paul II aux « néo-modernistes » et aux hors piste de la christologie officielle. C'est oublier que si *la* politique évolue, *le* politique n'a pas d'âge. Aucun ensemble de relations n'est relatif à lui-même, sinon ce n'est plus un ensemble : la structure logique de l'incomplétude qui sous-tend le fait religieux ne dépend pas du temps qu'il fait ni du temps qui passe. L'inévitable extériorité du principe fondateur au tout qu'il fonde (ou, si l'on préfère, la non-appartenance à l'ensemble de l'élément qui le constitue comme ensemble) détermine un invariant d'organisation qui admet force variations historiques et géographiques mais auquel aucune société humaine ne peut échapper (comme la *Critique de la Raison politique* a tenté de le démontrer). L'axiome d'incomplétude, chevillé au corps social, nous permet de traverser les âges du symbolique sans dépaysement majeur.

Cette syntaxe universelle dessine un cercle anthropologique où nous n'avons rien à attendre de neuf. Le rapport de l'homme aux choses (et à l'homme en tant que chose) est infini et non programmable. La science n'a donc pas de fin, sinon provisoire et factuelle. Le rapport de l'homme à ses dieux (comme aux autres hommes) a quelque chose de définitif et d'universellement compréhensible : Jésus, Bouddha, Mahomet et beaucoup d'autres restent nos contemporains, comme nous le sommes de Proust, Racine ou Épictète.

Le progrès des connaissances ne peut donc faire reculer les croyances, ce qui a de bons et de mauvais côtés. Parmi les bons, celui-ci : mystères et mythes ont sur les connaissances positives l'avantage de ne jamais perdre leur fraîcheur. Dans une culture donnée, une croyance forte est «pour toujours», et a aussi peu de chances de se fâner que le récit d'un rêve ou une chanson de mal-aimé, qui n'ont pas d'âge.

> Ici même les automobiles ont l'air d'être anciennes
> La religion seule est restée toute neuve la religion
> Est restée simple comme les hangars de Port-Aviation
> Seul en Europe tu n'es pas antique ô Christianisme...

On peut en croire le prophète de «l'Esprit Nouveau», le typographe de *Calligrammes* qui le premier reconnut Picasso et Braque, le bibliophile qui salua bien bas le phonographe, le téléphone, la radio et le cinéma, je veux dire Guillaume Apollinaire.

CINQUIÈME LEÇON

L'EXPÉRIMENTATION CHRÉTIENNE

La supériorité du faible : une stratégie médiatique

Les moyens de l'universalité

Publi-conseils

Transmettre, c'est organiser : utilité des interfaces

Une institution exemplaire

C'est l'Église qui fait le dieu

Parlons maintenant pratique. Le philosophe demande : l'esprit, quelle puissance ? Le théologien transforme : le Saint-Esprit, quels effets ? Le despote traduit : le pape, combien de divisions ? Transposition cynique d'un thème cher aux ethnologues — celui de l'efficacité symbolique. Le médiologue voudrait l'éclairer à son tour en demandant : à quelles conditions agit « l'esprit » ? À la condition qu'il se dote d'un appareil de transmission. D'où notre intérêt pour la médiation appelée Église. En l'occurrence : comment la courte histoire du Verbe fait Chair s'est-elle incorporée à l'histoire longue des hommes ?

Je voudrais donc aborder ici les voies et moyens de la propagation chrétienne. Comme une belle leçon de choses. Dans notre aire de civilisation, nulle autre transmutation historique ne soutient la comparaison.

Je vous rappelle le point de départ et le point d'arrivée de la séquence expérimentale envisagée (30-325 de notre ère).

Un homme un jour a des visions. On ne sait trop qui c'est : guérisseur ? Charlatan ? Agitateur ? Prophète ? Il parle. Trop, ou trop bien, ou pas assez. Mais qu'il témoigne, enseigne ou annonce, il n'agit que par une élocution. Il est celui qui parle au nom du Père. Ce qu'il dit choque les autorités légales, scandalise sa communauté. À tel point qu'il est exécuté comme un vulgaire brigand par un obscur fonctionnaire romain. Une affaire si insignifiante qu'elle n'est consignée nulle part dans les archives de la bureaucratie impériale.

Trois siècles plus tard, l'empereur Constantin réorganise son empire sur la base de cet enseignement et participe aux débats sur la divinité du brigand.

La disproportion entre l'input, quelques vibrations sonores, et l'output, un réagencement du monde, mérite considération. Son caractère « incroyable » en fait un motif de crédibilité supplémentaire pour l'apologétique chrétienne, qui ne veut expliquer l'inexplicable « propagation admirable du christianisme » que par une intervention surnaturelle. Elle y voit la preuve par l'absurde de la divinité du Christ (l'argument pourrait à plus forte raison étayer la crédibilité du message islamique et même bouddhiste). En elle-même, la séquence factuelle présente plus sobrement une succession de périodes presque anodines. 30-125 : expansion d'une secte néo-judaïque (communauté des biens, discipline rigoureuse, autorité sacrale des dirigeants). 125-250 : transformation de cette communauté régionale en une Église multinationale de facture hellénistique. 250-325 : conflits entre cette Église dissidente et l'État romain, persécutions et victoire finale des dissidents.

Cette propagation n'a sans doute pas été aussi foudroyante que celle de l'islam, qui d'un point de vue épidémique lui paraît bien supérieure. Dix ans après la mort du Prophète (632 apr. J.-C.), Omar s'empare de l'Égypte, de la Syrie, de la Palestine et de la Perse. Cent ans après, les Omeyyades ont transporté la doctrine de Mahomet d'est en ouest, de l'Indus à Poitiers. Si l'hégire (qui calcule le temps à partir de 622, l'année de la fuite à Médine) s'impose presque tout de suite dans cette zone d'expansion, le calendrier chrétien a mis plusieurs siècles pour s'émanciper de la datation judaïque (qui prend pour point zéro la Création du monde, soit l'an 3761 av. J.-C.). La parole de Jésus de Nazareth a eu un impact à peu près nul au moment de son émission, et faible dans les décennies suivantes. Il lui a fallu plusieurs siècles pour incuber, mais la relative lenteur de la diffusion a eu pour contrepartie une plus large couverture géographique. Son originalité vient de n'avoir eu que tardivement recours à la force militaire.

LA SUPÉRIORITÉ DU FAIBLE :
UNE STRATÉGIE MÉDIATIQUE

L'histoire professorale de la philosophie bute sur cette énigme : comment une parole aussi simpliste que celle de Jésus a-t-elle pu triompher de visions du monde mille fois plus élaborées et complexes, comme celles qui circulaient aux premiers siècles de notre ère ? Pensez à Plotin, à Jamblique, à Porphyre... Émile Bréhier par exemple constate que l'enseignement du Christ « s'oppose avec évidence à l'hellénisme par l'absence totale de vues théoriques et raisonnées sur l'univers et sur Dieu [1] ». Le chris-

---

1. Émile BRÉHIER, *Histoire de la philosophie*, Paris, 1941, t. I, vol. II, p. 487.

tianisme, remarque-t-il justement, « ne s'oppose pas à la philosophie grecque comme une doctrine à une autre doctrine », pour la simple raison qu'il n'y a pas, du moins pendant les cinq premiers siècles de notre ère, de philosophie chrétienne au sens propre, « impliquant une table des valeurs intellectuelles foncièrement originale et différente de celles des penseurs du paganisme ». De fait, la rationalisation de la foi qui commence avec les apologistes du IIe siècle se mène dans le cadre et avec les outils des philosophes hellénistiques. La théologie dogmatique, dirions-nous, a « pompé » chez tous les descendants de Platon ; mais le christianisme apostolique est au néoplatonisme, qui tenait alors le haut du pavé, ce que la bande dessinée est à l'essai philosophique (un album de *Tintin* à une thèse de doctorat sur Hergé). Les historiens de l'art font des remarques parallèles. L'art paléochrétien est une branche de l'art antique qu'il prolonge mais ne bouleverse pas. Sous une forme plutôt grossière que raffinée[1].

Pas de physique. Ni de logique. Pas de cosmologie. Ni de géométrie. Nulle représentation objective du monde. Au diable la grammaire, l'astronomie et la musique. Le christianisme des premiers temps, chef-d'œuvre d'ignorance, fait table rase de six siècles de science. Celse n'avait que dédain pour ce manque de tenue théorique. Presque tous les lettrés des premiers siècles ont vécu l'arrivée du christianisme comme la défaite de la pensée, une régression, un stupéfiant retour de la barbarie. De fait, un homme nourri dans les académies aux arts libéraux ne pouvait voir dans ces récits vulgaires et naïfs

---

1. Voir André GRABAR, *Le Premier Art chrétien*, coll. « L'Univers des formes », Paris, Gallimard, 1966.

qu'un tissu d'histoires à dormir debout, contes pour bonnes femmes et fables pour enfants (de chœur). Amour, charité, espérance, sans parler de la mastication d'un mort et de la résurrection des corps, cela ne faisait pas du tout sérieux. Il est probable que les Pères et docteurs de l'Église qui sont venus ensuite dialectiser et théoriser le message l'ont fait pour relever le défi et se mettre à la hauteur de leurs contempteurs : regardez, on n'est pas complètement idiots, nous aussi on peut faire de la philosophie et manier le grec aussi bien que vous. Les intellectuels que nous appelons païens et qui étaient les hommes les plus érudits et les plus civilisés de leur époque ont sans doute eu tort de mépriser cette non-doctrine. Mais ils avaient raison dans leur diagnostic. La propagation du christianisme dans le monde antique a effectivement scellé la victoire du sentiment sur la raison, de la séduction intuitive sur la conviction argumentée, de la subjectivité sur l'objectivité. De l'intérêt pratique sur le désintéressement théorique.

Et d'abord de l'oral sur l'écrit. Jésus prêche. N'analyse pas, ne dialectise pas. Ni discours ni méthode. Il raconte des histoires simples à des gens simples. Parle par symboles et paraboles. Les apôtres eux-mêmes, et les évangélistes, baignent dans l'oralité. Ils en font même, face aux pharisiens et aux sadducéens, un signe de distinction et de ralliement. Leur argument de vente : nous, on n'argumente pas, on témoigne. « La Loi est devenue Parole, l'Ancien Testament, Nouveau Testament. » Épîtres ou actes, leurs écrits sont minces et tous de circonstance : le contraire d'un exposé construit. La mise en rumeur du message n'en est que facilitée. La *vox populi* relaie moins aisément le hiéroglyphe que le bruit qui s'engendre et grossit de lui-même. Que font-ils eux-mêmes sinon ruminer, relayer la rumeur de Jérusalem ? Que sont les Écritures saintes sinon un recueil de « on-dit » ? Nous sommes témoins de témoins qui ont eux-mêmes entendu dire que... Le Christ ressuscité est apparu à un tel, je vous le dis parce qu'on me l'a dit... Les transmissions de bouche à oreille ne sont-elles pas les plus efficaces ? Les rumeurs qui se propagent le mieux, c'est un fait d'expérience triviale, sont celles qui sont invérifiables. « Je vous ai transmis ce que j'ai moi-même reçu », répète Paul dans ses épîtres. Car le vrai fondateur de cette Église n'est qu'un témoin auriculaire. Il n'a jamais de ses yeux vu le Christ selon la chair, mais en esprit, après coup. Pas de direct. Mais c'est le différé qui crée la meilleure illusion de direct, les programmateurs de télévision le savent. Le second chrétien « rencontre » le Christ, mais à travers le premier chrétien, qui tient lui-même d'un plus premier que lui que... Saint Marc écrit le premier Évangile à Rome autour de 87. Le vrai corps du Christ est posthume, et l'incarnation s'installe dans l'intervalle qui sépare l'événement de son récit. Comme toute histoire, profane ou sacrée, simple effet de retard né de la distance qui sépare la chose de sa trace. On a tout lieu de penser que le Christ a réellement existé, mais ces discussions traditionnelles n'ont aucune importance. Découvrirait-on le contraire, par impossible, que l'authenticité du christianisme historique n'en serait nullement remise en cause. Pas plus que la valeur du message chrétien.

En règle générale, on communique mieux par le bas. Décodage moins coûteux, audience plus vaste. Le christianisme a eu l'avantage, disons plutôt le mérite, d'arriver dans l'Empire romain par en bas.

Géographiquement par la périphérie, comme une religion de migrants et de pérégrinants. Socialement, par les bas-fonds, artisans, femmes, immigrés — les catégories en tout cas les moins instruites. Littérairement, par les genres les moins nobles, la biographie, et non la métaphysique, la correspondance, et non le traité, le prêche et non le cours. Il a pu ainsi maximiser le taux d'écoute et sans ce large bassin d'audience, gagné surtout aux IIe et IIIe siècles, il n'aurait pu, au IVe, percer si haut et porter si loin. Trop tôt théorisé, il aurait pu disparaître en route.

Les derniers seront les premiers, et les « primaires » récompensés. D'avoir joué au qui perd gagne rend la propagation « admirable ». Comme le petit Jésus face aux docteurs de la Loi, c'est en faisant l'idiot que le christianisme a été le plus fort. Comme s'il ne pouvait parvenir à ses fins qu'en leur tournant le dos. Les moyens de propagande du discours suivent la même inversion que le parcours du Christ. C'est la défaite immédiate qui mène à la victoire finale. De même que l'apothéose du Messie passe par sa crucifixion honteuse, au grand scandale des juifs pour qui le Messie-Roi ne pouvait évidemment pas apparaître sous les traits d'un réprouvé, le message doit passer par le cœur pour faire la loi. Humiliez le sublime pour le faire reconnaître. Sentimentalisez l'idée pour y rendre sensible. Vous voulez écraser vos ennemis ? Parlez-leur d'amour, et tendez l'autre joue. Conquérir le monde extérieur ? Repliez-vous sur la vie intérieure. Le plus court chemin vers le dehors passe par le dedans. La légende de l'Incarnation est absurde pour un juif comme pour un Grec mais c'est en déraisonnant que les chrétiens ont pu imposer leur folle raison à un monde desséché par un trop de rationalité, délesté par la spéculation philosophique de ses mythes et mystères. Lorsque Julien le fidèle, dit à tort l'Apostat, voulut faire retour aux dieux de sa culture, c'était trop tard : la loi du grand nombre jouait contre lui. Si cet empereur dévot et désireux de renouer avec des traditions séculaires répondait aux vœux des élites intellectuelles romaines, la majorité du peuple était déjà gagnée au Fils de l'Homme.

Énigme philosophique mais évidence médiologique : c'est la faiblesse théorique qui fait la force médiatique. En faisant l'impasse sur la cosmologie et l'ordre objectif de l'univers, il libère une formidable capacité d'adhésion subjective — et peut-être un début d'autonomie du sujet face à l'ordre cosmique. La folie de l'amour vaut mieux que toute la science du monde ; pour reprendre les distinctions d'Origène, la « sagesse du Christ », celle des simples croyants, passe désormais avant « la sagesse de ce monde », réservée aux gens instruits, et « la sagesse des princes de ce monde », apanage des surdoués et des initiés. La force de propulsion du christianisme fut émotive : il a vaincu une mythologie dominante affaiblie non à l'aide d'une bonne philosophie mais d'une mythologie plus forte. Un mythe frappe plus vite et plus fort qu'un concept. Si vous voulez toucher les gens, ne leur proposez pas un théorème, racontez-leur une histoire. Un théorème se réfute, ou soulève des objections. Une histoire, non : elle n'est pas « falsifiable ». Un mythe est d'abord un récit ; et le récit chrétien est un mythe de bonne foi, vivace et portatif. Pas une affabulation philosophique ou une allégorie poétique : une histoire véritable et vécue, dont le héros, un homme réel, se raconte lui-même, comme s'il signait son histoire tout en la faisant. Bien mieux qu'Orphée, Sisyphe ou Prométhée, ces mythes sans auteur, ces fantômes sans témoins.

Homère ? Un bon mythographe, mais qui nous parle de ce qu'il n'a jamais vu : il n'était pas contemporain d'Achille et d'Hector, lesquels d'ailleurs ne promettent rien de bon à personne.

L'originalité décisive du christianisme, qui découle de l'Incarnation, c'est donc sa *vulgate*. Monothéisme, baptême, messe, communion, on connaissait déjà. Ce qui est nouveau, c'est la démocratisation de la vie éternelle.

LES MOYENS DE L'UNIVERSALITÉ

Encore fallait-il avoir les moyens de sa nouveauté. Le médium de la déterritorialisation, permettant d'atteindre les couches sociales les plus larges, paysans, colons, barbares. Or, si le Nouveau Testament est une révolution théologique par décentration, sa diffusion a marqué également une révolution par délocalisation du support. Le remplacement du *volumen* antique (le rouleau de papyrus) par le *codex* (qui peut n'être pas un parchemin) marque la naissance du premier livre moderne. C'est un fait que le christianisme comme mouvement de masse et l'usage du *codex* se répandent simultanément, au IVe siècle, sans qu'on puisse dire d'ailleurs ce qui, dans ce triomphe commun, revient à l'un ou à l'autre. Qu'était-ce que le *codex* dans le monde romain ? Un truc minable, un calepin, un carnet de notes dont on se servait pour les brouillons ou les comptes chez soi. C'était un petit polyptyque à tablettes de bois, réunies deux à deux ou quatre à cinq par une cordelette passée dans des trous et qu'on pouvait attacher à la ceinture ou au poignet. Ces tablettes s'enduisaient de cire, on écrivait avec un stylet, et on effaçait à volonté. L'idéal pour les écoliers, les marchands, pour rédiger en hâte des actes privés ou commerciaux. Les avantages propulsifs du *codex*, à support végétal ou animal, sur le rouleau judaïque ou romain étaient considérables : économie de matière première (on écrit recto verso). On a calculé que les *Nombres* et le *Deutéronome* à la suite faisaient vingt-huit mètres de rouleau mais deux cent seize pages seulement en codex. Avec ce premier livre rudimentaire, on fait tenir toute la Bible en mille cinq cents pages. Les avantages de la fixation sans les inconvénients de la fixité. Le christianisme est un judaïsme extraverti et maniable, mobilisateur parce que mobilisable. Les Pères de l'Église ont eu la chance intellectuelle de coïncider avec un moment de syncrétisme fort, ce qui leur a permis d'enrichir un socle intellectuel rudimentaire de toutes sortes d'apports païens, néo-platoniciens, stoïciens, néo-pythagoriciens, etc. Les disciples du Christ revendiquent le même dieu, les mêmes prophètes, la même histoire que le peuple juif. Mais l'équation qui a fait «diverger» (aux deux sens, route et réacteur) la secte, c'est Incarnation + Diffusion. Christianisme = saint Jean + *codex*. Le codex vulgarise la parole de Dieu, tout en se retrouvant anobli par elle. La bible-codex réunissant en diptyque les deux tablettes oblongues des Tables de la Loi, le Nouveau Testament pourra même, plus tard, bénéficier de la symbolique de l'Ancien. Elle permet aux fidèles de porter l'Évangile sur eux (comme le Chinois maoïste son petit talisman), de toucher Dieu à travers le support (les juifs n'ont pas le droit de toucher la Torah de leurs mains, et ils ignorent la révolution profane et profanatoire du codex). Les propagateurs du Nouveau Testament, eux, ont abandonné le rouleau pour adopter la forme la plus basse du support d'écriture, et les premiers écrits chrétiens autour d'Alexandrie et le long de la Méditerranée sont rédigés non en grec classique ou littéraire, mais en grec populaire, argotique. En somme, le christianisme a fait au monde antique de l'écrit le même coup que l'imprimerie lui fera à son tour mille ans plus tard : le coup du léger, du méprisable, du portatif. Le coup bas, par les marges. Le coup du livre de poche. Yvonne Johannot suggère que Livre anguleux et Rouleau concave s'opposent comme le masculin, rigide et droit, au souple, au flexible et au féminin. Disons alors que le codex ajouta à sa maniabilité un argument physique d'autorité qui a aidé à ce que la lecture des textes saints ne reste pas, comme le souhaitait Chrysostome, l'apanage des moines.

Jusqu'à l'Incarné, les religions à mystères, cosmopolites et foisonnantes, ne s'adressaient qu'aux initiés. Lui, il ouvre au petit peuple les voies du paradis. Quant aux religions instituées, elles étaient territoriales : dieux de la Cité grecque, culte civique romain. Le judaïsme, plus ambitieux, restait identitaire, défensif et ethnocentré. La révolution évangélique, c'est le ciblage illimité : allez enseigner *omnes gentes*, tous les peuples. Déverrouillage sans précédent. « Catholikos » veut dire « universel ». Ce que saint Paul traduit par un coup de force inouï, où le judaïsme ne peut voir qu'une trahison nationale (c'est bien lui, l'Apostat), une désertion devant l'ennemi romain : il autorise les non-circoncis à s'asseoir à la table de la sainte communion. Façon de dire : je m'adresse à tous, n'importe qui peut me comprendre et devenir partie prenante. Renversement des perspectives : les étrangers nous sont proches, tout étranger est un prochain virtuel, mon frère le centurion, ma sœur la Cananéenne autant et plus que le pharisien mon compatriote. En ce sens, l'Incarnation c'est, au-delà du Verbe fait chair, *le peuple élu fait individu*, n'importe qui, personne, vous et moi ; c'est le monothéisme privatisé, mis à la portée de tous, en accès libre.

Dans l'Ancien Testament, le dieu créateur (du monde) apparaît comme une relecture, un rajout postérieur du dieu protecteur (d'un peuple). L'Alliance Yahvé-Moïse est au départ un contrat bilatéral. Prenez-moi comme dieu, je vous prends comme peuple. Élisez-moi, je vous élirai. Affirmer Dieu unique, c'est alors s'affirmer soi-même comme peuple unique. Le monothéisme hébreu a une fonction de délimitation extérieure autant que d'unification interne (un seul dieu, c'est le même pour toutes nos tribus, pour les royaumes du Nord et du Sud, et pour ceux qui s'éparpillent en route). C'est *notre* Dieu, à entendre d'abord comme notre gardien, et ensuite comme notre sauveur. Vieille question : se met-on au service de Dieu de tout son être ou met-on Dieu à son service pour persister dans son être ? Ici, pas de charte fondamentale, mais un donnant-donnant personnalisé. On prie pour Israël à la fin des cérémonies juives, tout uniment religieuses et nationales. On prie pour l'Église, mais non pour la Cité du Vatican à la fin de la messe. Il est vrai que son existence est moins menacée.

Fin donc du scandale mosaïque, de ce dieu universel dévoué et alloué à un peuple particulier. *Notre* Dieu devient *mon* Dieu. Le *moi-je* permet le passage du *nous* au *tous*. Parce que l'Unique universel devient un homme quelconque, sans ancêtres ni racines, son message vaut pour quiconque. L'Incarnation généralise le salut en singularisant le sauveur. Ruse de la déraison : c'est en se dépolitisant totalement en apparence que le christianisme peut viser à la politisation totale, soit à la conquête missionnaire du monde entier. C'est parce que Jésus de Nazareth est le premier dieu qui fût complètement homme, une personne en chair et en os, qu'il est le premier mass-médium de notre histoire. Avant, il n'y avait que des ethno-médias, ou des cités-médias. La transmission évangélique, de type généraliste, vise tous les publics, sans spécialisation. Universaliser un mode de communication, c'est toujours le personnaliser. Le programme chrétien est en ce sens plus performant, et rentable, que ses prédécesseurs. Les révélations religieuses opposent d'ordinaire un savoir à d'autres savoirs. Ici, il y a révélation d'une personne où n'importe qui peut déchiffrer sa propre existence. Proposition d'une expérience où chacun peut lire sa propre histoire.

Juifs et chrétiens font l'*expérience* d'un dieu, et Dieu passe ici et là par une *histoire*. C'est le même dieu mais ce n'est ni la même histoire ni la même expérience. L'expérience fondatrice juive, c'est l'*Exode* : elle est collective. L'expérience fondatrice chrétienne c'est la *Résurrection* : elle est personnelle. Je peux m'identifier à une personne, je ne peux pas m'identifier à un peuple. Le judaïsme professe que seuls les Justes ressuscitent à la fin des temps, or tout le monde n'est pas Moïse, Énoch ou Élie. Ici, le Royaume est ouvert, chacun peut triompher de la mort par l'amour de Dieu et du prochain : il y a *égalité des chances eschatologiques*.

Le judaïsme est interprétation, le christianisme incarnation. Deux modalités de la médiation : la froide et la chaude. Les religions, ça marche toujours. C'est fait pour, et c'est fait par. Mais plus ou moins. Il se trouve que le chaud «marche» mieux que le froid, l'émotif que le cérébral, l'immédiat que l'ésotérique. L'incarnation permet au christianisme de ne pas se transmettre par le seul enseignement, la mémoire ou le déchiffrement de textes sacrés, mais d'abord par un corps à corps, un bouche-à-bouche. Dans la communion, j'incorpore la chair de Dieu. L'hostie, c'est la vieille manducation du totem communautaire, répondra l'ethnologue. Le cannibalisme a ses titres de noblesse culturelle, mais aucun ne vaut le mystère de la transsubstantiation. La spiritualisation du charnel atteint dans le christianisme une sorte de perfection, et elle ouvre sur une panoplie liturgique, un éventail de transports et d'effusions sensorielles (vitrail, musique, théâtre ou mystère, encens, processions, statuaire, peintures, etc.) apparemment inégalé. Voilà sans doute la plus charnelle, la plus orgiaque des mystiques du salut (voir les yeux clos de sainte Thérèse d'Ávila). Parce que, tout en amont, le corps du Christ fusionne l'émetteur et le message — court-circuit inouï. La nouvelle, c'est le porteur. «Massage is message.» Le truc qui vous sauvera, c'est moi. Buvez et mangez. «Ceci est mon corps, ceci est mon sang.»

*

Quand vous avez à retenir l'attention de quelqu'un sur un problème donné, vous avez trois façons de procéder : une mauvaise, qui est la mise en mots (la mienne en ce moment, hélas) ; une meilleure, qui est la mise en scène ; une excellente, qui est la mise en interaction. Dans le premier cas, celui du discours, vous faites un *exposé* ou une exposition, vous récitez un texte ou vous mettez des objets en vitrine. L'auditeur ou le spectateur regarde, écoute de l'inerte, rien ne bouge, c'est difficile à suivre et ennuyeux à mourir. Dans le deuxième, celui du *parcours* ou du spectacle, il y a un début, un milieu et une fin ; le spectateur voit se dérouler une histoire ou traverse un dédale, il y a suspense, images, surprises, retournements de situation, bref intérêt. Mais si vous pouvez le faire *participer* à l'histoire en cours, entrer dans l'écran ou intervenir comme acteur du drame en lui donnant le sentiment que le dénouement dépend de lui et que de toute façon il ne sera plus le même homme ou la même femme à la fin de l'histoire, ou à la sortie de l'expo qu'au début ou à l'entrée — alors vous avez gagné. Le Tartempion que vous n'avez pas instruit, ni promené, mais bel et bien métamorphosé, au moins dans sa tête, vous sera tout acquis.

Nouveau, le docudrame de la Résurrection ? Pas vraiment. La pâque de printemps, le recommencement festif d'un nouveau cycle végétal et astronomique est un rituel immémorial. Avant Jésus, il y avait eu Dionysos, Attis, Osiris. Eux aussi sont des dieux qui souffrent, meurent et renaissent. C'était du «vécu», déjà. Or Jésus n'est pas un dieu parmi d'autres, mais le Fils de Dieu, enfant unique d'un Dieu unique. Et surtout, il nous parle, à chacun d'entre nous, en tête à tête. La Résurrection ici n'est plus simplement ritualisée, mais dialectisée par une parole, interactivée par l'interpellation directe, intime, privative.

Comment intéresser Tartempion au «problème du monothéisme»? Comment *scénariser l'Éternité*? Posez la question à n'importe quel réalisateur de télévision, ou reporter du journal télévisé et il vous répondra : d'abord, inventer une histoire. Ensuite, et tout de suite, accrocher l'histoire à un personnage et un seul, bien typé, avec un prénom, une gueule, une voix, qu'on pourra suivre du début à la fin : ce sera notre fil conducteur. Sinon, on fera du blabla dans le vide, le client va zapper. Et si notre héros est un lambda auquel le premier venu peut s'identifier, encore mieux.

C'est bête comme chou ? Historiquement, cela a demandé deux mille ans de recherche. En trois étapes. Excusez du peu, je vais aller vite. Le monothéisme égyptien, celui d'Amenhotep, figuration humaine du Dieu-Soleil selon toute vraisemblance, est assez ennuyeux. C'est une photo éblouissante mais surexposée, un arrêt sur image qui durerait une éternité. Plan fixe, cadré-frontal, pas de bande-son. Dieu me renvoie la lumière, mais ne se réfléchit pas. Ne me fait pas réfléchir, du même coup. Il n'a rien à me dire et ne se raconte pas lui-même : la cosmologie égyptienne ne rend pas compte de son origine. Je lui rends la pareille, je ne lui réponds rien, pas d'échanges. Divinité sans histoire, peuple sans événements, individu sans attente, on tourne en rond, comme la roue solaire. Le monothéisme juif est cent fois plus intéressant. Là, on me raconte une histoire, la Bible. Où l'on rend même historique l'événement, la sortie d'Égypte, qui fait sortir de l'histoire. Le récit met en scène sa propre origine. Les formes bougent, tout n'est pas joué d'avance. L'Éternel a des prophètes, ils me parlent, ce n'est pas un film muet. Mais les dialogues sont en hébreu, pas de sous-titres, on a du mal à suivre quand on ne parle pas la langue. Avec la nouvelle adaptation chrétienne pour l'ultime remake, cela devient captivant. Dieu n'est plus seulement partie prenante de l'histoire, il se confond avec elle. Car on nous parle peu de Dieu maintenant, mais beaucoup de Jésus. Comme si Dieu était devenu homme, avec une biographie, comme vous et moi. Il naît et il meurt sous mes yeux. Sa chair est faible, il a des tentations, sexuelles, politiques, colériques. Il doute, il désespère, il peut même craquer un moment, à la fin. « Mon père, mon père, pourquoi m'as-tu abandonné ? » Car on a beau être Dieu, on n'en est pas moins homme. Porteur du salut éternel et du mien en particulier ? Je l'espère bien, mais il n'a pas l'air trop sûr de lui. Un drôle de Messie en tout cas, qui ne paye pas de mine. Rien à voir avec le roi ou le patriarche en gloire qu'on attendait : un fils de charpentier, un errant, un brave homme un peu simple. Et si ce n'était pas lui ? Si l'épreuve du calice ne le menait nulle part ? Ce serait terrible pour le monde. Parce qu'il nous faisait des offres plus qu'intéressantes cet homme-là, qui était faible en apparence et au fond très fort. Il me disait : « Tu es faible pécheur, mais toi aussi tu peux devenir sauvé et fort. Fais-toi baptiser, et tu recevras l'Esprit saint. Communie, et tu seras purifié. Adhère au Fils de Dieu, et tu deviendras à ton tour un enfant de Dieu, en personne, tel quel, après le Jugement dernier, à sa droite. Car tu peux renaître, toi aussi. Attends-moi, les temps sont proches. Regarde : mon tombeau est vide, je suis monté au Ciel. Si tu fais tout ce que je te dis, tu déserteras aussi ta tombe le moment venu et tu goûteras à la vie éternelle. C'est à toi de choisir ta voie. Tu auras l'avenir que tu mérites, selon ton attitude envers moi et tes réponses à mes questions. »

Voilà ce qu'on appelle un suspense, version originale sous-titrée, projection permanente. Chacun peut suivre le film dans sa propre langue et en temps réel.

*

Le noyau du message, c'est le Christ ressuscité. Salut veut dire survie. Seigneur, Sauveur ou Messie, peu importe le nom : je suivrai quiconque, humble ou glorieux, m'offre de ne pas mourir. Et je glorifierai le nom du plus humble pourvu qu'il me soulage de l'angoisse première et dernière qui grève toute mon existence. On tue les porteurs de mauvaise nouvelle mais on n'a jamais fait mauvais accueil à un évangéliste, étymologiquement le bon augure, qui vient vous annoncer : c'est pour ce soir, préparez-vous, la parousie doit vous trouver debout. La mise en rumeur de ce genre d'appels marche tout seul, c'est une traînée de poudre, surtout dans des milieux misérables, chez les déshérités, les paysans affamés ou surexploités (pensez au soulèvement des Canudos dans le Nord-Est brésilien, au début du siècle, et à toutes les illuminations messianiques du tiers monde moderne). Transformer la mort en vie, fonction religieuse s'il en est, est une proposition d'intérêt pratique indubitable. En quoi il n'y a pas vraiment concurrence entre une religion et une philosophie, pas plus qu'entre une espérance et une difficulté. La théologie est la carrosserie du véhicule chrétien, mais la sotériologie, ou discours du salut, est son véritable moteur. Le christianisme offre en définitive un contrat d'assurance-survie doublé, en attendant, de garanties d'assurance mutuelle (au sein des communautés de fidèles). Le stoïcisme, l'épicurisme, le platonisme, et autres doctrines alors sur le marché idéologique pouvaient-ils se considérer comme « mieux-disant » ? C'était pot de terre contre pot de fer.

PUBLI-CONSEILS

Vous auriez tort de sourire. Peu d'entre vous croient à présent dans la résurrection des corps, la pomme d'Ève ou le paradis. Mythologie! direz-vous en haussant les épaules. Détrompez-vous. Les transmissions des mythes modernes ont obéi à des règles analogues. Vous ne lisez peut-être plus saint Cyrille ou saint Paul mais je ne serais pas étonné que vous ayez trouvé naguère profit aux suggestions tirées de Marx ou Freud. Ces grands esprits, mi-savants, mi-prophètes, étaient eux aussi porteurs de bonnes nouvelles. Quand un énoncé vous tient chaud parce qu'il apporte avec lui l'espérance d'un mieux, ou qu'il vous indique la voie à suivre pour vous en tirer, méfiez-vous: vous avez un évangile entre les mains. Remarquez bien qu'il en faut et que vous ne pouvez pas ne pas en avoir. Souvenez-vous: le public appellera bon le message simple qui fait promesse. Aux consommateurs que vous êtes — j'en suis un autre — je rappelle que le message religieux ou apparenté se distingue du rationnel par ceci que le religieux tient chaud et sert à quelques-uns, tandis que le rationnel est froid et sert à quelque chose. Ne servir à rien ou ne servir à personne, le choix est difficile. Il fallait être comme Voltaire, aveuglé par l'idéalisme prémédiologique des Lumières pour dire de la Renommée qu'elle est «messagère du vrai comme du faux». La déesse Fama a grandi depuis, et chacun sait qu'elle a une préférence marquée pour le faux.

Quand vous faites un livre, une conférence, une intervention télévisée, posez-vous d'abord la question de l'ustensile. Qui aura intérêt à se saisir de votre message, *et par où* ? Qui — appareil, réseau, parti, mouvance, famille d'esprit, minorité, classe d'âge, catégorie socioprofessionnelle, communauté religieuse ou ethnique — peut s'en faire le propagateur, c'est-à-dire acheter votre livre, ou votre nom, en parler et en faire parler? Qui aura avantage à le faire sien? Pensez l'outil du côté du manche. Auguste Comte s'est ruiné la santé à fabriquer d'énormes lames de couteau avec de tout petits manches. Seul le narcissisme et l'intérêt des astronomes, philosophes et mathématiciens était sollicité: population estimable mais réduite et assez peu porteuse. Étonnez-vous après cela que la Religion de l'Humanité soit restée dans les tiroirs; elle n'était pas assez «ciblée» pour trouver des utilisateurs solvables. Marx, lui, avait fixé sur son discours un manche tendu aux prolétaires et à tous ceux qui compatissaient avec eux, ou voulaient parler en leur nom. Vulgate assurée. Les bonnes nouvelles ont leur mode d'emploi incorporé: elles désignent clairement ceux sur qui on peut compter pour se guérir l'esprit, les vecteurs du salut (et dans l'immédiat, du lancement). Monothéisme biblique, socialisme prolétarien, démocratie libérale, Europe unie, solidarité chrétienne, espéranto informatique, credo écologique, etc.

Prenez, par exemple, tous les succès d'estime et de librairie, en dehors de la fiction, et depuis cinquante ans, disons d'Alexis Carrel à Rika Zaraï, en passant par Lacan, Girard, Garaudy, etc. Ce n'est pas moi qui fais un amalgame odieux. C'est l'articulation de la *consolation narcissique* qui leur fait un plan d'exposition commun 1) Ça va très mal: constat. 2) Mais il y a un truc pour s'en sortir: découverte. 3) Venez donc chez moi, ou chez les miens : conseil. Donc, et malgré tout, espérance. La réponse à la question : « Mais à qui faire confiance à la fin ? » gagne à être implicite, mais vous la lirez toujours entre les lignes. C'est précisément pourquoi vous, récepteur, avez *intérêt* à ouvrir l'enveloppe et déchiffrer le message qui vous était destiné parce que l'auteur vous veut du bien. Le plus grand best-seller de l'entre-deux-guerres fut l'œuvre d'un biologiste, médecin et prix Nobel, le fondateur de la « Fondation française pour l'étude des problèmes humains », ancêtre de nos instituts de recherches démographiques et autres sciences sociales. Lisez *L'Homme, cet inconnu*, d'Alexis Carrel. Ou ses *Réflexions sur la conduite de la vie*. C'est délirant, et donc dévastateur. 1) La race dégénère, notre civilisation va à sa perte (la preuve, les femmes fument et les hommes vont au cinéma) : constat. 2) Il y a un truc pour remonter la pente, l'eugénisme volontaire : découverte. Vous pouvez me croire, je suis médecin. Je sais comment constituer « une aristocratie biologique héréditaire », j'ai les clefs de la vie. 3) Venez donc vous refaire une santé et une personnalité chez moi : appel. Cinq cent mille exemplaires, dix-neuf traductions. Disons, pour simplifier à l'extrême, que la découverte positive peut se distinguer de l'exhortation idéologique comme l'*énoncé* du *message* : elle n'a pas de cible particulière et ne propose rien à personne. Elle dit ce qui est, sans valeur ajoutée.

Dans les zones grises, soumettez le discours douteux au schéma susdit, et voyez s'il y a ou non concordance possible. L'inconscient est une chose abominable, ça vous fait mal et vous porte au mal (tuer papa, coucher avec maman, etc.) ; heureusement, il y a un truc, la *talking-cure* ; allez donc voir les psychanalystes. Le capitalisme nous conduit droit à des crises épouvantables ; par chance, avec la dictature du prolétariat, on pourra s'en sortir ; allez donc voir du côté des communistes. Freud ou Marx, c'est une affaire entendue. Mais on peut continuer, et même revenir par là à notre sujet, dans son dernier état. La violence mimétique, c'est l'éternelle guerre de tous contre tous ; heureusement, il y a eu une exception et une seule, le sacrifice du Christ ; allez donc voir du côté des Saintes Écritures. Reçu cinq sur cinq par la mouvance, bouche à oreille, colloques, articles, symposium : propagation garantie. La religion en général, c'est aliénant et pas démocratique ; heureusement, nous en avons une pas comme les autres, la religion de la sortie de religion, qui conduit droit à la démocratie ; allez donc voir du côté de l'Occident laïque et chrétien. Idem. Public spécialisé content.

Ce n'est pas une recette, c'est une obligation de générosité, que les bergers du troupeau connaissent depuis des temps immémoriaux. C'est la pastorale de la peur et de la délivrance, du suspense et du happy end, du scandale et du remède. Cet aller-retour du bonheur nous est naturel. Hitchcock et Bossuet le pratiquent aussi bien l'un que l'autre.

Ma fatuité étant sans limites, je vais me citer en contre-exemple de ce qu'il ne faut surtout pas faire quand vous avez un message à délivrer, sur Dieu, la Révolution, ou une pâte dentifrice, peu importe (les lois sont les mêmes, et les bons publicitaires vendent aussi bien une lessive qu'un président, et un président de droite qu'un président de gauche). J'ai écrit, il y a une dizaine d'années, un ouvrage compliqué et bien trop volumineux consacré à l'illusion religieuse, sous un titre grognon, *Critique de la rai-*

son politique — addition de trois mots ingrats. J'y expose assez pesamment l'une des deux ou trois découvertes majeures de ce siècle, à savoir l'explication rationnelle de la permanence et de la nécessité de l'irrationnel dans toute société organisée. Si je ne vous voyais froncer le sourcil devant l'illuminé mégalo qui vous parle, promis comme tant d'autres à l'hôpital psychiatrique, je vous citerais une myriade de publications parues depuis lors dont cet ouvrage démontre l'inanité et qui n'auraient donc pas eu lieu d'être, à condition de s'en tenir à la bonne logique, celle du «progrès des connaissances», et non aux lois de la communication qui, de sujet à sujet, prévalent. J'avançais à peu près ceci : «Messieurs Dames, on est et on restera dans la mouise tous autant qu'on est, croyants et athées, droite ou gauche, blancs ou noirs. Aucune société ne pouvant se fonder elle-même, elle est condamnée à l'utopie, à courir après des mirages et des leurres. Nous passerons notre vie à attendre un mieux. Je n'ai aucun truc à vous proposer là contre. Tout ce que je peux faire pour vous, c'est de vous expliquer pourquoi on ne peut pas s'en sortir et pourquoi ceux qui vous font miroiter une issue quelconque, politique, technologique ou spirituelle, sont des charlatans. No future.» Figurez-vous que c'est tombé à plat. Aucun manche par où saisir cette mauvaise nouvelle, et qui l'est pour tout le monde. Pas d'usagers possibles. Sinistre. Écho zéro.

Les certitudes rationnelles sont généralement *négatives*, là est le hic. Ce sont celles qui vous poussent à conseiller à quelqu'un de ne pas faire ceci ou cela, de ne pas croire, de ne pas etc. Cela ne l'enthousiasme pas du tout. L'inconscient en nous rejette le négatif, et nous n'aimons pas ceux qui nous rendent service en nous dissuadant de faire quelque chose dont nous avons envie, même si nous savons par ailleurs qu'ils ont raison. L'inconscient veut rêver en plénitude, avec du positif. Daniel Bougnoux a expliqué les constantes psychiques du message publicitaire[1]. Un message négatif n'est jamais persuasif. D'où l'effort des publicitaires qui consiste à enrober, comme il le montrait, une négation dans une affirmation. Ne dites pas à votre voisine qui sort une cigarette : « Ne fumez pas, ça donne le cancer », elle fera grise mine. Dites-lui en souriant : « Prenez la vie à pleins poumons », et elle vous sourira. Ne dites pas : « Le sida ne passera pas par moi. Ou abstenez-vous de, veillez à, faites attention. » Dites : « Le préservatif préserve de tout sauf de l'amour », en off sur un « visuel » où un couple fait l'amour.

Bref, vous avez compris que la mise en rumeur de l'énoncé d'incomplétude, énoncé privatif, n'est pas pour demain. L'abstention stoïcienne, ça n'a pas bien marché à côté de la promesse de plénitude chrétienne. Le conseil d'impassibilité est sage, mais il ne passionne pas.

Ô vous qui voulez transmettre, hypocrites auditeurs, mes frères en messagerie, écoutez mes conseils. Racontez des histoires, et ne donnez pas de leçons. Faites court, avec un t, et portable. Soyez positifs, affirmatifs, optimistes. Trouvez-nous de belles images, plutôt que de vilains mots. Pas de théorèmes, des paraboles. Un clip vaut mieux qu'un laïus. Et surtout, j'y viens, regroupez-vous. Ne restez pas seuls. Faites réseau, cercle, école, secte, tribu, bande. Organisez-vous. Là est la clef.

---

1. *La Communication par la bande*, Paris, La Découverte, 1991.

TRANSMETTRE, C'EST ORGANISER : UTILITÉ DES INTERFACES

L'aventure du message chrétien nous intéresse avant tout à titre d'expérience cruciale d'une hypothèse de base de la médiologie : la fonction communautaire des communications. Un « isme » n'est pas seulement un corps de thèses et de convictions. C'est un milieu de vie, un abri de sécurité, un foyer d'entraide et de protection sociales. On a fait maintes fois ces observations sur l'islamisme ou le communisme contemporains. Allons plus loin. Les grandes productions de croyances de l'humanité sont des instruments, des *moyens d'organisation collective*. C'est pourquoi, en dernière instance, le corps éclaire l'esprit, et non l'inverse.

La « propagation admirable » de la Révélation chrétienne illustre admirablement cette hypothèse : *penser, c'est organiser. Organiser, c'est hiérarchiser*. Double nature de l'opération de diffusion : elle instaure une communauté de rediffuseurs ; elle instaure dans la communauté un rapport d'autorité ou de dénivellation (*upakouein*, en grec obéir, c'est écouter de bas en haut). Rapport qui permet le passage de la communication brève à l'institution longue.

Je n'ai rien avancé jusqu'ici sur la doctrine chrétienne qui n'ait été mille fois exposé, et de façon évidemment plus fouillée, par « l'histoire des religions ». Je propose simplement — voyez la modestie — de jeter quelques planches entre deux rives déjà fréquentées : la doctrine catholique élève la communication à la hauteur d'une religion ; l'Église catholique est une institution autoritaire (le plus solide appareil d'autorité sur cette planète). On ne nous a pas attendu pour remarquer que faits de communication et faits d'autorité ne sont pas sans rapport. L'approche médiologique du catholicisme consiste à pointer les charnières entre son génie institutionnel et son génie communicatif. La plus médiatique des Églises chrétiennes est logiquement la mieux organisée et la plus active. Pourquoi ?

L'aptitude du « catho » aux interfaces militantes vous est connue : la capacité organisationnelle des communistes en fut sa seule vraie rivale au XXe siècle, et elle est en voie de disparition. Ce trait de caractère individuel traduit en dons personnels la science infuse d'un collectif. Inutile de vous rappeler la profusion des *courroies de transmission* du catholicisme dans tous les secteurs de la société — universités, presse, syndicats, ordres hospitaliers, Secours catholique, conférences de Saint-Vincent-de-Paul, scouts de France, Opus Dei, etc. La Compagnie de Jésus, « la cavalerie légère de l'Église », avec son général et ses provinciaux, ou l'ordre dominicain, ce n'était pas mal non plus, en termes d'organisation. Ces performances s'éclairent au fait — fondateur — que l'Église s'est construite et conçue comme un appareil de transmission charismatique branché sur le corps du Fils, sanctifié à la Pentecôte par l'Esprit, l'envoyé du Père, dont la fonction consiste à transmettre une surnature à des récepteurs naturels. La grande transmission appelle les petites. Un bon chrétien distingue l'âme du corps, comme la Cité de Dieu et la Cité terrestre, mais sans jamais les dissocier (au contraire du gnostique). D'où « l'esprit pratique ». Petit pontife, il jette des ponts entre le service de Dieu et le service des autres. D'où « l'esprit large». Les laïcs ont un rôle à jouer, dans tous les intervalles. Cette confiance faite aux plus humbles est la petite monnaie interstitielle de l'Incarnation, premier maillon d'une chaîne de communications à la fois charnelles et rigoureuses. Le Verbe «habite parmi nous», avec ses odeurs, ses impuretés, ses pesanteurs. Le salut du chrétien n'a pas pour symbole ni objectif l'anéantissement du corps mais sa résurrection — le jour de Pâques. Rubens est l'orthodoxe, Greco l'hérétique.

Deuxième interface : les textes sacrés. Le Christ sauve en tant que Verbe fait chair. Où sont déposées les traces et l'histoire vécue de cette chair ? Dans l'Évangile, qui nous révèle les voies du salut. Qu'est-ce que ce Livre sinon l'esprit fait matière ? Le Verbe fait signe. La sacralité du Christ sacralise le codex évangélique par contagion, par recentration hiérophanique. L'écriture devient ainsi centre du monde, et le codex le symbole central de l'iconographie paléochrétienne. Impensable, ce culte des Saintes Écritures, dans le contexte platonicien où l'écriture, parole déchue, perte de l'âme et technique d'oubli, n'a pas de légitimité.

Troisième interface (concomitante de la première, en fait, les deux s'étant forgées ensemble) : le peuple de Dieu, constitué des juifs et des gentils rassemblés dans une même communauté depuis le coup de force de saint Paul au concile de Jérusalem en l'an 49. Jésus est mort intestat. Il n'est pas responsable des Évangiles, lui qui n'a jamais écrit (sauf une fois, avec le doigt, sur le sable). Il n'a pas non plus rédigé les statuts de la société «Église», et encore moins la constitution de l'État du Vatican. Alfred Loisy disait ironiquement : «Jésus annonçait le Royaume et c'est l'Église qui est venue.» Est-ce à dire que les apôtres lui ont fait une Église dans le dos? Non. «Tu es Pierre et sur cette pierre...» Toute foi doit se donner des lois si elle veut durer, résister aux forces centrifuges, intellectuelles, politiques et morales, et la parole de Dieu suppose d'abord un lieu de culte pour la recevoir. La catéchèse sauve le «kérygme» (la Bonne Nouvelle) du néant, en lui donnant un corps, comme l'Église fait germer la semence de la prédication. Le christianisme serait mort dans l'œuf s'il était resté un simple mouvement charismatique sans rivages ni contours, et l'annonce du Royaume partie en fumée sans un organe de transmission — comme l'Écriture matérielle incorpore et transmet la parole spirituelle du Christ. «Ne pas porter la parole de Dieu au cœur des réalités humaines serait trahir Dieu et l'homme», dit avec raison le théologien, pour lequel «une communauté paroissiale qui se contenterait d'être purement spirituelle resterait en dehors de la vie de ses membres», flottant dans une affectivité sans contenu et sans efficience. L'esprit vivifie mais le défaut de lettre tue aussi sûrement que la lettre toute seule. À vrai dire, il n'y a pas eu *d'abord* la croyance dans le Christ sauveur, et *ensuite* l'*ecclesia*, ou l'assemblée de ceux qui partageaient cette croyance. On croit parce qu'on partage, on croit au partage en même temps qu'à cela qu'on partage. Le regroupement est constitutif de la croyance. Ce qui veut dire: pas de communion à la verticale sans organisation à l'horizontale. C'est parce que l'union de l'homme à Dieu n'est pas immédiate mais médiatisée par d'autres hommes que la foi est *immédiatement communautaire*. L'Assemblée eucharistique n'est pas surajoutée, c'est la foi elle-même *in statu nascendi*.

De même que Dieu l'invisible s'est manifesté par le truchement de son Fils visible, le corps mystique de l'Église rend présent le Christ aux hommes. Le signifié habite et déborde le signe. «Signe du Christ élevé au milieu des nations», intermédiaire d'un intermédiaire, épouse de l'Époux (la nouvelle Ève sortie des côtes transpercées du Christ en croix), l'Église est «deux en un» comme le Christ lui-même: à la fois temporelle et spirituelle, humaine et surnaturelle. En tant que société terrestre, elle relève de la sociologie; en tant que communauté des derniers temps, elle relève de la théologie. Si elle cesse d'être humaine, elle cesse d'être divine: les apories de l'ecclésiologie, qui sont celles de la double nature, redoublent celles de la christologie — à ceci près, qui n'est pas rien, que nous n'avons plus de Christ sous les yeux (nous ne le croisons pas au restaurant, au volant de sa voiture, à la sortie de la messe, etc.). Le bonheur posthume du Christ est aussi son malheur: nous le voyons à travers ses représentants sur terre (comme Rousseau à travers les républicains, Marx à travers les communistes, de Gaulle à travers les gaullistes, etc.). Qui dit double nature dit déchirement permanent et éclatement toujours possible. Parce que la *communauté* est et ne peut qu'être *hiérarchie*, et le *service* de Dieu *pouvoir* d'un homme sur d'autres hommes. Ce scandale heurte autant le cœur que la raison. Il y a tension inévitable et indépassable entre l'Évangile et l'Église, entre la Mission (ouverte) et le médium (fermé), la parole et le vecteur. Médium mixte, l'Épouse du Christ vit depuis deux mille ans écartelée entre ses deux vocations charismatiques, la diaconale et la prophétique. Elles sont rigoureusement contradictoires et complémentaires. Institution-trahison? Oui. Mais traduction aussi. L'obstacle au message est sa condition d'existence. Le corps est signe et tombeau de l'esprit, selon le vieux jeu de mots grecs (*soma/séma*). À preuve les déboires de la Réforme. Las de voir les Princes de l'Église confisquer le message égalitaire du pauvre Jésus, les réformateurs du xvie siècle ont voulu faire sauter l'intermédiaire institutionnel pour se brancher en direct sur la Grâce et les Écritures. D'où sont sorties d'autres institutions ecclésiastiques rivales de la première. Le court-circuit n'a pas mis fin à la fatalité du réseau, il en a produit d'autres, plus limités mais non moins «compromettants». À preuve la mésaventure du message évangélique lui-même. La médiation du Christ était censée abolir celle de la Loi, et elle a produit à son tour de la loi. La foi et la communion en esprit devaient libérer des pharisiens, des ordonnances et des règles cérémonielles, et elle a produit de la lettre, de la cérémonie et du sacerdoce. En somme, «on ne détruit que ce qu'on remplace», et pour abolir l'Ancienne Alliance il a fallu l'accomplir en *instituant* la Nouvelle. Vous ne voulez plus du Testament? Soit. Mais vous ne viendrez au bout et à bout de l'Ancien qu'en en faisant un Nouveau.

La grandeur du christianisme des premiers siècles est d'avoir non seulement assumé dans ses actes mais théorisé dans ses dogmes ce *devoir d'institution*, véritable loi de transformation de l'énergie morale. Ce qu'il appelle «l'économie du salut» peut se traduire, en termes profanes et thermodynamiques, comme la production d'un travail (du salut) par accouplement d'une source chaude et d'une source froide. Soit le feu de l'Esprit (ou l'énergie divine) communiqué à l'humanité pécheresse par la machine-Église. N'est-ce pas Ostwald, l'un des pionniers de la thermodynamique, qui écrivait : « l'énergie est esprit » ?

UNE INSTITUTION EXEMPLAIRE

Si cette secrète rigueur nous « interpelle » (pour parler chrétiennement), c'est que tout message, toute transmission naturelle est soumise aux mêmes contraintes pneumatiques. Les pneus d'antan ne circulaient pas sans tubes à air comprimé. La double source ou nature est le ressort de tout établissement temporel, athée ou non. Et dites-moi, en regardant autour de vous, si la douleur de l'institution ecclésiale, qui consiste à vulgariser du sublime, n'est pas partagée par n'importe quelle institution séculière, compromis toujours boiteux entre l'esprit et la chair, le retour aux principes séminaux et l'abandon aux compromissions germinatives. Dans le jargon du forum : entre sectarisme et opportunisme.

Remarquez simplement que l'Église romaine, « une, sainte, catholique et apostolique », est la plus ancienne, la plus stable et la mieux centralisée de toutes les institutions de ce bas monde. La plus ancienne : le trône pontifical est à présent occupé par le 264e successeur de Pierre (à qui le Christ avait transmis ses pouvoirs) selon une succession ministérielle et une transmission des dons de grâce en droite ligne, ininterrompues depuis les temps apostoliques. La plus stable : fondements doctrinaux, schémas hiérarchiques et cadres d'organisation correspondent à ceux qui furent posés entre le Ier et le IIIe siècle. La plus centralisée : à travers vicissitudes et aggiornamentos, l'institution est restée une monarchie absolue ; Jean-Paul II nomme les évêques et les cardinaux comme saint Paul nommait les évêques et les pasteurs, chefs non élus des premières communautés ou Églises chrétiennes. Le Saint-Siège, sommet d'une pyramide planétaire, assure la cohésion d'organes éminemment centrifuges, à savoir 97 conférences épiscopales et 2 198 diocèses (en 1988). Si vous regardez en comparaison ce que deviennent au bout de vingt ans ou cinquante ans nos institutions politiques nationales qui ont une aire de souveraineté beaucoup plus restreinte — partis, républiques, monarchies, etc. —, vous n'aurez le choix qu'entre crier au miracle, si vous êtes de la maison, ou vous creuser la tête, si vous êtes médiologue. Vous connaissez déjà ma réponse : c'est son incomplétude même qui fait la consistance de cette organisation, et elle est indépassable. L'Église, c'est du solide à l'horizontale, dans le temps, parce que c'est du vide à la verticale, en fondation. L'absolu en ordonnée fait du plein en abscisse. Plus il y a du transcendant en haut, plus il y a du cohésif en bas.

L'Église interface a elle-même une interface, le Vatican. Ce petit corps politique incarne le grand corps mystique, et le vicaire du Christ est aussi un chef d'État. Deux en un, il unit en sa personne un pouvoir temporel et un pouvoir spirituel. Sur la colline des vaticinateurs, depuis la donation de Constantin, en principe, et les donations de Charlemagne, en fait, qui ont donné naissance à l'État pontifical, le Saint-Père dirige le plus vieux gouvernement du monde. C'est la curie romaine, dont la première constitution organique, de Sixte Quint, remonte à 1588. Cet ensemble de congrégations, dont chacune a un cardinal-préfet à sa tête (la congrégation de l'Inquisition par exemple, rebaptisée jadis Saint-Office, s'appelle à présent « de la doctrine de la Foi »), est placé sous l'autorité du secrétaire d'État, le Premier ministre nommé par le pape. Il est lui-même élu au scrutin secret par le Sacré Collège des cardinaux réunis en conclave (selon un rite fixé en 1271). Quand il revêt la tiare à la triple couronne, la formule de couronnement fait de lui « le père des princes et des rois le guide du monde, le vicaire sur la terre de notre Sauveur Jésus-Christ ». Le Vatican est un État comme les autres. Il a une souveraineté territoriale (44 hectares), une administration (1 400 personnes), des banques et des biens, une radio (créée en 1931 sous les auspices conjoints de Marconi et de Pie XI), une imprimerie. Mais c'est aussi « la pierre de touche de la présence de Dieu chez les hommes ».

Double nature du Christ, du souverain pontife, du Saint-Siège, de n'importe quel siège. Quiconque incarne une légitimité représente une transcendance, au sens propre et minimal de « ce qui sort du champ de l'expérience ». En quoi les 168 États qui siègent aux Nations unies sont des Vaticans à leur manière : leurs représentants sont plus que ce qu'ils sont. Et des chefs d'État élus, *mutatis mutandis*, on peut dire, comme des élus du Seigneur au IIe siècle romain : « Ils sont dans la chair mais ils ne vivent pas selon la chair ; ils passent leur vie sur terre mais sont citoyens du ciel. » L'axiome d'incomplétude a pour corollaire l'ambiguïté de tous les dépositaires de souveraineté, par nature vicaires ou lieu-tenants de quelque chose qui les dépasse. On ne gouverne que par suppléance, adossé à une absence, qu'on appellera le référentiel du pouvoir. C'est pourquoi nul sociologue politique, pour matérialiste et positif qu'il se veuille, ne peut écarter de lui le calice de l'Incarnation, qui annonce et concentre le mystère de toute représentation par quoi un collectif peut s'incarner dans un individu. Puisque *omnis potestas ab alio*, comment la majuscule que représente tout gouvernement de fait, fût-il minuscule et misérable, peut-elle s'effectuer? Dieu se manifester sur terre, ou la Justice, ou le Prolétariat ou la République, ou le Peuple, ici et maintenant? C'est-à-dire: à quels signes indubitables les hommes peuvent-ils reconnaître la valeur, dans la nuit des valeurs, pour «faire leur salut» ou «remplir leur mission» en ce monde? En somme, qui croire? Comment un appareil de contrainte peut-il être lui-même et son contraire? Comment une idéalité abstraite peut-elle avoir un équivalent matériel?

L'institution «peuple de Dieu», assemblée permanente des clercs et des laïcs, a coutume de se distinguer des sociétés profanes par quatre traits ou notes: l'*unité*, qui résulte du dogme ou de la discipline; la *sainteté* des moyens et des buts, qui découle des origines; la *catholicité*, qui est la vocation à s'étendre à la terre entière; et l'*apostolicité*, conférée par le respect ininterrompu de l'enseignement des apôtres fondateurs. Il va de soi qu'un théologien ou un croyant ne peuvent admettre qu'il n'y ait qu'une différence de degré, non de nature, entre une société sacramentelle et une société profane ou démocratique. En réalité, le système catholique peut s'analyser comme un modèle théorique de transmission à valeur universelle, décanté et formalisé par les siècles et les cerveaux. Ce qui a raffiné jusqu'au paradigme la «relation d'ordre» inhérente aux rapports de subordination entre les hommes: transitivité, asymétrie, irréversibilité des enchaînements.

C'est tout naturellement qu'en Occident, lorsque l'Empire romain a éclaté, l'Église a pu se substituer à l'autorité impériale défaillante, et l'évêque assumer le pouvoir politique, administration fiscale et défense militaire incluses. Mais nos puristes de la sainte Église ont oublié ces purs chrétiens qu'étaient saint Éloi et saint Grégoire, mystiques à l'état sauvage ou plutôt théologiens à l'état pratique. Le temps a passé. Aujourd'hui les dogmes de l'Église, nous appelons cela plus modestement des principes; ses rites, des cérémonies; ses règles, des normes. Nous n'avons pas une doctrine mais une constitution; non une liturgie mais un protocole; non un droit canon mais un droit administratif et civil. Du modèle à la copie, du sacré au profane, il y a chute, si l'on veut, mais à l'aplomb. Le plus petit État du monde, le Vatican, ne serait pas reconnu par tous les États, y compris les non chrétiens, comme le *primum inter pares*, sans quelque homologie formelle et substantielle. Ce n'est pas seulement la simple reconnaissance du primat des valeurs spirituelles en général, et encore moins des valeurs chrétiennes, qui accorde aux représentants du Saint-Siège, comme doyens de droit du corps diplomatique, la préséance universelle sur tous les autres ambassadeurs. C'est que tous les États du monde reconnaissent, intuitivement ou inconsciemment, dans le nonce apostolique et à travers lui dans l'étrange État qu'il représente, l'image concentrée et exemplaire de leur propre étrangeté.

C'EST L'ÉGLISE QUI FAIT LE DIEU

Il y a une scansion technique, au cours de l'histoire, de l'invariant communautaire, d'où découlent des formes d'organisation différentes. L'oralité secondaire (admettant des Écritures en amont) a sans doute renforcé l'aspect fusionnel ou symbiotique de l'écoute collective paléochrétienne. La communauté chrétienne primitive a plus la forme d'un auditoire que d'un lectorat ; et un public de lecteurs est plus individualiste, disséminé, sans coïncidence spatiale et physique qu'un public d'auditeurs, tenu de se réunir fréquemment pour recevoir et retenir un message éphémère, du moins avant la radio. Il ne fait pas corps au même degré, ni de la même façon.

«Tous les grands maîtres de l'humanité, remarquait Borges, ont donné un enseignement oral.» La transmission orale paraît avoir, de fait des effets d'autorité particuliers, propices à l'émergence de maîtres en communion, par le biais d'une simple communication. La parole murmurée, comme dans cette lecture à mi-voix qui fut si longtemps la lecture canonique, s'insinue en moi comme une voix intérieure. Un magister qui parle placé à distance et au-dessus de ses ouailles — qu'il soit le seul debout, ou sur une estrade, ou sur un tertre — dessine un cercle dont il est le centre, un *nous* subordonné à un *Il*. Le Père de l'Église n'est pas un auteur ou un glossateur comme le docteur. C'est un orateur, un tribun, un haut-parleur. La catholicité naît audiovisuelle (et nous verrons que l'audiovisuel a la fibre catholique).

De bons auteurs nous disent quelquefois que Jésus

a instauré de l'homme à Dieu « un rapport purement individuel, purement personnel ». « Le croyant en Christ témoigne de l'infini de la transcendance par son retranchement tout intérieur d'avec l'ensemble de la sphère sensible[1]. » Il romprait aussitôt tous liens avec les groupes constitués, tournant le dos radicalement aux affaires du monde, car son dieu se livre à lui dans le secret des cœurs, « à distance infinie de ce que César exige ». Il est significatif au contraire — et c'est la valeur pour nous de l'expérimentation chrétienne que de soumettre notre hypothèse aux conditions apparemment les plus contraires — que la plus subjective, la plus intériorisante des fois religieuses révèle une telle dimension communautaire et communielle. Ce qu'on peut savoir de la toute première évangélisation montre que le rapport du croyant à Dieu passe par une assemblée (l'*ecclésia*) qui a dès l'origine une base territoriale (le *diocèse*). L'union au Christ passe par l'union des croyants entre eux (pas de croyant « seul contre tous »), et se convertir à la Vérité (à toute vérité, quelle qu'elle soit) c'est s'intégrer à la communauté de ceux qui la professent. S'unir à, c'est faire partie de. L'être religieux est relationnel, l'être relationnel est religieux. Le Christ est en vous parce que vous êtes en lui, et vous êtes en lui en devenant l'une des « pierres vivantes de l'édifice ». Les douze apôtres, ce n'est pas douze fois un apôtre, c'est d'emblée un seul et même « collège ». Et l'Esprit saint n'est pas descendu à douze reprises au jour de la Pentecôte, il a fondu en même temps sur eux tous, leur donnant une puissance unique de prédication

---

1. Marcel GAUCHET, *Le Désenchantement du monde*, Paris, Gallimard, 1985, p. 160.

collective (la glossolalie n'est pas un don individuel). Les premiers chrétiens mangent, prient, vivent ensemble, leur rapport à l'Absolu est de type associatif et défensif, et on ne se met pas seul à table pour le repas pascal et la fraction du pain : pas d'eucharistie « en suisse ». Croire au Christ, c'est tout de suite « vivre en Christ », c'est-à-dire participer à la vie de l'Église et partager. Celui qui se convertit ne rentre pas chez soi pour savourer sa joie à l'écart, il sort aussitôt de son for intérieur pour rejoindre le groupe — l'*ecclésia* — ou transformer sa maison d'habitation privée en lieu de réunion (comme l'étaient les toutes premières églises, les villas romaines se prolongeant ensuite, au début du iiie siècle, en demeures élargies). Il y avait là une nécessité toute pratique. Adhérer au Christ, c'était se mettre au ban de la communauté juive ou romaine, s'exclure de la Cité et des affaires publiques. Il fallait donc que le réprouvé, déshérité, pérégrin ou migrant, puisse retrouver une communauté alternative stable, s'incorporer à un autre cadre de vie et de pensée — comme aujourd'hui l'anomie des sociétés occidentales suscite chez l'immigré musulman privé de repères le besoin d'« association islamique ». On ne quitte pas une identité culturelle si ce n'est pour en retrouver une autre au moins aussi gratifiante, ou « rentable », à travers un réseau de socialisation compensatoire. Si les premiers chrétiens s'étaient contentés de prêcher la Résurrection sans structurer une contre-société en incorporant une nouvelle *façon de penser* à un *style de vie identificatoire* (sacrements, pèlerinages, rituels, etc.), en fixant au fidèle un ensemble de réglementations (jeûnes, prières, aumônes, etc.) tout en lui offrant en contrepartie des garanties de protection et d'intégration sociale, ils n'auraient distribué alentour que de bonnes paroles au lieu de communiquer l'Esprit saint. Spiritualité rime avec solidarité. « Unissez-vous sous la présidence de l'évêque, qui tient la place de Dieu », enjoint Ignace aux Magnésiens. C'est la conjugaison Dieu-évêque, adhésion-présidence qui a donné au Christ son ancrage. Solidarité rime avec docilité. C'est précisément parce qu'il ne séparait pas l'esprit d'obéissance des valeurs de salut que la sécession chrétienne est apparue si dangereuse aux autorités locales d'abord, impériales ensuite : un défi lancé à l'ordre établi. Le christianisme n'était pas une religion nationale — et saint Paul brise le légalisme juif en « reniant » la circoncision, ce qui apparaît à ses anciens coreligionnaires autant comme une trahison politique que comme une infidélité religieuse [1]. Mais c'était bien une religion politique, impliquant à terme la maîtrise spirituelle de l'univers par des moyens inévitablement temporels. Les adversaires ne s'y trompaient pas : ils étaient concurrencés sur leur terrain. « Exécrable superstition », « haine du genre humain » : Tacite chargeait la barque. Mais les défenseurs de la tradition romaine avaient-ils tellement tort dans leur pronostic ? Ouvrir des églises ici et là impliquait tôt ou tard qu'on ferme partout les temples. La preuve : l'officialisation du culte chrétien en 380 a bien entraîné l'interdiction des cultes païens en 392.

« Que peut le pur esprit, demandait Jules Lagneau, s'il ne commence par se donner un corps pour agir sur les autres corps ? » Qu'aurait pu le Saint-Esprit privé du temple de l'Esprit ? Comment imaginer qu'une « histoire politique de la religion » ne parle

---

1. L. Goppelt, *Les Origines de l'Église*, Paris, Payot, 1961.

pas de l'organisation chrétienne, « oublie » Constantin, les règles de succession apostolique et les structures ecclésiales ? Penser la dogmatique indépendamment de la catéchèse, et la catéchèse indépendamment du droit canon ; penser la construction théologique des mystères séparément de la construction politique de l'institution, bref penser Dieu sans l'Église, c'est désincarner l'Incarnation. C'est céder à l'illusion spéculative. Et souligner, par contraste, l'urgence médiologique.

S'arracher donc à cette hiérarchie implicite et têtue : la théologie c'est noble ; la stratégie, c'est bas. Ne confondons pas ! Dommage. Le court-circuit est instructif. Il éclaire notamment la haute et permanente tension entre la prédication christique et l'institution chrétienne qui a mis tant d'âmes ardentes à la torture. Entre Jésus et saint Paul, pour simplifier. Jésus n'a pas voulu l'Église que saint Paul a bâtie en son nom et pour son service, mais sans saint Paul le disséminateur, Jésus ne serait-il pas oublié, et sa semence dispersée dans la nature comme la prédication de tant de prophètes et guérisseurs du 1er siècle oriental ? Le message était égalitaire, tendre et spontané. Sa transmission imposait des moyens et méthodes contraires à sa teneur, comme s'il avait fallu durcir le médium pour inscrire le message dans la durée. De fait : l'obéissance obligeait à l'obédience, gage de permanence. Organisation et hiérarchie sont synonymes car on ne peut passer du tas au tout, de l'instable-amorphe-friable au consistant-stabilisé-délimité, du rassemblement fugitif à l'assemblée nommée Église, sans un système d'obligations et d'inégalités fonctionnelles. Sans faire dans la communauté des seconds, des premiers et des troisièmes. A-t-on jamais propagé un message sans une structure de communication ? Église, parti, ligue, association, etc. ? Et a-t-on jamais instauré une structure de communication sans hiérarchie statutaire ?

L'histoire de l'Église primitive pivote sur la question de l'organigramme. Enjeu des lettres doctrinales : préséances et chaînes de commandement. Qui a le pouvoir de nommer qui ? Qui communique quoi à qui ? Qui sera le destinataire des notes confidentielles ? Qui a la signature ? Ces problèmes administratifs, on vous dit que ce sont des affaires de cuisine et qu'il ne faut pas regarder Dieu par le petit bout de la lorgnette. Héraclite accueillait ses hôtes près de l'âtre : « Les dieux sont aussi dans la cuisine. » Saint Pierre aurait peut-être dit : « Ne craignez rien, le Sauveur aussi passe par là. » Quant à saint Paul, il était d'avis que c'est carrément là que ça se passe, et que le sacré est à l'office. Que trouve-t-on d'autre dans l'arrière-cuisine de l'Église que des histoires de chefs et de successions ? Jacques remplaçant Pierre parti évangéliser les circoncis, Étienne luttant ensuite avec Paul, etc.

Les chrétiens s'intitulaient « la milice du Christ », nommaient le Seigneur *Basileus*, les presbytes des généraux (*hégoumenoi*). Et nos évêques sont des *épiscopes* (surveillants qui regardent d'en haut). Problème numéro un des apôtres : inventer une discipline, recruter des chefs. Paul investit des auxiliaires, des délégués apostoliques, par imposition des mains ; ces missionnaires ambulants ont des pouvoirs étendus (notamment judiciaires) mais non extraordinaires. Ces « apôtres par intermédiaires », comme on les appelle, ne jouissent pas, et saint Paul y veille, de l'infaillibilité, réservée aux grands chefs inspirés par l'Esprit, le collège apostolique (ou bureau politique), et transmise dès le IIIe siècle aux conciles régionaux (ou plénums), puis au concile œcuménique (ou Congrès mondial) dès le IVe siècle. Ils peuvent prêcher le dépôt révélé, sans promulguer la Révélation. Saint Paul à Timothée : « Tiens-toi à ce que tu as appris. » Les médiateurs délégués imposeront à leur tour les mains aux presbytes, ou épiscopes sédentaires. Pour surveiller l'ensemble, et assurer l'unité, des chargés de mission directement auprès de saint Paul, hors hiérarchie (les cabinets ministériels ont un organigramme de ce type), sont chargés par lui de missions temporaires, « évêques *in partibus* » avant la lettre. Ils peuvent, eux, prononcer des expulsions contre les déviants, factieux ou dévoyés, surnommés les *héréticon*. Après la mort de Paul, les ambulants se fixent, et la hiérarchie territoriale absorbera la hiérarchie itinérante. Les évêques attachés à un siège restent détenteurs de l'autorité apostolique. Ils ont une juridiction limitée dans l'espace, avec, au-dessus d'eux, les métropolites qui tiennent leur préséance de résider dans les capitales des provinces.

Les Grecs élisaient les magistrats de leur cité mais la multinationale chrétienne naissante ne pratiquait pas le centralisme démocratique, sinon au sens léniniste du mot. L'Ecclésia, c'est « le peuple assemblé » mais le pouvoir dans l'Église n'appartient pas au peuple : il n'élit pas ses épiscopes. La chaîne charismatique soude le bas et le haut, mais seule la hiérarchie, nous dirions « l'appareil », a la faculté, le pouvoir de communiquer les pouvoirs spirituels qui viennent d'en haut (Clément de Rome a pu ainsi intervenir auprès de l'Église de Corinthe en toute légalité canonique).

*

La sociologie des religions — et on rencontre le même type de découpage dans «l'histoire des idées» — procède d'ordinaire par tranches, selon la distribution officiellement admise : d'abord l'expression *doctrinale* du sacré (ou codification par voie écrite d'une prophétie orale, kérygme ou glossolalie) ; ensuite, l'expression *cultuelle* (rites, procédures, liturgie) ; enfin l'expression *organisationnelle* (hiérarchisation des fidèles, modes d'exclusion, censure, canonisation, etc.). Ainsi, et sans doute à meilleur escient, oppose-t-on l'islam théologique et mystique (Corbin représentant) à l'islam religieux et politique (celui de Berque). Si l'on admet que toute vérité de spéculation suppose une vérité d'appareil, il paraît difficile de raccrocher celle-ci à celle-là comme un wagon à une locomotive. Et si l'appareil avait force motrice ? Telle est bien l'hypothèse médiologique : l'Église a précédé le canon qui la fonde. Non pas seulement : la doctrine a un effet de groupement ; mais : tout groupement a un effet doctrinal. L'examen des opérations symboliques conduit à un renversement d'instances : il n'y a ni bas ni haut parce que le «bas» est la raison du «haut». Il commande (au sens cybernétique du mot). Même si le credo monothéiste induit et facilite une transmission monarchique et un appareil monolithique, saint Paul a «fait» Jésus, et a eu raison de lui. *L'ecclésiologie a déterminé la théologie, rationalisation en ombre portée.*

Cessons donc, au chapitre de l'Incarnation, d'opposer le bon saint Jean, l'inspiré qui ne parle que d'Esprit et d'amour, le doux et vieil ami de la Vierge Marie retraitée à Éphèse, au méchant saint Paul, l'apparatchik des cuisines, le flic de la foi. Le «good guy» et le «bad guy» du roman familial.

Nous le savons bien : ce Saül de Tarse n'est sans doute pas quelqu'un de très sympathique. Dans le genre «enfance d'un chef», chétif dur, autoritaire névrosé, il se pose un peu là. Pas besoin d'être grand clerc en psychiatrie pour comprendre qu'il détestait les femmes (pas un mot sur sa maman ni sur la Vierge Marie — homosexuel refoulé?). Avec un penchant évident à la paranoïa, type persécuteur-persécuté. Le psycho-rigide par excellence, tranchant des moindres détails (boucherie, adultère, vêtement) avec une assurance d'illuminé et toujours au nom de la vérité absolue. Bref, ce pharisien à poigne, fils de pharisien, retournant ses méthodes et ses obsessions contre les siens, nous évoque un profil familier dans nos contrées, le terroriste thermidorien, ou le stalinien reconverti libéral. Saint Paul est un organisateur, un normalisateur-né, qui préfère aux gens brillants, instables et peu fiables, des médiocres solides. Pas doctrinaire pour un sou, ni métaphysicien. Vivant dans l'urgence, voyageant sans cesse, pliant la mystique au réalisme. Cet esprit positif se limite à donner des instructions concrètes sur des sujets concrets, avec l'autorité que seule confère la suppléance. Parlant lui-même au nom du Seigneur tout-puissant, son autorité est illimitée. C'est l'Esprit saint qui agit à travers lui, il n'en est que l'interprète. Désobéir à saint Paul, humble truchement du Maître, c'est donc trahir le Maître lui-même.

Lorsqu'on analyse une production symbolique en fonction du collectif qui se constitue à travers elle, la «logie» dévoile la «cratie» qui la double du dedans; et la sagesse se révèle synonyme de puissance. N'y voyons pas la marque d'une ténébreuse volonté de puissance et encore moins d'un calcul, ruse ou ambition personnelles. Les chefs sont des porte-parole d'une logique inconsciente qui les porte comme s'il y avait une sagesse de groupe, analogue à la « sagesse du corps » qui nous fait savoir quand il a besoin de sucre ou de graisse, dont les élaborations doctrinales sont les symptômes intelligibles. Le contenu de l'information retenue par une communauté est filtré et comme sélectionné par ses formes d'organisation.

Les vérités les mieux acceptées par une communauté sont les vérités qui assurent la meilleure unité de cette communauté. Chaque groupe historique trouve à tâtons sa clôture informationnelle optimale, celle qui peut lui assurer un maximum de stabilité et de pérennité, et par là garantir son identité. Celle qui optimise les chances de démarcation, cohésion et reproduction du corps pensant au milieu de son environnement. Ce qui le boucle sur lui-même en gardant ses frontières sera tantôt le texte de la Constitution aux États-Unis d'Amérique, l'image de Lénine dans l'ancienne Union soviétique, le Coran et sa langue pour « la nation arabe », la Shoah pour le peuple juif d'aujourd'hui. Le dogme de l'Incarnation est, en ce sens, l'ultime défense immunologique du peuple chrétien au sein des religions modernes : il cristallise sa pulsion de vie.

Car s'organiser, c'est survivre. Le « d'abord vivre, ensuite philosopher » ne s'applique pas aux collectivités car elles doivent leur vie à leur « philosophie ». Un groupe historique se dissout et meurt dès qu'il cesse de décliner la transcendance qui le constitue comme groupe (ou dès qu'il ne remplace pas celle qui décline). Ne disons donc pas : « tel milieu, tel produit », à la façon d'un Taine ou d'un Marx. Car un milieu historique se produit et se reproduit à travers sa production symbolique. La symbolisation dérive de l'organisation, *comme l'outil du besoin*. L'histoire des idéologies est peut-être une annexe de l'histoire des techniques, et la technique a été justement définie par Spengler comme « une tactique de la vie ». Les techniques de transmission sont des techniques de regroupement, et le groupe est bien pour l'individu sa meilleure tactique de vie. La désymbolisation tue par désintégration, en atomisant les membres du groupe. Les mythologies collectives, en somme, ressemblent à une ruse du vouloir-vivre. Imaginer leur disparition, c'est supposer la mort de toute vie sociale.

SIXIÈME LEÇON

EST-IL VRAI QUE « LES IDÉES MÈNENT LE MONDE » ?

Un reste de magie

« Les livres font-ils les révolutions ? »

Un médiologue avant la lettre : Augustin Cochin

La République de Gutenberg

Un modeste témoignage

Les étages de croyance

UN RESTE DE MAGIE

On commence par ignorer les lois qui président au devenir-monde des idées, et on finit par s'imaginer que les idées gouvernent le monde. Voyez Freud lui-même.

Pour jauger une civilisation, écrit l'auteur de *Malaise dans la civilisation*, «il n'est pas d'indice culturel plus sûr que le rôle conducteur attribué aux idées dans la vie des hommes». De même qu'il n'est pas de «trait plus caractéristique de la civilisation que le prix attaché aux activités psychiques supérieures, productions intellectuelles, scientifiques et artistiques». Curieusement, Freud ne juge pas naïve ni mystifiée cette croyance dans le rôle conducteur de l'idée. Il n'est pas le seul. Tous les ministres de l'Intérieur et les nourrissons de la planète partagent son optimisme démiurgique. Les premiers croient utiles de saisir livres et journaux quand ils les soupçonnent de porter atteinte à l'ordre public, les seconds ne doutent pas que les signes commandent aux choses, puisqu'il leur suffit de pousser des cris pour que maman apparaisse aussitôt. Opération si élémentaire, si naturelle qu'on ne s'avise guère de son aspect quelque peu mystérieux. Ainsi, l'esprit serait une puissance qui agit seule, sans médiations matérielles. Ou plutôt aurait-il la faculté divine de se matérialiser sans matériaux, ni contraintes extérieures. La croyance en l'immédiate efficacité de l'activité symbolique — parole vive, mot imprimé — est une croyance efficace : elle paraît même endormir, en 1935, la vigilance intellectuelle du Grand Éveilleur. Ignorait-il que le pouvoir de création ontologique par un souffle est réservé à Dieu ? Peut-être l'émule de Moïse, le chef éclairé qui aspirait à conduire les humains vers la vérité, et à tout le moins les intellectuels européens vers son œuvre, avait-il besoin d'y croire pour jouer pleinement son rôle. Sans doute aussi la civilisation le plus élaborée garde-t-elle — en les filtrant sans les éliminer — nombre de traits imputés à la mentalité primitive, comme notre bon sens prosaïque répète des rituels sacrés. Idées inanimées, avez-vous donc une âme ? Oui. Et un corps. Les idées se cachent dans les parallélépipèdes reliés. Ouvrez-les : elles s'échappent, comme des djinns ou des fées. Elles se « nourrissent » d'autres idées, leur font des enfants, et nous les dévorons pour nous fortifier. Animisme assoupi, diminué, mais vivace. Dieu créateur crée par la voix, et ce qu'il dit, il le fait. « *Fiat lux.* » Le son démiurge fait force et contraint la réalité. Nous transporterions sur les signes d'écriture, médium froid, les vertus prêtées au Verbe, médium chaud, par les rites oraux de génération, avec leurs formules d'imprécation ou d'incantation, malédiction ou bénédiction. N'est-ce pas de là que vient le « charme » du poète ? Le murmure envoûtant de la prière ? Jeteur de mots, jeteur de sorts. Tout changement, événement ou catastrophe naturelle ne suppose-t-il pas l'action d'une cause intelligente ? Contre cette croyance originelle, terrifiante, on se défend par une contre-croyance : que nous pourrions enchaîner la nature et le cours des événements à nos désirs par le vocable et le geste. L'égocentrisme métaphysique qui soumet le monde au sujet, et qui durera autant que nous, se traduit, dans l'ordre culturel, par l'*idéocentrisme*. La confiance dans la toute-puissance des mots représente peut-être une version autorisée de la mentalité magique, petite monnaie de la toute-puissance perdue des sorciers, un gage consolateur accordé par l'humanité civilisée, avec un clin d'œil goguenard, à ses sacro-saints bergers, qui seuls, là-haut, dans la montagne, déchiffrent les astres à leurs risques et périls.

C'est un fait d'histoire pourtant : les discours du pape Urbain II à Clermont et ailleurs ont eu « un succès foudroyant » puisque ses paroles ont « déclenché » la première croisade. Elles promettaient la rémission des péchés et accessoirement de leurs dettes aux fidèles qui partiraient délivrer les Lieux Saints. On conviendra sans peine que ces discours ont atteint leur but non en vertu de leur littéralité ou de leur contenu mais par l'adhésion des auditoires, c'est-à-dire grâce à leur foi chrétienne, et que cette mentalité religieuse préexistait à la prédication. L'effet suscité par la parole papale n'est pas de type mécanique mais chimique : elle a *catalysé*, comme un précipité chimique, une solution instable qu'elle n'a pas créée. Les historiens quant à eux dressent la longue liste des non-dits, motivations et mobiles informulés, qui expliquent pourquoi ces appels à la croisade ont pu être lancés et pourquoi ils ont pu être écoutés et suivis d'effets : nécessité de détourner la chevalerie de ses guerres fratricides, surpopulation, incapacité des familles à doter leurs cadets de fiefs, volonté de la papauté de rétablir son autorité sur Byzance et les pouvoirs temporels d'Occident, etc. En somme, les nombreuses raisons qui poussaient Urbain II à tenir ce discours n'étaient pas dans le discours prononcé, en sorte qu'on se méprendrait si l'on attribuait à cette seule prononciation les effets qui ont suivi. *Propter hoc, non praeter hoc*. Dommage pour nos rêves de sorcellerie.

« LES LIVRES FONT-ILS
LES RÉVOLUTIONS ? »

Prenons un autre exemple, cent fois mieux documenté : « Les livres ont-ils fait la Révolution ? » C'est une vieille question, du moins en France, où elle a, et pour cause, l'âge de la Révolution. Cette dernière se distingue en effet des révoltes, émeutes ou jacqueries, mouvements de colère spontanés tournés vers le passé et privés de visée universelle, par son souci de mettre en œuvre une idée de l'avenir et de l'homme. D'où le rôle primordial qu'y jouent les « intellectuels », professionnels de l'idée, porteurs du sacré social, que les anciennes formes brutes ou traditionnelles de violence populaire ignorent. Quel que soit son langage, libéral, socialiste, ou islamiste, une révolution, c'est la rencontre d'une pensée et d'un pouvoir, « une opinion qui trouve des baïonnettes ». Même si elle prend la forme politique d'un assaut donné à l'État par une minorité agissante, c'est plus qu'un «coup d'État», car c'est le Ciel et l'avenir de tous les hommes qu'on croit prendre d'assaut. Qu'appelle-t-on un «processus» révolutionnaire sinon la transmutation d'un verbe en chair, d'un «groupe intellectuel» en «groupe dirigeant», de plumes en fusils? L'opération inverse s'appelant, dans ce vocabulaire, «contre-révolution»: l'action politique redevient symbolique, le dirigeant en exil, journaliste ou professeur, le *decision-maker*, simple *speech-writer*. De l'écritoire au ministère — les voies sont à deux sens.

Penser la Révolution française, c'est penser comment ce qui entre en «doctrine de cabinet» ressort en «décret de la Convention». C'est ouvrir la boîte noire qui porte un *dire* à son entrée et un *faire* à sa sortie.

Plus on s'éloigne de l'âge révolutionnaire, plus on tend à répondre par la négative. Plus l'analyste est dégagé de l'événement, plus il en souligne l'autonomie matérielle, moins l'illusion causale a d'emprise sur lui. Sincérité ou vanité, Lamartine juché sur son balcon en 1848 et regardant les cortèges d'émeutiers s'écrie à chaud: «J'ai vu *L'Histoire des Girondins* défiler dans la rue.» Pour 1789, les historiens d'aujourd'hui reformulent la question ou répondent plutôt non; ceux d'hier, plutôt oui; quant aux acteurs et contemporains, dans le feu de l'action, ils tiennent pour une évidence ce qu'Alphonse Dupront appelle «l'imagerie noblement épique de la Révolution, fille de l'Idée, cette dernière colportée par le livre[1]».

---

1. Postface à *Livre et société dans la France du xviiie siècle*, deux volumes sous la responsabilité de François FURET, Paris, Mouton, 1965.

Rien ne prouve que le recul est bon conseiller; ni la participation, éclairante. Constatons le dégradé.

« C'est au livre que nous devons la Révolution », disait Marie-Joseph Chénier. Chateaubriand en était persuadé, qui incriminait les mauvaises lectures de l'élite. Et Gavroche. Si « c'est la faute à Voltaire », « la faute à Rousseau », on comprend que la Convention ait tout naturellement rétabli la censure répressive en 1793 pour réprimer ceux en qui elle voyait des adversaires de Voltaire et de Rousseau. Il y avait deux cent cinquante librairies en 1789, quelque six cents peu après. La Révolution n'a pas révolutionné « l'Ancien Régime typographique » (Chartier-Roche), les technologies de production, les usages professionnels, les réseaux commerciaux. Et si, effet de la censure et de la pénurie, la production des livres s'est effondrée sous la Révolution (2 000 titres en 1789, 371 en 1794 d'après Robert Estival), elle a suscité aussitôt une flambée dans la circulation de l'imprimé et des périodiques en particulier : 1 500 titres nouveaux entre 1789 et 1800[1]. Mais ces considérations nous projettent dans l'événement lui-même, quand il s'agit d'éclairer ses prodromes.

Daniel Mornet, dans son fameux ouvrage qui est une réplique à Taine, n'hésitait pas à annoncer : « Mon étude aboutit à cette conclusion que ce sont, pour une part, les idées qui ont déterminé la Révolution. Si l'on aime cette révolution, on exaltera les grandeurs de l'intelligence qui l'a préparée. Si on la déteste, on dénoncera les erreurs et les méfaits de cette intelligence. Mon livre peut servir toutes les

---

1. *Livre et Révolution*, Colloque de l'Institut d'histoire moderne et contemporaine, Mélanges de la Bibliothèque de la Sorbonne, 1987.

polémiques. C'est dire qu'il n'en sert aucune[1]. » Mornet, contre Taine, souligne le pragmatisme, l'ouverture d'esprit, le goût du concret des penseurs prérévolutionnaires, et que l'important n'est pas l'œuvre de quelques doctrinaires mais le fait qu'au cours de ces décennies, et pour la première fois, « la France tout entière s'est mise à penser ». L'historien arrête son enquête en 1787, quand « l'action et les chefs » relayent la fermentation impersonnelle et diffuse des idées. « Il faut [alors] faire non seulement l'histoire des idées révolutionnaires mais encore celle des idées des révolutionnaires. » En d'autres termes, l'étude du pouvoir de la pensée s'inverse, en ce point d'inflexion, en examen de la pensée du pouvoir, mais la trajectoire relève bien d'une même dynamique. Ce récit remarquable et naïf, s'il n'a pas réfléchi ses présupposés méthodiques, fourmille de faits et d'aperçus : vous prendrez un grand plaisir à le lire. Il est bon de se rappeler que Montesquieu fut pour ses contemporains l'auteur des *Lettres persanes* et non de *L'Esprit des lois* ; ou encore que le *Contrat social* est passé à peu près inaperçu avant 1789, tandis que *La Nouvelle Héloïse* marqua « une secousse décisive » ; que Voltaire, le grand poète épique, était aussi lu et admiré par les hommes d'Église, comme Rousseau l'était par les aristocrates ; et que le duc de Chartres était franc-maçon, comme, semble-t-il, Louis XVI lui-même.

Mornet après beaucoup d'autres répondait oui à la vieille question ; « la nouvelle histoire » se montre beaucoup plus prudente. Vous devinez pourquoi : le déplacement de l'attention vers les chronologies

---

1. Daniel MORNET, *Les Origines intellectuelles de la Révolution française (1715-1787)*, Paris, Armand Colin, 1933, p. 3.

longues, la découverte du caractère non linéaire des causalités historiques, l'insistance sur les pratiques sociales en profondeur plutôt que sur les systèmes de représentation en surface, l'élargissement des supports de la vie culturelle, tout conspire dans cette démarche à relativiser le rôle des penseurs et des écrivains. Nous avons appris à mieux distinguer l'*idée* du *livre*, comme le recommande Alphonse Dupront, qui souligne l'effervescence souvent déterminante de «cet univers folliculaire et pamphlétaire, intermédiaire entre les univers du livre, des mécanismes scolaires et de la parole discutée et non écrite[1]». On parle dorénavant plus des imprimés que du livre, et des gestes quotidiens d'appropriation que des imprimés eux-mêmes (périodiques, almanachs, brochures, libellés, affiches, caricatures, etc.). Dans la thématique des origines, *culturel* remplace *intellectuel*. Roger Chartier et Daniel Roche ont montré que la réception d'un message signifie réfraction et transformation du message par le récepteur et que des textes visant à façonner les pensées et les conduites du plus grand nombre peuvent déboucher, par détournement ou résistance des usagers, sur d'autres pensées et conduites. Un même livre peut servir à deux causes contraires et Louis XVI aimait Rousseau autant que les sans-culottes : il avait même emmené ses livres dans sa prison du Temple. En somme, s'il est vrai que la Révolution française s'est déclenchée par le haut, au sein des élites urbaines alphabétisées, ce ne sont pas les livres mais les lecteurs qui ont fait la Révolution, et on ne sait jamais avec certitude ce qu'ils ont lu. D'où le besoin légitime de décaler l'examen

---

1. Alphonse DUPRONT, *op. cit.*, p. 232.

des textes vers celui des différentes *pratiques de lecture* (de la lecture de cabinet à la lecture à voix haute des petits ouvrages anonymes de colportage). Voilà qui brise la filiation, la vieille continuité établie entre le corpus textuel des fondateurs et le surgissement sauvage de l'événement politique. Les pratiques ne se déduisent pas des discours, il y a toujours plus de sens dans le fonctionnement d'une société (et *a fortiori* d'une masse en fusion) que dans les idéologies explicites qui disent les fonder ou les justifier[1].

Prenons un peu de champ, remontons au XIXe siècle. Je vous ai parlé de l'indifférence comme propédeutique à la lucidité. C'est la non-adhésion aux fins d'un discours qui libère la question de ses moyens — de pénétration et d'adhésion —, aussi sûrement que l'enthousiasme militant l'occulte. Le *comment* n'intéresse pas tant qu'on sait d'avance le *pourquoi*. Sur le parcours «Révolution française», la curiosité médiologique a été assez tôt excitée par l'hostilité politique à la Révolution, plus féconde en vertus d'étonnement que la simple impression d'étrangeté ou la posture de neutralité que nous recommandions à l'instant. La propagation d'une doctrine ne fait jamais problème à ses adeptes : voir le laconisme des théologiens et historiens catholiques sur ce qu'ils nomment pudiquement «la propagation admirable du christianisme» (si admirable qu'elle défie toute explication), voir plus récemment le mutisme des

---

1. Dans un tout récent et remarquable ouvrage, paru après notre séminaire, *Les Origines culturelles de la Révolution française* (Le Seuil, 1990), Roger Chartier explicite et affine l'idée selon laquelle ce ne sont pas les Lumières qui ont produit la Révolution mais «la Révolution en quête de légitimité qui a inventé les Lumières».

théoriciens et historiens marxistes sur l'expansion du marxisme, ou la permanente répugnance des rationalistes militants à faire l'histoire de la Raison, de ses réseaux ou de ses outils[1]. La virologie est une spécialité altruiste, condamnée, dans l'ordre actuel, au sketch toujours applaudi de la paille et la poutre. Le « sida mental », c'est la mentalité de mon ennemi, comme l'idéologie est l'idée de mon adversaire. Mon mental à moi est mon point aveugle, j'habite trop mon idéologie pour m'inquiéter de ses chemins. D'où il se déduit que la vérité d'un camp est plutôt à chercher dans le camp adverse. Est-ce parce qu'elle est moins rationaliste, plus cynique ou plus pragmatique, que la tradition de droite en France nous paraît douée d'un sens médiologique supérieur aux courants de la gauche ? C'est un fait que de ce côté-là de nos anciennes barricades, on échappe mieux à ce « quiétisme de la raison encore plus nuisible à l'intelligence que le quiétisme de la foi à la volonté », comme le disait Augustin Cochin, lequel ajoutait ceci dont nous pourrions utilement faire maxime : « Rien ne fait plus de tort au progrès de la raison que son culte : on ne se sert plus de ce qu'on adore[2]. »

Trois auteurs du XIXe siècle, libres des postulats de l'idéalisme progressiste, ont pris à bras le corps la question qui nous occupe en s'interrogeant sur « l'énergie d'expansion des idées révolutionnaires » :

---

1. Sans doute faut-il faire une exception, en ce qui concerne les marxistes, pour Georges Sorel, à qui sa passion « religieuse » pour le socialisme, ou sa passion socialiste pour l'histoire des religions, a fait ouvrir les yeux à tâtons, faute des instruments nécessaires. Les défricheurs méritent le respect, même et surtout quand ils errent.

2. Augustin Cochin, *Les Sociétés de pensée et la démocratie*, Paris, Plon, 1921, p. 4.

Tocqueville, Taine et Cochin. Trois réactionnaires de progrès (des connaissances), trois éclaireurs médiologiques. Qui veut expliquer un phénomène quelconque a intérêt à ne pas le comprendre. Le phénomène révolutionnaire est plus qu'étranger à ces trois traditionalistes : sidérant. 89, 93 ? Des aberrations contre nature, mais qui ont fait l'histoire. La pensée jacobine ? Une chimère, mais qui a pris corps parmi nous. Ce qui n'aurait pas dû être a été. Comment pareille idiotie, pareille illusion, pareil aveuglement ont-ils été possibles ? Sitôt posée la question, et posée par le rejet instinctif du fond, affleurent au regard les formes d'expansion, canalisations, nœuds de sociabilité, moyens de transmission qui ont donné vie à l'absurde ou au répugnant.

Chacun connaît, puisque Tocqueville est dans le vent (bénéfice de l'air du temps), l'admirable premier chapitre du livre III de *L'Ancien Régime et la Révolution*, « Comment vers le milieu du xviiie siècle, les hommes de lettres deviennent les principaux hommes politiques du pays, et des effets qui en résultèrent », qui expose les voies et moyens du transfert de la vie politique dans la sphère littéraire et la transformation en retour de cette « politique abstraite et littéraire » en leadership d'opinion. Ajoutez-y le chapitre sixième, « De quelques pratiques à l'aide desquelles le gouvernement acheva l'éducation révolutionnaire du peuple », et vous aurez bien commencé notre exercice de médiologie appliquée. Il se poursuivra utilement avec le tome deux des *Origines de la France contemporaine* de Taine, qui articule l'analyse des Lumières sur « l'anarchie » pratique qui s'ensuivra. La philosophie du xviiie siècle, dit-il, se propage en France comme l'incendie, la peste, la mauvaise herbe. Née en Angleterre, « la fièvre de démolition et de reconstruction y est restée superficielle et momentanée ». Importée en France, la graine prend. Comment ? En trouvant un *organe* — « l'art de la parole », celui des avocats, journalistes et gens du monde. Avec ses lieux : salons, théâtres, cafés, et ses milieux : loges, cénacles, académies, sociétés. Lisez notamment le chapitre intitulé « La propagation de la doctrine », où Taine, en bon trajectographe, retrace la trajectoire qui fait descendre les idées du salon, des gens d'en haut, à l'entresol, au niveau des boutiques et des cabinets d'affaires, et de là dans les caves de la maison, là où il y avait « un magasin de poudre ». Les vecteurs informent l'information car les formes de diffusion déterminent la nature du diffusable. Ainsi de « la causerie » au XVIIIe siècle — cette configuration-creuset de l'élaboration des idées « philosophiques ». « Le monde où l'on cause » a pour centre de gravité — pour « milieu » — la vie de salon. Et Taine de s'étendre sur les « inconvénients de la vie de salon », « artificielle et sèche », éloignée de « la vie » et de ses épreuves de vérité[1]. Idéologie pure ? Sans doute. Mais le fantasme polémique dévoilait un médium névralgique. Un siècle plus tard, un historien de métier, hors de tout parti pris, ne peut analyser le matérialisme d'Holbach sans questionner l'organisation de la fameuse « coterie », et sans s'interroger sur le *rôle informant du salon* : « La forme même de la rencontre dicte les limites qu'on ne franchit pas, les sujets que l'on tait, les choix que l'on ne fait pas... L'espace du salon est celui d'une fête sociale très codifiée, régularisée par les présences

---

1. Hippolyte TAINE, *Les Origines de la France contemporaine*, *L'Ancien Régime*, Paris, Hachette, 1904, t. I, chap. III, p. 244.

féminines... C'est là qu'on s'estime assez pour se contredire[1]. » Médiologie prise sur le fait. Et de fait, quel historien sérieux des idées du XVIIIe siècle pourrait ne pas référer les formes contraignantes de l'entretien, du dialogue, du conte, des lettres, à la matrice salon? Taine, si injustement calomnié et ignoré par nos penseurs, ressemble à un Gramsci qui marche sur la tête. Sa réhabilitation, espérons-le, ne devrait plus tarder.

UN MÉDIOLOGUE AVANT LA LETTRE : AUGUSTIN COCHIN

Mais pour pénétrantes que soient ses descriptions (quoique ou parce que partielles), les analyses de Cochin vont beaucoup plus loin. « La force des idées de 1789, écrit ce dernier, est dans la *méthode* et non dans le *système*... Nous voulons dire que nous montrerons que la *méthode* engendre la doctrine... Ce n'est point la psychologie du jacobin qui sera le dernier mot de l'énigme révolutionnaire : ce sera la sociologie du régime démocratique[2]. » Écho à l'avertissement d'Auguste Comte : « Plus les philosophies deviennent complexes et particulières, plus il est difficile de séparer utilement la méthode et la doctrine » (*Cours de philosophie positive*, 48e leçon). Comme le

---

1. Daniel ROCHE, « La coterie d'Holbach », *Annales*, juillet-août 1978. Voir aussi, dans le même registre, l'admirable ouvrage d'Agulhon, *Le Cercle dans la France bourgeoise*, Cahier des Annales, Paris, A. Colin, 1977.
2. Augustin COCHIN, *La Révolution et la libre pensée*, Paris, Plon, 1924.

précise Jean-Paul Enthoven à propos du positivisme : « Le combat pour la méthode, c'est déjà le combat pour la doctrine, c'est-à-dire pour l'idéologie et pour le pouvoir qu'elle promet ou légitime. » D'Auguste à Augustin, du positiviste au légitimiste, la filiation paraît bonne. L'idée que « le dedans se règle sur le dehors » a fait son chemin. Cochin fait jouer le principe critique en se concentrant sur « *le pouvoir régulateur de la machine* », que nous appelons, dans nos jargons, « la dictature de l'appareil ». D'où ces formules si modernes : « Là où la liberté règne, c'est la machine qui gouverne. L'une est là par la force des principes, l'autre par la force des choses. » Ou encore : « Machine et société, servitude et liberté ne se contredisent pas, ne s'excluent pas, car l'une reste secrète, l'autre théorique. » En matière de gouvernement, « le parti passe avant les principes » car — « medium is message » — les moyens de passage priment les principes à faire passer.

C'est Cochin qui le premier a mis méthodiquement en boîte noire le phénomène révolutionnaire, à savoir : « Comment ce jeu puéril commencé en badinant a-t-il eu une action réelle sur l'opinion ? Comment les causeurs de 1730 sont-ils devenus les pontifes, les paradoxes de salon des systèmes, les réunions de libertins des séances de la république des lettres, cette aimable allégorie une insupportable réalité, le philosophisme une règle de conduite pratique ? Comment, enfin, ce souffle si léger de la pensée socialisée s'est-il enflé en ouragan jusqu'à renverser tout l'édifice social d'une nation ? » Historien catholique, militant ultra, Cochin se voulait franchement sociologue. Taine ne pouvait donc le satisfaire. C'est la logique des trajets qui le retient, non la psychologie des hommes ni le bric-à-brac des anecdotes. Tué au front en 1916, il n'eut pas le temps de rédiger l'immense enquête sur la Révolution française à laquelle il avait travaillé quatorze ans, mais seulement son *Discours préliminaire*, texte inachevé, publié après sa mort, sous le titre *La Révolution et la libre pensée*. Ouvrage fulgurant (bien plus novateur, me semble-t-il, que *Les Sociétés de pensée et la démocratie*, que François Furet a fort justement remis à l'honneur) où le médiologue verra comme le brouillon pascalien d'un discours de la méthode à venir.

Son objet : « La socialisation de la pensée (1750-1789). » Idée directrice : la révolution n'est pas ce qu'elle dit être, l'œuvre du peuple. Non plus ce qu'en ont dit ses adversaires : un coup monté, « intrigue de quelques ambitieux », francs-maçons ou névropathes (« Il y a eu de tous temps des intrigants et des égoïstes, il n'y a de révolutionnaires que depuis cent cinquante ans »). La Révolution est le triomphe de la philosophie. Mais la philosophie a pour forme d'existence concrète « les sociétés ». Et les sociétés ont connu un développement par étapes, passant par trois états différents : philosophique (1750-1789) ; politique (1789-1793) ; et révolutionnaire (1793-1794). Cette mise en alignement de l'idéologique, du social et du politique n'est pas rabattement des instances l'une sur l'autre mais *saisie d'une transcroissance* inscrite dans le corps même de ces organisations sans précédent que sont les sociétés de pensée, ancêtres directs de nos partis (qui ne sont morts que ce matin). Qu'est-ce qu'une société de pensée ? « C'est l'organe de l'opinion réduit à sa fonction d'organe, et constitué, mis à part comme tel[1]. »

---

1. Augustin Cochin, *La Révolution et la libre pensée*, *op. cit.*, p. 7.

Ce qui révulse Cochin dans la société de pensée, c'est qu'elle est le contraire d'une communauté naturelle, héréditaire, traditionnelle. C'est qu'une pensée puisse suffire à socialiser des individus dans un rapport égalitaire aux idées qui court-circuite les hiérarchies historiques caractéristiques des corps d'Ancien Régime. Cette addition de volontés libres définit à ses yeux l'égalité abstraite de la démocratie, qui fait exister des citoyens égaux entre eux en tant qu'ils sont précisément capables de faire abstraction de leurs inégalités de naissance, de condition, de leur religion ancestrale, de leurs intérêts particuliers, de leur appartenance. Il y a chez notre homme, au-delà du réflexe légitimiste, une mystique du naturel et du vivant (qu'on retrouvait alors à l'autre pôle, chez les Sorel et les Berth, ces intellectuels anti-intellectualistes d'extrême gauche). Ce qui scandalise notre monarchiste catholique, c'est que « l'opinion puisse faire l'être d'une société », et non l'Évangile, ou la hiérarchie des conditions et des naissances. Humaine, trop humaine révolution. Ce que Cochin appelle « la socialisation de la pensée » était dévolu à l'Église catholique depuis un millénaire. Lui, il s'indigne de voir ce monopole s'effondrer. Non sans saluer l'extraordinaire cohérence des moyens et des fins qui présida à l'essor des « idées nouvelles » et traverse « le Grand Siècle ». Pas de contre-idéologie possible sans contre-société, pas de critique sociale effective sans un milieu porteur consistant. Du reste, permutant les blancs et les noirs de cette démarche en pointillé, un agnostique républicain peut se retrouver ici chez lui, au plus intime du projet de transformation sociale. Excellent « professeur d'énergie » que ce médiologue avant la lettre qui a su, dans l'examen de la genèse révolutionnaire française, ne pas séparer l'étude de la transmission sociale de celle des appareils politiques. Nous rappelant ainsi qu'un appareil politique (parti/club/mouvement) est un outil de communication, et qu'un appareil de communication (presse/édition/audiovisuel) est un outil politique.

La réduction cochinienne nous semble mériter un triple hommage. D'abord, elle réunifie un champ disloqué. On connaît la charade. L'histoire des idées analyse les «œuvres» de Jean-Jacques et de l'abbé Mably; l'histoire sociale les académies, salons, et cabinets de lecture; l'histoire politique les clubs et comités révolutionnaires. Et mon tout est une femme en tronçons abandonnée à la consigne. En traitant la parole comme parabole, notre chartiste rétablit la vivante continuité d'une séquence. À l'anatomie des idées, il substitue la physiologie des transits. Le caractère social de l'idée ne lui est pas annexé en complément, il est inhérent à une trajectoire: l'idée est socialisée par sa transmission même. Les pensées n'existent pas indépendamment des «sociétés» qui les supportent et transportent. Ce sont, si l'on préfère, des mouvements, non des corpuscules. Et les convoyeurs de mots transcroissent en conducteurs d'hommes, non par dévoiement mais en bonne logique. «La République de la terreur, nous dit Cochin, est une république des lettres métamorphosée.» Ajoutons: et cette république d'écrivains n'aurait pu socialiser une pensée si elle ne s'était elle-même socialisée par une pensée.

Ensuite, Cochin a identifié, dans ce mouvement général, le moment de la médiation comme décisif. Dans la chaîne qui va du *que penser*? au *que faire*?, le maillon stratégique est celui que les hommes de pensée comme les hommes d'action dédaignent le plus:

comment fait-on pour *faire penser* ? On fait un appareil, un réseau, une « machine ».

Enfin, il décèle que l'essentiel d'une idéologie sociale réside dans le principe de cohésion et d'appartenance qu'elle procure, dans sa fonction d'unification et d'intégration. Les valeurs comptent moins que leur partage. En traitant la doctrine comme un simple code de reconnaissance, soit un ensemble de signaux destiné à unifier esprits et volontés, il met sur la piste de l'idéologie entendue comme moyen d'organisation, technique de groupe. Les pensées « réductrices » ne sont pas les moins conductrices.

LA RÉPUBLIQUE DE GUTENBERG

McLuhan démocrate, Gutenberg républicain ? Nous avons la religion de l'image. La Révolution française a eu la superstition de l'écrit et le fétichisme de l'imprimé. Solidaire pour sa diffusion d'une culture écrite popularisée (et d'abord grâce à l'écrasement des patois et dialectes), le jacobinisme procède d'une croyance quasi mystique dans les vertus régénératrices de l'alphabet. Sociologiquement, il lui doit d'exister. L'historien anglais Lawrence Stone a observé que les trois grandes révolutions modernes — Angleterre XVIIe, France XVIIIe, Russie XIXe — coïncident dans ces trois pays avec le moment où l'alphabétisation atteignait la moitié de la population masculine (observation sans doute valable pour l'Algérie, l'Iran, l'Indochine, etc.). Comme ses confrères, le jacobinisme a transformé sa généalogie médiatique en ordre moral et culte civique. La république est une idée de lettrés, c'est-à-dire masculine, urbaine, intellectualiste, élitaire, surmoïque, brouillée avec le corps et l'Éros, goûtant les cérémonies et les solennités publiques mais répugnant d'instinct au théâtre et à la danse. Une idée de bibliomane, conçue par des lecteurs pour des lecteurs. La «communion républicaine» imaginée sous le Directoire par un jacobin, Leclerc, n'a-t-elle pas pour foyer «le livre de famille», à la fois entrepôt des vertus privées et moyen de contrôle des déviances? Il est vrai qu'il n'y a pas, dans la réalité de l'époque, de fossé entre culture écrite et culture orale, comme le montrent les passerelles et passages constitués par la lecture à haute voix des journaux dans les clubs, aux armées, sur les places, devoir des militants instruits à destination des analphabètes. On peut aussi remarquer, et c'est une bien curieuse observation de Michelet (dans une note du chapitre III, livre IX de son *Histoire de la Révolution*), que contrairement aux girondins, qui «agissaient principalement par la presse», les jacobins «employèrent de préférence les communications verbales, la circulation orale d'homme à homme et de club à club, les paroles qu'on peut toujours interpréter, démentir même». Captant à leur profit les survivances de l'oralité ecclésiastique, ces quasi-prêtres, dit notre anticlérical, utilisaient «le demi-jour de la publicité verbale, comme l'avait fait le Moyen Âge», car il était plus propre à simuler une unité catholique de façade et à gommer les contradictions[1]. Il n'en reste pas moins que cette oralité populaire insaisissable et multiforme, qui va de la

---

1. Jules MICHELET, *Histoire de la Révolution*, Paris, Gallimard, «Bibliothèque de la Pléiade», p. 39, note.

harangue théâtrale au cri de la rue, en passant par la chanson et la lecture publique d'un texte de loi, s'adosse comme la vigne au mur à l'imprimé, lourd de tout le poids de l'autorité et de la légitimité symboliques. Dans la réalité vécue des fantasmes collectifs, l'acte révolutionnaire ou républicain consiste à arracher les hommes à l'oralité, synonyme de barbarie, en les instruisant par l'école, en multipliant les journaux, en stockant l'archive et en ouvrant à tous les bibliothèques. L'oralité, c'est la campagne sous sa double face, paysanne et aristocratique ; or la campagne asservit et la ville libère. C'est la féminitude, donc le préjugé et les contes de bonnes femmes. La coutume est orale, comme l'injustice ; or la loi libère, qui est écrite. L'émotivité donne de la voix ; la raison réfléchit plume en main. Rappelez-vous qu'au Moyen Âge les femmes n'avaient pas le droit d'entrer dans les bibliothèques monastiques. Compagnon typographe, Restif de La Bretonne était d'avis que la République ne devait pas apprendre à écrire aux femmes et tout au long du XIXe siècle, la corporation du Livre leur était statutairement fermée. Crainte de voir le sale contaminer le propre, l'empire du groupe l'originalité de l'individu ? Dans l'oralité populaire, le jacobin flaire l'organique, l'archaïsme, l'instinctuel, les suspectes chaleurs des replis communautaires. D'où ce conflit intime chez le jacobin Stendhal, partagé entre la France républicaine de ses amis idéologues et l'Italie monarchique des actrices et chanteuses d'opéra, entre la mathématique et les fortes natures, entre la vertu, qui est de l'écrit, et la *virtù*, qui est de l'oral. Beyle évoque avec dégoût, dans son journal, « le fatal triangle qui s'étend entre Bordeaux, Bayonne et Valence, où on ne sait pas lire, où on croit aux sorciers, où on parle

Est-il vrai que « les idées mènent le monde » ? 239

patois et non français et où les prêtres sont tout-puissants ». Mais c'est de ce côté-là que le romancier cherche ses héros et sa pâture.

Une grande culture historique tend à sacraliser son grand véhicule, à idéaliser son mode principal de communication. Les Grecs, avec Hermès, messager aérien des paroles ailées. Nous, nous adorons la communication pour elle-même, le principe de circulation comme tel, c'est-à-dire la vitesse, le mouvement en soi — de capitaux, de signes, d'images, de sons. La Révolution a sacralisé le bois, le papier, le plomb. En 1792, « l'orateur du genre humain », Anacharsis Cloots, à la tête d'une délégation d'ouvriers imprimeurs, proposa à la Convention le transfert au Panthéon de Jean Gutenberg. « Si Dieu inventa le soleil, telles furent les paroles de Cloots, l'homme inventa l'imprimerie. Le soleil de Dieu dissipe les ténèbres physiques ; le soleil de l'homme dissipe les ténèbres morales (...). Célébrons un inventeur sans lequel nous serions comme muets et isolés sur la terre, sans lequel nous n'aurions eu ni un Voltaire, ni un Rousseau, ni un panthéon. » On vit sous le Directoire les vainqueurs de la Bastille porter en grande pompe une presse sur les ruines de la forteresse, tel un saint sacrement sur l'autel de la patrie. Les « hommages à l'Imprimerie » ponctuent, sous diverses formes, les dernières décennies du siècle des Lumières. *Le Courrier de Provence*, en 1790, porte la Révolution au crédit de « l'invention merveilleuse de l'imprimerie, et l'établissement des postes, assurant pour jamais la communication des pensées, rendant impossible le succès des pièges qui autrefois réussissaient aux tyrans ». « Les livres, note un autre journal la même année, ont créé l'opinion, les livres ont fait descendre les lumières dans toutes les classes de la société, et dévoré les préjugés qui nous subjuguent[1]. »

Condorcet et, avant lui, Kant ont fait la philosophie de ces exaltations. Dans son huitième tableau d'*Esquisse d'un tableau historique des progrès de l'esprit humain* (1793), Condorcet bénit l'inventeur de l'imprimerie pour avoir instauré l'opinion publique, ce « tribunal indépendant de toute puissance humaine auquel il est difficile de rien cacher et impossible de se soustraire ». Kant ne parle pas technique mais la suppose, lorsque à la question *Qu'est-ce que les Lumières?*, il répondait : « l'usage public et libre de notre propre raison » (1784*).* « J'entends par usage public de notre propre raison, précise-t-il, celui que l'on en fait comme savant devant l'ensemble du public qui lit. » L'usage de l'imprimé, en fondant une réciprocité possible et en droit infini entre les auteurs et les liseurs (tout liseur étant un auteur en puissance et vice versa), délimite une sphère de circulation égalitaire des opinions éclairées, l'espace du débat public. Là, chaque participant décroche de son état civil ou social, emploi, charge ou position, pour s'identifier à suffisance comme être raisonnable s'adressant à d'autres êtres raisonnables. Le Prince peut être analphabète car il appartient à la sphère privée de l'autorité : il lui suffit de parler pour se faire obéir ès qualités. Le citoyen est un homme sans qualités qui donne librement son adhésion en tant que savant auquel suffit la faculté d'écriture et de lecture. C'est l'acte de

---

1. J'emprunte ces citations à l'article de Hans Jürgen LÜSEBRINK dans *Livre et Révolution (op. cit.)*, « Hommage à l'écriture et éloge de l'imprimerie ». Trace de la perception sociale du livre, de l'écriture et de l'imprimerie à l'époque révolutionnaire.

publication qui fait sortir de la mauvaise particularité, du privatif, de l'arbitraire, ce domaine du non-échange où la populace se retrouve aux côtés des autorités de fait. « L'opinion publique » n'est donc pas le peuple. Elle est la partie du peuple qui sachant lire et écrire peut pratiquer en son sein l'égalité par la discussion rationnelle, compétence qui n'est pas donnée à tous. Seule la société de la Lettre est une société d'hommes libres. Imprimerie et autonomie sont donc synonymes. Pas de Lumières sans plomb ni papier : c'est l'implicite technologique du raisonnement kantien. Anacharsis Cloots, baron prussien, l'a révélé, quitte à violer les bienséances.

Les Lumières postulent la divulgation comme impératif moral *et* scientifique. L'*aude sapere* porte à son envers un *ose faire savoir*. La publicité est devenue un exercice et une obligation de la raison, ce qui signifie : on ne pense bien qu'à plusieurs, le savant qui ne médiatise pas son savoir en ruine les fondements. La raison étant cela qui prend l'opinion à témoin, on est entré dans une logique de traduction, de diffusion et de circulation, qui prend en écharpe les vieux partages ; et du savant au plaisant, de la méditation à la médiation, de l'exégèse à l'épigramme, la conséquence est bonne. L'odyssée rationnelle de la divulgation désacralisante portait dans ses flancs « la défaite de l'érudition », qui est la vraie victoire des Lumières. Dans le temps, l'activité intellectuelle se serait alors émancipée et non dégradée en passant du monastère et du latin à l'atelier d'imprimerie humaniste, où l'on traduit les Écritures en langue vulgaire, puis aux académies du XVIIe siècle, où l'on traite collectivement de la vérité par échanges épistolaires ou de vive voix, et enfin aux salons sous influence féminine du XVIIIe siècle, sièges d'une vulgarisation orale du savoir écrit par l'art de la conversation, aux cafés, ces 1 800 « manufactures d'esprit » que comptait Paris en 1789, aux clubs et aux loges. Autant de degrés dans l'ascension des propagandes. L'urbanité n'est plus une trahison, c'est un devoir. Le divertissement exotérique n'est plus une distraction, c'est un couronnement. On comprend que Frédéric II ait pu s'étonner qu'« un siècle si philosophique soit si peu philosophe ». C'est parce qu'il l'était beaucoup qu'il le semblait si peu.

Blandine Barret-Kriegel, dans sa thèse magistrale sur *Les Historiens et la monarchie*, a démonté nombre d'idées reçues, au premier rang desquelles l'opposition Fides/Intellectus, Piété/Vérité, qui place paresseusement la religion du côté de l'obscurantisme et l'érudition du côté de la modernité laïque. Elle a rappelé que la culture religieuse n'était pas seulement productrice de croyance mais de science; qu'à travers la querelle de Rancé et de Mabillon la bataille du savoir et de la foi, des doctes et des pieux, a traversé l'Église française de l'intérieur; que la philologie n'est pas née avec les humanistes de la Renaissance, ni l'histoire comme science au XVIIIe ou au XIXe siècle, mais bien avant, avec la diplomatique bénédictine; pas plus que la République n'a inventé l'État de droit, instauré sous et par la monarchie à travers la formation d'un corps de droit public sanctionnant la suprématie de la Loi sur le Roi. Néanmoins, une sourde antinomie parcourt ces volumes, comme une déploration sans fin : parvenu au point de bifurcation de l'éloquence et de l'érudition, entre la voie Fontenelle et la voie Mabillon, la pensée française prit dès la fin du XVIIe siècle le chemin du vice, en confiant son destin aux littérateurs et non aux professeurs, aux saltimbanques et non aux chartistes. Elle a préféré le badinage pour se rendre aimable, à la recherche solitaire et besogneuse de la vérité. On peut se demander au contraire si ce n'est pas l'honneur sacrilège des Lumières que d'être venues disqualifier ce régime clérical d'antinomies : style contre contenu, belles-lettres ou sciences exactes, brio ou profondeur, fantaisie ou rigueur, etc. Le régent de collège, fidèle à son devoir de transmission, culmine sa course en bel esprit. Le professeur *doit* se faire journaliste, le chercheur diffuseur, le pion clown si l'on veut — ce mouvement s'appelle l'affranchissement par le savoir. Au bout du Verbe, la verve. Vous devez instruire, éclairer, guider ? Alors, amusez. Faites plaisir. Déclinez, comme Voltaire au dire de madame du Deffand, « la justesse, la facilité, la clarté et la chaleur, les quatre qualités qui font le bon style ». Il y a tout au fond des Lumières une réhabilitation tacite de la politesse et de l'entregent, un éloge du léger et du bref, un esprit de féminité, un mépris du pédant et du lourd, du lent et du grave — bref un *héroïsme du bon goût*, une éthique de la grâce. Comment Nietzsche, sinon, aurait-il pu se sentir tant d'affinités avec ce siècle, cet esprit, cette mondanité dont tout apparemment aurait dû l'écarter ?

UN MODESTE TÉMOIGNAGE

Il est toujours un peu navrant de voir les historiens enfermer dans le passé leur science du passé, comme si les faits qu'ils commentent n'avaient pas de répondant devant leur nez et sous leurs yeux.

« Les livres font-ils les révolutions ? », cette grande question, la théorie l'articule régulièrement à de grands auteurs et à la « Grande Révolution ». Et si on l'éclairait en la diminuant quelque peu ? On pourrait demander son avis par exemple à Vaculik, l'auteur du *Manifeste des 2 000 mots* dont on disait en 1968 à Prague qu'il avait provoqué l'intervention soviétique, et qui a en tout cas ébranlé un pays. Ou encore à Havel qui a écrit, de sa prison, une belle réflexion sur « la puissance mystérieuse des mots » (octobre 1989). Les auteurs contemporains d'Europe centrale auraient beaucoup à apporter sur le sujet : ces sociétés ont une tradition active de la lettre et des belles-lettres que le communisme, conservatoire de formes et en particulier des normes médiatiques du siècle passé, a comme à son corps défendant préservée, ne serait-ce qu'en freinant l'arrivée et l'expansion de l'image, des cultes audiovisuels (associés à l'impérialisme occidental et à ses poisons maléfiques). On reviendra sur ce paradoxe. Permettez-moi dans l'immédiat un témoignage vécu, même s'il ne concerne que l'Amérique latine, plus fruste et plus lointaine, un tout petit livre et des révolutions manquées, sanglantes et de signe contraire. Si l'Histoire s'écrit après coup à partir de ses pleins, elle s'expose aussi dans ces blancs inaperçus que sont les attentes vécues d'événements qui n'ont pas eu lieu.

Reconnu « coauteur des délits de rébellion, assassinat, blessures et vol » (ce à quoi effectivement se résume une révolution, en termes juridiques, lorsqu'elle n'arrive pas au pouvoir pour redéfinir les mots du Code pénal, ou retourner les mêmes contre les perdants), j'ai été condamné en 1967 par un tribunal militaire bolivien à « la peine corporelle de 30 ans de travaux forcés ». J'avais peu avant publié un livre intitulé *Révolution dans la Révolution*? Et c'est au moins en tant qu'auteur de ce petit texte (90 pages) que pour une fugace participation à la guérilla du Che Guevara que j'ai purgé une partie de cette peine dans le Chaco bolivien. Pauvre péripétie, sans grand intérêt, dont je vous demande d'évacuer toute résonance intime mais dont je voudrais me servir comme d'un outil parmi d'autres pour la boîte médiologique. Comment estimer le niveau des effets, l'indice de performance, le degré d'efficacité de cet opuscule dans le déroulement et les retombées continentales de la guérilla bolivienne de 1967 conduite par le Che Guevara? On aimerait pouvoir répondre d'un laboratoire, mesurer, dénombrer, produire une statistique, des tests. Impossible. Encore plus pour l'histoire du présent que du passé. Pas d'expérimentation ni de quantification. Observation et supputation.

Comprenez-moi bien. Je ne relance pas ici le lièvre de la responsabilité morale des intellectuels dans la Cité, thème à d'émouvantes et justes mises en garde sur les palinodies irresponsables et les limites du droit à l'erreur. Je ne soulève pas non plus le problème philosophique de savoir ce qu'est une erreur en politique, si se tromper veut dire se retrouver dans le camp des perdants, par exemple, ou encore qui est habilité, et à partir de quand, à séparer le bon choix du mauvais. Ne parlons pas littérature en littérateur, mais en artilleur et en trajectographe. Je voudrais simplement savoir si dans la chaîne, ou le faisceau, ou le réseau, des facteurs historiques qui déterminent un jour des hommes à prendre les armes pour se battre, tuer, mourir, il y a de la place, et laquelle, pour ce qu'on appelle une production intellectuelle, une séquence d'énoncés écrits, imprimés, lus, reliés ou non en fascicules. Les intellectuels ont une curieuse façon soit d'escamoter soit d'esquiver cette *question de fait*, dans l'accusation ou la disculpation morale; ce qui a pour conséquence de ne permettre aucune traduction juridique de leurs jugements de valeur. Lorsque Sartre écrit: «Je tiens Flaubert et les Goncourt pour responsables de la répression qui suivit la Commune parce qu'ils n'ont pas écrit une ligne pour l'empêcher», il semble tenir pour accordé ce qui serait à établir, à savoir qu'une, ou mille, ou dix mille lignes de ces hommes de lettres sur le sujet auraient pu empêcher, ou même atténuer, la répression des Versaillais. Si cela est acquis, en effet, les communards victorieux ou des successeurs plus heureux auraient été fondés à sanctionner ces écrivains pour délit de non-assistance à personne en danger, par exemple; ou, à l'inverse, s'ils s'étaient manifestés en faveur des communards par voie de presse ou de livre, le gouvernement de M. Thiers aurait dû intenter une action judiciaire contre leur personne pour participation au crime de prise et exécution d'otages. Est-ce cela que Sartre veut dire? Si oui, tous les écrivains français de toutes les époques ou presque ont du sang sur les mains, et Sartre lui-même, qui, comme neuf écrivains et demi sur dix, n'avait pas publié une ligne sous l'Occupation pour empêcher les rafles de juifs et les exécutions de résistants par le gouvernement français de l'époque, devait tomber en 1944 sous le coup de l'épuration. Si non, le mot «responsable» n'a pas de sens assignable et Sartre n'était fondé qu'à regretter une fermeture de classe, une sécheresse de cœur, un défaut de solidarité humaine de la part de Flaubert et des Goncourt — l'appréciation est libre, sans doute exacte, mais les défauts de caractère ne sont pas susceptibles de poursuites pénales. Le problème de fait n'a pas de portée partisane et peut se conjuguer dans les deux sens. Peut-on dire qu'Aragon et les écrivains staliniens ont fusillé les accusés des procès de Moscou avec les armes de leur rhétorique ? Oui, si on cultive la rhétorique. Qu'ils se soient déshonorés en tant qu'individus et consciences morales, c'est probable... Mais ont-ils commis un acte délictueux, aurait-on pu les contraindre d'en répondre devant un tribunal ? La traduction pénale des termes éthiques a au moins l'intérêt d'obliger à préciser sa pensée, ou à ne pas se payer, sur les mots, de mots. Vercors ne triche pas sur le fond des choses quand il dit : « Il s'agit de savoir si un écrivain est responsable de ses écrits au point de mériter de les payer de sa vie. » C'est la bonne question. Drieu la Rochelle, en ce qui le concerne, a répondu oui, en août 1944, et on peut penser que c'est tout à son honneur. Le général de Gaulle a répondu oui pour Brasillach, peu après, peut-être sur une méprise (la photo d'un groupe d'hommes sous uniforme allemand) et c'est à l'honneur des deux. Les jurys populaires se sont lassés pour les suivants, qui ont été vite relaxés ou graciés, ce qui n'est honteux pour personne. Sans doute (et pour moi sans aucun doute), ces auteurs, non d'actes de torture, d'exécution, de déportation, mais de textes, de discours, de conférences, se sont-ils rendus coupables d'intelligence avec l'ennemi, et de trahison nationale. Mais nous savons tous la relativité polémique et contingente de ces notions. Les appréciations que je porte ici sur les écrivains de la collaboration sont parfaitement arbitraires, invérifiables et infalsifiables ; c'est une affaire de morale, de psychologie, de métaphysique personnelle. De moment politique. De fond de l'air. De rapports de force. Mais l'établissement d'une relation de cause à effet entre un article antisémite publié dans la *N.R.F.* en 1942 et la rafle du Vel' d'hiv', qui pourrait mettre tout le monde d'accord, semble hors d'atteinte. Et pour cause. Nous sentons bien que cette causalité mécanique de point à point, *partes extra partes*, entre un texte ici et un acte là, isolés du contexte, du climat, de l'esprit général d'une époque, n'est pas une bonne façon de poser la question.

La notion d'auteur est à l'origine une catégorie juridique et notre Code pénal a sa façon à lui de caractériser l'action indirecte des paroles et des mots. Sans nier le principe de la personnalité des peines, il prévoit la responsabilité pénale de *l'instigateur*, qui caractérise un mode de participation à l'infraction; ou le délit d'*incitation* à la haine raciale, au meurtre, à la débauche, etc. Comme il punit « l'*apologie* des crimes de meurtre, de pillage ou d'incendie, etc. ». Le Code pénal militaire bolivien prévoyait lui aussi trois catégories d'auteurs, par exécution, par coopération, et par instigation, sans distinction des sanctions. Le tribunal jugea «Régis Debray coauteur selon ces trois modalités des délits ici jugés »; «cela en sa qualité d'intellectuel comme instigateur et en tant que membre d'un groupe armé irrégulier comme exécutant direct». Les preuves d'exécution du crime d'assassinat, vol, etc., étaient incertaines, mais puisqu'il était établi que «*Révolution dans la Révolution*? était lu assidûment au campement guérillero», il tombait bien sous le coup de l'article 237 du Code pénal militaire comme stipulant que «les auteurs, chefs, directeurs, et promoteurs d'une bande armée organisée et composée de plus de dix personnes» seront châtiés «même s'ils n'en viennent pas à commettre un délit quelconque».

Est-il vrai que « les idées mènent le monde » ?

Arrêtons-nous un moment. Il n'y a pas que les formulations juridiques pour rendre vraisemblable l'idée que les mots agissent et tuent. Il y a notre conception spontanément intellectualiste ou platonicienne de l'acte, comme suite logique d'une préméditation, imitation d'un modèle idéal préexistant, point d'aboutissement d'un projet conscient, d'abord formulé à haute voix et par écrit. Si les pouvoirs politiques depuis Nabuchodonosor n'étaient pas persuadés que les livres, articles, cris et manifestes ont une portée, on ne s'expliquerait ni la censure ni les sourires ni les autodafés ni les invitations à déjeuner, hommages rendus par les Princes à « la puissance matérielle des paroles » (Edgar Poe). Faut-il accuser les despotes d'idéalisme, qui, tenant les producteurs d'idées pour des incendiaires en puissance, les placent soit à la Cour soit en prison ? Trois mille ans d'inquiétudes et de contrôles pour rien ? Difficile d'imaginer que les Cités, les Princes et les ministres de l'Intérieur se font, depuis le temps, du souci sans raison. Il y a enfin le sentiment très répandu dans notre corporation, du moins en France, qu'on soit pisse-copie ou grand prêtre, sermonnaire ou chieur d'encre, de ne pas compter pour du beurre, et bien peu d'entre nous sont convaincus comme Malherbe, « qu'un poète n'est pas plus utile à l'État qu'un bon joueur de quilles ». Cette présomption collégiale de puissance doit bien reposer sur quelque expérience, et face aux appels à la responsabilité de tant d'intellectuels illustres, le médiologue un peu fine mouche hésite entre La Fontaine et sa mouche du coche — « Après bien du travail, le coche arrive en haut. (...) Çà, messieurs les chevaux, payez-moi de ma peine » — et la « puissance des mouches » de Pascal — « Elles gagnent les batailles, empêchent notre âme d'agir, mangent notre corps». Le médiologue respecte tout, y compris les gobe-mouches. Il sait d'expérience qu'un mot qui fait mouche dans la péroraison d'un procureur peut aussi, à la fin, faire balle. Donc, prudence.

Première observation : les données chronologiques ne coïncident pas dans mon cas avec le schéma du promoteur ou de l'instigateur. Mon factum était paru à La Havane à la fin janvier 1967 ; la guérilla était déjà installée en Bolivie ; son chef n'en avait pas eu connaissance. Sans doute avait-il été tiré à 200 000 exemplaires, publié ici et là en revue, transmis oralement par Radio-Havane ; mais ce serait semer des dragons avec des dents, comme dans la mythologie, que de supposer qu'en si peu de temps il ait pu faire sortir du sol, à trois mille kilomètres de distance, des insoumis armés et décidés. On retrouve plutôt ici la dynamique du bouc émissaire, qui, après l'événement, lui cherche un père. Tenir le promoteur enfin, en chair et en os, soulage. Reconstruction bricolée, pour coller au schéma préconçu de la préconception, selon les canons policiers de l'histoire au futur antérieur. Cela a donné chez nous Marcuse, « l'inspirateur de Mai 68 ». Les étudiants parisiens l'ont découvert en juin.

Deuxième observation : pour invraisemblable qu'il soit, dans la chaleur ou le souffle de l'action, les acteurs et témoins adhèrent spontanément au postulat platonicien. Les « c'est la faute à Rousseau, à Voltaire », « c'est la faute à Gide », et aux « mensonges qui nous ont fait tant de mal », c'est la faute à Sartre et aux intellectuels de gauche, sont exorcismes de contemporains. Le plus curieux : les partisans n'y croient pas moins que les dénigreurs. Il m'est arrivé plus d'une fois, et ce n'est pas agréable, rencontrant un inconnu de mon âge, un ancien étudiant ou militant d'extrême gauche, à Istanbul, Bangkok, Rio, d'entendre : « C'est votre livre qui m'a envoyé en prison », ou « Je crois que vous n'êtes pas pour rien dans ce qui nous est arrivé ici ». Des traductions pirates avaient circulé, l'exposé du « foquisme » et la légende du Che avaient, l'un dans l'autre, « convaincu » certains groupes d'extrême gauche de se lancer à leur tour dans la lutte armée, ou de précipiter leurs décisions, même si les conditions n'étaient pas vraiment réunies. *Révolution dans la Révolution ?*, manuel pratique et didactique, avalé d'un trait par de jeunes militants enthousiastes, transformé en Sésame ouvre-toi idéologico-militaire, était devenu référence et repère dans quelques cercles clandestins, sous le nom de « guévarisme », de « castrisme ». Inutile de vous dire que je n'avais ni imaginé ni prévu ce type d'exportation « hors contexte » et encore moins cette appropriation enfiévrée, cette véritable mutation d'un message par une lecture avide de solutions simples. L'analyse et l'appel étaient de circonstance, liés à une conjoncture, une stratégie, un cadre géographique précis : l'Amérique latine rurale. Le livre lui-même expliquait qu'il ne pouvait y avoir de recette, qu'il fallait renoncer à tout *isme*, castrisme compris, chaque pays devant inventer sur le terrain et à chaud, en sorte que l'idée même de doctrine, d'endoctrinement, de commissaire politique était formellement exclue par l'orientation proposée (mais c'était encore une orientation, une proposition...). Et je me découvrais, au détour d'un voyage, d'une entrevue, d'un journal ronéotypé, d'une feuille clandestine, commissaire politique *in partibus* d'un bon nombre de mouvements et de réseaux dont je ne connaissais souvent pas l'existence ni le nom. Cette brochure avait-elle réellement inspiré des passages à l'acte révolutionnaire, ou l'action révolutionnaire, sur sa lancée, l'avait-elle prise comme justification théorique, moyen de mise en ordre intellectuelle, signe commode de ralliement? Il est difficile de trancher mais tout pousse à retenir la seconde hypothèse, même si l'imaginaire idéologique vécu suggérait, chez quelques-uns, la première.

Est-il trop tard pour que vous ajoutiez, que j'ajoute foi moi-même à ma réflexion d'aujourd'hui, ma réévaluation *a posteriori*? Le recul, qui remet en perspective les répercussions et interactions est-il école de sagesse, ou bien d'amnésie, d'indifférence aux souffrances, aux désastres, aux désillusions qu'on a pu soi-même susciter, involontairement? Laissons ces graves questions en suspens. La sagesse des nations compare les idées à des graines qui portent des fruits si le terreau et le climat s'y prêtent, et conclut qu'une étincelle ne met pas le feu à une plaine normande et bien arrosée.

Elle a raison mais elle se trompe sans doute de sujets: les idées n'embrasent rien par elles-mêmes, mais les hommes qui y adhèrent. Je ne «blesse» pas des idées, et les idées contraires aux miennes ne me blessent pas. En revanche, on dit: «blesser des convictions». Ce sont elles, les êtres vivants. Les vrais moteurs. Qu'est-ce qu'une conviction? Une idée enveloppée dans un sentiment, ancrée, lestée par lui. Une conviction, c'est beaucoup plus profond qu'une idée, et moins élevé; plus solide et moins sérieux. Plus chaud, plus polémique. Trop de rationalité nuit à l'intelligence du rôle de la Raison dans l'histoire.

LES ÉTAGES DE CROYANCE

Il est d'usage de dire, de certains livres ou auteurs, qu'ils ont *participé à la formation de la conscience* russe (ou allemande, ou française, ou européenne, etc.) de telle ou telle époque. Les êtres humains agissant, à la différence des animaux et des automates, en fonction de buts et de motivations conscientes, quiconque participe à la formation de leur conscience ne peut rester étranger aux actes qu'elle induit ou légitime, qu'elle induit ne serait-ce qu'en les légitimant auprès de leur conscience. Excitation mentale, incitation au geste. Mais qui oserait encore définir le champ du psychisme par la conscience intellectuelle ? Le système information-conscience n'est-il pas aussi périphérique pour une mentalité que le système perception-conscience pour un individu ? L'accès au raisonnement verbal est sans doute lié aux faits, aux découvertes logiques, aux nouveaux rapports entre des choses déjà connues que nous appréhendons par le biais de nos lectures, un peu comme « l'accès à la conscience est lié avant tout aux perceptions que nos organes sensoriels reçoivent du monde extérieur » (Freud). Mais peut-on réduire la conscience politique d'un collectif, d'une époque, à ses expressions délibérées, à ses projections stratégiques ou ses débats explicites ? Les investissements affectifs, pulsionnels, ou au contraire les refoulements, dénégations, ratures, qui donnent leur dynamisme à des contenus logiques, à des représentations de l'intelligence, ne proviennent-ils pas de nappes souterraines, de tréfonds imaginaires agissant à l'insu des auteurs comme des lecteurs de livres ? Le mouvement noir aux États-Unis, le mouvement ouvrier en Europe, le mouvement guérillero en Amérique latine, les mouvements d'indépendance dans le monde colonial — pour prendre des phénomènes idéologiques contemporains — peuvent-ils se comprendre à partir de leur programme, et ce programme élaboré, articulé, s'est-il construit lui-même à partir de facteurs ou d'options stratégiques rationnels ? Pouvons-nous retrouver aujourd'hui dans les bibliothèques qui emmagasinent ces programmes, discours, brochures, thèses, appels, cet ensemble de qualités sensorielles, de fantasmes, d'affects qui frayèrent leur voie chez les participants, les acteurs de ces mouvements, cet ensemble hors duquel ces textes deviennent d'incompréhensibles et risibles grimoires dont nous ne comprenons plus, et pour cause, comment ils ont pu convaincre et mobiliser des êtres intelligents, rationnels, informés, bref des «gens comme nous» (sommes ou croyons être à présent). Les excitations collectives laissent des traces écrites dans nos archives comme les événements laissent des traces mnésiques dans la conscience. Mais la trace sans l'excitation devient un simulacre, comme le souvenir sans l'investissement un fantôme inerte. Les mémoires extra-cérébrales que sont nos grands dépôts publics de documents peuvent ainsi servir d'alibi à l'oubli ou à l'ingratitude si un minimum d'empathie ne vient pas, chez le documentaliste, vous et moi, n'importe quel lecteur, rendre possible une sorte de reviviscence. Or, réactiver une trace, c'est toujours la raccorder à autre chose qui ne laisse pas de traces, ou du moins qui ne les signe pas.

Les objets symboliques, livres ou messages, appelons-les des *propositions* (1) ; les cultures vécues, ou systèmes de réception/transformation du message, des *présupposés* (2) ; et le milieu dans lequel s'opère la réception/transformation, extérieur à l'univers symbolique, une *précondition* (3). Disons que (1) peut contribuer à former (2) et (2) à modifier (3), mais la boucle est rétroactive : le milieu (3) a engendré la culture (2) qui a engendré le livre (1). Ce qui est sûr, c'est que (1) agit par le relais de (2) et (2) n'est actif que par le relais (3). Ou encore : là où manque le présupposé mental ou la précondition matérielle, *a fortiori* l'un *et* l'autre, la proposition symbolique restera « lettre morte » : curiosité bibliographique, péripétie littéraire. Pour la précondition, le *milieu* s'entend d'abord comme environnement géographique, physique et social dans un pays développé sans montagne ni jungle, sans paysannerie surexploitée marginalisée, la proposition « foquiste » (ouverture d'un foyer de guérilla en montagne) des années soixante a pu engendrer des commentaires élogieux ou critiques, dans les universités ou les feuilles de gauche, non des actes ou des décisions. En bref, si mon petit livre a pu être lu en Europe, par quelques étudiants, il n'y a pas fait de morts. Tout léniniste qu'on soit, on ne pouvait pas décemment monter un maquis en Auvergne sans faire rire. En revanche, aux Philippines, peut-être ne pouvait-on faire autrement : question de survie. Il y a des milieux à risques, et d'autres non.

On peut transporter ces précautions du milieu objectif à la psychologie sociale, pour tenter une topique de l'esprit public. Nous dirions alors : l'économie mentale d'un collectif peut se comparer à un système à trois niveaux doués de caractères et de fonctions différentes : un soubassement religieux archaïque, base d'une sensibilité collective, dépendant d'un temps long et à évolution plus que lente ;

un dispositif idéologique variable, passible d'expressions rationnelles, tradition du temps moyen, ensemble d'hypothèses structurant une vision du monde ; et enfin, une couche stratégique, mince ruban tourné vers l'avenir, que représentent constructions idéales, projets de société, thèses explicites, cohérentes, offensives, à temps court. Vous avez reconnu évidemment la petite machinerie freudienne inconscient/préconscient/conscient. Le religieux relève de l'inconscient, l'idéologique du préconscient, le politique du conscient. Quand il y a conflit entre ces trois niveaux, c'est la première couche, l'inconsciente, qui en dernier ressort l'emportera. En d'autres termes, ne peuvent devenir opératoires, ou si l'on préfère pathogènes, sources de conduites effectives, que les représentations de l'avenir ou les propositions politiques que les couches « inférieures » auront laissé passer, comme compatibles avec leur façon de sentir et de faire. En cas d'étrangeté trop forte, ou d'incompatibilité, ces propositions sont marginalisées et stockées, sinon en « enfer », du moins aux périphéries de la mémoire collective. On peut fort bien concevoir et articuler, en France ou ailleurs, aujourd'hui, une économie politique d'inspiration bouddhiste ; on peut en faire des livres, des articles, des cours, qui rencontreront un succès d'estime certain auprès des spécialistes. Ils ne peuvent pas jouer un rôle central dans « l'évolution des idées contemporaines », ni espérer infléchir les comportements économiques des Français ou influencer les décideurs en la matière.

Il serait arbitraire d'étager de bas en haut, dans une quelconque structure fixe, les affects, les mythes et les idées. Mais il est probable que les faits de propagation contemporains ici évoqués se déroulent au niveau le plus superficiel, celui des *propositions intellectuelles*. Mais, pour apprécier leur degré d'efficacité, il convient de considérer les *systèmes d'attentes* qu'elles viennent solliciter (et dont elles sont en partie les produits), de caractère conscient ou semi-conscient ; mais sans oublier le substrat des imprégnations de la personnalité collective, liées à un soubassement plus ou moins religieux, résiduel ou non. L'*imprégnation* entretient l'*attente* que satisfait ou non le *projet* proposé. Un projet de société, un programme d'action, un manifeste sont des icebergs symboliques dont les sept dixièmes, dès qu'ils se sont mis à flotter, baignent dans de l'imaginaire et du mythique. Et c'est le caractère inconscient du mythe qui lui permet d'agir. S'il se désignait lui-même, il cesserait d'être moteur. Les idéologues politiques servent de truchements involontaires entre une mythologie inconnaissable et des militants mobilisables.

Pour en revenir à l'Amérique latine des années soixante, à sa nouvelle gauche activiste et à ma brochure, *Révolution dans la Révolution ?*, je dirais que la culture était chrétienne, l'idéologie « latinomarxiste », et la proposition caudilliste ou foquiste. *Culture chrétienne* veut dire : un postulat de salut, un schéma de rédemption transposé à l'histoire profane (l'Homme Nouveau) ; une conception expiatoire de la souffrance (aspiration au martyre exemplaire, transsubstantiation du sang versé en semence de salut). Une sensibilité particulière à l'annonciation, à tous les prophètes de la Grande Promesse. Un messianisme exalté par la misère et toutes les désillusions de la vie réelle. Voilà pour l'*imprégnation*. *Idéologie marxiste* veut dire : le capitalisme touche à sa fin ; le peuple ne peut pas ne pas triompher demain ; l'avant-garde parle et agit pour le peuple ;

les États-Unis, qui sont l'incarnation du capitalisme, mènent la guerre des riches contre les pauvres, qui sont les peuples exploités de l'Amérique latine, et la cause impérialiste est perdue d'avance; le visage actuel du socialisme à la mode soviétique demeure très imparfait, voire rebutant, mais on ne peut pas juger à la même aune ce qui naît et ce qui meurt; le socialisme à naître, que nous accoucherons au forceps, sera, lui, le vrai, et sans grands rapports avec le «socialisme réel», arrière-garde utile et base logistique indispensable aux mouvements de libération qui accompliront les promesses du marxisme en niant son incarnation actuelle. Voilà pour le système des attentes. *Foquisme* veut dire: les peuples ne peuvent plus s'en remettre aux partis communistes officiels qui ont trahi leur mission; le poste d'avant-garde laissé vacant peut et doit être occupé par des armées populaires, sous la forme de foyers guérilleros; ces foyers peuvent se développer à telle ou telle condition politique, avec des chefs qui, comme Fidel Castro hier et Che Guevara demain, auront intérêt à suivre telle ou telle tactique militaire, etc. Voilà pour la *proposition*. Cette dernière, articulée, imprimée, colportée, occultait sans doute, à nos propres yeux — car elle était, elle, tendue vers l'avenir, enjeu de vies humaines, et seule *décisive* (d'un point de vue pratique) —, les deux autres niveaux d'effectuation. Si l'on m'avait exposé en clair le niveau «idéologie» comme ici résumé, je l'aurais jugé, avec tous mes compagnons, un peu sommaire ou forcé, naïf et incomplet, mais sans pouvoir me dérober. Ces choses-là se sous-entendaient sans se dire, et au reste nous occupaient fort peu. Une proposition pragmatique comme *Révolution dans la Révolution*? n'évoque aucun système des fins, n'exalte pas un type de

Est-il vrai que « les idées mènent le monde » ?

société future, et n'en vante aucune, dans l'actualité, sous le nom de socialisme. Je ne me posais pas vraiment la question de savoir si le but politique en valait la peine, ni en quoi, au juste, consistait la société future, bref si la Révolution est ou non désirable en soi. C'était un impératif implicite, un postulat, un *a priori* qu'il paraissait superflu de développer. Il me convenait sans doute de laisser à d'autres le soin d'en débattre et de fuir l'énonciation claire de la chose, mais l'explication du postulat n'aurait rien eu d'inacceptable en elle-même. Quant à l'implicite de l'implicite que formait la matrice chrétienne, socle de la mentalité latino, partout et inconsciemment répandue dans les communautés soi-disant athées de la gauche révolutionnaire, son énonciation m'eût paru dérangeante et déplacée ; je lui aurais sans doute opposé une dénégation mi-sarcastique, mi-souriante, oscillant entre un «tu délires, où vas-tu chercher cela » et un « ma foi, peut-être bien, mais tu exagères tout de même ». Pourtant, j'ai à présent la conviction que la *projection de sens littérale*, représentée par cet opuscule et beaucoup d'autres de la même veine, n'a dû sa portée, là-bas et alors, qu'à la *conception du monde* fort répandue dont elle était à mi-mots solidaire mais qu'elle n'a nullement suscitée ou créée ; et que cette *conception* du monde (le latino-marxisme) n'a eu des effets que dans la mesure où elle recoupait/déplaçait/confortait un *sentiment tragique de la vie* qui ne devait rien au marxisme européen, et encore moins à un quelconque rationalisme critique, mais beaucoup à l'hispanité et au catholicisme, sans négliger des substrats indigènes.

Un idéologue peut traduire une mentalité en thématique ; un stratège peut traduire une thématique d'idées en un dessein collectif, mais cette mentalité ne se réduit pas à, ni ne se déduit de, cette thématique. Pour apprécier la portée d'une publication, il convient de se rappeler que la communication sociale la plus virulente, ou exaltante, ne transite pas par la bande écrite (pas plus qu'à la télévision l'information la plus prégnante par les journaux d'information). Le plus formateur n'est pas d'ordre informatif, ce qu'on nomme l'endoctrinement est assez peu le fait des docteurs et des doctrines.

Le plus original est aussi le moins originaire. Pas plus que la communication n'est verbale par essence, ni le document écrit, savant, le message idéologique, dans sa masse, n'est ni message ni idéel. Le plus actif, le plus lourd d'une «idéologie sociale» ne passe pas par les mots. Un discours peut avoir ou non un impact; un penseur de l'ascendant sur ses contemporains; l'imprégnation d'une foule est d'une autre nature. Une épitaphe, un juron, un vitrail en disent ou en font plus qu'un in-quarto de théologie. «Les hommes qui pensaient comme Bossuet» ne le faisaient sans doute pas pour avoir lu ou entendu Bossuet en personne, ni même pour en avoir entendu parler, mais parce qu'ils baignaient dans un monde de rites, de formes et d'images, dans un entrelacs de pratiques collectives et non réfléchies. Les processions, les sacrements, les signes de croix, l'encens, les fêtes, les cathédrales imposantes et la cloche du village sonnant vêpres et matines, etc., ont plus fait pour faire penser en chrétiens les hommes du XVIIe siècle que les œuvres de Malebranche et les sermons de Bossuet. Les défilés du premier mai sur la place Rouge, le spoutnik, les divisions blindées de l'U.R.S.S. et le visage familier du vendeur de *L'Huma-Dimanche* au coin de la rue ont plus fait pour faire penser marxiste les Français de gauche des années soixante que la lecture du contenu même de *L'Huma-Dimanche* et *a fortiori* que les livres de Garaudy et d'Althusser.

« Conception du monde » est donc une formule trop intellectualiste, trop élitaire pour désigner un imaginaire collectif, qui n'est pas un système articulé d'idées politiques tournées vers l'avenir, mais une nébuleuse de mythes et de légendes partagés, hérités du passé. Le messianisme latino-américain que j'évoquais à l'instant peut se traduire en une thématique intellectuelle, mais en version originale et à l'état brut, c'est une musique dans l'âme faite d'images et de voix mêlées. Les propositions politiques de ces années rouge et noir ont emprunté leur crédibilité, leur force persuasive et propulsive à un tréfonds illogique, à tous ces chuchotements de l'imaginaire où l'on trouverait pêle-mêle la Missa Criolla, les chansons de Violetta Parra, les films de Glauber Rocha, le visage radieux et les cigares du Che, l'image et les accents rauques de Fidel Castro s'adressant au million de Cubains rassemblés sur la place de la Révolution à La Havane; fond qu'il faudrait à son tour enlever sur tout l'imaginaire de la Révolution du XXe siècle, où il y a Spartakus à Berlin, Eisenstein et l'escalier d'Odessa, Zapata à Mexico, Siqueiros, Diego Rivera, Trotski, la Pasionaria, la guerre d'Espagne et ses chants. L'illusion lyrique n'a rien d'illusoire, c'est elle qui fait agir, par la bande, en sous-main, en hyper et paratexte. Fidel Castro n'a pas écrit un seul livre mais le castrisme a été une force active de l'histoire latino-américaine. Force d'entraînement à propagation orale au premier chef. Fidel parle, comme Nasser, Soekarno, Perón, Khomeyni, comme tous les leaders populistes du tiers monde; il parle et ses discours sont retransmis à la radio, en direct, dans son pays et tout alentour. Oralité chaude, participative, qui « prend » aux tripes et au cœur, transforme un auditoire en communauté vivante et agissante. L'audience fait autorité, qui accroît l'audience : boucle positive des effets de rassemblement. La voix est la chose elle-même, son halo, mieux que son signe. L'oral est incarnation au premier degré, l'écrit au second. Religieux ou politiques, ou les deux ensemble, les messages qui dans l'histoire de l'humanité ont mis en branle des nations et des foules s'adressent à leur imaginaire de *vive voix*.

Voilà qui redonne à l'auteur d'une « publication » la modestie étymologique de l'*auctor* : il accroît une force, il lui apporte une valeur ajoutée, d'ordre rationnel ou symbolique, mais il ne crée par le mouvement. Il joue à la marge, en surface, en crête de vague. Il couronne ce qui agit en profondeur, et le plus profond lui semblera infime, ou dérisoire. Influer, c'est faire croire, faire croire c'est donner des raisons de vivre, et ces raisons sont d'abord des *images-forces*, d'hommes et de choses. Les mots que j'entends ou que je dis correspondent-ils aux images que je porte en moi, sous les paupières ? La déroute du communisme est sans doute plus à chercher dans sa carence d'images que dans la pauvreté de ses idées, dans l'épuisement de ses exemples humains d'identification que dans le tarissement de sa dialectique. Ce qui lui a coupé les jambes, c'est l'obsolescence de ses usines à rêves, non compétitives avec Hollywood, les soap-opéras et les clips télévisés. Son incapacité à produire des rythmes, face au rock et au pop, des vedettes crédibles face à nos stars. Son inaptitude à couvrir les murs et les écrans de belles images, autre chose que des lettres imprimées, slogans ou clichés, n'a pas eu moins d'importance que son inaptitude à remplir les rayons de marchandises (les magasins de Prague ou de Berlin étaient achalandés). J'épouse la pensée de ceux qui me donnent envie de vivre comme eux, d'être comme eux; mais je n'épouse pas nécessairement la vie de ceux qui pensent comme moi. L'éternelle jeunesse des belles buveuses de Coca-Cola et la virilité du cow-boy fumeur de Marlboro, sans même parler de la musique rock, déstabilisation fondamentale car sensorielle, ont peut-être plus fait pour renverser le communisme en Europe de l'Est que les samizdats de Soljenitsyne ou les manifestes de Havel.

Ce qui n'est pas une raison pour ne rien écrire, ni pour ne pas tenter de diffuser, bon an mal an, ses ratiocinations alphabétiques.

SEPTIÈME LEÇON

LA DYNAMIQUE DU SUPPORT

La commande par la matière
La révolution du papier
Évolution ou progrès ?
Les enjeux de la dématérialisation
Fragiles monuments
Démocratisation : l'envers et l'endroit

LA COMMANDE PAR LA MATIÈRE

Le support est peut-être ce qui se voit le moins et ce qui compte le plus. Dans la civilisation conçue comme système de production de traces, il ne représenterait pas la force productive ni la source d'énergie, mais la matière première. Ni plus ni moins.

C'est, au départ, une donnée de la nature, au départ de l'histoire, il y a un hasard naturel, l'histoire de la Raison commence comme un fait de nature. Question de flore, de faune, de pédologie, de climat. Parfaitement contingente. Il se trouve qu'en Mésopotamie, dans l'entre-deux-fleuves, Tigre et Euphrate, il n'y a pas de bois ni de pierre mais de l'argile. D'où ces galettes d'argile cuite, carrés aux bords arrondis, qui à Ur et Uruk reçurent les premiers idéogrammes. Il se trouve qu'en Égypte coule le Nil, qu'il y a un delta, des marécages, des roseaux, et une plante monocotylédone, à grosse tige nue, appelée papyrus. Il se trouve qu'à Pergame et autour il y a des moutons, des chèvres et des gazelles, donc des peaux, qui serviront à fabriquer le parchemin (le «pergamin»).

Il se trouve qu'il y a en Inde du bambou, des palmiers et des mines de cuivre, de la stéatite en Crète, de la soie et des tortues en Chine, etc. C'est tout bête, *Das ist*, c'est ainsi, et le reste s'ensuit : outils, écritures, cultures. On ne pense pas au caillou quand on pense calcul, mais c'est un seul et même mot, *calculus*, la petite pierre où on incrustait à Suse des lignes de compte.

À un support dur et lourd, correspond un système de notation rigide : le pictogramme et la pierre vont ensemble. L'idéogramme naît avec l'argile, qui permet de remplacer le poinçon ou le ciseau par le calame (en bois, os ou roseau), à la pointe taillée en biseau, d'où l'écriture *cunéiforme* (en forme de coin, de triangle ou de clou). Langue monosyllabique et agglutinante, le sumérien est cunéiforme. L'akkadien, plus élaboré, et le hittite aussi. Quand le support change, la graphie change. Le papyrus permet l'emploi du roseau, plus souple et délié, comme le parchemin, plus tard, permettra la plume d'oie. Passage crucial de l'angle à l'arrondi, du coin à la courbe. Écriture syllabique qui simplifie et allège le système de notation, l'araméen, qui était la langue du Christ, suppose le papyrus, lequel s'enroule en *volumen*, se conserve moins bien que l'argile mais se consulte et se transporte mieux. Le papyrus égyptien permet une écriture cursive et plus légère, à la base du « démotique », une étape dans la vulgarisation des secrets sacrés de l'écriture hiéroglyphique. Notre alphabet, donc notre démocratie, repose sur un roseau et notre Raison graphique est, somme toute, un cadeau du monde végétal à l'espèce humaine. En Égypte, la valeur symbolique d'un texte était indexée sur la rareté de son support. Le cuir, plus coûteux que le papyrus, qui l'était plus que la pierre ou l'argile, supportait les messages les plus sacralisés. Petite cause, grand effet, direz-vous. Mais pas la peine de remonter au dieu Thot pour relever pareille disproportion. Pourquoi ne voyons-nous plus de films en noir et blanc? Parce qu'au lendemain de la Seconde Guerre mondiale un renchérissement des coûts d'exploitation des mines d'argent a élevé les coûts de production du support nitrate (d'argent), et accéléré le passage à la couleur. Or la fin du noir et blanc, c'est la fin d'une «vision du monde» et, en tout cas, d'une esthétique du cinéma.

Bien avant McLuhan, l'histoire de l'écriture avait matérialisé le *medium is message* en montrant comment le matériau conditionne l'outil d'inscription, qui lui-même dicte la forme d'écriture. La médiologie élargit le mouvement et prolonge la commande matérielle du domaine graphique à l'univers moral et symbolique. L'outil d'inscription modifie l'esprit du tracé mais aussi les traits de l'esprit d'un temps, le style d'un *Zeitgeist*. Une échelle de valeurs et de facteurs plusieurs fois millénaire place en haut l'intériorité, l'esprit, la conscience, et en contrebas les marques matérielles où ils condescendent à se déposer. Mettre le support en amont du monde de l'esprit et de l'esprit d'un monde bouscule quelque peu l'instinctive et auguste hiérarchie. Soudant la puissance à ses socles, la médiologie est pis qu'un matérialisme: un matiérisme. Elle aimerait se rattacher à cette matériologie inaugurée par François Dagognet dans ses derniers ouvrages, mais peut-être allégée, par la pauvreté de ses gammes propres, de son imaginaire poétique comme de ses résonances ontologiques. Chanter les élastomères, fêter la colle, l'éponge ou le caoutchouc, vanter l'alliage dynamique de la fluence et de la stabilité n'est pas dans nos moyens. Le paléontologue, qui travaille en amont, comprend l'homme par les pieds (l'hominisation ayant commencé par la station verticale, qui libéra la main et la face). Le médiologue, qui arrive plus tard (3 000 ans avant J.-C.), seulement par la main et les outils qu'elle a à manipuler (l'acculturation commençant par l'adaptation des doigts et des gestes à tel ou tel support). L'homme pense avec ses dix doigts. Tables de pierre, tablettes d'argile, brique, papyrus, parchemin, papier, ruban magnétique, écran cathodique : la nature des supports commande un peu plus qu'un style et chaque procédé de mise en mémoire suscite un temps particulier. Longévité des mémoires physiques et hiérarchie des *memorabilia* allant de pair. Seraient à corréler les degrés de socio-rigidité des moments culturels et les résistances des matériaux utilisés. La Loi divine se grave, les doctrines s'impriment, les opinions s'enregistrent. Le métal veut du mythe, le minéral veut du dieu, le végétal de l'argument et l'« immatériau » (Lyotard) de l'agrément. L'effet jogging (ou le contrecoup rétrograde) prenant la forme du graffiti et du tagging — nous reviendrons, avec la médiologie de l'art, sur le retour de Pompéi et des traits de catacombes parmi nous. Convenons que la bande magnétique ne porte pas au style lapidaire ni à l'emphase d'autorité ; pas plus que la paroi rocheuse au persiflage ou à la badinerie, le parchemin aux impressions de voyages ou au journal intime. Ils n'y portent pas parce qu'ils ne les supporteraient pas. Un lapicide ne plaisante pas. Pas le moyen de délayer ou de faire une digression avec un ciseau de fer et une colonne de marbre. La crainte des naïvetés déterministes ne doit pas nous empêcher de rapporter la prolixité de nos sociétés logorrhéiques à l'abondance des supports, leur miniaturisation et leurs coûts de plus en plus faibles. Ou encore, la promotion des procédés de collage et de détournement en un art poétique universel (commun à tous les genres d'expression, du cinéma à l'architecture) à l'abondance des reproductions, les facilités de collecte et de découpage des supports à domicile. Individualisme, décontraction, humour, permissivité ; psychologie sociale ou prolifération des matériaux ? Crise des valeurs et du sens ou effets de gaspillage médiologique ? Les deux, bien sûr. Mais le deuxième avant le premier. Pas de « morale ludique » ni d'« ère du vide » sans l'assouplissement et la prolifération des vecteurs caractéristiques des sociétés d'abondance où je peux dire-écrire-agir un jour blanc un jour noir parce que j'ai du support à gâcher et que ma dépense n'entamera pas les stocks à mémoire de mon groupe. Quand on peut effacer et recommencer, quand la diffusion est immédiate et à coûts réduits, quand une *information* chasse l'autre (alors que *l'œuvre* reste et accuse), « incohérence » et « légèreté » ne nuisent plus à la crédibilité de la personne. Ces vertus nouvelles sont autant de performances adaptatives au changement de milieu. La tolérance, il y a des médias pour cela. Chaque médiasphère suscitant une nouvelle économie du monumental et de l'éphémère, la fugacité variable des traces valorise différemment, selon les époques, le périssable, le bref, le primesautier, le changeant, le mobile (dans les caractères personnels comme dans les formes d'expression). Le cinéaste, par exemple, a une morale de l'image qui n'est pas celle du vidéaste parce que le celluloïd a une résistance et un coût qui forcent le respect et l'économie tandis que la bande magnétique tolère fort bien le laisser-aller et les variations d'humeur, les cocasseries et les virevoltes : visionnage immédiat, effacement instantané, cassettes bon marché. La révolution du montage virtuel, par le biais du vidéodisque numérique, permettant la multiplicité des constructions et autorisant bientôt une baisse des coûts jusqu'à présent élevés de la post-production vidéo, jointe à la haute définition des images électroniques, est grosse d'une révolution non seulement dans l'esthétique mais dans *l'éthique de l'imaginaire*.

«Rigueur déductive», «fermeté des principes», «solidité morale», «cohérence logique» : ces traits archaïques de *l'homo typographicus* caractérisent l'âge des traités et des systèmes, des partis et des programmes, des catéchismes et des manuels. Ce n'est pas les dévaluer que de voir *aussi* en eux des *mesures d'économie*, des *conduites de prudence ou d'épargne* tendant à optimiser l'usage et le rendement des moyens limités et des supports de transmissions encore rigides d'avant l'électronique. L'âge des impressions, fragments et notes, des clips et des «petites phrases», du «titre choc» en une et de «la minute» utile pour le monteur d'une interview radiophonique est médiologiquement fondé à voir dans les longueurs et précautions d'antan moins des fautes de goût que des retards d'inadaptés.

LA RÉVOLUTION DU PAPIER

Prenons l'exemple de l'imprimerie.
Que se passe-t-il à Mayence, en 1448 ? L'impression

d'une bible à 42 lignes par page. En quoi consiste l'innovation technique ? Dans l'application d'un procédé de reproduction mécanique à un support d'origine végétale[1]. Il existait déjà (depuis le xive siècle) un procédé semblable applicable aux *figures*, la *xylographie*. On lui doit la multiplication des images pieuses, et de toute l'imagerie biblique qui inonde le Moyen Âge finissant. L'avancée de Gutenberg, Chine à part, c'est la lettre mobile. Le caractère fondu dans une matrice en creux, préalablement entaillée par un poinçon à tête dure. Cette matrice permettra donc de reproduire autant de caractères que besoin est. Mais au fond, la révolution du livre est due au papier plus qu'au plomb. C'est son couplage avec l'utilisation du papier de chiffon qui a donné au procédé de reproduction son essor fulgurant. Le papier, venu de Chine par le truchement des Arabes, était apparu au sud de l'Europe vers le xiiie siècle et remonta à partir du xive de l'Italie vers le Rhin en passant par la France. L'usage s'en était déjà généralisé au xve siècle. Même s'il n'a pas d'inventeur nominal, c'est lui le véritable multiplicateur de puissance. Sans entrer dans les détails d'une odyssée qui fascina Balzac, le grand-oncle romanesque de la médiologie, coupons droit à l'enjeu. La peau animale constituait une *limite physique* absolue à l'extension de l'écrit, tant par sa rareté que par ses caractéristiques propres. Le papier de chiffon, à surface égale, abaissait de dix à un les coûts de fabrication. La Bible de Gutenberg fut tirée à cent trente

---

1. Sur les problèmes pratiques de l'imprimerie voir le chapitre II — « Les difficultés techniques et leurs solutions » — de l'ouvrage fondamental de L. FEBVRE et H.-J. MARTIN, *L'Apparition du livre*, Paris, Albin Michel, coll. « L'évolution de l'humanité », 1958.

exemplaires, dont trente sur vélin (peau de veau nouveau-né). D'après Aloys Ruppel, il aurait fallu pour chacun de ces exemplaires-là (340 feuillets, de 42 cm sur 62), cent soixante-dix peaux. À ce compte-là, il aurait très vite fallu choisir entre la propagation de la parole de Dieu et l'alimentation des hommes — disons entre la vie de l'esprit et la survie des corps. Poursuivre la christianisation du monde païen sur parchemin eût été une opération antiéconomique confinant au suicide écologique (sauf à rendre la chrétienté végétarienne). L'utilisation massive du support papier fait sauter la cloison animale et délivre la production de pensée des cycles courts de la reproduction du vivant. Ce *take-off* détache un peu plus l'histoire sociale de l'immobilité animale, en rendant bientôt tentante une pensée de l'histoire. *Dénaturalisation* du support, *multiplication* des messages, *accélération* de l'histoire font le « miracle européen » du XVIe siècle, analogue au miracle grec deux mille ans plus tôt. Campanella s'en éberluait encore en 1620 : « Notre siècle a plus d'histoire en ses cent années que le monde entier dans les quatre mille années antérieures ; plus de livres ont été publiés dans le dernier siècle que dans les cinq mille ans avant lui. »

Le papier n'est pas qu'un accélérateur, c'est aussi un redistributeur de surplus, et d'abord financiers. Il déclenche la première industrialisation de la mémoire et, par le biais d'une consommation de masse du support écrit, l'entrée de l'échange symbolique dans l'ordre marchand. Un livre imprimé c'est un support végétal, une réserve métallique (plomb, étain) et un savoir-faire (l'artisanat du métal). Le support coûte cher : 60 à 70 % du prix de revient. Il faut donc des capitaux pour mettre en œuvre les facteurs de production. Naissance du trio, dont nous ne sommes pas sortis, banquier-imprimeur-libraire. Réunion à Mayence d'un banquier qui veut faire fructifier son argent, d'un copiste qui connaît ses textes et d'un transfuge de la corporation des orfèvres : Fust, Schöffer, Gutenberg. À Lyon, le musée de l'Imprimerie est aussi celui de la Banque. Effet et moteur d'une accumulation capitaliste en cours, la nouvelle industrie supposait un minimum de densité anthropologique — c'est-à-dire tout à la fois démographique («le seuil des 40 habitants au km^2» — note Chaunu), commerciale et culturelle. Elle s'installe là où il y avait une demande — des liseurs, c'est-à-dire des universités et des écoles ; un marché — des foires, et des échanges ; de l'eau et des moulins non loin, pour la production du papier (abondante en Champagne, au xve siècle). En somme, le long des fleuves et des routes. Cette «Europe pleine» accueille l'imprimerie, qui diffuse selon les axes du plus fort développement (axe rhénan, Paris, Lyon, Venise, etc.), contribuant par là même à creuser l'écart entre une Europe du Nord alerte et une Europe du Sud plus ankylosée.

ÉVOLUTION OU PROGRÈS ?

Dans *Le Geste et la parole*, André Leroi-Gourhan a suggéré l'existence d'une «biologie de la technique». «L'analyse des techniques montre que dans le temps elles se comportent à la manière des espèces vivantes, jouissant *d'une force d'évolution* qui semble leur être propre et tendre à les faire échapper à l'emprise de l'homme[1]. » Peut-on appliquer l'hypothèse aux systèmes techniques de transmission, et plus particulièrement, y a-t-il une ou des tendances inhérentes à l'évolution des supports ? Il semble bien que oui. On peut, avec le recul, dégager des lignes de force d'évolution, perspectives ou échappées susceptibles d'ordonner une rétrospective et de faire quant à l'avenir des prévisions raisonnables, pour autant que le permet l'explosion en tous sens des innovations techniques. En quoi la métaphore génétique, soit dit en passant, trouverait ses limites. Si, en effet, le terme de « mutation » désigne, dans l'ordre du vivant, un événement inattendu, rare et « injustifiable », il ne s'applique pas en rigueur aux innovations médiatiques. Le petit écran à trois dimensions (après la haute-définition), la télé-bracelet au poignet, le vidéodisque interactif ou le téléphone portatif individualisé ne seront pas des surprises mais des consécrations. Nos prochaines « révolutions » sont prévisibles et « justifiables ».

Parler d'un *évolutionnisme médiologique* implique d'abord de dissiper quelques bévues.

D'abord, le premier paradoxe de ce type d'évolution, c'est que l'évolution passe inaperçue et ne s'annonce pas comme telle. Les hommes entrent à reculons dans leur médiasphère, comme si le médium était en avance sur son utilisateur, qui, dans le dialogue millénaire du *sapiens* et de ses outils, lui pose les mêmes questions qu'il posait au médium précédent, et en attend les mêmes *réponses* en mieux. À son début, l'imprimerie mime la calligraphie (un incunable ressemble à un faux manuscrit) ; la photographie mime la peinture, en reconstituant en stu-

---

[1]. A. Leroi-Gourhan, *Le Geste et la parole, op. cit.*, p. 206.

dio le décor et le cadre du portrait en pied. Le cinéma a mimé le théâtre, avec ses saynètes et ses plans fixes. La télévision a mimé le cinéma. Ainsi les premiers wagons de chemin de fer ressemblaient-ils à des diligences, les premières automobiles à des phaétons sans chevaux, et l'avion de Clément Ader, en 1890, à une auto à vapeur avec des ailes de chauve-souris. Le premier modèle de télégraphe électrique des ateliers Breguet à un télégraphe aérien miniature, avec ses bras articulés. Chaque nouvelle génération est suiviste. C'est moins refus d'évoluer qu'alignement instinctif du nouveau-né sur l'ancêtre.

Une révolution médiologique ne se vit pas en direct mais après coup. Ce qui veut dire : les nouveaux médiocrates sont toujours dépassés par leur propre pouvoir. Sidérés par les contrecoups du nouveau médium. Voyez Luther. Ce moine, en 1517, est comme un archer habitué à décocher des flèches et qui sent tout d'un coup au creux de l'épaule le recul d'un fusil de guerre. Changement d'échelle. Son héroïsme : ne pas s'être laissé démonter par ce formidable choc en retour. L'imprimerie mutait le philologue en agitateur, et bientôt le chef d'école en chef d'armée. En conférant à la pensée « une puissance incomparable de pénétration », l'imprimerie sur papier dotait brusquement les hommes de l'écrit d'une surpuissance sans précédent, en élargissant leur zone de feu et en décuplant leur cadence de tir. « Multiplier les hommes qui pensent, dira un héros populiste russe, Pisarev, voilà l'alpha et l'oméga de l'évolution sociale. » Mais l'évolution démultiplie du même coup la puissance des hommes en position de faire penser (et donc agir) leurs prochains, tout en les exhaussant au-dessus de ceux qui n'ont pas accès aux mêmes outils.

De cette nouvelle balistique, Luther et les siens furent à la fois victimes et bénéficiaires. Lorsque Jan Hus, un siècle plus tôt, s'époumonait dans sa chapelle à sermonner un millier de fidèles, il n'avait pas remué la Bohême. Lorsque « le docteur en sainte Écriture » se laissa imposer par ses élèves de Wittenberg la traduction et l'impression de ses quatre-vingt-quinze thèses, le semeur de mots vit se lever une armée d'adeptes. « Il fut probablement vendu, entre 1515 et 1520, plus de trois cent mille exemplaires des trente écrits de Luther », calcule un historien contemporain[1]. La presse à bras conférait à un érudit-imprimeur la faculté de regrouper derrière lui, à bref délai et à peu de frais, une multitude prête à se lancer dans « la bataille des idées », où l'on tuait et mourait pour de bon. La première génération de l'imprimerie — les « humanistes critiques » — n'acceptait pas les retombées politiques des travaux d'érudit : « Érasme a pondu des œufs, disait-on à Rome, Luther les a fait éclore. » Mais Érasme renie Luther ; et Guillaume Budé, Calvin. Les pères déshéritent les fils ; les fils dénoncent les pères comme couards et « nicodémites » (*Du bist nicht fromm!*). Le gouvernement des hommes s'originant alors dans la fidélité à l'Écriture, la philologie remplace la théologie comme reine des sciences ; et le philologue joue sa peau, parce qu'il peut, en quelque sorte, sinon faire et défaire un royaume, du moins y inciter Luther, qui jetait ses placards à la face de Rome, et finit par se retourner contre les gueux et leur tirer à

---

1. A. G. DICKENS, *Reformation and Society in Sixteenth Century*, New York, 1964, p. 51. Repris par Elizabeth L. EISENSTEIN, « L'avènement de l'imprimerie et la Réforme », *Annales E.S.C.*, 1971, p. 135.

bout portant sa brochure *Contre les bandes assassines et pillardes des paysans.*

Quatre cents ans plus tard, vous retrouverez un désarroi semblable, sinon la même férocité, chez les spécialistes des nouvelles transmissions qui ne savent pas encore quel pouvoir ils exercent. Orson Welles, en 1938, se prend pour un saltimbanque lorsqu'il adapte pour la radio *La Guerre des mondes* de H. G. Wells : il met à sa grande surprise l'Amérique sens dessus dessous. Certains hommes de métier reculent, consternés par les conséquences d'un exercice qu'ils ne croient que professionnel, déclinant les responsabilités (ou les irresponsabilités) qu'il suppose. D'autres poursuivent, plus fiers ou plus inconscients.

Les princes de l'Église professèrent tout au long du xve siècle que le livre allait permettre aux pastorales de toucher un plus grand nombre de brebis et aux pasteurs de mettre un peu plus d'ordre dans le troupeau. Les dominicains en particulier se frottèrent les mains : le rendement de la prédication allait monter. Gutenberg, l'Église romaine n'y a vu que du feu, et le temps de réagir — un demi-siècle — l'évangélisme était là, déjà, et derrière lui, tout de suite, la Réforme. La propagation de l'outil technique avait déjà compromis la propagation de la foi catholique. Ce qui devait éperonner la catéchèse avait sapé le catéchisme romain.

Les pouvoirs en place, sur l'instant, sont toujours dupes de «l'illusion humaniste». Nulle panique mais une tranquille assurance de continuité, qui leur fait vivre l'inversion du champ de force comme une extension, le renversement des hiérarchies comme une consolidation. Et tout dans l'immédiat leur donne raison. L'imprimerie n'a pas commencé par produire la culture humaniste mais par démultiplier l'ancienne. On pourrait dire de même, d'ailleurs, pour la découverte de l'Amérique (quoi de plus « déjà vu » que les Indes déchiffrées par Colomb?). Le premier texte imprimé? Celui que la chrétienté recopie, enlumine et commente depuis dix siècles: la Bible. Ensuite? Les traditionnels *Artes moriendi* et les *Vita Christi*. Les *Sentences* de Pierre Lombard. Scot, saint Thomas, Boèce, les Pères de l'Église. Bref, toute la littérature médiévale, avec ses deux principaux volets: scolastique et dévotion. D'abord parce qu'il faut bien épuiser les stocks et que ces manuscrits-là sont en réserve, disponibles et éprouvés. Ensuite, parce que les liseurs sont des clercs, et que tels sont les goûts de la clientèle. De tous les écrits, l'Écriture sainte est et restera (jusqu'à Jules Verne et Lénine) le plus rentable, de loin, des investissements éditoriaux. L'imprimerie a aidé à la survie du Moyen Âge, ne serait-ce qu'en donnant la priorité aux anciens ouvrages de théologie rationnelle moins accessibles (la synthèse mystique rapporte plus que l'analyse critique, le premier grand tirage du XIXe siècle, en France, fut en 1834, bien avant la *Vie de Jésus* de Renan, *Paroles d'un croyant* de Lamennais, avec trente-cinq mille exemplaires en deux mois). À l'orée des temps modernes, où une édition ne dépasse pas cinq cents ou mille exemplaires, la Bible, bien sûr, vient loin en tête, avec gloses et commentaires; puis les Psaumes, le livre de Job, les livres d'heures. On croit parfois que l'imprimerie a ruiné le latin, rien de plus erroné. Dans la masse des incunables (imprimés avant 1500), Febvre et Martin ont estimé à 77 % la proportion de livres en latin, pour 47 % de texte religieux[1]. Le latin est resté pendant deux siècles,

---

1. L. Febvre et H.-J. Martin, *op. cit.*, p. 378.

jusqu'à la fin du XVIIe siècle, la langue internationale de l'Europe. C'est la langue de l'Église catholique, qui l'étend à ses pourtours, même contestataires. Le latin est langue d'apparat, qui anoblit ses usagers et contribue à les mettre, le cas échéant, à l'abri des poursuites. Érasme tient la vedette en latin ; Budé aussi (mais il traduit en français son *De asse*). Les savants, les philosophes, les diplomates écriront encore en latin pendant tout le XVIIe siècle (Descartes en partie, Leibniz, Spinoza, etc.) ; et les auteurs des petites nations n'acquièrent une considération internationale qu'en recourant à la langue noble (si Shakespeare est resté méconnu sur le continent c'est aussi parce qu'il avait écrit en anglais). Le latin ne reçut un coup décisif qu'avec la fragmentation du marché du livre liée au déclin de la foire de Francfort aux alentours de 1630, et c'est seulement à la fin du XVIIe siècle que le français prit sa place comme la langue de l'Europe.

« Le livre, ce ferment », titrent Febvre et Martin. Il lui faut du temps pour agir, selon ses rythmes à lui de maturation organique. Ce médium-là a *fermenté* sur près d'un siècle, avant de révéler qu'une nouvelle technique de communication véhicule une nouvelle morale intellectuelle, qu'on peut appeler en l'occurrence un « idiotisme de métier ». N'oublions pas en effet que « l'esprit critique » n'est au départ qu'une déformation professionnelle ; une contrainte technique inhérente aux travaux d'imprimerie. Parce qu'il y avait à la clef cette contrainte, qui deviendra habitude, puis norme — de traduire, d'annoter, d'éditer. Donc de vérifier, confronter, réfuter. Séparer l'interpolation de la variante, l'attesté du douteux. Relire. Comparer. Et d'abord, « composer » ; c'est-à-dire décomposer, mot à mot, lettre à lettre. Les lettres manuscrites, surtout en gothique, s'entrelaçaient. La (re)composition de texte ligne à ligne, par juxtaposition des caractères, supposait la décomposition des signes graphiques en éléments simples ; soit « diviser chacune des difficultés que j'examinerais en autant de parcelles qu'il se pourrait, et qu'il serait requis pour les mieux résoudre ». Encore fallait-il que l'alphabet comportât un nombre limité de caractères (la même opération sur le chinois eût été impensable). Ce retour à l'élément dans l'analyse du mot, c'est le bond en avant. Gutenberg inaugure l'âge des discours de la méthode par retournement du principe d'analyse sur les lettres elles-mêmes. De la calligraphie à la typographie, il n'y a pas seulement passage — quantitatif — de l'artisanat à l'industrie, mais qualitatif, d'un monde clos à un monde infini.

Il faut prendre la « découverte de l'imprimerie » à la lettre, au sens que donnent au mot les ingénieurs des mines, lorsqu'ils exploitent à ciel ouvert un gisement après avoir enlevé les « stériles », les roches non utilisées comme minerai, qui le recouvraient. Soit ici les gloses, annotations et commentaires qui recouvraient, à la fin du Moyen Âge, les Saintes Écritures, enfouies sous l'empilement des *lectiones* et *relectiones* orales de l'Université. Toute copie manuscrite tenait peu ou prou de l'exégèse. Chaque copiste modifiait, altérait, interprétait son original. La composition typographique oblige à fixer une fois pour toutes une version canonique car elle rendait la moindre faute de copie ou de lecture irrémédiable. Il faut donc auparavant *établir* les grands textes sacrés ; les désensabler, les nettoyer de leurs croûtes. Et pour les établir, apprendre ces langues oubliées : le grec et l'hébreu. Retour au texte chrétien et retour à l'Antiquité s'entremêlent chez les premiers humanistes qui gravitent tous autour des ateliers d'imprimerie. Le christianisme à livre ouvert, à ciel ouvert, à cœur ouvert, cela s'appellera bientôt le piétisme, le désert, l'anabaptisme. En attendant, ce retour à l'incipit, aux racines, aux fondements, instaurait en filigrane un code du bien-penser stipulant l'exigence de la preuve, le principe de non-contradiction, le principe d'exclusion (ou bien ceci ou bien cela). Disons : les règles de politesse de la Raison. Il était risqué d'en demander à tous l'application, y compris aux textes sacrés. Ce fut l'audace des humanistes. Dynamique révolutionnaire en ce qu'elle soumet à une même loi commune le haut et le bas, le tabou et le familier, la révélation et l'expérimentation. Les ondes de cette contrainte critique se sont propagées à travers les trois siècles où régna le « rationalisme », lui-même contesté et discuté conformément à ses propres canons. Lucien Herr, 1888 : « L'insurrection, la révolte, c'est-à-dire en langage simple, l'examen et la critique, est un devoir non seulement dans les cas exceptionnels, mais toujours. » L'esprit critique ne consiste pas à critiquer l'autorité par principe mais à vouloir l'établir sur les principes (comme on établit un texte). Demander aux états de fait de se fonder en droit : c'est ce bâton de dynamite-là que les autorités romaines du XVIe siècle ont elles-mêmes placé sur leur trône, pontifical et épiscopal d'abord, monarchique enfin.

Ensuite, deuxième précaution, prenons bien garde que, là comme ailleurs, chaque tendance suscite sa contre-tendance compensatoire, boomerang que j'ai appelé « l'effet jogging » : depuis que les automobilistes ne marchent plus, ils se sont mis à courir. La campagne se valorise aux yeux des urbains au fur et à mesure que se développe l'urbanisation, etc. Mais le fait majeur aujourd'hui c'est tout de même l'automobile, non la course à pied ; c'est la pollution urbaine, non la résidence secondaire. La photocomposition électronique a redonné prix, charme et valeur à la typographie au plomb, dont la qualité et la souplesse donnent au texte imprimé une présence incomparable, mais le fait majeur c'est l'offset, non la bibliophilie de haut niveau. Il est clair — c'est ici le cliquet d'irréversibilité — que l'édition ne reviendra plus jamais, dans sa masse, à la composition monotype à façon. L'électricité a redonné charme et prix aux quinquets, mais cela n'affecte pas les besoins de centrales nucléaires. Que la télévision tende techniquement au gros plan n'empêche pas un vidéaste de faire un pano ici ou là et ne peut qu'inciter le cinéma à retrouver les grands écrans de jadis avec de merveilleuses bandes-son, pour cultiver en dolby-stéréo ses plans d'ensemble et de foule. Mais ce qui modèle notre perception du monde ce n'est pas l'omnimax des géodes, c'est le petit écran domestique, avec tous ses effets de normalisation.

L'image, et en particulier l'image vidéo, fonctionne à l'individu et excelle au gros plan. Vous connaissez l'adage : ce qui ne passe pas à la télé n'existe pas, est réel ce que je vois dans mon poste. Or qu'est-ce qui se voit le mieux au petit écran ? Un visage, deux à la rigueur, certainement pas cent. Peuple, masses, nation n'ont pas aujourd'hui de traduction visuelle, ni même métonymique, dans mon petit « horizon au carré » (Virilio). Seuls les individus sont réels, car c'est d'eux seuls, au quotidien, qu'il y a perception dans mes ex-étranges et désormais banales lucarnes (cela pourra changer, avec le grand écran à domicile). Les droits de l'homme, qui s'entendent et se lisent aujourd'hui comme droits de *l'individu*, et non du *citoyen* (qui implique cet ensemble « abstrait » appelé Cité ou État), ne seraient pas devenus notre plus petit commun dénominateur sans *ce fait de cadrage* audiovisuel. Le philosophème de base de nos « sociétés de communication » est d'abord un *médiathème*, sublimation théorique, pour partie, du *one man show* des familles.

Enfin, dernière précaution, *last but not least*, il convient de laisser à l'évolution technique sa neutralité, c'est-à-dire son ambiguïté intrinsèque qui l'ouvre à tous les possibles sociaux. Il est imprudent de porter un jugement de valeur sur l'évolution des espèces, et même une évolution jugée localement régressive peut trouver une fonction positive dans l'ensemble, sur la durée. Il y a un progrès des supports techniques mais le progrès technique n'est pas celui de Condorcet. Il est inévitable mais non linéaire et sans garantie. Il porte une fatalité d'ambivalence, dialectique incertaine de plus et de moins, brumeuse langue d'Ésope. Une seule certitude ; pas de progression sans destruction. Quelque chose s'est perdu de la pensée symbolique multidimensionnelle des sociétés d'avant l'écriture avec la notation phonétique, c'est indéniable, mais le gain mnémotechnique fut néanmoins considérable. L'écriture a apporté dès l'origine l'asservissement des illettrés aux lettrés, mais aussi une possibilité d'émancipation postérieure par l'alphabétisation des illettrés.

D'apanage clérical au départ, elle est devenue porteuse de laïcité. D'instrument de domination, agent de révolution. De même, que fait gagner le langage binaire par rapport aux signaux analogiques ? Du temps, de la précision, de la maniabilité ? Que fait-il perdre ? Profondeur, finesse, recul ? Ce qu'on gagne en homogénéité, donc en traductibilité et vitesse de circulation, le perd-on en information et contenu du sens? Il n'est pas facile de comptabiliser les gains et les pertes. Ce qui paraît constant et inévitable c'est que l'enrichissement d'une faculté porte à son envers l'appauvrissement d'une autre, qu'un mieux ici s'accompagne d'un pire là. Un médium nouveau n'est pas bon ou mauvais en soi. Il est bon à quelque chose et à quelques-uns, mauvais pour le reste. Chaque innovation ampute et ajoute, les comptabilités varient avec les partis pris philosophiques, un seul point sûr: pas d'addition sans restes. L'approche évolutive a en tout cas le mérite de relativiser les faux procès magiques, du type «c'est la faute à l'écrit, à l'imprimerie, à la télé, etc.». Elle replace des choses compliquées dans des séries simples et les discontinuités dans une progression d'ensemble, en nous rappelant son caractère irréversible et objectif.

LES ENJEUX DE LA DÉMATÉRIALISATION

La tendance générale, la plus ostensible, de l'évolution des supports de traces est à la *dématérialisation*. Elle domine et conditionne toutes les autres. Elle traduit et accompagne logiquement le mouvement général de désincarnation qui, par révolutions industrielles successives, aboutit à l'agriculture sans terre (hors sol), à la langue sans mots (les bits), aux voitures en matières plastiques (sans métallurgie), aux guerres sans combats. Et, dans notre domaine, aux bibliothèques sans livres, modèle idéal futuriste où le document physique ne sera plus directement manié, mais consulté à distance, sur un écran, sous la forme d'un sosie numérisé.

La dématérialisation est une tendance longue qui se marque dès les origines, et se décline sous plusieurs aspects. C'est d'abord l'allégement constant des matériaux de base, qui fait passer, pour le dire en deux mots, des civilisations de la brique (Assyro-Babylonie), à celles du papyrus (Égypte, Antiquité gréco-romaine), puis du parchemin, du papier, maintenant de l'électron et demain du photon. Car avec les ordinateurs électro-optiques qui remplaceront demain l'électron encore trop lent par la particule de lumière (les signaux électriques circulant à une vitesse inférieure à celle de la lumière), on augmentera encore les puissances de calcul. Dans les transmissions électroniques d'aujourd'hui, au demeurant, le support lui-même disparaît, confondu avec la donnée transmise.

L'allégement progressif des supports d'écriture est allé de pair avec la réduction du nombre des caractères alphabétiques, avec l'allégement de l'écriture elle-même (qui passe du millier de signes égyptien ou mésopotamien aux vingt-six lettres de notre alphabet latin). Allégement et diminution : la majuscule sur pierre a précédé les minuscules sur papyrus. On écrit toujours mieux, plus vite et *plus petit*. L'histoire survolée des supports historiques fait assister à une sorte de lévitation en accéléré où l'on voit le léger chasser le lourd, l'amovible le fixe, le souple le raide. La pierre a cédé devant la tablette d'argile (l'épigraphie s'occupant des deux), qui a cédé devant le papyrus (territoire de la papyrologie), lui-même remplacé par le parchemin autour du ve siècle après J.-C.

De cette course au léger débouchant sur « l'immatériau », l'histoire technique de l'imprimerie offre un raccourci assez saisissant, où l'on voit, en l'espace d'un siècle, le film chasser le plomb, les lumitypes, les linotypes, l'offset, la rotative. On y est passé, pour la forme imprimante, de la composition chaude (avec galée, clavier et fondeuse des caractères) à la composition froide, sans source de chaleur ni activité mécanique, où rien ne se passe physiquement : de la manipulation à la visualisation. De 1450 à 1850 à peu près, rien n'avait changé dans la composition, qui restait manuelle. Vers la fin du siècle, on abandonne le monotype, où chaque caractère est fondu isolément (huit cents caractères par heure) pour la linotype, qui fond des caractères ligne par ligne (cinq mille caractères par heure). Les corrections sont plus faciles en linotype, alors qu'en photocomposition il faut tirer une épreuve avant de corriger. La commande par bande perforée est arrivée vers 1930. La photocomposition vers 1950 : un film négatif se déplace en passant devant une source lumineuse, cinquante mille lignes à l'heure. C'est encore un support matériel, quoique souple, qui devait se déplacer. Avec la digitalisation et le calibrage par ordinateur, plus de temps mort, plus d'inertie ; le flashage passe à un million de signes à l'heure.

Dématérialisation, accélération, miniaturisation des mémoires. Pour faire image : de la stèle à la « puce », du bronze romain au silicium ou, mieux, à l'arséniure de gallium des composants électroniques (matériau qui multiplie par cinq ou six les performances des « puces »). Du câble de cuivre gros comme le poing à la fibre optique, cheveu de lumière. La miniaturisation est cruciale car elle est synonyme de reproductivité. Elle-même synonyme de longévité et de mobilité accrue ou récupérée. Le microfilm et la microfiche augmentent, dans les bibliothèques, les possibilités de consultation publique, diminuent les dangers de perte, d'usure, de vol, tout en faisant perdre au document original son caractère irremplaçable. Il y a une certaine dépersonnalisation du livre, en quelque sorte, par sa photocopie, et une dilution de la notion d'auteur (sans compter la diminution des droits d'auteur...) avec l'extension de la reprographie. La notion de personne humaine s'étant peut-être imposée avec celle d'auteur d'un livre (véhiculée par la page de titre), on devine l'enjeu culturel d'une possible disparition de l'idée sacro-sainte d'« original » dans la circulation des documents. Quoi qu'il en soit, la projection/éclatement de l'Un en Multiple a commencé avec l'imprimerie elle-même, et l'histoire du livre a fait succéder les petits aux grands formats des débuts.

La réduction des formats et la multiplication des copies sont allées de pair. L'élévation des tirages (de un à cent par rapport aux copies manuscrites) a entraîné le rapetissement de l'objet physique (l'in-8° fut inventé à Venise par Aldo Manuce), élargissant en retour la circulation du produit. Tendance à la répétabilité proprement industrielle, qui désacralise inexorablement le médium multiplicateur, la sacralité étant normalement liée à l'*unicité* (de la personne, de l'œuvre ou de la chose). Longtemps, il y eut une hiérarchie des formats du livre : les grands formats pour les textes sacrés, l'in-4° pour la littérature classique, l'in-8° pour les humanistes, l'in-12 pour la littérature populaire. Le livre de poche a suscité en France, dans les années soixante, un tollé d'indignation dans les milieux littéraires qui voyaient là une profanation inconsidérée du support. Ils avaient raison, mais la profanation avait commencé avec Gutenberg, lequel, s'il avait disposé de rotatives, eût certainement tiré sa Bible à cent mille et non à trois cents, sous couverture souple et en 10/18.

*

La machine allège, le pouvoir alourdit. C'est la contre-tendance du politique affronté à l'évolution technique. L'autorité établie prend l'évolution à rebrousse-poil, bloque le « micro » innovateur par le « macro » intronisé, oppose le solide au fluide montant. L'archive officielle veut du pesant. Elle scelle au plomb et garde les sceaux. Le parchemin ne s'est pas évanoui en un clin d'œil devant le papier de chiffon, et les chancelleries, comme les universités avec la peau d'âne pour la collation des grades, ont longtemps écarté le papier comme non fiable, inapte à pérenniser les tentatives d'immobilisation du temps que sont les traités, chartes et constitutions. Le cabinet des médailles exhibe toujours des nostalgies de permanence et tous les dictateurs aiment le marbre. À croire que l'autorité, qui est négation de l'usure et dénégation de la mort, s'accomplit dans le rigide, et se déjuge dans le souple. Ce n'est pas à nier l'harmonie nécessaire entre le délectable et la matière qui lui fait honneur. La dignité du plaisir interdit de boire un château-pétrus dans un gobelet en plastique. Les tables d'apparat ont pour cela et à juste titre des verres en cristal de Baccarat. Les fruits de la nature appellent-ils des matériaux naturels ?

Remarquez également la hiérarchie des spectacles protocolaires. Les cérémonials d'État préfèrent l'opéra au théâtre, le théâtre au cinéma, le ciné à la télé (« Alors, monsieur le Président, on se fait une petite soirée Averty, j'ai la cassette dans mon tiroir » — « Hélas, Majesté, le protocole nous envoie au *Lac des cygnes*, nous bâillerons de concert »). Comme les bâtiments de pouvoir (banques et palais) s'échelonnent du marbre à la pierre, puis à la brique, et refusent le contre-plaqué, nos documents officiels recherchent les moins périssables des supports, par une sorte d'instinct thermodynamique, si on ose dire : passible d'une lecture en termes d'entropie et de néguentropie. Après tout, les pouvoirs établis n'ont-ils pas pour raison d'être, légitimité profonde et fonction sociale de reproduire leur ordre propre à l'identique ? Ils resteraient alors dans leur rôle en marchant à contre-courant de l'évolution des outils, qui finit par les entraîner mais à contre-cœur. Car *l'optimum technique impose toujours sa donne à l'optimum politique*. Plus léger, le papier est plus fragile. Donc désacralisant. Ce qu'il perd en poids, il le fait perdre en « aura ». Mais la dynamique du support semble incoercible. Comme la toile déclasse le retable, le tableau de chevalet la fresque, comme les matières plastiques le bronze des sculpteurs et l'argile des céramistes, le papier a chassé hier le parchemin, comme aujourd'hui la vidéo (« la plastique du cinéma ») talonne le film, ou la cassette le disque. En règle générale, le support de fer ne résiste pas au support de terre. Règle aussitôt à nuancer par la compression croissante des données et les impératifs de moindre encombrement et usure. Le disque compact (rigide) a déclassé le disque vinyle (moins rigide), car il a une capacité de stockage supérieure pour une surface inférieure. De même le vidéodisque pour l'image, par sa fiabilité, risque de concurrencer sérieusement la bande vidéo. Ou le disque dur les disquettes d'ordinateurs, pour les mêmes raisons. La tendance à l'allégement, passé un certain stade, cède le pas aux nécessités du stockage, au besoin de concentrer un toujours plus grand nombre de données sur un toujours plus petit espace, seule façon pour l'archive d'échapper à l'étouffement par encombrement. Le papier reste le plus économique des moyens de stockage mais il est volumineux et peu fiable. Le CD-ROM (*Read Only Memory*), qui peut stocker six cents millions d'octets sur un disque de douze centimètres de diamètre, est un support plus coûteux mais plus petit et plus rentable. La réduction du format prime alors la dématérialisation du support.

*

L'immuable, en technique de mémoire matérielle, devient synonyme de minuscule. Mais l'exercice d'autorité garde le tropisme des majuscules.

Le pouvoir aime ce qui se voit, et se faire voir avec. Dans l'optique du pouvoir, tant politique que culturel, est beau ce qui est grand. Les établissements misent sur le grandiose qu'ils confondent d'instinct avec la grandeur. Le Te Deum plutôt que la symphonie, et l'orchestre symphonique plutôt que le quatuor à cordes. Nous sommes assez vieux, trente siècles, pour nous avouer que l'avenir naît dans le ruisseau et monte dans nos maisons de maître par l'escalier de service. Les muses modernes ont leur ruse, comme l'histoire jadis, et les éminences des Arts et Lettres n'en sont pas moins victimes que les présidents et excellences de la République. Juchés sur leur balcon, obnubilés par le médium antérieur qui a fait leur suprématie, assise de leur prééminence sociale et symbolique, la plupart des grands auteurs ne voient même pas monter la forme nouvelle qui ne paie pas de mine mais les détrônera bientôt, et qui s'est appelée comédie, roman, journalisme, film, bande dessinée, émission de télé, vidéohuit. Les gogos des frontons, à trop lorgner les pierres de taille et les anciens prestiges, se retrouvent régulièrement, à chaque impulsion du prosaïque, pris à revers par ce qu'ils dédaignent comme «commercial», «gadgétique» et «divertissant». Pour un Apollinaire, devin médiologique («la typographie termine brillamment sa carrière à l'aurore des moyens nouveaux que sont le cinéma et le phonographe»), combien de Georges Duhamel, sommité de l'entre-deux-guerres, qui écrivait du cinéma, art forain sorti des caf'conc' et parcs d'attraction: «C'est un divertissement d'ilotes, un passe-temps d'illettrés, de créatures misérables, ahuries par leur besogne et leurs soucis (...), un spectacle qui ne demande aucun effort, qui ne suppose aucune suite dans les idées, ne soulève aucune question, n'aborde sérieusement aucun problème» (*Scènes de la vie future*, 1930). Pour un Émile Zola photographe, qui développait lui-même ses plaques, combien de Baudelaire qui, au moment même où l'invention du positif permettait de remplacer le daguerréotype, commentait ainsi la première exposition photographique de l'histoire (1855): «Dans ces jours déplorables, une industrie nouvelle se produisit qui ne contribue pas peu à confirmer la sottise dans sa foi et à ruiner ce qui pouvait rester de divin dans l'esprit français.» Le premier Salon international de la bande dessinée n'a pas été mieux accueilli par la N.R.F. et l'Académie des beaux-arts, le vidéo-art a fait sourire les «vrais artistes»; chaque génération rejoue la saynète du mépris, qui est plus souvent, en fait, de l'inadvertance. Le sens de l'avant-garde, c'est le parti pris du périssable, et du pas sérieux. Comme si chaque modernité jouait à qui perd gagne. Victoire posthume de la tragédie sur le mystère, du vaudeville sur la tragédie, du fragment sur le discours, de la correspondance sur le traité, du distique sur l'épopée. Le léger dure plus que le lourd, contre toute attente. Benjamin Constant tenait son petit *Adolphe* pour une passade et s'imaginait rester comme l'auteur d'un imposant système : *De la religion considérée dans sa source, ses formes et ses développements*, en cinq volumes. La postérité est rarement celle qu'on croit. Le mieux est sans doute de n'y pas croire du tout.

Il y aurait une étude à faire (la médiologie heureusement a du temps devant elle) sur les rapports entre l'évanescence des traces et le désenchantement du monde. Entre l'allégement des supports et leur abaissement symbolique. Elle pourrait commencer par la numismatique, et l'on verrait sans doute que le pouvoir spirituel de la monnaie (qui a longtemps servi comme projection et prolongement du pouvoir sacré de la puissance émettrice) était lié à sa teneur métallique, densité de l'or et de l'argent. On ne serre pas un billet de cinq cents francs comme on serre un louis d'or dans son poing en faisant sauter les crêpes de la chandeleur. Médailles de baptême, de pèlerinage, de sépulture, de péage (l'obole à Charon) — ces rituels ne survivront pas à la carte bleue et aux règlements à distance, mais le réenchantement sacral du monde suscitera probablement la réapparition de matériaux lourds dans les échanges et dépôts symboliques de demain.

FRAGILES MONUMENTS

La *tendance à la fragilisation* des traces ne peut pas ne pas frapper l'observateur. Elle a pour forme historique l'éphémérisation des supports, qui semblent avoir une vie de plus en plus courte, envers et sanction d'une diffusion de plus en plus large. Le papyrus se conservait moins bien que l'argile : il pourrit dans le sol (d'où les jarres de précaution). Le papier se conserve moins bien que le parchemin : contraintes hygrométriques des bibliothèques. Le celluloïd moins bien que le papier : la copie d'un film en couleurs se conserve même moins bien que le noir et blanc, une vingtaine d'années (d'où les embarras des cinémathèques pour le report des anciennes bandes). Une bande vidéo moins longtemps qu'un film : environ dix ans, en l'état actuel. Le papier lui-même a raccourci sa durée de vie pendant un siècle, avec l'usage massif de pâtes au bois hautement acidifiées. Il y a à la Bibliothèque nationale cinq millions de livres en danger de mort, et seulement quatre-vingt mille par an peuvent être « désacidifiés » (en raison des coûts de l'opération). Nous revenons, il est vrai, à un papier plus résistant. Tout se passe comme si l'industrialisation de la trace signifiait sa fragilisation. L'industrie est un accélérateur d'obsolescence et la culture une sauvegarde de permanence. C'est l'un des paradoxes de la notion d'*industrie culturelle* (et de ses pratiques). L'industrie détruit ce que la culture doit stocker. L'une ne peut vivre qu'en fabriquant du périssable et l'autre qu'en arrachant du temps qui reste au temps qui passe. Un produit est fait pour être remplacé, car il n'est bientôt plus dans les normes; une œuvre pour être conservée, car elle se bonifie en vieillissant, comme le vin. Asservir l'œuvre au produit c'est subordonner une chance de permanence à une certitude d'obsolescence. Ici comme ailleurs, on estimera que le remède est dans le poison, et c'est un fait que les techniques modernes de reproduction permettent la résurrection des corps à partir de la poussière, par transfert de traces éphémères sur des bandes régénérables ou des disques métalliques inaltérables. Ce qui veut dire aussi : la mémoire va devenir une faculté coûteuse. Comme le disait récemment le directeur des Archives nationales : « Ça coûte deux fois plus cher de microfilmer un lot de documents papier que de construire un bâtiment neuf pour le stocker. » Mais l'un ou l'autre, ou les deux ensemble, sont exorbitants. L'archivage des traces, de plus en plus problématique, à la fois par l'engorgement des silos, l'asphyxie par saturation documentaire et le coût croissant de la conservation par reproduction (chaque support requérant un traitement individualisé), deviendra l'apanage des peuples riches, un autre facteur de concentration de puissance. Société, dis-moi dans quel état sont tes archives et je te dirai quelle est ton espérance de vie. Réponse de l'archiviste : donnez-moi de l'argent car vos traces s'envolent ou se dégradent de plus en plus vite au fur et à mesure qu'elles s'accroissent, avec l'extension récente de la notion d'archives (naguère limitée aux titres de propriété, de puissance et de généalogie). Le déchirement des bibliothèques modernes entre leurs deux vocations de conservation et de diffusion renvoie à une contradiction plus générale. Le propre d'une culture est d'ériger du monument mais comment faire de la mémoire avec du fugitif? Comment donner longévité à l'éphémère? Peut-être une culture doit-elle aussi, passé un certain seuil de stockage, accepter d'oublier, de perdre. Peut-être ne peut-elle plus avancer qu'en effaçant ses traces, ou certaines d'entre elles... Il y a onze millions de livres à la Bibliothèque nationale (1989), et son catalogue général devrait intégrer à peu près deux cent mille références par an.

Les vidéothèques connaissent des difficultés de même type. L'enregistrement sur bande magnétique de l'actualité (la fin des «actualités» au cinéma date de 1975) permet le direct mais compromet le stockage. Plus les journaux télévisés se développent, moins ils peuvent s'archiver et se conserver, d'abord en raison des supports et des standards, ensuite parce que les reportages diffusés sont de plus en plus courts. Le paradoxe est que la vidéo, par le câble, permettra bientôt la diffusion à distance et à domicile des documents stockés en vidéothèque. La consultation individuelle des vidéogrammes leur donnera alors un statut d'œuvres et non de produits (l'effet patrimonial et l'accès individuel allant de pair), tandis que la conservation du patrimoine vidéographique s'avérera au même moment de plus en plus compromise. Que devient en somme le mémorable d'une société lorsque la mise en mémoire d'un événement perd ses supports physiques stables?

La tendance à la *mobilité* découle évidemment de l'allégement matériel. L'utilisation des «mobiles» (bureau mobile, radiotéléphone, télécopieur en voiture, etc.), renforcée par la transmission numérique, s'insère dans la mutation actuelle des comportements et répond à la nomadisation générale dans laquelle elle garantit et entretient le permanent besoin de communiquer. Le mouvement vient de loin, comme la *centration sur le destinataire*, conséquence de la mobilité croissante des supports. Facteur de confort et d'autonomie accrue pour le récepteur (mais aussi, nous le verrons, de paralysie). Cette tendance concerne à la fois le support et le mode de saisie. Là où je devais aller à la trace, c'est elle, désormais, qui vient à moi. La paroi rupestre fixait une mémoire au fond d'une grotte et d'une seule : à l'époque de Cro-Magnon, je dois me rendre à Lascaux pour saisir. Fatigant. Le papier, lui, se déplace vers moi. Je peux lire dans mon fauteuil et m'abonner au journal. Le gramophone m'apportait le concert à domicile, avant le disque. Comme j'emporte sous le bras le tableau de chevalet, sur toile et châssis de bois, pour l'accrocher où je veux, quand je dois aller voir la fresque murale à l'église. Encore y a-t-il ici déplacement et transport d'un matériau. Plus le support est immatériel, plus le destinataire peut rester sur place, et plus le trajet raccourcit. On pouvait certes, à Suse ou Babylone, m'envoyer une tablette d'argile par la poste, c'était lourd et lent, mais les ondes électromagnétiques suppriment les délais : transmission instantanée. « Le monde » vient à moi en temps réel, sur mon écran, comme je pourrai, à Paris ou Séville, consulter en bibliothèque un chef-d'œuvre inamovible et intransportable déposé à Londres ou à New York (s'il a été numérisé, bien sûr). Il y a alors coïncidence, toutes coordonnées spatiales neutralisées, entre l'événement ou le document, sa saisie, son traitement et sa réception. Cette facilité individuelle généralisée, si on l'isolait par impossible des contre-tendances régénératrices (qui nous poussent à faire le tour du monde à la voile ou du trekking au Népal pour retrouver des bras et des jambes), rendrait la vitesse synonyme de paresse et la vitesse de la lumière dans la transmission grosse d'une léthargie d'hébétude chez le récepteur. La fin de la locomotion est-elle inscrite dans la télé-vision, télé-action, télé-commande du monde extérieur ? C'est l'utopie semi-réaliste (car coupée du contre-flux groupal et sportif qui neutralisera l'effet pervers) du « dernier véhicule » racontée par Virilio (l'homme des télétopies comme grand handicapé moteur suréquipé ne gardant que ses doigts pour appuyer sur des boutons). Elle extrapole, mais en dérivée d'une trajectoire sémaphorique qui commence avec les tours à fumée de nos ancêtres les Gaulois, qui s'élance en 1792 avec le télégraphe aérien et prend son vrai départ avec le télégraphe électrique, aux alentours de 1848. C'est alors que la vitesse de circulation des messages décroche de celle des personnes, jusqu'alors alignée sur celle du cheval ou du chemin de fer, soit le début de l'ère d'ubiquité-instantanéité (Catherine Bertho).

DÉMOCRATISATION : L'ENVERS ET L'ENDROIT

On voit comment la démocratisation communicative se greffe spontanément sur l'évolution des supports. Toujours plus de monde a accès à toujours plus d'information car toujours plus légère et mobile. Prenez le télégraphe électrique en exemple, moyen de communication et non mass média. Il fut conçu au départ pour transporter des informations d'État (l'usage du télégraphe étant réservé aux fonctionnaires qualifiés, policiers, préfets et militaires). Puis il s'ouvrit aux informations liées au commerce et à l'industrie, à la Bourse, et bientôt, avec l'ouverture du réseau au grand public, à la vie privée des particuliers. La télétransmission s'ouvre maintenant, grâce à la numérisation et à la télématique, aux résultats du savoir et aux œuvres de l'art. Chacun pourra bientôt non détenir, mais consulter la Bibliothèque nationale à domicile, ou la vidéothèque de Paris.

Les supports de la communication de masse permettent une démocratisation *quantitative* et *qualitative*: par *élargissement* et *déqualification*. *Élargissement* veut dire d'abord: *décloisonnement*. La radio s'adresse à tout le monde en même temps et le concert de musique classique n'est plus réservé au «public de concert», comme le spectacle du sport aux sportifs et aux amateurs (mais il y a, pour l'élite, des tranches de temps spéciales: le 7-9 heures sur Europe 1, par exemple, n'est pas le 14-17 heures). De même, la télé apporte la même vision du monde, les mêmes vues du monde extérieur, le même accès aux personnalités du grand monde, au paysan comme au bourgeois. Elle met le monde en vitrine, fiction agréable, mais, avec la télévision généraliste d'ancienne époque, il n'y a plus d'un côté Hermès et de l'autre Prisunic: le spectacle est pour tous le même et pour le même prix (redevance). Rappelons cependant aux utopistes des Télécom que si la *transmission* hertzienne d'images saute les barrières du métier, de l'appartenance ou de l'affiliation, de la région, tous ces particularismes se retrouvent à la *réception*. On ne regarde pas tout à fait la même émission de télévision, on n'écoute pas le même débat radiophonique selon qu'on est charpentier ou chauffeur d'autobus, communiste ou libéral, corse ou alsacien, etc.

Tendance longue que cette démocratisation. L'audiovisuel a ouvert l'image et le son après que l'imprimerie a ouvert la langue naturelle. Ce qui exigeait aussi de décloisonner les micro-milieux, court-circuiter les isolats, abris d'idiomes et de signatures singulières. Ne serait-ce que formellement, par la typographie. Au Moyen Âge, chaque caste avait son écriture. Cette hiérarchie des lettres manuscrites (gothiques, cursives, romaines, etc.) est jetée bas par la standardisation du caractère romain. L'épopée des supports de l'information peut faire légitimement la joie des libéraux et des capitaines d'industrie car elle casse à chacun de ses tournants une corporation, une cléricature fondée sur un monopole de transmission. Avec l'imprimerie, «la vie de l'esprit» échappait à terme à l'Église (qui avait déjà perdu le monopole de l'écrit vers le XIVe siècle), comme avec l'audiovisuel, elle échappe à terme à l'Université et aux sphères lettrées, ainsi que la vie politique échappe au contrôle des appareils et des élus. Les invectives des professeurs contre le petit écran (1960-1980) font-elles écho aux cris d'orfraie des moines copistes (1480-1510) face à l'imprimé? Dans l'un et l'autre cas, des professionnels refusent une mise en chômage technique par expropriation et mise à l'encan d'un secret corporatif. Un milieu clos éclate, une concurrence «indue» advient, des amateurs se pavanent sans savoir. Le «miracle grec» de l'alphabet phonétique a sans doute déclenché le même type de frustration chez les interprètes exclusifs du divin hellénique, que la Renaissance chez les truchements de Dieu et notre société dite de communication chez les docteurs du sens.

En bref, *chaque médium nouveau court-circuite la classe des médiateurs issue du médium précédent*. Avec la Bible en vulgaire et la justification par la foi, les presses ont court-circuité la prêtrise et le sacerdoce catholiques, permettant aux fidèles de rassasier *directement* leur «immense appétit de divin» (L. Febvre). Désormais, «tous sont prêtres». Avec les satellites et les agences de presse, la télévision a court-circuité l'intelligentsia et les professionnels de l'imprimé en permettant aux consommateurs de rassasier *directement* leur immense appétit de culture. Désormais, «tous sont informés». Chacun peut voir et entendre les auteurs, artistes, détenteurs du savoir — et juger sur pièces. Court-circuit qui met les supporters du support précédent devant l'alternative : recyclage ou effacement.

La démocratisation douce, culturelle, a sa version dure, politique. Il suffit, pour s'en rendre compte, d'aller d'ouest en est. Les appareils communistes, à l'est de l'Europe, avaient le monopole de l'imprimé dans les territoires nationaux (samizdat mis à part). Ils ne pouvaient avoir le monopole de l'électronique transfrontières (la Chine communiste non plus). La R.D.A. émigrait chaque soir par les yeux, les pieds ont suivi. En Tchécoslovaquie, la retransmission par la télévision en direct des manifs étudiantes a levé toutes les écluses et les filtres — mettant hors circuit les journaux du parti. Les médiations politiques totalitaires n'ont pas tenu face à la démocratie internationale de l'image et du son.

Aux tenants de la démocratisation par la circulation élargie, qui est un fait, on peut en opposer un autre, qui n'annule pas le premier mais le nuance : le «village global» globalise d'abord le village central. Au lieu de dissoudre le centre dans un réseau multilatéral, il démultiplie sa centralité par les capacités du réseau mondial. Il ne suffit pas à une culture mondialisée d'être supra-nationale pour être onusienne ou cosmopolite ; sa production portera plus sûrement les couleurs de la nation dominante. Le *lecteur* polonais, espagnol ou allemand est nécessairement polonais, espagnol ou allemand ; le *téléspectateur* européen ne sera pas polonais, espagnol ou allemand, il sera vraisemblablement américain. Déjà chaque pays de l'Europe riche des Douze achète et diffuse dix à quinze fois plus de films et de feuilletons américains que de ses partenaires européens. Il n'y a pas d'apesanteur dans le champ de gravité des télécommunications. L'audiovisuel démocratique d'aujourd'hui ne mondialise pas les auditoires nationaux, il les américanise (ce qui n'est pas exactement la même chose). Plus exactement : il mondialise le modèle américain de démocratie (qui n'est pas la même chose que le modèle français, par exemple).

Que faut-il entendre maintenant par «démocratisation qualitative»? La réduction ou la suppression des temps d'apprentissage. Sans doute faut-il apprendre une langue, des gestes, et des symboles pour dialoguer avec un ordinateur, qui ne répond jamais de lui-même si on n'apprend pas à l'interroger. Mais la communication de masse est plus clémente. La télévision est plus démocratique que la radio, car je peux me plaire à regarder des images sans déchiffrer le son ; la radio plus démocratique que le livre (si je parle la langue, et la musique n'en parle aucune, ou toutes). Le message se décode de moins en moins par les récepteurs, qui délèguent à des machines le décodage du signal : nous sommes en ce sens tous égaux devant un magnétoscope, un

Apple II ou une chaîne stéréo. Mais en s'industrialisant, la mémoire devient une marchandise à consommer. Elle ne se déchiffre plus, mais elle s'achète et se vend. Je n'ai plus face à elle besoin d'un apprentissage préalable mais d'un pouvoir d'achat. Après l'élitisme du diplôme, celui de l'argent. L'information, cela se paye, et doit se payer, comme la confidence à l'analyste (un journal gratuit n'intéresse pas). Quand l'État n'en acquitte pas le prix, c'est à l'individu de le faire. La privatisation de l'accès à la trace accompagne la privatisation du péage. Baisse de la redevance, hausse des abonnements. Individualisation maximale, marketing optimal. L'inégalité pertinente n'est plus alors celle des diplômes mais celle des revenus. Merchandising de la trace : augmentation des marges bénéficiaires ou/et de liberté ? Individualisme libéral *et/ou* démocratique ?

En somme, la lente production de l'homme comme individu, la tortueuse et têtue privatisation du *sapiens* ont été favorisées par la *miniaturisation croissante de ses appareils de communication* : c'est le côté miraculeux de l'allégement. Facteur de désenchantement mais aussi de libération individuelle. L'électron est la providence de l'individualisme moderne. La technique facilite la transmission de point à point, et permet à chaque individu de s'émanciper, sinon des écoutes, du moins du bruit et des contraintes de son milieu. Familial, régional, conjugal, national. Mais rendre la communication la plus légère et intime possible suppose, en amont, des équipements technologiques de plus en plus lourds, coûteux et complexes. Le projet «Iridium» de Motorola, un réseau universel de radiotéléphonie indépendant des réseaux télécoms existants, exigera la mise en orbite

La dynamique du support

de soixante-dix-sept satellites de télécommunication ; donc un coût d'entrée très élevé pour les abonnés. Pour que ma réception puisse être de plus en plus désinvolte, ambulante, capricieuse, je dois déléguer de plus en plus mes capacités d'émission à plus gros que moi. Ce mouvement ne fait sans doute qu'amplifier la production et reproduction mécanique des signes et signaux, et Gutenberg disposait déjà d'un matériel très coûteux qui nécessitait une production en série pour être rentable. Baisse du prix de revient à l'unité, hausse sévère des frais fixes. Les coûts d'investissement croissent plus vite que ne baissent les coûts de fonctionnement. Triomphe du meilleur marché et du plus mobile sur ce qui l'est moins, de la toile sur le bois, en peinture, du ciment sur la pierre, de la matière plastique sur la porcelaine. Du papier sur le parchemin comme de la bande magnétique sur le film. Mais le moins pondéreux, donc le plus mobile, est aussi le plus onéreux. Il faut amortir, toujours plus, toujours mieux. Ce n'est pas nouveau, sans doute. Le livre a d'emblée été une marchandise et après tout la finalité de l'imprimeur, humaniste ou non, n'est pas la lecture, ni le texte, mais la vente. Il y a toujours eu commerce du bien symbolique. Le nouveau, c'est la subordination franche et nette de la production à la distribution, ou la *mise en amont du marché*. En 1890, quand on voulait faire un journal d'opinion, on commençait par rédiger des textes et on allait ensuite chercher de la réclame. En 1990, on se tourne d'abord vers les annonceurs publicitaires, et s'ils répondent comme il faut, on se met à chercher des rédacteurs.

N'oublions jamais que *la tendance à la concentration* des moyens lourds d'édition, de service, de transport de l'information fait l'envers et l'amont de la déconcentration des récepteurs, de leur nomadisme. L'accès décentralisé, à domicile, ou en voiture, à volonté, moyennant péage ou taxe d'utilisation, à des informations textuelles numérisées, par exemple à « toute la mémoire du monde », suppose un stockage et un traitement préalable dans des banques de données elles-mêmes centralisées. Je peux communiquer ce que je veux à qui je veux, pourvu que j'aie les moyens de me brancher sur tel ou tel réseau, dont les têtes, sièges des multinationales culturelles, sont aux États-Unis, au Japon, en Europe du Nord. N'importe qui peut se payer une antenne parabolique s'il a trois mille dollars pour recevoir des signaux du monde entier, mais les satellites géostationnaires viennent de quelque part et les locataires des répéteurs ne sont pas n'importe qui. Fin des monopoles d'État, début des oligarchies.

Il y a un autre versant, négatif celui-là, de la dématérialisation des supports et de la mécanisation des transports de la trace : une possible atrophie des fantaisies et initiatives individuelles. L'automatisation de la saisie ne sert pas, ou plutôt dessert l'autonomie personnelle. Du mythogramme à l'idéogramme, puis à la lettre et au signal analogique, il y a de moins en moins de place pour l'interprétation libre et personnelle du décodeur humain ; de moins en moins de jeu, dit Leroi-Gourhan, « entre la chaîne des concepts émis et leur restitution ». Mieux le monde m'est « rendu », sur écran, à travers tous mes sens (d'où sont encore exclus, mais pour combien de temps, l'odorat et le toucher), livré à domicile, tel quel, prémonté et préperçu, plus il est subi. Moins j'ai à y intervenir. Le stockage numérique des traces délègue à présent la fonction de « lecture » à la machine. C'est elle qui a le code et la mémoire. « Utiliser un ordinateur de la troisième génération (en parallèle), dit un chercheur, c'est voir son cerveau fonctionner devant soi. » Après que « les fonctions intimes de la phonation et de la vision ont été confiées à la cire, à la pellicule, à la bande magnétique », quels risques la délégation des fonctions de calcul et de décodage de signes et d'images à des batteries de diodes présente-t-elle ? Peut-être de se retrouver, tout bêtement, à la merci d'une panne d'électricité, d'un dérèglement de l'air conditionné ou d'une erreur de manipulation. Bête et penaud comme une mouche dont on mouille les ailes.

La démocratisation a son prix, technologique. Plus une machine à transmettre est performante, moins elle requiert de main-d'œuvre, mais plus spécialisée, en sorte que le pouvoir d'arbitrage des techniciens grandit avec les capacités techniques du médium. Très peu de spécialistes, au XVe-XVIe siècle, deviennent, en quelques décennies, maîtres d'un appareillage hautement productif (et d'autant plus discrétionnaire que rétréci par la crise économique de la fin du XVIe siècle et le malthusianisme monarchique du XVIIe). À la Renaissance, chez les Elzévirs, une vingtaine de compagnons suffisent à l'activité de quatre presses. Au XVIIIe siècle, à peu près un millier d'hommes seulement composent le personnel des ateliers d'impression en France, ce syndicat du Livre avant la lettre. Un petit cercle de fabricants commande ainsi au grand de la consommation. Effet d'échelle qui pourrait au demeurant aider à déterminer les indices de performance sociale et politique des divers médias contemporains, où s'échelonnent la télé, la radio, le journal, le livre, la harangue non retransmise, etc. Ainsi, abstraitement parlant, sans compter libraires, maîtres d'école et facteurs, là où il fallait, en 1280, mettons vingt mille personnes (frères prêcheurs ou mendiants) pour transmettre un quantum donné d'information à deux millions de fidèles, il en faudra déjà dix fois moins en 1780, et cent fois moins en 1980. Où à peu près cinq mille techniciens et journalistes de l'audiovisuel assurent l'essentiel de l'information de trente-cinq millions d'adultes. La télévision est la *première* activité de loisir de nos compatriotes et contemporains, le journal télévisé leur *première* source d'information. Et cependant, indice de performance inouïe, le poids de l'ensemble de l'audiovisuel dans l'économie française est ridiculement faible (cinquante-trois milliards de francs en 1988, la moitié du chiffre d'affaires de France-Télécom, le cinquième du budget de l'Éducation). Mais l'envers de ce bon rendement informatif c'est que la portée des décisions informationnelles s'allonge en même temps que le pouvoir discrétionnaire des décideurs, de telle manière que chaque nouveau palier atteint dans «la démocratisation de l'information» (élargissement des aires de réception + accélération des cadences de circulation) marque une nouvelle étape dans la constitution d'une aristocratie d'informateurs.

*

«Le bilan d'une révolution scientifique comporte des pertes aussi bien que des gains», écrit Thomas Kuhn. On peut en dire autant d'une révolution médiologique (qui, dans une certaine mesure, serait à une culture ce qu'un nouveau paradigme est à une science : un changement de règles du jeu, une renormalisation des parties en cours). D'où la question : qu'avons-nous perdu et gagné avec le changement et la multiplication de nos supports ? Qu'est-ce qui est mort et qu'est-ce qui est vivant après l'irruption massive des nouvelles mémoires ?

Il y a deux façons de répondre à cette question ; deux versants à considérer, dont l'équilibrage final dépendra de vos humeurs et de vos choix philosophiques. On peut voir dans la mécanisation galopante des mémoires un facteur d'homogénéisation des messages, par déstructuration des identités collectives et de leurs outils naturels spécifiques (un même langage informatique pour tous, Japonais, Chinois et Arabes compris). Il y aura plus d'individus communicants et moins de cultures communicantes : l'homogène gagne, l'humain s'ensable, l'histoire s'affadit. Et l'on dénoncera à l'envi la civilisation technicienne qui abolit des différences riches dans un indifférencié pauvre et sérialisé (celui des clips, serials et news de la culture de masse, celui des codes binaires pour les circulations et codages savants, etc.). Cela, c'est la version rabat-joie : l'homme aligne sa culture sur ses machines.

On peut aussi voir dans ce machinisme, cette lourde médiatisation technique, l'occasion enfin donnée à l'homme de «décoller», de se désarrimer de l'univers sensible. Avec l'image virtuelle, ou numérisée, de l'infographie, la reproduction par exemple cesse de décalquer un réel extérieur et premier, perd son statut diminué de fac-similé, sous-réel fautif et trompeur, selon le schéma platonicien. La simulation informatique n'est plus un simulacre : elle nous permet de mieux voir la terre (Spot-Images), de mieux prévoir le climat (Meteosat), de mieux forer le sous-sol et d'aménager nos villes (traitement par ordinateur des données cartographiques). L'imagerie numérique affine et élargit le monde réel, comme la synthétique offre un outil de création et de découverte. La machine libère l'image du mythe de la caverne et du diktat des apparences. L'esprit peut se mirer dans ses propres formes, démiurge et non plus jouet de ses illusions. On chantera alors l'image sans objet, comme le bureau sans papiers, l'imprimerie sans plomb, la banque sans billets, la géographie sans cartes, la musique sans solfège. En bref, la dématérialisation généralisée comme le triomphe de l'esprit sur les choses. Cela c'est la version visionnaire : par ses machines, l'homme cesse de s'aligner sur le monde.

Triomphe du positivisme, triomphe de l'idéalisme. Les deux se disent et s'argumentent. Décrire l'Ordre Nouveau sera décrire l'oscillation entre l'émerveillement et la précaution. Entre les résultats de la télédétection spatiale (comme la superposition d'images panchromatiques multitemporelles qui restitue le concret d'un terrain en évolution sur une carte fixe) et le « tout fiction » suscité par le faux réel télévisé (triomphe inversé du simulacre et de la manipulation, narcissisme technique et moral, perte du tout et du temps...). Il serait dommage d'arrêter le pendule dans sa course. Respecter l'ambiguïté du progrès technique c'est pratiquer systématiquement l'aller-retour.

HUITIÈME LEÇON

LA NOTION DE MÉDIASPHÈRE

Exposé général
De Nietzsche à Haeckel
Les règles de la méthode écologique
Le système transmissions/transports
La nouvelle lutte pour le temps
Médiologie du monothéisme
L'encastrement des médiasphères

EXPOSÉ GÉNÉRAL

Pour baliser cette nouvelle étape, permettez-moi d'enchaîner quelques thèses succinctes en guise de jalons. Nous y reviendrons ensuite plus méthodiquement.

1. On ne peut séparer une *opération de pensée*, à quelque époque que ce soit, des conditions techniques d'inscription, de transmission et de stockage qui la rendent possible (l'écriture alphabétique, la lecture, étant en ce sens des techniques).

2. *L'outillage mnémotechnique* est la première de ces conditions. Il est défini à chaque époque par les supports et procédés de mise en mémoire des traces.

3. Le système dominant de conservation des traces (saisie, stockage et circulation) sert de noyau organisateur à la *médiasphère* d'une époque donnée dans une société donnée. Ce terme désigne un milieu de transmission et de transport des messages et des hommes, avec les méthodes d'élaboration et de diffusion intellectuelles qui lui correspondent.

4. Dans la réalité historique, il n'y a pas de média-

sphère à l'état pur. Chacune est le résultat de compromis entre des pratiques apprises et des outils nouveaux, et imbrique l'un dans l'autre des réseaux techniques d'âges différents.

5. Chaque médiasphère suscite un cspace-temps particulier, c'est-à-dire un réalisme différent. « La lecture du journal, au lever, est une sorte de prière du matin réaliste. On oriente son attitude à l'égard du monde à partir de Dieu, ajoutait Hegel, ou à partir de ce qu'est le monde. Dans les deux cas, la même assurance est procurée, que l'on sait où l'on en est. » Or ce n'est pas le même monde, comme l'a rappelé Bernard Stiegler, selon qu'il est supporté par du papier, du celluloïd, du ruban magnétique, des ondes hertziennes ou des blocs de données numériques. Il en résulte à chaque fois une autre assurance et un autre sens de l'orientation.

6. L'évolution technique des moyens de transmission matérielle donne un fil directeur à la succession historique, apparition et extinction, des systèmes symboliques vivants pour tel ou tel état du monde.

*

Tout cela peut sembler assez anodin ou extérieur, et l'idée qu'il y a des prothèses de l'intelligence est admise un peu partout. Mais attention : ici se noue un drame ; ici se noue une histoire des cultures comme drame. Je m'explique.

De toutes les espèces vivantes, l'*homo sapiens* est le plus adaptable à tous les milieux. Cette adaptabilité le définit comme un *être de culture*, c'est-à-dire évolutif, non programmé, produit de ses outils autant que de son génome. Mais ce qu'il fabrique, ses cultures successives, ne s'adaptent pas, elles, à n'importe quelle variation du milieu technique.

Dans l'ordre culturel, contrairement à l'évolution biologique, il n'y a pas de transmission garantie des modifications acquises, fussent-elles «progressistes». L'évolution culturelle est beaucoup plus rapide mais aussi beaucoup plus fragile car elle n'est pas enregistrée dans le génome de l'espèce. Ni invariance ni réplication : rien ici n'est inné, tout est réversible. D'où l'importance cruciale des facteurs de milieu.

Une formation culturelle autochtone peut devenir, après une variation de l'écosystème technique, étrangère ou exotique dans son propre lieu d'origine. Par exemple : la niche «imprimerie» est plutôt hostile à l'illuminisme autoritaire (qui doit alors changer d'aspect pour se reproduire et diffuser), et propice au recul critique. Mais le rationalisme laïque, celui des Lumières, n'est pas l'occupant naturel de la niche audiovisuelle, où la vaticination inspirée retrouve droit de cité, l'individualisme critique se retrouvant, au sein de la cité audiovisuelle, dans le rôle du «métèque» plus ou moins toléré ou intégré. Il n'y a pas concordance entre les lignes d'évolution intellectuelle et les stades de développement médiologique. *Le progrès technique a pour envers la permanente possibilité d'une régression culturelle.* C'est en quoi, soit dit en passant et en toute humilité, la médiologie aurait autant, sinon plus, de titres que l'écologie à être reconnue d'utilité publique. Nous allons bientôt réclamer un ministère.

DE NIETZSCHE À HAECKEL

La notion de médiasphère est l'application, à l'univers des transmissions et transports, de la notion que nous connaissons bien de « milieu », que nous croyons connaître. Car en réalité, si n'importe quel milieu intellectuel est structuré par un médium central (les cercles « humanistes » par l'atelier d'imprimerie, l'intelligentsia laïque par l'école, le milieu révolutionnaire par le parti, etc.), leur propre milieu de pensée, c'est ce que les hommes de pensée connaissent le moins. Un milieu culturel apparaît naturel à ceux qui vivent dedans, sur le moment. Transparence ordinaire du *médium* aux auteurs de messages. La philosophie grecque ne sait pas ce que ses catégories logiques doivent à la syntaxe de la langue grecque. Le rationaliste classique ne sait pas ce qu'il doit aux lignes et aux colonnes, aux tableaux et aux arborescences de « la raison graphique ». L'histoire romantique à la linéarité du récit. Et nous-mêmes, que savons-nous, du seul point de vue professionnel et social, du *milieu sophiste* du IVe siècle grec, du *milieu humaniste* sous la Renaissance, du *milieu marxiste* du début du siècle en Europe — au regard de tout le savoir accumulé sur l'ordre des raisons propres à chacune de ces constellations ? Érasme travaillait tout naturellement à la casse, comme la plupart des humanistes le faisaient chez les Étienne à Lyon, chez Plantin à Anvers, chez Froben à Bâle. Les arts et métiers de la lettre n'intéressent plus les écrivains qui tout naturellement aujourd'hui travaillent à leur console de traitement de texte, voire aux tables de montage, aux studios d'enregistrement comme auteurs ou producteurs d'émissions. Autre univers machinique, autre univers mental, autre état de nature de la pensée. C'est machinal, un milieu.

Pour que cela cesse d'être machinal, c'est-à-dire pour qu'apparaisse le machinique dans le naturel, il faut que cela fasse mal. Comme toutes les idées justes, celles de *milieu* et de *médiasphère* sont des enfants du malheur. «Souffrir, dit Valéry, c'est donner à quelque chose une attention suprême.» Prenez la langue française, médium naturel. Les allogènes francophones, minoritaires dans leurs pays, ont sur les Français de souche l'avantage de percevoir douloureusement leur langue, parce qu'ils la savent mortelle. Ils comprennent mieux les tenants et aboutissants du médium et ils tiennent plus que nous à sa sauvegarde. Focaliser sur les médiations, c'est gratter une plaie. Il faut qu'un milieu grince ou bascule sous nos pieds pour attirer l'attention. Tout le temps où il est porteur, il s'efface dans l'innocent bonheur des épanouissements. Trotski, évoquant l'Octobre russe: «Le milieu révolutionnaire porté à l'incandescence se distingue par une haute conductibilité des idées.» Mais c'est l'exilé qui le découvre — *vox clamans in deserto* — quand les idées du «prophète désarmé» ne passent plus.

Il est certain que l'explosion communicative du nord, analogue à l'explosion démographique du sud de la planète, avec la prolifération des supports et des informations, suscite dans notre vie quotidienne ces embouteillages de l'intelligence, cette sensation diffuse de «mal-penser» (comme on parle de mal-être), liés au sentiment d'une perte par excès, d'une pénurie par engorgement, que nous ressentons tous, chacun à sa façon. Ce malaise ne pouvait qu'accélérer la prise de conscience médiologique. Quel gratte-papier du demi-siècle n'a pas été traumatisé par le changement de milieu, dont le « P.A.F. » (paysage audiovisuel français), et ce qui s'ensuit, n'est qu'un visage parmi d'autres ? Quelqu'un a défini la santé comme « le jeu de la vie dans le silence des organes ». Une culture prospère peut se définir comme le jeu des traces dans le silence de leurs médiations. Elle n'existe pas alors comme « culture » mais comme nature partagée, socle enfoui, point zéro des messages. Il semble que si vous êtes, non seulement un intellectuel mais un intellectuel d'origine protestante, républicaine ou socialiste, membre donc d'une minorité plus ou moins allogène (un peu comme les Québécois du Canada), vous percevrez mieux les enjeux de l'actuel changement de médiasphère car vous aurez plus mal que d'autres à votre milieu. Vous savez, vous, ce qui va disparaître ce soir quand le dernier monotypiste au chômage fermera les yeux ; un monde, une histoire, une culture, la séquence typographique Réforme-République-Révolution. C'était votre présent, et vous ne saviez pas que c'était déjà du passé, parce que cela vivote encore dans les marges. Une écologie des cultures n'est jamais quelque chose de naturel car elle prend notre esprit, paradoxalement, à contre-nature. Il est inévitable que l'étude des conditions de vie ait à voir avec la mort, puisqu'elles ne nous apparaissent qu'à son crépuscule. On comprend que dans *Le Crépuscule des idoles*, Nietzsche ait fait cette remarque : « Que la théorie du milieu, une vraie théorie de neurasthéniques, soit devenue en France sacro-sainte et qu'elle trouve crédit parmi les physiologistes, voilà qui fait venir de bien tristes pensées. » Écartons un moment ces sombres pensées. Nietzsche parlait physiologie, ce n'est pas sa faute, il n'avait sans doute pas entendu parler de son compatriote Haeckel, qui venait de forger le terme d'écologie, en 1866, pour désigner l'étude de l'environnement et des rapports qu'entretiennent avec lui les êtres vivants. Cent ans après, nous voudrions aider au transport de la découverte du terrain de la nature à celui de la culture.

LES RÈGLES DE LA MÉTHODE
ÉCOLOGIQUE

La référence écologique est utile en ceci qu'elle nous permet de raccorder l'histoire inerte des instrumentalités de la pensée à la problématique du vivant, de replonger en quelque sorte, et cela rassurerait Nietzsche, le monde froid du symbolique dans l'univers plus chaud de la zoologie. Quand on se met à penser l'évolution culturelle dans le prolongement et sous les catégories de l'évolution des espèces, avec ses lentes mutations et ses catastrophes climatiques, le milieu technique sur l'horizon du milieu vivant, nous retrouvons d'abord la définition forte que donne le biologiste du mot «culture»: une réponse adaptative à un milieu (Jacques Ruffié). C'est un point de départ solide. Et ensuite, se dévoilera à nous tout un pathétique darwinien, inapparent mais crucial, de «la lutte pour la vie» que mènent les formations symboliques aux prises les unes avec les autres. Peut-on faire correspondre à la sélection naturelle une sélection médiologique des messages? Nous verrons que l'hypothèse n'a rien d'absurde.

Le paradigme écologique se monnaye pour nous en une série de précautions ou de règles d'analyse.

Le principe d'interaction

Laissons de côté la question de savoir si une idée « est » une bactérie ou une cellule, un protozoaire ou un métazoaire. Il est un peu tôt pour distinguer entre ces *métaphores* biologiques. Mais, et c'est paradoxal, la meilleure façon de rompre avec l'animisme des idées consisterait peut-être à leur enlever leur âme pour leur prêter de la vie (et tout ce qui va avec). Non pas: traiter les idées comme des choses, mais comme des organismes vivants, c'est-à-dire, d'abord, comme des *relations et non des entités*. Aucun vivant ne se suffit à lui-même, il est toujours lié à un environnement, un biotope, qui le modifie et qu'il modifie. Par la nutrition, la compétition, la prédation. Remarquez que les fondateurs de l'« idéologie », ou science de la genèse des idées, Cabanis, Destut de Tracy, au début du XIXe siècle, ne disaient rien d'autre: par « idées », ces hommes de sciences entendaient des phénomènes naturels exprimant la relation de l'homme, organisme vivant et sensible, à son milieu naturel de vie. Comme l'écologie étudie les relations de dépendance et d'interaction entre les êtres vivants et le milieu non vivant, la médiologie voudrait étudier les rapports d'interaction unissant les faits symboliques et un milieu matériel technique. L'étude des « intermédiaires » est elle-même un jeu inter-niveaux, et jamais de deux niveaux seulement. Nous devons révéler de l'*inter* partout où sommeille un *eso* (de façon générale, pour qu'il y ait explication, il faut au moins qu'il y ait deux niveaux de description différents, puisque expliquer c'est toujours rapporter une chose à une autre chose). L'espace messager n'est pas autonome, et ne comptez pas sur le médiologue pour l'internement. Que d'autres s'intéressent à la structure *interne* des œuvres, à la problématique *interne* d'un champ conceptuel, aux relations de coexistence ou aux règles de construction *internes* des ensembles discursifs. Nous, on extériorise, on sort pour voir. Si l'on veut éradiquer ici ou là une quelconque maladie du sommeil, ne partez pas avec des fly-tox pour tuer la mouche tsé-tsé, veillez à entretenir les cours d'eau, et n'oubliez pas que la destruction d'une forêt peut se répercuter sur le débit d'un fleuve. Si on vous appelle à disserter sur la structure «roman populaire» telle qu'elle est née chez nous au xixe siècle, pensez aussitôt, au lieu de plonger dans le roman, à un réseau en forme de boucle du genre : la généralisation de l'école primaire qui, jointe à la rotative, a fait la presse à grand tirage (en lui donnant des lecteurs), presse quotidienne dont le tirage à Paris passe de cinquante mille à un million entre 1803 et 1870, qui, jointe au télégraphe électrique promoteur du fait divers, fait le feuilleton régulier, qui à son tour fait le roman populaire, etc.

Le principe de population

Ne pas traiter l'élément, l'individu, qui est toujours une abstraction, car aucune idée ne se reproduit, ne se nourrit, ne triomphe seule. Les idées chassent en bande, une idée isolée est une idée fossilisée, les idées vivantes font groupe et leurs porteurs, meute. Traiter donc des populations, ensemble des individus d'une même espèce, pour les resituer dans un écosystème, équilibre reposant sur des échanges et des interactions. Il y a des espèces d'idées très différentes, des idées panthères, des idées papillons, des idées virus, etc. Ces espèces ont chacune leur façon de se nourrir, de se déplacer, de coopérer ou de se battre entre elles ou avec les autres. Peuvent-elles ou non se regrouper sans se détruire entre elles ? Admettent-elles la concurrence, le partage du territoire, le compromis avec d'autres ? Les groupements d'espèces tiennent compte du fait que les populations sont inégales entre elles, qu'elles n'ont pas toutes les mêmes facultés d'adaptation à tel ou tel système de transmission. Il y a dans un même milieu des espèces à très court temps de vie, mais à forte capacité de multiplication, d'autres à forte inertie mais plus longue espérance de vie. Vivre, pour une idée, c'est toujours survivre. Les sociétés civilisées protègent les espèces en voie de disparition, qui ne peuvent résister à la compétition et qui, laissées à elles-mêmes, seraient éliminées par leurs concurrentes plus aptes. Des parcs nationaux leur sont réservés, sous forme d'écoles spécialisées, groupuscules, revues, sectes, associations dûment autorisées.

Le principe « une espèce, une niche »

Avec les changements du milieu technique, on peut voir les facteurs médiologiques agir directement sur des espèces d'idées vivantes en limitant leur territoire de circulation, en modifiant leur taux de reproduction ou les équilibres entre espèces différentes. Chaque type d'idée a ses exigences écologiques, son milieu favorable ; c'est le plus souvent celui où il est né. Les idéologies ont leur niche, et le principe « une espèce, une niche » paraît avoir une validité certaine dans le domaine culturel. Quand deux espèces distinctes occupent la même niche, la compétition tourne au désavantage de l'une des deux. Nous verrons que l'espèce « socialisme », compétitive en milieu typographique où elle optimise ses chances de survie, ne peut plus se reproduire au-dehors : la niche audiovisuelle lui est fatale. Bien sûr, il y a des phénomènes de recyclage et d'acclimatation, certains volontaires, d'autres accidentels. L'abeille domestique, le moineau, l'étourneau sansonnet, originaires d'Europe, se sont fort bien adaptés à l'Amérique. Le calvinisme aussi, le marxisme pas du tout. Les dogmes chrétiens n'ont pas «pris» en terre bouddhiste et s'exportent moins bien en Afrique noire que la foi islamique. Il ne suffit pas de coloniser militairement et politiquement pour que les idées suivent, comme l'intendance : encore faut-il exporter les médias adaptés. L'introduction du christianisme dans les cultures précolombiennes du Mexique et du Pérou n'a pas été qu'une opération de force ; elle s'est accompagnée d'astucieuses opérations médiologiques dont M. Grunsinski nous a rapporté la cruelle sagacité. Impossible d'évangéliser sans extirper les outils de la mémoire indienne. D'où l'interdiction des *queipus* au Pérou (les cordelettes à messages), le contrôle des codex pictographiques au Mexique et souvent leur destruction. Car l'histoire du salut chrétien n'est pas compatible avec l'espace sans haut ni bas, sans début ni fin, de la symbolisation aztèque, espace iconique, polysémique, accordé à une conception cyclique du temps. Elle exige une transcription linéaire, et donc phonétique. Donc l'alphabet latin. Qui n'alphabétise pas ne linéarise pas et donc n'évangélise pas.

C'est une question de bon sens. Pour qu'un message ait un effet (sur ses destinataires ou sur d'autres), il doit se déplacer. Se propager. Être capté, reçu, filtré. Or la propagation d'un énoncé ne s'opère pas dans le vide, dans un éther homogène et lisse qui s'appellerait la pensée, toujours semblable à elle-même, pareil à celui où glissaient, jadis, les corps célestes. Une propagation symbolique emprunte des axes, des canalisations, des véhicules, dépendant d'un réseau routier plus ou moins complexe. D'où l'intérêt de commencer par étendre à l'histoire culturelle des principes de périodisation déjà admis en historiographie, fondés sur la nature de la documentation recueillie (épigraphie, papyrologie, etc.), sur le type d'archives transmis. La nature physique du support commandant son mode de circulation sociale mais aussi de perte, de destruction, de réactivation, et donc le type d'effet qu'une trace peut exercer. D'où l'intérêt, plus généralement, de brancher une dynamique des discours sur une topologie des milieux de diffusion. Accueillants ou rebutants, ils peuvent tantôt ajouter, tantôt retrancher de sa force propulsive à une même catégorie de messages.

Un milieu culturel ainsi entendu est beaucoup plus qu'un environnement sociologique, une atmosphère, un cadre extérieur (ce qu'est encore le milieu de Taine, celui qui attristait Nietzsche). Instance instituante, et non circonstance accessoire, il « centre » les diverses populations du discours, les satellise et les organise. Comme la biosphère, réalité limitée et variable, est le berceau de la vie, chaque culture se meut dans un oxygène communicatif à couches multiples, berceau de la vie symbolique d'une époque. Il s'agit d'une structure à la fois technique et institutionnelle, avec ses modes dominants et ses réseaux dominés, son axe principal et ses voies secondaires, l'enchevêtrement compliqué mais descriptible de ses filières de diffusion, centres de stockage, types de circulation. Cet ensemble organique détermine vers l'amont une certaine facture de crédibilité, à laquelle tout ce qui sera appelé à dominer, à une époque et dans une société donnée, empruntera sa couleur et son ton. Facture de Loi (divine), de mythe, de dogme, de lois (objectives), de thèses, de thèmes, d'opinions, appelant à ce titre un mode d'adhésion différent, une organisation différente des récepteurs. Car on ne se regroupe pas de la même manière sous un code d'Hammourabi ou de Moïse, une mythologie grecque, une religion apostolique, un système savant, une «vision du monde», une musique de fond, une majorité numérique. Mieux qu'un style : cette découpe sonore qui permet de dater, de singulariser ou de regrouper, au sein d'une accumulation aléatoire de messages, des espèces d'individus dissemblables et pourtant homogènes, comme le sont des contemporains, frères ennemis et pourtant, à leur insu, frères. Nous verrons sur l'exemple du socialisme que la disparition d'une médiasphère donnée détermine la déchéance des idéologies sociales qu'elle nourrissait et abritait, du statut de forces vivantes d'organisation, à celui de formes survivantes ou moribondes.

Une médiasphère a pour armature un certain outillage communicatif. C'est son substrat, son ossature. Tout en déterminant un dispositif d'autorité dans l'ordre politique, il fixe une hiérarchie de lieux et milieux de sociabilité intellectuelle, le lieu dominant étant le lieu de la plus forte communication publique (et donc de la plus grande concurrence entre producteurs de messages), là où l'acoustique et la visibilité sociales sont les meilleures. Ces sites d'excellence sont les «ateliers de l'esprit» produits par chaque étape de l'histoire des transmissions et dont une coupe au présent, dans la structure médiologique d'une société, montrerait la superposition, qui est celle des âges de la communication : forum, prétoire, monastère, collège, église, château, palais, cour, salon, café, club, société, loge, université, journal, studio, plateau, etc. À chacun de ces points stratégiques a correspondu un genre littéraire, un idiome, une profession, une caste, une thématique, disons une certaine « aura » située et datée.

Cet outillage communicatif entretient et supporte des communautés de mémoire, qui sont autant de gardiens des messages passés. Une médiasphère fonctionne comme la grande gardienne de ces petits gardiens. Un milieu culturel vivant est une synthèse de traditions vivantes ; il n'est lui-même qu'un opérateur de tradition, une tradition en acte, une voie de passage entre les morts et les vivants. C'est dire combien cette notion peut éclairer « la personnalité culturelle » d'une époque et son évolution. Je distingue personnellement, depuis l'invention de l'écriture, trois grandes périodes climatiques, trois médiasphères au sens large : la logosphère, la graphosphère et la vidéosphère. Nous en reparlerons plus précisément à la fin, avec les « trois âges ».

LE SYSTÈME TRANSMISSIONS/TRANSPORTS

Une médiasphère organise un espace/temps particulier, c'est-à-dire qu'elle se caractérise par un régime de vitesses techniquement déterminé mais intellectuellement et socialement déterminant. Mémorisation des traces et locomotion des hommes ne sont pas vraiment séparables. La médiologie a devant elle une tâche immense, encore peu explorée (sinon par Catherine Bertho, Paul Virilio et quelques autres) : articuler une histoire des révolutions des transmissions avec celle des révolutions du transport. Il y a une solidarité de fait entre le télégraphe électrique et le chemin de fer, le téléphone et l'automobile, la radio et l'avion, la télévision et la fusée spatiale. Un rapport chronologique et culturel. Comme il y a des atlas historiques, on pourrait imaginer des atlas médiologiques, reconstituant les mondes, les géographies construites par chaque système de communication, et l'on verrait peut-être comment les délais d'acheminement et de voyage modifient simultanément l'espace à la fois imaginaire et réel, fantasmé et effectif, des humains. Il est vrai qu'à partir de 1848, *grosso modo*, la vitesse de circulation des messages change d'ordre de grandeur, par rapport à celle des personnes. Mais, même après ce décrochage capital dû au télégraphe électrique qui va bouleverser de place en place les règles du jeu diplomatique et stratégique, on ne peut séparer les vitesses de la trace de celles des hommes. À défaut de quoi nous continuerons d'oublier la durée dans le traitement des territoires. On ne vit pas la France de la même manière selon que l'hexagone a une hauteur de trente jours à cheval ou qu'il est «un carré d'une heure trente de côté» avec *Airbus*. Ni le monde, selon que la planète a trois ans (Magellan) ou une journée (*Boeing*) de circonférence. On ne pense pas de la même manière en France et sur la planète, ce n'est plus la même France ni la même planète. Changement de percepts, changement de concepts. L'*esse est percipi* vaut pour le monde extérieur, et un *cogitare percipere est* vaudrait autant pour notre monde intellectuel. Je ne *pense* pas de la même façon, je n'ai pas les mêmes pensées sur le monde et son histoire selon que je *vois* le paysage défiler à 5, 30, 300, ou 2 000 kilomètres à l'heure. Selon que je circule en litière comme un sénateur romain ou Richelieu, en chaise à porteurs comme Boileau, en coche d'eau comme madame de Sévigné, en chariot branlant ou en carrosse à glaces et portières comme au XVIIIe siècle, en calèche découverte avec capote, comme au début du XIXe siècle, en cabriolet, en berline, en coupé, etc. Nous ne mettons plus trois mois pour aller de Paris à Rome, aussi bien n'écrivons-nous plus comme Montaigne. Casanova écrit plus rapidement parce qu'il va plus vite. Pas beaucoup plus. En trois siècles la vitesse des personnes en déplacement normal n'a augmenté que d'un coefficient 3 (de 2,5 km/h en coche d'eau à 9,5 km/h en diligence; 330 heures pour Paris-Toulouse en 1650, 80 en 1848). Mais Montaigne ne pourrait pas «suivre» Morand. Celui-ci vit l'espace sur un autre régime de temps. *Percipere*, c'est plus que percevoir; c'est s'emparer de, recueillir, éprouver, se pénétrer de. Changement de vitesse de défilement, changement de style mais aussi d'affects, de volontés, de rêveries et d'ambitions chez celui qui traverse. Changement d'homme. Ce n'est pas le même homme social qui se déplace à pied, à cheval, en diligence, en voiture, en avion, demain en fusée. C'est l'homme-piéton, l'homme-cheval, l'homme-diligence, l'homme-train, etc. Ce n'est pas le même monde qu'il traverse, et ce ne sont pas les mêmes pensées qui le traversent. Si «penser c'est passer», elles varient avec les vitesses de passage. Les chercheurs en robotique et en intelligence artificielle, qui savent qu'il n'y a pas d'adaptabilité sans capteurs de données, s'aperçoivent de plus en plus que c'est la relation à l'extérieur qui crée l'intelligence, relation active et non statique. L'analyse des contours d'objets ne suffit pas à faire une information pertinente pour un robot, car toute information doit s'analyser en fonction d'une action, d'un mouvement, d'un trajet. On comprend mieux pourquoi «les voyages forment la jeunesse», et «les idées viennent en marchant». Pourquoi la vue d'un torrent est plus stimulante pour l'esprit que celle d'un étang. N'ayons pas, somme toute, une conception véhiculaire du véhicule, comme les humanistes à l'ancienne ont une conception instrumentale de la communication.

L'étude des mentalités, comme celle des genres littéraires et des savoirs, a sans doute trop mis la tête en valeur et pas assez les jambes. L'étude des messages, elle, s'occupe trop du texte et pas assez de la poste. Toutes les diffusions culturelles ont une infrastructure viale, ports et voies impériales romaines pour le christianisme, ports et navigation pour la Renaissance, routes et fleuves d'Europe pour la Réforme, comme les Ponts et Chaussées pour la diffusion des Lumières en France et en Europe, etc. On lit, par exemple, de fort jolis essais sur l'art épistolaire comme exercice d'intersubjectivité entre un scripteur et un destinataire, artifice rhétorique, subterfuge, etc., qui ne disent pas un mot du port des lettres et des services de messageries en vigueur. Faut-il rappeler que cet usage culturel moderne suppose un réseau postal, soit, d'un côté, un pouvoir central fort (seul capable d'entretenir, de financer et de surveiller une infrastructure permanente d'acheminements, hommes, chevaux et routes) et, de l'autre, des animaux de selle, non des bêtes de trait, donc un élevage, une cavalerie militaire, une armée. Empire romain, monarchie ou république, qui ne fait pas la guerre, des légions ou des hussards, des routes pavées ou de terre, ne peut s'offrir un Pline ni une madame de Sévigné ni un Voltaire. Sans ces équipements collectifs, pas de génies de la missive.

Nous sommes là encore victimes des cloisonnements disciplinaires. Nous classons la révolution des communications du côté de l'histoire ou de la culture, celles des transports côté commerce, économie ou géographie urbaine. Force est de constater que l'histoire des moyens de transport apparaît encore comme un parent pauvre de l'histoire « noble ». Elle est tenue peut-être pour anecdotique ou accessoire. Comme si une révolution dans les transports, la modification d'un tracé de route ou de chemin de fer, une diminution des délais ne modifiaient pas autant la carte et la vie culturelles d'un pays que sa carte et sa vie économiques.

LA NOUVELLE LUTTE POUR LE TEMPS

L'essor culturel, qui est échange, commerce, marché, a toujours dépendu de la géographie physique qui assigne les lieux de confluence des marchandises, des nouvelles, des innovations, aux carrefours privilégiés par la nature que sont les ports, estuaires, couloirs, deltas, etc. Ces sites localisent les têtes de réseau de l'accumulation culturelle, les phares de la créativité, comme embouchures et débouchés des grandes voies de communication. Le bond vers l'ubiquité, qui commence au milieu du siècle dernier, permet de s'affranchir peu à peu de cette donne physique ainsi que des distances naturelles. Cet affranchissement des messageries libère une séquence d'accélérations progressives qui semble atteindre aujourd'hui son point critique. Les transports sont un accélérateur d'intelligence ; ils peuvent en devenir le fossoyeur. Une culture peut mourir par léthargie, dans l'immobilisation des hommes et des messages ; mais la frénésie peut être aussi mortelle, par un autre tour d'entropie. Une médiasphère qui fait du « vite » le synonyme du « mieux » peut découvrir à un certain moment que le « trop vite » est synonyme du « pire ». La lecture rapide inventée en Amérique, c'est une façon de dire : puisqu'on peut gagner du temps dans le technique, pourquoi n'en gagnerait-on pas dans la culture ? Le *Concorde* traverse l'Atlantique en trois heures et demie, mais il faudra toujours quinze jours pour lire *Guerre et Paix*. Et neuf mois pour faire un enfant dans un ventre (prêté ou non). Le problème est de savoir si des gens qui s'habituent aux rythmes de la technique peuvent ou non conserver l'habitude des rythmes de la mémoire. Il y a des temps incompressibles dans l'ordre de la formation professionnelle — l'apprentissage, l'assimilation, la fermentation, la maturation, etc. — comme il y en a dans la nature. La culture écrite est, à cet égard, du côté de ce qui pousse, des cycles cosmiques et saisonniers de la végétation et de la croissance, et non du côté de ce qui se fabrique, en atelier ou en usine. Il y a des technologies de l'intelligence et des industries de la culture, mais il y a quelque chose d'irréductiblement paysan dans la connaissance comme dans l'être-ensemble, qui n'appartient pas à la *techné* mais à la *physis*, ou, si l'on préfère, au temps biologique et non au temps industriel. On ne peut pas raccourcir le temps d'exécution d'une symphonie, d'écriture d'un roman, de lecture de *Bhâgavad-Gîtâ* comme on raccourcit le trajet Paris-Barcelone ou les délais de fabrication d'une voiture. Se libérer de la tyrannie des distances pour tomber sous celle du « temps réel » peut mettre en péril la durabilité de la trace, de ses chiffrages, ou la survie du loisir qui est au cœur de toute culture.

« Car le temps manque, notait Lucien Febvre dans sa *Civilisation de l'écrit*. À notre époque de lutte pour la vie, chacun, absorbé par ses occupations, n'a guère de loisirs. Pour prendre connaissance d'un article, même court, il faut de longues minutes. Pour regarder un dessin, un croquis, une photo, il suffit de quelques secondes. » Faizant a pris, au *Figaro*, la succession de Sennep, mais c'est Plantu, et tant mieux pour nous, qui fait l'« édito » du *Monde*, en un clin d'œil. Serait-il monté en « une » d'un journal traditionnellement sans images, comme *Le Monde*, sans la concurrence du médium hégémonique, la télévision, sans le bain d'images publicitaires à code incorporé et déchiffrement instantané qui fait le nouveau paysage urbain ? Chaque médiasphère se décline au quotidien dans un emploi du temps instinctif, presque automatiquement distribué par la gamme des vitesses ambiantes. Nous allons spontanément au plus court. Il était « naturel » pour un honnête homme de 1880 de consacrer une heure à la lecture de ses quotidiens ; ce qui nous semblerait aujourd'hui exorbitant, vu l'encombrement des lignes, la prolifération des messages et le raccourcissement obligé des délais de décodage. Du point de vue épidémique, la brièveté du message devient un facteur concurrentiel de plus en plus décisif, et, comme il y a un aérodynamisme des véhicules, il y a une *chonodynamique* des représentations qui l'adapte à la saturation ou la pollution du milieu de transmission. Le compact, le concentré, la miniaturisation des formats sont aujourd'hui des impératifs logistiques pour le frayage des voies de pénétration. Il y a une rhétorique du bref propre à l'audiovisuel, qui est l'inverse de la rhétorique du nombre et de l'amplification propre aux transmissions tribunitiennes de l'oralité captive. De façon générale, la question du temps devient de plus en plus cruciale, à l'arrivée, pour le consommateur ; pour le distributeur aussi, qui sait qu'un livre a une espérance de vie de plus en plus courte (quelques semaines). Elle ne l'est pas pour le producteur, qui fait fi de l'engorgement des canaux ; car si chaque écrivain, qui met des années à polir ses phrases, se représentait par avance son chef-d'œuvre imprimé noyé parmi les vingt mille autres titres annuels de littérature générale, et balayé des librairies au bout de quelques jours (quelques semaines en cas de succès), il se découragerait peut-être avant de tenter l'aventure. Mais nous, pauvres usagers, nous sommes bien forcés de distinguer entre les donneurs et les preneurs de temps. Un four à micro-ondes est un cadeau béni : il nous donne du temps en plus. Une thèse de doctorat est plus embarrassante : elle nous enlèvera deux jours de vie, ou plutôt il nous faudra deux jours d'attention pour savoir si elle contenait du temps à perdre ou à gagner, si sa lecture nous a augmentés ou alourdis. C'est un risque de plus en plus difficile à courir. Dans la jungle des égoïsmes, la lutte pour la survie individuelle consiste à se défendre des ponctions de loisirs qu'opèrent sur leurs voisins et concurrents les grands prédateurs. L'auteur vaguement ami qui vous envoie son pavé gentiment dédicacé paraît vous faire une politesse. Comme il attend de vous que vous le lisiez et vous blâmera de ne pas lui en rendre compte sous huitaine, il procède en réalité à une prise d'otage. Le chantage s'énonce ainsi : si vous ne me donnez pas plusieurs jours de votre existence, je vous chasse de la mienne. Laissez-vous arraisonner ou je vous balance. Esclave ou ennemi, *tertium non datur*. Avec la graphomanie généralisée et la saturation des ondes, les prélèvements obligatoires de la sociabilité culturelle ont certainement, dans notre petit milieu intellectuel, atteint un point limite.

Une médiasphère a beau être le produit, le dépôt d'une multitude de réseaux de diffusion spécialisés, chacun doté de son coefficient d'inertie, elle forme un tout, et il est assez périlleux de débrancher idéalement une partie de ce tout. Le tort de la plupart des réflexions sur l'école républicaine (les miennes incluses), c'est de la considérer isolément des autres modes de transmission et de *locomotion*, comme une institution dont les vertus et les résultats seraient intrinsèques, hors milieu. Cela, c'est ce qu'ils doivent être en droit. Peuvent-ils l'être encore en fait ? Il faut défendre les droits du droit à ne pas tenir compte des conditions de fait, mais sans se cacher les difficultés du décalage. L'école comme le Parlement (court-circuité par la culture du chiffre et de l'image), ou la forme-parti sont des bases d'opérations intellectuelles nécessairement *lentes*. Comment préserver des poches de médiations difficiles et ralenties dans un milieu à médiations faciles et ultra-rapides ? La crise contemporaine de l'école est née, entre autres facteurs, de la distorsion entre la lenteur naturelle inhérente à l'instruction, qui est maturation et éclosion, et l'accélération technique des diffusions ambiantes. Distorsion entre l'écrit et l'écran, entre une technologie de la lettre à rythmes lents et des images-sons ultra-rapides. Distorsion entre le monde des œuvres et celui des documents, entre le principe de réalité et le principe de plaisir, entre les transmissions compliquées d'héritage et les réceptions instantanées de l'ambiance. Sans doute ne peut-on, ne doit-on pas confondre information et formation, «savoir que» et savoir. Un professeur n'est pas un émetteur, un élève n'est pas un récepteur, une connaissance n'est pas un renseignement, la vérité n'est pas une donnée. Il n'y a pas de banques de vérités possibles au bout d'un terminal, comme il y a des banques de données boursières, policières, documentaires, etc. Mais un micromilieu de flux à temps long, de médiations prolongées et interpersonnelles, se trouve décalé au sein d'un univers (technique et mental) de déplacements à grande vitesse, où l'immédiateté est non seulement un idéal collectif mais une expérience individuelle (avec ses flashes d'informations, ses retransmissions sportives en direct, ses T.G.V., ses accès sur écran «on line» aux données numérisées, etc.). La question est sérieuse, car quoique l'école soit tout le contraire d'un mass-média, elle reste un médium à part entière, et dans une médiasphère, système d'interactions, la place et le rôle de chaque forme de transmission sont fonction de l'ensemble et de chacune des autres. Une médiasphère est bien une *structure* où le tout détermine les parties.

MÉDIOLOGIE DU MONOTHÉISME

Il est des sciences où «les instruments sont des théories matérialisées» (Bachelard). Nombre d'idéologies peuvent être lues comme des *milieux de dépla-*

cement théorisés. C'est pourquoi il faut aborder l'histoire des idées et des mythes par la géographie, car un peuple a d'abord la culture (et pas seulement la diplomatie) de sa géographie, la temporalité de son espace, l'intelligence de son habitat. Quand on examine les facteurs de milieu qui ont permis par exemple l'avènement du monothéisme, il faut donner au milieu sa dimension physique originaire. On dira alors : comme le polythéisme suppose le semis urbain hellénistique, le monothéisme est la culture la mieux adaptée au désert et à la guerre du désert.

Vous savez que le médiologue regarde vers le bas, et surtout quand il faut expliquer ce qu'il y a de plus haut. Il regarde par terre pour comprendre le ciel, comme si les clefs du paradis étaient dans la géologie. Quoi de plus sublime que l'invention du « Dieu le Seul et l'Unique », quel plus haut sommet de la pensée que la trouée historique du judaïsme? Il est bien légitime que cette religion sans magie, où Dieu parle à l'esprit et non aux yeux, où le pouvoir magique de création, plus exactement, est réservé au seul Dieu, suscite chez nous tous une admiration sans bornes. Mais je ne peux suivre M. Jean Bottéro qui voit dans la naissance de Dieu « une des plus brillantes et inattendues trouvailles de l'esprit humain »; et ce pour deux raisons. La première a trait à « trouvailles », qui est mieux que « découverte », mais enfin, on ne trouve que ce qu'on a cherché et le peuple hébreu n'aurait pas, lui aussi, cherché Yahvé s'il ne l'avait déjà trouvé. Je veux dire que l'expérience monothéiste a précédé l'abstraction du monothéisme, que la solution a précédé le problème. Il est plausible que, loin d'opter pour le monothéisme au terme d'une délibération spirituelle, en soupesant le pour et le contre, on l'ait épousé parce qu'on ne pouvait pas faire autrement. L'enracinement par le haut est une idée géniale, mais si vous admettez l'axiome d'incomplétude, vous ne vous étonnerez pas complètement qu'un peuple déraciné de son sol, à ras de sable, se réordonne aux racines du ciel. La seconde raison a trait à « l'esprit ». J'incline à penser que Dieu n'est pas dans l'esprit de l'homme, mais dans ses jambes. L'homme, me semble-t-il, croit d'abord avec ses pieds, la tête suit; Dieu, en marchant, lui est monté à la tête.

Comment expliquer qu'un aussi petit peuple, en nombre et en puissance, ait pu concevoir une aussi grande chose que l'Être suprême et transcendant? Parce qu'il en a eu la Révélation, répond le croyant, point final. Cela s'appelle une pétition de principe; elle est respectable, mais ne convainc que les convaincus. L'historien raisonnable, en dehors de toute foi préconçue, répond, lui, par le facteur temps. Le monothéisme, dit-il, est lié au progrès de l'esprit humain. Le monothéisme, il est vrai, ne se trouve pas au commencement de l'histoire des religions, mais plutôt vers la fin. Mais s'il faut le penser en termes d'évolution, les Babyloniens, qui ont inventé l'astronomie, et les Grecs, qui ont inventé les mathématiques et la philosophie, auraient aussi inventé le Dieu unique. Ils n'étaient pas intellectuellement sous-développés par rapport aux Hébreux.

Le père de la psychanalyse a répondu par le père et le meurtre du père dans la horde primitive, vous connaissez le schéma. Mais tous les hommes ont un père et il y a eu beaucoup de sociétés patriarcales dans l'histoire de l'humanité. Si l'origine de l'idée de Dieu est dans l'image du père tout-puissant, on n'explique pas pourquoi l'idée est née là plutôt qu'ailleurs.

On peut aussi répondre, et c'est ma réponse personnelle : l'homme est un animal religieux *en tant que territorial*, car l'incomplétude stipule qu'aucun territoire ne se ferme à l'horizontale. Reste à spécifier le principe formel, l'invariant logique de la transcendance comme opérateur nécessaire de fermeture, en éclairant les variations concrètes du «besoin religieux». Disons que les animaux domestiques, sédentaires, citadins, n'ont pas les mêmes besoins de transcendance que leurs congénères nomades, pauvres hères, sans maisons ni céréales, «brigands-vagabonds», pasteurs ou guerriers du désert. Tous les hommes ont l'expérience du sacré mais les *via sacra* qui *viabilisent* l'ineffable dépendent pour beaucoup du milieu de vie. Je formule ici l'hypothèse que le monothéisme est une culture de pauvreté liée à l'itinérance en milieu désertique. Le mobile a fait le noble, non l'inverse. Je ne dis pas du tout, entendons-nous bien, que le désert favorise l'hallucination et que la Révélation mosaïque ne serait qu'un mirage élaboré et traduit en mots. Je dis tout simplement que le désert qui dépouille de l'accessoire déleste aussi des accessoires ; que les dieux mésopotamiens étaient des personnes réelles très encombrantes ; et que le Dieu unique et transcendant est le plus fonctionnel des articles de voyage. Gabarit zéro. Avec l'Absolu sans visage, vous voyagerez léger et loin. Vous pourrez plier bagage à la première alerte.

Je suppose que la différence pertinente Israël/Babylone n'est pas celle du pointu et du mastoc, du génial et de l'ordinaire, mais du mobile et de l'immobile. Le monothéiste est nomade, mais tous les nomades, me direz-vous, ne sont pas monothéistes. Je ne parle pas des déprédateurs saisonniers (comme les Esquimaux, les Pygmées ou les Indiens chasseurs). Je ne parle pas non plus du nomadisme pastoral des prébédouins (poussant leurs ânes, bœufs ou chèvres dans un milieu semi-aride, ou leurs troupeaux de rennes dans la toundra, comme les Lapons ou les Samoyèdes). Je parle plutôt du grand nomadisme pastoral agressif qui s'est développé en milieu franchement aride, non méditerranéen, à partir du IIe millénaire avant Jésus-Christ, après la domestication du cheval et du dromadaire. Le déséquilibre ressources/population suscite alors, avec la lutte pour la survie, une personnalité collective souvent décrite, qui a ses incidences religieuses : état de crise permanente, généalogies patrilinéaires, prédominance des chefs de guerre et des valeurs de virilité. La vie sédentaire sépare les unités familiales en les fixant au sol, crée des riches et des pauvres, par accumulation ponctuelle des stocks alimentaires, puis des biens. En revanche, tout est en commun dans la communauté nomade. Un pour tous, tous pour Un.

Le rameau abrahamique (XVIIIe-XVIe siècle av. J.-C.) a poussé et fleuri dans la steppe syro-arabe par trente-cinq degrés à l'ombre. Porté par les neveux d'Adam, les fils non de Caïn, cultivateur sédentaire et fondateur des villes, mais d'Abel, le pasteur. Le nomade qui vit sous la tente ne peut s'embarrasser d'autels ou d'effigies. La culture du désert ne connaît ni statuaire ni architecture. Comment imaginer un Panthéon pliable et portatif ? Comment un fuyard pourrait-il se coltiner les dieux immobiliers du sédentaire, tous ces impedimenta qui exigeraient des moyens de transport qu'il n'a pas, et qui, s'il venait à s'en doter (chariots, etc.), l'empêcheraient de lever le camp aisément et de faire du hors-piste pour échapper aux poursuites. L'iconoclaste va plus vite que l'idolâtre : il n'a rien à porter. Un fétiche crée une dépendance, un attirail ; c'est un risque. Le monothéisme dans ces conditions, c'est l'encombrement théologique minimal pour un maximum de vélocité. Le maximum de sens dans le minimum de place, fourni par un Dieu dont l'incommensurable immensité permet précisément la miniaturisation textuelle, offre des chances de survie que les pesantes panoplies de la superstition diminueraient dangereusement. N'oublions pas la précarité où vivent tous les hérauts du Dieu unique, condition commune favorisant les transvasements d'un point de l'histoire à un autre. Abraham est parti d'Ur en catastrophe ; Moïse, « ce cheik de bédouins errants et misérables », d'Égypte. Jésus, de Nazareth. Mahomet, de Médine. Tous des bannis sans feu ni lieu, et donc avec loi et foi, qui doivent déguerpir et échapper aux recherches sous peine de mort. Les maîtres mots de l'Ancien Testament : Exil, Fuite, Exode. Donc, emporter le strict nécessaire, le passe-partout, l'invisible. Dans le plus simple appareil nominatif, Yahvé, sans voyelles, un symbole. Législatif : le Décalogue. Liturgique : un coffre en bois d'acacia de 1 mètre de long et 70 centimètres de large, portable à l'aide de barres de bois, au milieu de la colonne en marche, soit un meuble de grande tente appelé l'Arche. Le symbole, c'est plus léger que l'icône, qui l'est plus que l'indice (comme est la statue ou l'ex-voto). Soit la logistique idéale du pourchassé. Du persécuté.

Déterritorialisé = dématérialisé. Territorialisé = empâté. Le Dieu sans chair est celui des proscrits. Les ancêtres d'Abraham étaient idolâtres, ils adoraient le dieu « El », attaché à un sanctuaire palestinien, le génie du lieu. Le risque pour l'idolâtre, c'est de changer de dieu à chaque fois qu'il change de lieu, par courtoisie, opportunisme ou force. D'où le procès des idoles et l'intérêt d'avoir son propre dieu, un dieu à soi, qu'on amène et remporte avec soi. Le Dieu des prophètes est celui qui «accompagne Israël dans sa *marche*», et qui menace de disparaître dès qu'Israël s'arrête ou s'installe quelque part. Gyrovague, il marche *en avant* et montre le chemin, tel un feu dans la nuit ou une colonne de fumée le jour. Après la conquête de Canaan, par exemple, Israël abandonne Yahvé pour «les Baals et les Astartés» (Juges, X, 6). Rechute dans l'urbanité banalement babylonienne, dans la religion close de la Cité antique, effet d'enceinte, avec ses dieux qui se battent pour elle, avec elle. Et comment les prophètes rappellent-ils les sédentarisés à l'ordre du Dieu de course, à l'ordre divin du parcours sans fin? En les «ramenant au désert» pour «retrouver l'élan» (Osée). Dieu, c'est toujours celui qui conduit au désert, ou y ramène les alourdis. Bergson disait dans les *Deux Sources* que la fonction essentielle de l'univers était d'être «une machine à faire les dieux». L'exode est une machine à défaire les dieux de pierre et de couleurs, à les dissoudre dans la pure pensée de l'Unique.

Les grands voyages, c'est comme les guerres. Ils sont toujours plus difficiles à terminer qu'à commencer. Disons qu'Israël a su inventer la moins mauvaise des fins, la plus immatérielle des aires d'atterrissage: le culte du texte écrit. Le Deutéronome a finalement fait correspondre à l'unicité de Yahvé l'unicité d'un lieu de culte, Jérusalem. Le Deutéronome dit la loi seconde, qui décline en la diminuant le code premier. Comme le docteur du vɪᵉ siècle décline le prophète du ɪxᵉ siècle qui suit la révélation de Moïse. Visions, paroles, écrits. Le prophète énonce la Loi en parlant pour l'Autre, le docteur interprète le texte de la Loi. Prophète, prédication, codification. Du nabi au lettré en passant par le maître, la médiation se solidifie, s'épaissit, mais de l'épaisseur d'un rouleau de Thora, encore assez mince pour que l'Esprit y souffle et la soulève, mais déjà assez épaisse pour exiger une exégèse.

Pour qu'on ne nous accuse pas trop vite de «réduire le supérieur à l'inférieur», précisons une fois encore que la notion de milieu périme les causalités mécaniques, linéaires. Une espèce ne se déduit pas d'un milieu, et il va de soi que tous les grands nomades ne deviennent pas monothéistes. Le désert n'engendre pas automatiquement le monothéisme, il en est le terrain d'éclosion le plus favorable. La condition qui le rend possible, non nécessaire. En quoi ces considérations médiologiques ne sauraient diminuer les mérites de la fabuleuse invention : un dieu portatif.

De même le principe «une espèce, une niche» ne signifie pas que l'espèce ne peut se conserver ni séduire hors niche. Les milieux de pensée passent, la pensée reste. Nous ne vivons plus sous la tente, mais nous squattérisons fort bien le Dieu d'Abraham et de Jacob. Les mathématiques aussi ont quitté sans dommage le petit canton grec. Dieu a résisté à la sédentarisation et à l'automobile, le scénario au changement du décor qui a inspiré et favorisé sa conception. Les idées en effet ne sont pas des charrues, et si une production symbolique se réduisait à une infrastructure matérielle, nous ne pourrions plus comprendre la Bible, lire saint Augustin avec profit, ni regarder avec émotion une statue de

Michel-Ange. Souvenez-vous des «deux histoires en une» que j'évoquais au début de ce cours. Le fruit intellectuel d'un milieu technique obsolète ne disparaît pas avec lui. Il passe de la deuxième à la première histoire. Heureusement pour nous, il n'y a pas de progrès dans l'histoire de l'art, de la religion et du lien politique. C'est bien pourquoi il y a une culture humaine et une seule, comme l'humanité demeure une à travers toutes les populations humaines.

L'ENCASTREMENT
DES MÉDIASPHÈRES

Il y avait neuf cents documents dans les archives de Charles V et il y en a à peu près onze millions à la Bibliothèque nationale. Ce n'est plus la même bibliothèque, mais les neuf cents, ou leurs copies, sont toujours en stock. Une bibliothèque grandit comme un arbre ou une ville, autour d'un cœur. Ainsi des médiasphères.

Les écosystèmes s'emboîtent dans la culture comme ils le font dans la nature; et chaque médiasphère est elle-même l'emboîtement des sphères précédentes, imbriquées les unes dans les autres, avec des parties vivantes et des parties survivantes. Il en résulte des systèmes instables et de plus en plus complexes, au fur et à mesure que se superposent ou sédimentent, dans d'orageuses coexistences, les générations successives de médias. Les médiasphères ne se succèdent pas en se chassant l'une l'autre, et pourtant chacune a son unité propre, sa personnalité.

Les naïfs pourfendeurs de « la bulle McLuhan » se font toujours une joie de moquer la naïveté des pythies qui annonçaient à l'époque du cinéma muet le remplacement de Sire le Mot par Sa Majesté l'Image. La « galaxie Edison-Lumière-Marconi », disent-ils, n'a pas éclipsé la « galaxie Gutenberg ». Voyez : on n'a jamais autant écrit, ni publié. Ils ont parfaitement raison. Le tiers des collections de la Bibliothèque nationale y est entré après 1945, 95 % des archives des entreprises sont à support papier, et les grandes bureaucraties (Vatican, Europe, O.N.U., etc.) croulent sous les imprimés. C'est un fait. Le cinéma n'a pas tué le théâtre, l'avion n'a pas tué le train, ni la télé le journal. Ni le fax la carte postale de nos grand-mères. Voilà une réflexion profonde. Ajoutons que l'informatique ne nous a pas enlevé nos stylos, ni la bicyclette nos coureurs à pied. Toute la question est de savoir si les propriétés de chaque mode de transmission, les pratiques et les rôles sociaux qu'il supporte restent les mêmes, après chaque mutation. Notre-Dame est toujours au cœur de Paris (et sans doute plus visible, mieux dégagée qu'au XVe siècle). Mais elle n'est plus dans le cœur du Parisien.

Il n'y a jamais de coupure absolue, bien sûr. Pas plus aujourd'hui entre « l'ère McLuhan » et « l'ère Gutenberg » qu'hier entre cette dernière et l'ère des enlumineurs. La culture de l'imprimé ne s'est pas substituée un beau matin à la culture de l'image, ou le monde des textes au monde des gestes. Le bois gravé et la taille-douce ont permis de fabriquer de beaux livres d'images, et un univers de textes imprimés peut nourrir toute une culture orale, par la lecture à haute voix de l'écrit aux non-liseurs, la lecture en famille, au café, etc. Sancho a continué d'opposer ses divagations orales aux citations et récitations livresques de Don Quichotte, comme les frères prêcheurs ont continué de prêcher, les confesseurs de confesser de bouche à oreille, les commères leurs commérages, les courtisans leurs chuchotis, les acteurs leurs tirades, les avocats leurs plaidoiries, les professeurs leurs cours et les conteurs leurs contes. Des manuscrits circulaient encore à l'âge de l'imprimé, et la lecture silencieuse ne naît même pas avec Gutenberg, mais, Roger Chartier et d'autres nous en assurent, avec la séparation des mots dans l'écriture des copistes, au début du XIe siècle. De même, la lecture rapide ne date-t-elle pas du président Kennedy. Elle naît d'une certaine manière avec la page de titre, vers 1530, publicité première manière, et avec la standardisation des chapitres, après celle des signes, qui suppriment les subtiles hiérarchies typographiques des scoliastes. En bref, une chose est le matériau, autre chose son appropriation sociale. De même ne peut-on déduire directement un mode de pensée individuel d'un mode de traitement de l'information. Le sens historique d'un médium n'est pas immédiatement inclus dans sa configuration sensible. Si cela était, des sociétés semblablement équipées seraient dotées de cultures semblables et nous n'aurions plus besoin d'historiens pour rendre raison des différences.

Ces objections à l'abstraction techniciste sont plus que fondées. Elles n'enlèvent rien au fait qu'une nouvelle médiasphère marque un changement de portage général. Une transformation des médias existants, qui ne résistent à la mutation qu'à la condition de muter eux-mêmes. Un nouveau régime de temporalité, de stress, de prestige, de dominance et de hiérarchie. Si vous voulez savoir comment s'ordonne notre médiasphère actuelle, déguisez-vous en président de la République et invitez à déjeuner le patron de la première chaîne, le président de Radio-France, le directeur d'un grand quotidien, un célèbre éditeur, un professeur émérite à la Sorbonne, un influent chroniqueur littéraire et une présentatrice de télévision. Supposez la table ronde, pour obvier aux hiérarchies protocolaires liées au plan de table. Mesurez les temps de parole tels qu'ils vont spontanément se répartir entre les convives, observez les champs de force des regards, qui coupe la parole à qui, qui s'adresse à qui, répond ou non aux questions, et vous obtiendrez votre *médiagramme*, ou tableau des puissances comparées des différents modes de transmission incarnés par ces personnages sociaux.

Si quelqu'un vous dit qu'il n'y a rien de nouveau sous le soleil de l'esprit public, notamment depuis la révolution des droits de l'homme, demandez-lui pourquoi les insurgés du droit ne s'orientent pas de la même façon dans une même ville selon que le pouvoir sur les esprits se prend par tel ou tel vecteur. En 1848, les révolutionnaires de Budapest sont morts pour occuper une imprimerie; en 1956, ils ont délaissé les journaux et sont morts pour prendre la radio; et en 1989, ils ont délaissé les radios pour se saisir, sans coup férir, de la télévision. Pourtant, il y a toujours des journaux et des livres à Budapest, et même beaucoup plus qu'en 1848.

Soyons pédants. Dans la salle à manger de l'Élysée, vous avez une coupe *synchronique* de notre médiasphère européenne, et dans les rues de Budapest, une coupe *diachronique*.

En termes quantitatifs, Gutenberg ne cesse de creuser l'écart en sa faveur. Chacun sait que l'audiovisuel est un iceberg dont les parties immergées sont à base d'écrits, scénarios, scripts, commentaires, pièces, etc.; qu'il faut bien de la littérature pour nourrir nos productions d'images; et que la vedette du petit écran qui nous parle l'actualité chaque soir, avec émotion et vibrato, lit en réalité les mots écrits par d'autres dans son téléprompteur. Conclusion : la télé, Hertz, les satellites de communication n'ont rien changé ? Ce serait, me semble-t-il, qualitativement risqué. Lucien Febvre, observant l'évolution physique du livre entre les deux guerres, remarquait le moment où l'image, cessant de se tenir pour une illustration de l'imprimé, tendait à jouer le rôle du signe, comme quelques millénaires auparavant le signe s'était substitué à elle. Avez-vous remarqué que les gens du signe, bien plus nombreux que les gens d'image, en dehors de leur niche propre (édition, université), leur ont cédé le pas ? Jadis, les premiers faisaient travailler les seconds, à leurs conditions. Aujourd'hui, les gens d'image sont en amont, et recrutent écrivains, documentalistes, scénaristes, *speech-writers*, «créatifs», professeurs, comme les chevaliers d'antan leurs valets d'armes ou les chefs d'entreprise leurs secrétaires de direction. Il est vrai que beaucoup de porte-signes passent, eux, à l'image avec armes et bagages. Un normalien, une normalienne lettres émérite peut aujourd'hui renoncer à l'enseignement et aux bibliothèques pour passer le concours de la Fondation européenne des métiers de l'image et du son (F.E.M.I.S) : cas impensable il y a trente ans.

*

L'homme est le seul vivant que les morts habitent, et plus il est civilisé, plus il en porte dans son esprit.

L'humanité, disait Auguste Comte, se compose de plus de morts que de vivants. Et elle gagne en culture lorsque s'accroît, parmi nous, le nombre des absents. L'écriture, qui rend la parole capable de traverser l'espace et le temps, fut longtemps le seul outil de survie des disparus, et donc d'humanisation de l'homme. Longtemps, on a pu dire : *verba volant, scripta manent*. Le son vit mais le trait survit. Et poser un signe d'égalité entre la culture et le signe. Puis est venue la cire du phonogramme qui archive les sons, la photographie qui stocke les visages perdus. L'enregistrement magnétique qui conserve les flux d'information. Le magnétoscope qui peut mettre du présent en réserve, avec ses cassettes de temps différé. Le laser optique qui promet de mirobolantes, quoique coûteuses, accumulations. Ce sont là des outils de culture, si la culture consiste toujours à prendre le parti des morts contre, et finalement pour, les vivants. Le paradoxe de notre vidéosphère, c'est que nous puissions posséder les meilleurs instruments de la résurrection et du voyage dans le temps, et qu'il nous soit de plus en plus difficile de nous arracher au présent de la vie.

NEUVIÈME LEÇON

VIE ET MORT D'UN ÉCOSYSTÈME : LE SOCIALISME

Au pied de la lettre

L'hélice génétique

Le Petit Livre rouge

Alma mater

Notre sacro-saint quotidien

La loi quantité/qualité : plus et pire

La prison, l'exil et le téléphone

Le grand Georges Sorel avait examiné au début de ce siècle la ruine du monde antique d'un point de vue marxiste. Il nous revient, pour boucler la boucle, d'examiner la ruine du monde marxiste d'un point de vue antique. Ou plutôt, rassemblant, bien au-delà du marxisme proprement dit, les *membra disjecta* de ce mémorable épisode de l'humanité contemporaine, d'aborder le socialisme comme une religion sociale parmi d'autres, une séquence dans un très long métrage, en nous limitant donc au phénomène de propagation. Sans s'étendre sur le plus ou moins de valeur intrinsèque de telle ou telle branche du chêne abattu, on visera ici la racine de toutes ces ramifications doctrinales, de Fourier à Marx, d'Owen à Mao, de Babeuf à Blum. À savoir un socle médiologique commun. Un socle, ou un *cycle*, à replacer dans le cycle Gutenberg arrivé à échéance.

Les leaders socialistes d'aujourd'hui exaltent à l'envi les bons rapports du socialisme et de l'écologie. Ils ont bien raison mais ils auraient tort d'ignorer l'écologie du socialisme lui-même. Sans quoi ils perdront leur «isme» en chemin sans même s'en apercevoir.

AU PIED DE LA LETTRE

De quel socialisme allons-nous parler? Pas du Mouvement ouvrier en lui-même, syndicalisme et main-d'œuvre industrielle entre 1840 et 1980. Pas non plus des diverses doctrines socialistes d'un point de vue théorique. Je considère un écosystème historique, soit un ensemble formé par des hommes, des outils de transmission et des institutions. Chacun de ces éléments est distinct mais n'en dépend pas moins des deux autres. Des hommes: militants, dirigeants, théoriciens. Des outils: école, journal, livre. Des institutions: associations, sectes, partis. Cet écosystème forme un biotope déterminé, ou plutôt un *sociotope*, milieu de vie, de pensée, et de reproduction des deux. Le tiers exclu par les idéologues et les historiens, à savoir le milieu professionnel du *typo*, a fait la jonction entre la théorie prolétarienne et la condition ouvrière ou, si vous n'y croyez pas, entre la chimère et la réalité. Tel fut le meilleur moyen — technique — d'intellectualiser le prolétaire et de prolétariser l'intellectuel, double mouvement constitutif du «Mouvement ouvrier». Qu'est-ce qu'un typo en effet sinon, comme le dit Jacques Cellard, en évoquant le défunt univers des *protes* (le premier d'imprimerie), des *chefs de conscience* (responsable des compositeurs payés à la journée), des *paquetiers d'honneur* (qui met les lignes en paquets), un «ouvrier savant ou un savant "ouvrier"[1]» Et quel est l'idéal et

---

[1]. Eugène Boutmy, *Dictionnaire de l'argot des typographes* (1883), réédité en 1979, par les Insolites, libraire-éditeur, avec une préface de Jacques Cellard.

le pivot du socialisme sinon ce type humain, cet écotype historique, qui s'appellera plus tard «le prolétaire conscient» ou «l'ouvrier d'avant-garde»? La médiologie, vous le savez, ne s'intéresse pas aux idéologies mais à ce qui les rend possibles. Le sublime apostolat du Grand Soir, comme les autres, je le prendrai donc une fois de plus par le petit bout, qui me semble le bon. Ma thèse sera la suivante : pas de militants sans institutions, mais pas d'institutions politiques sans l'outillage matériel correspondant. En l'occurrence, les métiers de la Lettre. À vérifier dans les faits.

Quand commence notre cycle ? Pour la France, à peu près au lendemain de la révolution de Juillet (1830). Vous trouverez dans l'admirable *Nuit des prolétaires* de Rancière la version romanesque ou cinématographique, c'est-à-dire la réalité humaine vécue correspondante à la naissance de ce milieu, avec la grandeur, la naïveté, la souffrance de cette lutte quotidienne contre la servitude et l'abrutissement. Soit la naissance du saint-simonisme organisé un soir d'hiver 1831 avec la rencontre à Paris du menuisier Gauny et du teneur de livres Thierry. La communion générale de la Famille saint-simonienne organise la propagande par quartiers avec des directeurs d'arrondissement chargés de l'enseignement des ouvriers. Soit la réunion tâtonnante de chapeliers, drapiers, brocheuses, ébénistes, carreleurs, etc., avec des commis aux écritures, imprimeurs, graveurs et fondeurs en caractères, chargés de cours et surtout de la fabrication du journal. Qui sera d'abord *Le Globe*, puis *La Ruche populaire*, puis *L'Union*, etc. Quand s'achève-t-il ? Pour la France, dans les années qui ont suivi la révolution de Mai 1968, laquelle marque sans doute l'an I de la vidéosphère (les calendriers se font toujours après coup). Mais le cycle socialiste — un siècle et demi — est je crois à replacer dans une ère plus vaste, celle de la graphosphère (voir le tableau pp. 534-535). Réforme, République, Révolution, les trois enfants de la Lettre et du Papier, les trois générations des « victimes du Livre » (Vallès). Les trois peuples du Livre laïque. Disons que la révolution du livre a ouvert le livre moderne des révolutions d'idées, dont le premier chapitre s'appelle la Réforme, le second la République (les grands républicains du xixe siècle, en France, sont pour la plupart protestants), le troisième la Sociale (le Midi républicain, chez nous, engendre le Midi rouge, et les mises en scène des premiers congrès socialistes accrochent le drapeau rouge au buste de Marianne).

Allons au-delà du cas français. Le judaïsme a l'âge du manuscrit sur rouleau de papyrus, mais on comprend comment le culte socialiste de l'imprimé a pu aider, dans toute l'Europe, au transfert du messianisme biblique sur le matérialisme historique. La mystique juive de l'écriture s'est reportée sur le culte du texte partagé par les deux communautés (du moins jusqu'au sionisme). L'universalisme est impossible dans l'oralité et c'est bien la sacralisation du mot écrit, de préférence au mot dit, qui a facilité le passage du commentaire de la Loi de Dieu à celui des lois de l'histoire, ou, si vous préférez, du phylactère à la banderole et de la Torah au *Capital*. Le rôle éminent joué par les juifs dans la culture socialiste et communiste de notre siècle, particulièrement en Europe centrale, berceau du marxisme intellectuel, peut s'interpréter médiologiquement comme une réactivation *sui generis* de la logosphère abrahamique par la graphosphère moderne (voir la Douzième leçon). Ou du premier peuple du Livre par le dernier. Ce n'était pas le même Livre, mais juifs et marxistes avaient la Lettre en commun, ce qui soude déjà une certaine communauté de culture, sinon de destin.

En règle générale, la propagation marxiste a tous les traits d'un retard historique à l'alphabétisation. En Europe de l'Ouest, le germe marxiste s'est répandu en pays catholique et mal alphabétisé, à forte rémanence féodale et rurale, en s'accrochant à des institutions d'autorité qui ne pouvaient lui servir de repoussoirs sans lui servir de modèles (État ou Église). Considéré en lui-même, l'*opus* marxien était de souche rhénane et de frappe luthérienne ; mais le marxisme institué est devenu romain, en aval : idolâtre ou imagier, centraliste, clérical. Autriche, Portugal, Italie, Espagne, France, Belgique. Quand il n'a pas été imposé par la force des armes, comme dans l'Est européen après 1945, le marxisme occidental s'est propagé par ses propres moyens dans les blancs du protestantisme parce qu'il était lui-même une Réforme retardée. Un enfant de vieux. Le petit dernier de Gutenberg. Il n'y a donc pas solution médiologique de continuité *fondamentale* entre 1529, 1789 et 1917. Même acharnement littéraire, mêmes vecteurs, même «guidage». Luther, Condorcet et Lénine partagent la position de «correcteur d'épreuves», qui traduit une orthodoxie restreinte en organisation large. Ils rédigent, diffusent, soumettent leur texte à la critique des faits mais un original écrit fait critère et référence. Au-delà de la teneur plus ou moins livresque d'une culture, il s'agit d'un rapport qui a uni pendant quatre siècles une certaine façon de noter avec une certaine façon de se conduire — rapport sensible à l'espace et au temps définissant, comme transcendantal pratique, l'unité interne d'une époque de l'esprit humain.

Déplacement des césures à vol d'oiseau, qui peut en faire crier plus d'un, sans doute. En tout cas, Benjamin Franklin et Rétif de la Bretonne, au cœur des Lumières, faisaient le même métier, avec les mêmes outils, que les premiers porteurs de l'utopie ouvrière, Saint-Simon, Proudhon et tant d'autres. République et socialisme ont la même matrice technologique. Entre 1830 et 1900, on «entrait en imprimerie» comme on «entre en religion», et on entrait en religion en entrant en socialisme. Et c'était la même religion, d'écriture et de lecture. Elle ne fut pas seulement propre aux utopistes des catacombes. Les partages admis du type secte/parti ou bien prophète/dirigeant, élucubration/science objective, ne résistent pas à l'examen des moyens et méthodes de transmission. Pas de coupure entre «socialisme utopique» et «socialisme scientifique», mais entre l'âge des socialismes et anarchismes d'une part, et le nôtre. Ce qui fait époque, c'est la tradition elle-même, soit la préservation d'un même espace de pratiques missionnaires et pastorales, labeurs d'imprimerie, harangues, prédications à domicile, etc. C'est cette petite médiasphère qui fait l'unité de la période, et non la couleur noire, rose ou rouge des jetons de présence. Les antagonismes entre libertaires et étatistes jouent comme un leurre en masquant la solidarité profonde des procédés qui ont permis à une doctrine de prendre corps, d'organiser une collectivité militante (école, secte, fédération, parti, internationale). Commun dominateur des *opus*, le médium envisagé comme *modus operandi* rend aux «idéologies» leur vérité comme techniques de transmission décalquées en doctrines et ritualisées en institutions. Le socialisme en Occident fut le dernier triomphalisme du Livre. Le triomphalisme de la télévision sera plutôt de type libéral.

L'HÉLICE GÉNÉTIQUE

Le *mot* de socialisme a pour père inventeur le génial Pierre Leroux, né en 1797. Comme le dit si bien Jérôme Peignot, son biographe, «le typographe donne aux mots leur poids de plomb». Après avoir fait *l'École* (Polytechnique), ce Français fils de limonadiers se fit *prote*, et il inventa le pianotype, nouveau procédé typographique. Il fut ensuite gérant de *journal* (*Le Globe*, 1824). Après quoi, cet ami de George Sand et de Sainte-Beuve s'en alla installer son *imprimerie* dans la Creuse et regroupa autour de lui une petite communauté de disciples/fidèles/lecteurs. Lorsqu'il mourut à Paris (1871), la Commune lui rendit les honneurs. Trajectoire emblématique. Le cycle à venir y est annoncé en entier. Le socialisme est né avec un brevet d'imprimerie autour du cou.

La spirale *Livre-Journal-École* est «l'hélice génétique» de la République comme du «Mouvement ouvrier» qui lui a fait suite. Ce *schéma organisateur* dessine d'abord une aire de pratiques culturelles avant de diverger en programmes politiques. Le champ d'exercices détermine une échelle de valeurs communes à la mère et au rejeton. Le socialisme européen fut bien une mentalité mais d'abord une formation artisanale ; une mystique, mais d'abord une technique. Et donc une période précise de l'histoire : 1864, fondation de la Première Internationale à Londres. 1866, fondation de la Ligue de l'enseignement à Paris. 1867, Marinoni invente chez nous la rotative (qui décuple le tirage des journaux). « La classe ouvrière au XIXᵉ siècle a trois aspirations, note Pierre Bruno, un contremaître, dans ses mémoires parus au lendemain de la guerre de 1870 : la première consiste à combattre l'ignorance, la seconde à combattre la misère, la troisième à s'aider les uns les autres[1]. » La plus importante, qui conditionne les deux autres, est la lutte contre l'ignorance, elle-même en tout point solidaire des idéaux et moyens de la Raison analytique et graphique. La technostructure socialiste, culturelle, politique et militaire s'est dressée, à l'orée du XIXᵉ siècle, sur le petit cap de l'Asie (Allemagne, Angleterre, France) et sur un caractère de plomb, libérant une gerbe d'auteurs, de publicistes et d'instituteurs, dont l'« entreglose » polémique a fait la vie du mouvement ouvrier international à travers quatre Internationales successives. Le socialisme ouvrier fut un être de Raison, *déduit* du Livre, *conduit* par l'école et *traduit* par le journal. Typos, intellos et pédagos étaient les trois piliers du milieu socialiste parce que tel était le trépied médiatique. Qu'y avait-il dans la « maison du peuple » ? Une bibliothèque, un journal, des cours du soir, une conférence. Il y a toujours des estrades, des livres et des journaux. Mais l'axe central des transmissions s'est décalé, et avec lui cet ensemble de fêtes, de prestiges et de valeurs qui donnait au livre, à l'instituteur, au savant conférencier des uni-

---

1. Georges Duveau, *La Pensée ouvrière sur l'éducation pendant la Seconde République et le Second Empire*, Paris, Donnat, 1947.

versités populaires leur *aura*. Le responsable socialiste est comme un prêtre qui aurait gardé ses tabernacles et ses ciboires mais perdu ses hosties, ses fidèles et la foi.

Le socialisme, son nom l'indique, était un culte collectif et non individualiste. Il supposait donc des liens d'oralité forts : harangue de meeting, discours de congrès, conférence. Jaurès au Pré-Saint-Gervais, Lénine sur la place Rouge, Léon Blum à Tours ou place de la Nation, en 1936, sont des hommes sans micro, qui s'époumonent et s'exténuent à parler fort devant une foule d'auditeurs. Il est vrai que la lecture silencieuse, comme l'écriture elle-même, est un exercice individualiste et « antisocial » (il faut s'isoler pour lire). Un journal à l'ancienne est une équipe et une production collégiale, mais sa lecture est plutôt individuelle. Seule l'école suppose une réception collective. Mais il semble qu'on puisse appliquer aux porte-parole du socialisme ce qu'on a dit des réformateurs, qu'ils ne se reposaient pas moins sur la chaire que sur les presses et sur la célébration en commun que sur la lecture privative : leur parole, leur éloquence, leur rhétorique comme leur vocabulaire sont marqués par une culture livresque et une longue familiarité avec la trace écrite. Même leurs improvisations publiques sentent le liseur et le docteur. La République est une culture délibérative de type parlementaire et, en France du moins, les leaders socialistes ont été de grands parlementaires, des orateurs de tribune, solidaires et produits de la tradition républicaine, qui suppose elle-même une rhétorique d'assemblée. Mais leur rhétorique à eux est tenue par l'écrit, qui seul fait vraiment loi aux yeux des militants et à leurs propres yeux.

La preuve : amoindrissez le livre, diminuez le journal, humiliez l'école, et l'inspiration s'en va. L'art, avec les principes. La grâce, avec les rites. Le socialisme institué à ce jour n'a pas seulement égaré sa doctrine mais les moyens d'en avoir une, c'est-à-dire ses médias d'organisation. Si la politique qu'il mène ici et là ne s'inspire plus d'une pensée repérable, et archivée, s'il est a-doctrinal et a-théorique, ce n'est pas ou pas seulement en raison d'abandons ou de défaillances humaines mais à cause du «progrès scientifique et technique».

«Depuis 1789, l'idée seule est la force et le salut des prolétaires. Ils lui ont dû toutes leurs victoires», écrivait Blanqui (l'un de ceux qui ont fait passer l'idée de 89 à la Commune). La pratique de l'abstraction est l'abc de l'apprentissage militant. D'abord, parce que les notions de prolétariat et de bourgeoisie, comme celles de force de travail, plus-value, rapports de production, etc., qui les sous-tendent dans la variante marxiste, n'ont pas de réalité sensible. elles ne se voient ni ne s'entendent, et de cela jamais on ne peut dire «c'est dans la boîte». Ensuite, parce que, projet ou mythe, la Révolution comme devoir-être, c'est l'immédiat nié, rayé, transcendé. Le présent surmonté. Comme discours logique et entreprise morale, l'utopie socialiste n'exige pas seulement un apprentissage fondé sur la lecture, et la controverse par écrit, mais une rupture intime avec «le mouvement de la vie» et un acte de foi dans les puissances de l'analyse conceptuelle, une conversion à tous les opérateurs logiques qui se tournent vers les belles et bonnes images pour les «décomposer» en éléments premiers, abstraits, invisibles (comme l'est «l'exploitation»). Déchiffrage, rechiffrage. Exercices de négativité. L'écriture socialise la mémoire individuelle, la lecture individualise la mémoire sociale. Ce mouvement pendulaire entretient le désir d'histoire en creusant des possibles dans le présent, des arrière et des avant-plans. La mémoire, quand il fait froid et que le temps est long, c'est ce qui permet de ne pas être seul. Mémoire alphabétique. Au sens hégélien, où l'alphabet fait éclater le corps sensible des choses et de la langue elle-même. « Il s'ensuit qu'apprendre à lire et à écrire une écriture alphabétique doit être regardé comme un moyen de culture infini que l'on n'apprécie pas assez ; parce qu'ainsi l'esprit, s'éloignant du concret sensible, dirige son attention sur le moment le plus formel, le mot sonore et ses éléments abstraits, et contribue de manière essentielle à fonder et à purifier dans le sujet le sol de l'intériorité[1]. » Tous les hommes d'action révolutionnaire que j'ai personnellement approchés, de Che Guevara à Pham Van Dong, en passant par Castro (non l'autocrate mais le rebelle d'antan), et sans même parler des trotskistes, ces encyclopédies ambulantes, étaient des liseurs acharnés, maniaques des vieux bouquins et réfractaires aux images. Un hégélien se l'expliquerait par ceci que la lecture entraîne au décrochage critique et à l'anticipation utopique, étant donné qu'« il n'est de science que du caché » et d'avenir que par « répétition » du passé. L'abstraction ouvre à l'action, comme la remémoration à l'innovation. Nous sommes devenus si familiers du médiathème : « Assez de ces doctrinaires qui ne nous parlent que du passé » — poncif anti-rétro garant du taux d'écoute minimal — que nous confondons tous spontanément histoire et chronologie. Nous tenons pour un paradoxe ce truisme que les grands modernisa-

---

1. G. F. Hegel, *Encyclopédie*, § 459. Analyse du passage *in* J. Derrida, *De la grammatologie*, Paris, 1967, pp. 36-45.

teurs inaugurent leur carrière par un bond en arrière, et qu'une renaissance procède par retour au passé, renaissance du révolu et donc révolution. Colomb a découvert l'Amérique en bibliothèque, en scrutant grimoires et cosmographes. Les humanistes, après lui, ne s'émerveillent pas des Indes occidentales récemment découvertes — dont personne alors ne se préoccupe —, mais s'empressent de remonter à Platon et Origène. L'Ancien Régime ne fut pas renversé en France par des zélateurs des Montgolfier et de Washington, mais de Lycurgue et de Caton. Chateaubriand et Hugo révolutionnent la littérature avec les Goths et les ruines, Nietzsche enjambe Jules Verne par les présocratiques et Freud ressasse Eschyle. Vous comprenez pourquoi un homme de culture, quand il entend parler de nouveauté, sort son revolver. Ce n'est qu'un premier mouvement, mais c'est pour défendre les droits de l'avenir à advenir.

Le malheur des révolutionnaires, c'est qu'ils sont un peu plus héritiers que les autres. Embarras médiologique. Toute culture est en principe et en général un système de mesures conservatoires, et les hommes de mémoire écrite que sont les médiateurs de la Sociale sont des *conservateurs professionnels*. Ces bibliophiles forcés dépendent plus que d'autres des techniques de tradition littérale, car ainsi sont faits les outils d'analyse. Il n'y a pas plus de transmissibilité d'un legs d'idées que d'«essence irradiante du vrai». Il y a dans l'histoire de bons et de mauvais milieux porteurs d'abstractions comme il y a en physique des corps plus ou moins conducteurs d'électricité. Le geste révolutionnaire par excellence commence par une nostalgie, retour à un texte oublié, un idéal perdu. À la racine du *re* de Réforme,

République et Révolution, ce *re* du recommencement, de la répétition, de la relecture, il y a le mouvement d'une main qui feuillette des pages, *de la fin vers le début*. Une main qui presse un bouton (la moviola rembobine la bande à volonté, le magnétoscope aussi, mais va toujours d'arrière en avant) ne sera jamais une main dangereuse pour les gens en place.

L'archive serait l'élément de l'histoire comme pratique ; l'actualité, l'élément de l'histoire comme spectacle. La trajectoire du communisme ? Une histoire d'archivistes et de vieux papiers. Je parle, bien sûr, de l'utopie révolutionnaire, non de la dictature bureaucratique. L'invention livresque d'un spécialiste du droit féodal, Gracchus Babeuf, qui l'a tirée de Rousseau, de Mably et d'antiques parchemins. Acte de naissance : la compulsation d'une liasse d'anciens titres de propriété. Acte de décès : la télévision des dernières nouvelles. Une longue espérance — deux siècles — qui zigzague à travers les dépôts de l'écrit. Michelet : « Mon histoire de la Révolution française est née au sein des archives. Je l'écris, dans ce dépôt central. » Des hommes ont fait la navette entre les textes, les textes entre des hommes. Comme pour l'histoire de la République française, le mythe engendre des actes qui engendrent des mythes, et le transport des récits fait les transports populaires. Effets des histoires de Rome sur la Révolution française. De l'*Histoire des Girondins* de Lamartine, de l'*Histoire de la Révolution française* de Louis Blanc sur les quarante-huitards. Des *Misérables* sur la Commune. De *Quatre-vingt-treize* sur l'avènement de la IIIe République. Et papa Clemenceau amène à Paris son jeune fiston visiter le grand Père Hugo... Ainsi, pour l'histoire mondiale du communisme, le relais a-t-il couru un siècle durant de Vendôme à Hu-nan, de la *Société des Égaux* fondée par un feudiste, Gracchus Babeuf, à la *Société des Nouveaux Citoyens* fondée par un jeune bibliothécaire, Mao Tsê-Tung. Babeuf est décapité à Vendôme en 1797, Mao Tsê-Tung naît à Chao-Shan en 1893 : à l'autre bout de la terre mais à un tout petit siècle d'écart. Buonarroti (1761-1837), d'un an plus vieux que Babeuf (1760-1797), échappe à la police du Directoire et survivra quarante ans à son ami. Le temps de consigner et d'imprimer l'histoire vécue ensemble : en 1837, paraît l'opuscule de *La Conspiration pour l'Égalité dite de Babeuf* à Bruxelles, où Marx se réfugie en 1845, après son expulsion de Paris par Guizot. Bruxelles où Marx trouve son premier apôtre en la personne d'un archiviste, Gigot. Dès la Restauration, l'exil bruxellois fonctionne comme plaque tournante. Le babouviste Buonarroti rencontre là les anciens conventionnels, Barère et Vadier. Ces proscrits organiseront les *ventes* des carbonari, terreau des futures sociétés secrètes de la monarchie de Juillet, d'où naîtra la *Ligue des Justes*, dont Marx en 1848 fera la *Ligue des Communistes*... Avec deux délégués de Blanqui — « la tête et le cœur du Parti prolétaire en France ». Trente-neuf ans de prison et quatre condamnations à mort. « L'enfermé » (1805-1881) par qui se fait le passage du jacobinisme au socialisme, de 93 à la Commune ; qui transmet le flambeau à Vaillant, en qui se fondent les deux traditions (patriotique et marxiste), qui le passera lui-même à Jaurès, lequel signait sa rubrique littéraire, dans *La Dépêche de Toulouse*, « le liseur », auquel succède Blum, le critique littéraire de *La Revue blanche*. Marx comparait son travail à celui d'un tube digestif : absorber du papier imprimé et rejeter du manuscrit. La tradition socialiste fait de même. Marathon olympique où la lueur d'une lettre — luciole plus que flamme — se transmet de coureur en coureur. Et qui fait du révolutionnaire un transitaire, un coursier des lettres comme si le cœur du message résidait dans sa transmission de la tombe à l'outre-tombe, de l'ancêtre au jeunot. Camille Desmoulins, Babeuf, Buonarroti, Blanqui, Vaillant, Jaurès, Blum, Daniel Mayer et la suite, jusqu'au Mitterrand de 1981 : le télégraphe a fonctionné sur les sommets avec ces hommes sémaphores. Sans oublier, dans les vallées, à la base, deux siècles de bouche à oreille, des grand-mères aux bambins. « Mon enfance regorge de récits sur la longue marche des pauvres à travers le temps, témoigne un ancien de chez nous, Gérard Belloin. Ces histoires surgissaient à propos d'un morceau de pain jeté, d'un fond de culotte malmené, d'un reste de soupe laissé dans une assiette (...). On tenait les faits de la grand-mère, qui elle-même en avait entendu parler par... Comme ces ruisseaux souterrains dont on n'arrive pas à rétablir les cours parce qu'à un endroit leurs eaux semblent définitivement se perdre mais résurgissent plus loin, la chronique de la misère paysanne ignorait la plupart de ses sources. Mais elle n'avait cessé de cheminer souterrainement elle aussi, portée par un peuple d'anonymes, chaque génération confiant le dit de sa misère à la suivante... Elle se faisait plus ou moins insistante mais ne se retirait jamais tout à fait. Elle brouillait constamment les rapports passé/présent. Une certaine manière de parler des difficultés du passé n'était-elle pas aussi une manière d'attirer l'attention sur celles d'aujourd'hui ? Cela est arrivé il y a longtemps ? Oh, oui, mon enfant, il y a très longtemps. Est-ce si sûr ? Que veut dire longtemps pour un enfant[1] ? » Et ainsi de fil en aiguille, jusqu'au jour où le « présentateur » couvre la voix des grand-mères, interrompant la transmission. Tranchés, les fils de la mémoire, le sens dynastique des pauvres d'antan. Nos Parques à nous, on ne les voit pas, parce qu'elles travaillent en plein jour.

LE PETIT LIVRE ROUGE

La Bibliothèque des Temps Nouveaux. La Librairie du Travail. La Bibliothèque socialiste. Jalons ? Emblèmes ? Oui, mais d'abord creusets. Anarchistes, proudhoniens, léninistes, réformistes, possibilistes, peu importe ici. À la clef, l'aristocratie du plomb, héritière de l'âge d'or des Plantin, Estienne, Didot, etc. Saint-Simon, copiste, correcteur d'imprimerie, employé de librairie. Proudhon, ouvrier typographe. Pablo Iglesias aussi, le fondateur du Parti socialiste espagnol (1850-1925). Allemane aussi. Monatte, Rosmer... C'est un typographe-journaliste espagnol, Mesa, qui, exilé à Paris, transmet à Jules Guesde, le « sergent instructeur et recruteur » du socialisme français, l'héritage de la Première Internationale. Dans la France de Louis-Philippe comme dans le Chili de Pinochet (où la première grève ouvrière, en 1979, est celle des ouvriers du Livre). Commune ascendance de l'anarchisme et du socialisme — frères ennemis d'une même famille. Anars et socialos ont repris en chœur, à leur insu, le mot d'ordre de

---

1. Gérard BELLOIN, *Nos rêves, camarades*, Paris, Éd. du Seuil, 1979.

Luther dans sa lettre «aux conseillers de toutes les villes du pays allemand» (1524): n'épargner ni peine ni argent pour installer partout «de bonnes librairies ou bibliothèques». Opuscules, articles, journaux, suppléments littéraires — c'est toute leur vie. Évangile commun aux fils de Marx et de Bakounine: lire et faire lire. Partout où ils passent, ils laissent une bibliothèque (l'historien anglais Hobsbawm, par exemple, pour la période de 1890-1905, a pu très exactement mesurer les degrés de pénétration du marxisme dans les divers pays d'Europe en comparant le nombre des publications annuelles, et l'indice recoupe le nombre d'adhérents des différents partis socialistes en voie de constitution). Avant la grève, le tract. La bataille après 1848 commence avec des in-folio et s'allège en brochures portatives — abrégés, adresses, manuels, catéchismes. L'agit-prop s'élargit après 1880 aux quotidiens, s'épanouit après 1930 en maisons d'édition et se recroqueville après 1970 en controverses de revues (1971: fermeture du *Populaire*, le quotidien socialiste français). Ronéo et stencils faisaient encore hier partie de l'équipement léger du secrétaire de cellule et de section. Entre socialistes et communistes, les batailles de lutrin et les batailles à coups de poing se mènent de front et les camps se démarquent, après le congrès de Tours, sur les réseaux de diffusion des Grands Textes[1].

---

1. Les éditions Costes (socialisantes) éditent à partir des années vingt les œuvres, de préférence économiques, de Marx. Les E.S.I. (Éditions sociales internationales) et le B.E. (Bureau d'Édition) répliquent avec les œuvres complètes de Lénine. Vers 1928, la revue *Clarté* glisse au trotskisme, *Le Monde* au confusionnisme. Épouvante. Que faire? D'autres revues. *La Revue de psychologie concrète* (Politzer) et *La Revue marxiste*

Les anciennes religions du Livre pratiquent le Livre unique et grandiose. Le socialisme moderne exige la production continue de petits livres, livrets, brochures, abrégés, prospectus, tous ces diminutifs que le Journal, médium majeur, a engendré dans la forme-Livre.

Les ordonnances du Père Enfantin, en 1832, prescrivaient à chacun des saint-simoniens de Ménilmontant, entre les travaux du jardin et ceux de la cuisine, de se consacrer jour après jour à la rédaction d'un grand livre collectif sur l'avenir de l'humanité. Les communiqués du bureau politique du P.C.F. ont appelé chaque année pendant un demi-siècle « l'ensemble des communistes » à se mobiliser de toute urgence pour la sauvegarde du livre menacé

(Lefebvre, Rapoport, etc.). Les librairies de chaque parti entament alors la course au fonds. Lorsque l'Internationale communiste, après le Ve Congrès, décide de remettre de l'ordre dans le foutoir français, elle entame le remaniement de la direction par la reprise en main des services d'édition et d'éducation du parti. C'est alors que le parti communiste enlève aux socialistes le monopole tacite de l'édition et de la diffusion des œuvres de Marx.

P.C.F., quelques dates repères. 1964 : dernière vente du Comité national des écrivains (C.N.E.). 1969 : fermeture des *Lettres françaises* (la Valse des adieux d'Aragon). 1978 : le Centre de diffusion du Livre et de la Presse confie sa distribution à la Sodis, filiale de Gallimard. (Le C.D.L.P. avait pour mission de distribuer, outre les revues mensuelles du parti, les ouvrages des Éditions sociales, des E.F.R., du Cercle d'Art, etc. Ses principaux clients : les fédérations du P.C. et leurs quarante librairies. La Sodis peut toucher 13 000 points de vente et bénéficie de l'informatique. Le C.D.L.P. ne pouvait toucher que 1 000 points de vente, par l'intermédiaire d'Odéon-Diffusion et du Groupement d'Édition du Livre pour des Collectivités.) 1979 : fermeture de la *Nouvelle Critique*, et remplacement annoncé des deux instituts de recherche théorique du parti (C.E.R.M. et Maurice-Thorez).

— bataille directement politique. On est passé de la confiance à l'inquiétude, non sans raison.

La liturgie du flambeau a eu sa version piétiste, prédicante. Hugo au travailleur illettré :

> «... Le livre, hostile au maître, est à ton avantage
> Le livre a toujours pris fait et cause pour toi
> La bibliothèque est un acte de foi (...)
> As-tu donc oublié que ton libérateur,
> C'est le livre ? Le livre est là sur la hauteur ;
> Il luit ; parce qu'il brille et qu'il les illumine,
> Il détruit l'échafaud, la guerre, la famine ;
> Il parle, plus d'esclave et plus de paria...[1] »

Sa version conquérante aussi, gaiement insurrectionnelle avec Jules Vallès qui, annonçant à son éditeur « des épreuves à corriger dans quinze jours, et le bon à tirer dans deux mois », s'exclame : « J'ouvre les narines, je me gonfle. Le bon à tirer, cela équivaut au commandement de "feu" ! À la barricade, c'est le fusil passé à travers la persienne[2]. » Mais Hugo lui-même avait écrit : « Rien ne ressemble à la gueule d'un canon comme la bouche d'une bouteille d'encre[3]. » La bibliothèque est à la fois un camp retranché et un lieu de pèlerinage. Et le bibliothécaire, ultime recours et arbitre suprême. Dans les moments critiques, Jaurès et Blum se retournent vers Lucien Herr (qui a rédigé en partie le discours de Blum au congrès de Tours).

Après 1945, cet héroïsme alphabétique se déporte vers les pays du tiers monde avec lampe-tempête, cahiers et stylo bille. L'affranchissement par l'alpha-

---

1. Victor Hugo, *L'Année terrible* (1872), « À qui la faute ? ».
2. Jules Vallès, *L'Insurgé*.
3. Victor Hugo, *Œuvres complètes*, Paris, éd. Massin, 1968, t. VII, p. 678.

bet, la gigantomachie des Lumières et des ténèbres, la noire superstition peu à peu recouverte par des millions de blanches pages d'écoliers — cette symbolique à la Paul Éluard héritée du xixe siècle occidental s'est réfugiée au milieu du xxe dans la lutte contre «l'Occident impérialiste». Le premier acte d'une «révolution anticoloniale et antiféodale» parvenue au pouvoir, entre 1950 et 1980, c'était de lancer une campagne d'alphabétisation massive[1]. Et du *codex* rouge, la Chine maoïste s'est fait un talisman.

Après guerre, c'est à l'Est, ce grand conservatoire de formes révolues, que la graphosphère s'est immobilisée. Comme un musée de la Lettre, un grand gel des sources vives d'antan. Studieux et scolaire, le «socialisme réel» a l'âme typographique. Âme morte historiquement, mais esprit là-bas encore vivant. Si vous n'aimez pas les voyages, consultez les indicateurs de l'UNESCO : nombre de livres par habitant, nombre de bibliothèques publiques, dépenses des ménages, tirages moyens, indices de lecture, etc. Les pays communistes, où l'économie ahane et l'audiovisuel retarde, battent tous les records de papier imprimé. Si vous voyagez dans ces provinces au charme suranné, où notre xixe siècle se survit à lui-même, vous verrez le culte du livre, l'idolâtrie populaire des écrivains (les stars russes sont des romanciers et des poètes, non des vedettes de la chanson et de l'écran), l'omniprésente dévoration du journal. Atrophie de l'image et du son, hypertrophie de l'écrit, dont la censure rehausse l'*aura*. Les partis-

---

1. Avoir assisté et participé, à Cuba en 1961, à la campagne d'alphabétisation nationale qui a fait accéder au livre un million de paysans illettrés m'a fait toucher du doigt l'imaginaire progressiste du Livre. Belle expérience.

États prennent à ce point au sérieux la puissance des mots qu'ils l'encadrent et la surveillent, répression qui ne l'amoindrit pas et fait du samizdat une grenade explosive, conformément aux « meilleures » traditions tsaristes du XIXe siècle (le médiologue ne juge pas, il observe). Tout se répète, mais à l'envers. Et face aux nouveaux contrôleurs, l'intelligentsia russe d'aujourd'hui a repris son séculaire combat typographique, sa vieille besogne de taupes. Car que raconte-t-elle, cette longue histoire souterraine, depuis le *Kolokol* de Herzen (1855) jusqu'à l'*Iskra* de Lénine (1900) ? Des histoires d'imprimerie cachée, de feuilles clandestines, de livres sous le manteau. Comme Dostoïevski dans *Les Démons* où Netchaiev attire Ivanov dans son piège en l'envoyant déterrer une presse enterrée dans le jardin d'une école. À l'intérieur des mouvements d'opposition comme entre la dissidence et l'État, l'enjeu de la bataille c'était l'imprimé, condition du journal, premier outil de puissance. Ce qui distinguait d'ailleurs les cercles du populisme russe (ancêtres directs des cercles d'études et partis marxistes) des sociétés secrètes républicaines ou des carbonari d'Europe, c'était l'insistance sur l'organe de presse. Lénine se définissait comme *publiciste* (« Nous tous, théoriciens, ou je préférerais dire, en ce qui me concerne, *publicistes* de la social-démocratie… » — *Deux tactiques*, 1905), à l'instar de Tchernychevski et de Herzen, qui s'expatria à Londres pour y chercher des caractères cyrilliques, introuvables en Russie. Contrairement à l'ère brejnévienne, mieux organisée et donc moins sanglante que l'autocratie tsariste, la propagande par l'écrit précédait, et alternait avec, la propagande par le fait ; et en Russie, en 1880, la profession la plus immédiatement voisine de l'éditeur était celle de « terroriste ». Leitmotiv de la police tsariste: où est l'imprimerie? la chaîne des passeurs? le lieu d'expédition des feuilles (les centres de diffusion déménageant avec les centres de direction des organisations en exil). Figure clef des conspirations: le libraire, l'imprimeur. Une organisation clandestine commence par une imprimerie clandestine; et le premier «Terre et Liberté» de Saint-Pétersbourg avait pour couverture «une société d'éditions et de librairies» et pour centre une librairie. Problème central: le transport (des feuilles clandestines ou des bombes) dans les valises des voyageurs.

Notons en passant combien les mœurs de famille du «socialisme réel» étaient étrangères au Cambodge de Pol Pot, et la mystique urbaine de l'alphabétisation et de la scolarisation à cette mystique sauvage de l'analphabétisme campagnard. Les Khmers rouges ont dit: le livre et l'école pour personne. À Phnom Penh, ils ont saccagé les imprimeries, les bibliothèques, fermé l'université, puis les lycées. Seul moyen de diffusion pour l'Angkar: la radio. Un parti sans journal! Dans la jungle polpotienne tout fait système: le massacre des lettrés, étant réputé intellectuel quiconque est passé par le secondaire (dix médecins survivants sur cinq cent cinquante); la xénophobie de principe; le rejet de toute civilisation urbaine; et la gérontophobie comme ligne politique (pas d'adhérents à l'Organisation de plus de 23 ans).

La fin du communisme à l'Est verra sans doute, avec la fin des censures d'État, l'extinction des dernières sociétés littéraires d'Europe, le triomphe du spectacle coûteux sur le livre bon marché, la baisse des tirages de classiques, etc., par intégration de la vieille culture européenne d'imprimerie à la

« culture de masse » d'origine américaine. Le détournement totalitaire des Lumières, joint à la nouvelle imagerie mondiale, identifie comme émancipatrice la déroute de Diderot devant Disneyland. Elle l'est, bien sûr. Voilà bien une ironie de l'histoire. Victoire politique de l'humanisme, défaite culturelle des humanités. Une époque faste pour les télévisions et les publicitaires, sévère pour les libraires et les éditeurs, s'ouvre à l'est de l'Europe. L'enthousiasme des écrivains occidentaux devant les événements en cours ne saurait nous cacher qu'ils sont non moins propices à la liberté des hommes qu'à l'effacement de la lettre dans les messages, des écrivains dans la Cité et sans doute, à terme, de l'instruction publique. Il est vrai que cela vaut bien ceci.

ALMA MATER

Pourquoi en France l'histoire de l'école est-elle « surchargée de significations historiques et politiques » (Furet)? Parce que l'histoire politique de la France est surchargée de significations scolaires.

Dans le répertoire de gauche, le *thème* de l'école devient la *bataille pour l'école*, comme celui du livre *la bataille du livre*. Chaque culture flatte ses flotteurs, et celle-là savait qu'il y allait là de sa survie. Qui se met à l'école d'une pensée socialiste — n'importe laquelle — devra d'abord absorber des pensées d'école. Le socialisme a été une pédagogie dégradée en vision du monde, et c'est au code du bon écolier qu'il a dû, un siècle durant, emprunter son code d'honneur militant : qui aura su braver l'ennui des classes en fera baver à l'ennemi de classe. En caricaturant : la culture sans l'école, en France, c'est la droite. L'école sans la culture, c'est la gauche. Quand, sous le Front populaire, les organisateurs de l'Expo de 37 décidèrent de mettre des légendes explicatives en bas des cimaises, *L'Action française* cria au pion et au cours du soir (Pascal Ory). Comme *Le Figaro* pour «la télé des instits» de 1981. «Primaire» est une injure de droite. «Snob» une injure de gauche.

Il y a eu des républicains radicaux avant l'école laïque, mais il n'y a pas eu de socialiste avant que certains maîtres soient en mesure de constituer des «écoles de pensée». Non qu'on les ait attendus pour qu'apparaissent des fabriques et des prolétaires, des révoltes de canuts et des mutuelles ouvrières. Les *trade-unions* britanniques et «Force ouvrière» ne sont pas l'alpha et l'oméga. Une philanthropie éducative n'aurait accouché que d'universités populaires et d'écoles du soir ; mais sans projet d'éducation le socialisme se serait contenté de syndicats et de corporations. Or, il s'est créé, jadis, des partis, sur la foi de : il y a un instinct de classe mais le socialisme est une prise de conscience.

L'institution scolaire n'est donc pas ici d'incubation mais de production.

D'où la gravitation fascinée, héritée du souci républicain, autour de la relation pédagogique. «Une école qui s'ouvre est une prison qui se ferme.» La mystique de l'école émancipée/émancipatrice est un hommage rendu par le socialisme «ouvrier» à la République «bourgeoise» et le socialisme républicain en France a rendu l'âme lorsqu'il a cessé de considérer l'École comme la prunelle de ses yeux, critère et paradigme d'une société moins injuste.

Pensez seulement à la myriade de «Petit Chose»,

plus ou moins dévoués ou dévots, grands profs ou petits pions (de Jules Guesde à Guy Mollet, de Jaurès à Kanapa), qui ont fait jadis l'aller-retour entre l'estrade et la tribune. C'est eux les magistrats naturels du Mouvement. La Première Internationale ouvrière (1864) et la Ligue de l'Enseignement (1867) entremêlent leur personnel, leurs locaux, leurs journaux. L'Instruction publique est l'un des premiers soucis de la Commune, qui nomme aussitôt, en dépit du chaos administratif, une Commission et un Délégué à l'Enseignement, Édouard Vaillant. Revenu d'exil, « la synthèse faite homme » comptera parmi les maîtres d'œuvre de l'unité socialiste qui seront d'ailleurs à chaque étape (1879, 1899, 1905) des « Maîtres » tout court. Parmi eux, beaucoup d'animateurs de journaux, maniant la casse comme la craie parce que le journaliste alors et dans ce milieu relaye le magister au lieu de le nier (comme à présent). Benda lui-même, si peu militant dans sa *Trahison des clercs*, tenait le journal pour « l'unique, du moins le seul puissant des instruments d'éducation ». Louise Michel, déportée chez les Canaques, ouvre aussitôt une école à leur intention : si elle avait eu du papier et des caractères, elle aurait sans doute fait le premier journal de la Nouvelle-Calédonie. Dès sa naissance, en 1920, le parti communiste recruta ses meilleurs cadres d'appareil parmi les instits et les profs. De toutes les branches de l'Internationale syndicale rouge, la plus solide et la mieux implantée, entre les deux guerres mondiales, sera celle des travailleurs de l'enseignement dirigée par Georges Cogniot, mentor des dirigeants et latiniste pratiquant [1].

---

1. Les mémoires de Cogniot, *Parti pris I et II* (1976-1978), offrent une coupe saisissante de la médiasphère communiste.

La réalité militante et votante du «Mouvement ouvrier» correspondait finalement assez peu à l'ouvriérisme de référence. Même si l'idéal communiste, entre 1920 et 1960, c'était l'ouvrier autodidacte qui devient secrétaire de cellule, va à l'école fédérale puis centrale du parti, et finit en permanent dans l'appareil, il y a proportionnellement plus d'enseignants que d'ouvriers qui votaient hier pour les partis «ouvriers» (en 1978, 67 % des ouvriers mais 71 % des enseignants ont donné leurs suffrages à la gauche). Ces choses sont en train de changer (les Petits Chose aussi, qui ont vu la gauche à l'œuvre, et l'École se défaire).

Le mineur des charbonnages ancrait l'imaginaire communiste dans la première révolution industrielle. La figure du métallo dans la seconde. Mais l'instituteur, cet autre ouvrier qualifié du Progrès, avec sa modestie spartiate ou sentencieuse, révèle l'enracinement du socialisme organisé dans la culture préindustrielle des Lumières. Le vocable *d'instituteur* fut intronisé dans notre langue par un décret de la Convention (1794) sur proposition d'un pasteur protestant, Rabaut Saint-Étienne (derrière toutes les réformes de l'Éducation et quelle que soit la République, on trouvera un huguenot à la clef). Il fut retenu pour le plus noble et le plus solennel du vocabulaire politique, traduit qu'il était du latin : *instituere civitatem*, qui veut dire «fonder l'État». Le

---

Hagiographie de la graphosphère. Normalien, professeur, rédacteur en chef de l'*Humanité*, dirigeant de l'Internationale des travailleurs de l'enseignement, animateur de «l'Université ouvrière», rapporteur du budget de l'Éducation nationale à la Chambre, secrétaire de Maurice Thorez et fondateur de l'Institut Maurice-Thorez, corapporteur d'un rapport sur *École et morale*, préfacier et conférencier classique.

magister était supposé exercer la première des magistratures civiques. À lui de fonder *in situ, in vivo*, la République et la nation, dont il serait dans chaque village du pays la vivante pierre. L'instituteur est devenu en 1889 un fonctionnaire d'État, et a été rayé des nomenclatures du ministère de l'Éducation en 1989. On dit : enseignant d'école primaire. De même ne parle-t-on plus, aux sommets de la République, de République mais de Démocratie. Les changements de terminologie ne sont jamais anodins. En 1974, le ministère de l'Éducation nationale a cessé d'être « nationale ». Quant à l'ancien Syndicat national des instituteurs, il rappelait en 1979, face à la montée des suicides d'enseignants, que « l'enseignement est l'une des professions qui détiennent le record des dépressions nerveuses[1] ». Le corps militant fut peu après atteint par la même dépression qui ravageait déjà le corps enseignant. Qui n'est plus support de rien ne se supporte plus soi-même. Quand l'essence d'une fonction s'épuise, un fonctionnaire, juge ou prof, témoigne de sa fidélité professionnelle en mettant fin à ses jours.

Sacerdoce partisan et sacerdoce scolaire sont apparus et ont disparu ensemble. « Va, petit missionnaire des idées nouvelles », dit le maître au disciple, le dirigeant au militant. Et il s'en va semer dans la nuit quelques graines de lumière. Interrogez les propagateurs d'idées de ce matin avant de sourire. L'ancien communiste Gérard Belloin, cet enfant des champs et des pages, autodidacte éclairé par la Résistance et qui nous a donné, avec ses souvenirs — *Nos rêves, camarades* —, un saisissant échantillon

---

[1]. La section du Doubs du S.N.I.-P.E.G.C., à propos du suicide par le feu d'un jeune instituteur (3 novembre 1979).

d'écologie militante : « Lorsque, à quatre ou cinq, nous passions la nuit à glisser sous les portes ou dans les boîtes aux lettres nos tracts, nous éprouvions, au retour, la joie de l'instituteur après sa leçon. » Il va par dévouement pur, non pour « monter » dans l'appareil. Pour que rejaillisse un peu sur son humble personne le respect qu'il porte à l'enseignant. « Les instituteurs, à l'époque — (cela se passe dans les années cinquante de notre siècle, sur les bords de la Loire) —, n'étaient pas de ceux dont on pouvait nier la réussite sociale ou contester la qualité de l'effort personnel que cette réussite avait exigé. D'après l'échelle des valeurs communément admise et qui tenait généralement lieu d'ultime explication de l'existence des classes sociales, c'était même précisément le contraire. Porteurs du savoir, ils étaient à peu près les seuls dans le bourg à être reconnus comme tels, avec les médecins (loin il faut le dire devant eux dans la hiérarchie des têtes pensantes), le curé, le percepteur, le notaire et le pharmacien (...) » Et le fils de closier, qui a dû quitter l'école primaire à l'âge de treize ans pour aller gratter du papier dans une agence d'assurance, à la main, ajoute : « Nous vivions à l'enseigne du saint respect du peuple pour l'instruction, les livres et les intellectuels. »

Dans la sainteté de ce respect, il y a le meilleur, Belloin et les siens, et le pire, qui les a cernés puis vaincus. Le stalinisme en germe dans la candeur de l'encyclopédisme, la stupidité dans l'intelligence. La séparation entre « savants » et « profanes », dirigeants et dirigés (le « pro-fanus » étant celui qui se tient devant, à l'extérieur du temple du savoir, transmué précisément en espace tabou par l'enceinte scolaire, puis sectaire). La métamorphose du *magister* en *dominus*. L'autorité intellectuelle comme argument de domination politique. Il y a la sacralisation par clôture du discours licite, soit la fortification d'un projet de discipline comme le matérialisme historique, en doctrine achevée comme «le marxisme», concomitante du bouclage d'un territoire physique ou politique (pays socialiste ou parti communiste). Il y a la nationalisation du savoir, car une doctrine, comme un temple et un territoire, réclame des frontières et des clercs gardes-frontières. La confusion donc du théorique et du politique. Il y a l'esprit d'orthodoxie, l'esprit de parti, la loi de la meute. Le despotisme ignare paré des prestiges de la science. Il y a, plus près de nous, la schizophrénie longtemps propre à *l'homo sovieticus* qui voilait le socialisme vécu sous les fastes officiels du socialisme imprimé, ou encore la capacité de se cacher la réalité derrière les discours qui aide les hallucinés de la Lettre, dans nos partis communistes, à rendre l'âme avec l'illusion que tout va bien puisque les textes du P.C. disent que tout va bien. Le dédoublement signe/chose fonctionne alors comme un analgésique pour phase terminale : le soin du texte entre dans les soins palliatifs pour agonisants. La militance socialiste est là dessus plus avancée, ou plus réveillée, que la militance stalinienne : elle perd moins de temps dans ses débats internes, sur les virgules et les qualificatifs, car elle sent bien, sans trop se le dire, que les textes sont à présent prétextes.

Notre Pierre Leroux de 1848, le typo totémique de la tribu, est un fils des Lumières et de l'Encyclopédie. Il dirigea au demeurant un projet d'«Encyclopédie pittoresque à deux sous» — Diderot prolongé à l'extrême de la vulgarisation. Le stalinisme a été historiquement, au contraire, la destruction eurasiatique de la Raison, la négation sanglante des

Lumières. Mais si le communiste à la mode russe est un cousin dégénéré du socialiste européen de souche, il me semblerait intellectuellement lâche et malavisé de nier toute parenté. Ce serait médiologiquement impossible.

Le côté «fort en thème» et «bon élève» du cadre militant occidental, c'était déjà chez Robespierre. De la névrose scolaire de l'apprenti marxiste à «l'idiotie éducative» (Milan Kundera) des pays dits socialistes, il y a rupture de charge mais dans le même sens; comme entre les utopies pédagogiques de la Convention et les camps de rééducation des «républiques populaires». Chaque principe de Raison a sa subversion par caricature, et on ne peut certes pas juger du premier par la seconde. Les maladies communistes intéressent le médiologue comme les dégénérescences symptomatiques d'anciennes cultures vivantes qui ont finalement succombé sous les impedimenta de leur méthode. La pathologie de l'idée «trahit» son mode originaire et vital de communication et d'inculcation. L'académisme, la muséomanie, la naphtaline folklorique qui imprègnent les sociétés soviétiques, c'est la forme «tradition» érigée en norme du futur, la vengeance posthume de l'archive sur l'invention. Le didactisme, l'esprit de lourdeur, l'amidon du discours et le pensum moralisateur, c'est l'école tournée contre la pensée, et la courbant sous sa férule. Le simplisme balourd, le stéréotype, la langue de bois, c'est la forme du manuel devenant le contenu d'enseignement. La scolastique marxisante, en résumé, c'est la subversion du message par le médium, de l'esprit par la lettre, ou la preuve par neuf médiologique. Effet pervers d'autant plus pathétique que le message matérialiste annonçait exactement l'inverse, soit le primat du réel sur la catégorie, du travailleur sur le répétiteur. Là encore, la voie de passage a fini par faire barrage, le scolaire a étranglé la colère, le *docere*, la doctrine même.

Il faudrait, bien sûr, évoquer les changements de système scolaire, depuis un siècle, et le renversement des hiérarchies disciplinaires entre humanités et sciences. La culture socialiste est paradoxalement solidaire d'un enseignement élitaire à valeurs «bourgeoises» et même «aristocratiques», dont la disparition n'a pas peu accéléré la sienne propre. L'école est fille du catéchisme. En sa qualité d'exécuteur testamentaire de la culture encyclopédique et classique, elle-même transmise par l'enseignement des Frères, le socialisme de la première moitié de notre siècle relève d'un univers éducatif qui tourne le dos à l'enseignement technique, au commerce, à l'industrie comme aux maths, où le latin et le grec se pratiquaient comme des langues vivantes. Les paradigmes scientifiques du socialisme du xixe siècle sont obsolètes, mais son appareil littéraire ne l'est pas moins, avec ses citations, allusions et clins d'œil qui sont devenus de l'hébreu même pour un lecteur cultivé. Dépouiller les archives du mouvement ouvrier français avant la «bolchevisation» des communistes et la normalisation des socialistes, c'est pour un lecteur d'aujourd'hui comme passer de *Télé-7 jours* à la *Revue de Métaphysique et de Morale*. Jaurès et Blum habitent le même patrimoine culturel que Marx et Trotski, avec le même noviciat scolaire et les mêmes valises, tout comme Barrès ou Maurras, leurs adversaires. Les couples antagoniques Jaurès-Barrès, Blum-Tardieu, Benda-Maurras, et même Thorez-Aragon *versus* de Gaulle-Malraux témoignent d'une solidarité rhétorique et mythologique qui les apparie plus qu'elle ne les oppose. Il y a plus d'affinités profondes entre Jaurès et Barrès qu'entre Jaurès et un leader socialiste d'aujourd'hui. Parce que Jaurès en vacances lisait le *De natura rerum* en latin, Thorez et Blum des morceaux choisis de Lucrèce en français, et l'éléphant socialiste du jour le best-seller de l'été et un quotidien en franglais. S'il dépouillait Lucrèce et non les derniers sondages, il perdrait vite sa chefferie. C'est le biotope qui fait l'animal, non l'inverse. Question de médiasphère.

NOTRE SACRO-SAINT QUOTIDIEN

L'idée républicaine a trois piliers, l'école gratuite, le livre pour tous, le journal bon marché. L'idée socialiste déplace l'accent principal sur le troisième. En France, les premiers journaux ouvriers, éphémères, ont vu le jour entre 1830 et 1840, et c'est *l'Atelier*, le journal de Buchez, qui a lancé, en 1840, l'expression «la classe ouvrière». L'entre-deux est crucial, car il transmue le «faire école» en «faire un parti». Dans le champ ecclésial, le quotidien est un «plus». Dans le champ partidaire, c'est un «must». *L'Humanité* est stratégique pour le Parti, *la Croix* ne l'est pas pour l'Église de France. Il y a eu l'Église et des Églises avant l'imprimerie, il n'y a pas eu de partis avant l'apparition des journaux populaires aux alentours de 1860. *La Croix* n'est pas l'organe *central* de l'Église de France, comme *l'Humanité* l'est du parti communiste (et avant 1920, du parti socialiste). L'idéologie socialiste a duré ce que dure la forme-parti, et la forme-parti a duré ce que durent à peu près les quotidiens de parti : un siècle. *Le Peuple*, par exemple, l'organe quotidien du parti socialiste belge, a expiré dignement en 1979, à l'âge de 94 ans. Il s'était battu pour le suffrage universel, l'émancipation de la femme, les droits de l'homme, avec Jaurès, Vandervelde et Huysmans. Ce qui vient après est survivance. Autre chose sous le même nom.

« Le journal n'est pas seulement un propagandiste et un agitateur collectif mais aussi un organisateur collectif » (Lénine). Il unifie en diffusant, rassemble par dissémination, crée son réseau d'échanges (de lettres) et de liaisons entre membres d'une même école. Jaurès, Trotski et Lénine font le même travail (rédaction, composition, impression, expédition de textes) que Vallès avec *Le Cri du peuple*, Élisée Reclus avec *Le Révolté*, Jean Grave avec *Temps nouveaux*. Que la référence soit Marx, Bakounine ou Fourier, on sème des mots imprimés pour récolter des activistes. Lénine plante son parti avec l'*Iskra*, comme Guesde en France avec *L'Égalité*, Jaurès avec *La Petite République*. Cabet propage la rêverie icarienne avec les mêmes outils et méthodes que Marx-Engels la doctrine prolétarienne. À gauche, le journal de secte ou de parti rattache le XXe siècle idéologique au XIXe, qui fut le grand siècle du journalisme écrit.

La feuille de chou est une chose grave car elle atteste et assure la médiation active d'une idée de l'Homme parmi les hommes concrets ; du long dans le court terme. Point de passage d'une histoire conçue à une histoire comprise. Le journal-journal (celui de l'entreprise de presse, des professionnels, de « la bourgeoisie ») est, ou se pense, comme une boîte noire où entre de l'événement et sort de l'information. Un journal de classe (de parti ou de ligue) transforme une conception du monde en petite monnaie, un système philosophique en mots d'ordre quotidiens. Centralisation des événements par et sous l'Idée, centralisation des énergies individuelles par et sous la Direction. Par opposition au journal-reflet, le journal-guide remplit le rôle dévolu par Kant au schématisme, intermédiaire et traducteur entre le phénomène sensible et le concept intelligible. Dans la graphosphère socialiste, là est son originalité et sa séduction, *l'auteur de la doctrine est son propre traducteur*. C'est ce qui distingue, au XIXe siècle, le soldat de la Lettre du bourgeois des Belles-Lettres. L'éclaireur du Progrès se doit d'être aussi un ouvrier qualifié du marbre et du plomb. « Il est sûr que pour des "intellectuels" l'autre métier, qu'ils devraient toujours savoir à côté du leur, est le métier de typographe, écrit Andler dans sa *Vie de Lucien Herr*. Il viendra certainement un temps où le littérateur et l'homme de science sauront conduire eux-mêmes une linotype ; où ils pourront, pour un livre à imprimer, louer une machine rotative, comme on loue une automobile à conduire soi-même. » Témoin Lucien Herr lui-même, le bibliothécaire de l'École normale, le souffleur de Jaurès et de Blum, qui tint *anonymement* pendant plusieurs années la rubrique des informations étrangères à *l'Humanité* (titre de son cru). Ce que firent à leur manière un Aragon, un Nizan, un d'Astier. L'expérience de la typo et l'administration financière d'une entreprise de presse entraient jusqu'à ce matin dans les compétences de l'intellectuel qui ne déléguait pas à d'autres ces fonctions, étant lui-même éditorialiste, rédacteur de base, maquettiste, correcteur et administrateur. L'animation du journal et l'organisation du parti se mêlaient ou se recoupaient directement, en sorte qu'un dirigeant de parti ouvrier analphabète ou ignare (comme Marchais, produit de la télévision) était impensable.

L'intelligentsia russe du siècle dernier (dont Franco Venturi a détaillé l'histoire), c'est une expérience de médiologie appliquée à un monde techniquement révolu où un directeur de journal est un chef de parti en puissance. Ceux qui donnèrent naissance, au lendemain de la guerre de Crimée, au mot *intelligentsia* illustrent la fonction intellectuelle comme *traduction* (d'une pensée en pratique sociale). Et son porteur comme un être biface, bilingue, à cheval sur le livre et la gazette, l'érudition et le colportage, et à ce titre, au regard des hiérarchies, un déclassé, un marginal. Le savoir-faire de la divulgation profane ou prostitue la distinction académique, tout en menaçant les réseaux d'autorité établis. Cette aptitude à la communication sociale fait justement de «l'ouvrier de la pensée» un danger public. «Qu'est-ce que les déclassés, sinon les parias de l'intelligence? demandait Blanqui, en défendant le journal et l'école (...) Ils sont l'horreur et l'effroi du Capital. Le Capital ne se trompe pas dans sa haine. Ces déclassés, arme invisible du progrès, sont aujourd'hui le ferment secret qui gonfle sourdement la masse et l'empêche de s'affaisser dans le marasme. Demain, ils seront la réserve de la révolution[1].» Cela, un an avant la Commune.

La revue, médium endogamique, est l'outil d'organisation interne des intellectuels (moyen ou enjeu de pouvoir intérieur au champ professionnel). Le vecteur du journal, lui, s'adresse au profane, à l'amateur. Il fait le lien entre la «théorie d'avant-garde» et le «mouvement spontané de la classe» pour parler

---

1. A. BLANQUI, *Textes choisis*, Paris, Éd. Sociales, 1956, p. 173.

« léniniste », entre la « métaphysique » et « le monde », pour parler « jauréssien ». Il réunit le savant à l'ouvrier, et le quotidien trait d'union entre l'intellectuel et le peuple qu'assure l'École dans l'univers républicain, c'est le journal militant qui l'assure dans l'univers socialiste. Tant que l'imprimé servait de support axial, foyer central des divulgations, la profession politique et la profession intellectuelle (du grand lettré au « petit prote ») avaient une base commune. Dis-moi ce que te communique ton parti, je te dirai le temps que tu lui consacres — ou lui rends. Faute de médiation commune, gens d'outil et de plume se tournent le dos, et à la professionnalisation des hommes politiques, techniciens de la chasse électorale, répond en vis-à-vis la professionnalisation de la chose imprimée et du métier de journaliste ainsi que la sécession des faiseurs de livres. Les élus et les écrivains n'ont simplement plus de lieu où se rencontrer, d'instrument de travail à partager. De pratique et professionnelle, la relation est devenue mondaine ou décorative. Appauvrissement mutuel par séparation de corps. La presse au XVIe siècle, comme le marbre aux XIXe et XXe siècles (disons de Michelet à Camus et Mauriac), c'étaient d'abord des lieux de rencontre, des points de contact entre gens de métiers et de classes différents rendant techniquement inévitable une sorte de fécondation par métissage.

Tout cela, me direz-vous, n'est que sociologie hâtive. Peut-être, mais utile à qualifier un peu mieux la religion socialiste. La croyance dans le salut par le savoir n'est pas nouvelle, et elle a eu des formes d'expression célèbres dans l'Antiquité, du côté de l'hermétisme et du néo-platonisme. Cette apparente similitude a conduit certains auteurs à évoquer, à propos du « socialisme scientifique », la tradition gnostique. Si les mots ont un sens, et l'histoire des religions une réalité, la gnose a pour principe, commun à toutes ses variantes, de détacher le « pneuma » d'avec la matière, en réduisant à néant toutes les médiations posées par la tradition chrétienne. Le gnostique joue l'Éternité contre le Temps, la Révélation contre l'Histoire, l'Âme contre le Corps. Le marxiste investit le premier terme *dans* le second. L'un décorpore, l'autre incorpore. Le gnostique vise en tout et par système à *la séparation* — de la Lumière et des Ténèbres, de l'initié et du profane. Le marxiste vise en tout et d'abord dans ses slogans à l'*union* — de la théorie à la pratique, des forces de la culture et des forces du travail, de l'intellectuel avec les masses. La gnose est un élitisme individualiste : le gnostique s'élève par sa science à la vision en Dieu, et ne vise qu'au salut de son âme. Le marxiste humilie sa science aux «ignorants», et un salut solitaire n'a pas de sens pour lui. Là où le culte platonicien coupe les ponts avec le monde profane — en instaurant *l'initiation* et *le culte du mystère*, le marxisme a passé son siècle à jeter des ponts. Divulgation des mystères théoriques et vulgarisation des archives plongent d'une certaine façon dans la mystique des Lumières. Mais confondre cette dernière avec le mysticisme initiatique de la Lumière, c'est prendre un illuministe pour illuminé. Même si l'univers stalinien était ésotérique et même initiatique, avec ses cercles dirigeants, ses informations réservées et ses mots de passe, la scolastique marxiste, qui s'éteint sous nos yeux, était fille de la glose, non de la gnose ou de la Kabbale.

*

Nos partis ont perdu leurs lettres et leur noblesse, ceci parce que cela. Ces intellectuels collectifs remontaient au XVIIIe siècle en tant que sociétés de pensée, avec un outil datant du XIXe, le quotidien d'opinion, qui faisait du parti un lieu où la société se pense et par où une pensée se socialise au jour le jour. Parmi tous les facteurs de déclin de la forme-parti (et donc du projet socialiste), on a trop négligé la transition de l'écrit (léger, décentralisé, peu coûteux) à l'image-son (industrielle, et plus coûteuse), la *diminutio capitis* de l'imprimé et la modification des techniques d'imprimerie. La photocomposition a décomposé les ultimes bases culturelles de l'ancien mouvement ouvrier, mettant en chômage technique à la fois l'ancien artisanat du Livre et la caste traditionnelle des glossateurs et fabricants de doctrine. L'imprimerie a perdu son plomb, l'intellectuel critique son corps, la politique socialiste ses références, et les trois font crise. « La première liberté de la presse, a-t-on dit, est de ne pas être une industrie. » La presse écrite, de 1881 à 1970, était *aussi* une industrie. À présent, elle est *d'abord* une industrie. Songeons qu'en 1838 Lucien Herr, Léon Blum et Lévy-Bruhl, un bibliothécaire, un juriste et un universitaire, ont pu lancer un quotidien, *L'Humanité* (138 000 exemplaires au premier numéro), par une seule souscription (850 000 francs de l'époque). Les entreprises de presse ont changé de nature en changeant de taille. La concentration des titres (trente quotidiens à Paris en 1885 contre deux cent vingt en 1920), le poids déterminant des budgets de publicité et le volume des investissements nécessaires mettent la direction d'un quotidien hors de portée de la bourse et des capacités techniques d'une poignée d'intellectuels sans fortune. La séparation du producteur d'imprimé d'avec ses outils matériels de production, dans la sphère journalistique, coïncide avec la séparation rigolarde de la théorie et de la pratique, dans la sphère politique. Même si l'heure n'est pas à l'utopie, on rédige toujours ici et là des « projets de société », qui font des livres, des colloques et des brochures, que personne ne lit, et il y a toujours des appareils électoraux, appelés partis par inertie, qui n'ont plus que des hebdomadaires à petit tirage, bulletins internes pour élus indifférents (mais combien attentifs à la télé). L'arche d'alliance s'est brisée, entre l'avenir et l'action. Entre les intellectuels et les partis. Les derniers n'attirent plus les premiers parce que les partis et leurs dépendances ont cessé d'être des émetteurs alternatifs. Plus de contre-sociétés, plus de pensées contre. L'intellectuel critique ne peut que rallier les grands vecteurs de diffusion existants, qui se sont mis à vivre de leur vie propre, industrielle et commerciale, aussi étrangère à la création intellectuelle qu'à l'utopie idéologique.

Le déplacement imprimerie/audiovisuel a décalé le milieu partidaire vers l'archaïsme, en désagrégeant à la fois son support technique et sa logistique doctrinale (autre chose qu'un changement de doctrine : la doctrine comme base). Effet d'un changement drastique d'échelle affectant les moyens lourds de production d'opinions (médias).

La distinction gauche-droite relevait en France d'un certain régime de reproduction des dissidences, lié à un réseau séculaire et artisanal de journaux, revues, instituts de recherche, clubs du livre, bulletins, conférences, cercles, etc. Pas de lutte de classes sans classes sociales, certes ; mais pas de lutte de formations sans lutte d'opinion ; pas de politique sans polémique. Plus de polémique d'idées quand l'argent devenant le *seul* nerf de la guerre des ondes et des signes, le journalisme d'opinion s'amenuise et disparaît : place aux luttes d'images, entre personnalités, à coups de « coups » et de « petites phrases ». Pas besoin de parti pour cela.

LA LOI QUANTITÉ/QUALITÉ :
PLUS ET PIRE

Il n'y a jamais eu dans le monde politique autant de congrès, assises, états généraux, conférences, réunions, etc. Mais en 1880 les débats d'un congrès socialiste faisaient l'objet, six mois après, d'une publication intégrale (celle du congrès de Marseille, en 1879, qui a scellé l'unité du Mouvement ouvrier français, fait huit cents pages), qui devenait la Bible jusqu'au prochain congrès. Un siècle après, vous chercherez en vain en librairie les comptes rendus imprimés des congrès socialistes. Tout a changé, sauf le nom de congrès. On y parle « idées », comme on parle chiffons ; et les motions, imprimées, elles, sont de simples prétextes à des alliances de conjoncture entre champions audiovisuels. La thèse que je défends c'est, en grossissant le trait : ne dites pas qu'on n'imprime plus les débats d'idées internes au parti parce qu'il n'y a plus d'idées. Dites : il n'y a plus de débats d'idées parce qu'on ne les imprime plus, et que la télévision, nouveau critère de performance, n'en a plus vraiment besoin. D'où l'idéologie du refus de l'idéologie, le remplacement du programme par la proposition individuelle, ou de la « position théorique » par le positionnement personnel.

Le livre, l'école et le journal se portent mieux que jamais, allez-vous me dire ; la craie crisse toujours sur les tableaux noirs et la graphosphère enfle en graphomanie. Entendons-nous bien. Je ne vous parle pas ici nombre mais statut. Non matériel, mais logiciel. Il n'y a jamais eu plus de livres, de lycéens et d'étudiants, d'auteurs et d'éditeurs? En termes quantitatifs, c'est évident. Mais les médiasphères ne sont pas affaire de statistique. Où plutôt il se pourrait qu'il y ait un rapport inverse entre la dégradation du logiciel et la prolifération du matériel. Entre le volume et le statut. Avec l'enseignement de masse, la symbolique de l'école s'est diluée, puis effacée. Il y a dix fois plus d'élèves dans les écoles et d'étudiants dans les universités françaises en 1980 qu'en 1880, le budget de l'Éducation a changé d'ordre de grandeur, mais — donc — la mystique de l'École, l'ancien temple de la République, a disparu, ou plutôt s'est-elle fondue, comme «lieu de vie» et «communauté éducative» dans les nouvelles mystiques de la vidéosphère (productivité, immédiateté, rendement). C'est un service public, comme le métro et l'E.D.F., avec des usagers, mécontents ou exigeants, mais non plus des disciples ou des catéchumènes. Il y a beaucoup plus de bibliothèques publiques dans la vidéosphère que dans la graphosphère, mais l'ancien «atelier de l'esprit humain» (abbé Grégoire) tend à devenir lieu de passage et simple outil d'information. Changement de statut, changement de nom. On dit à présent «médiathèque» et, dans les lycées, la bibliothèque a été rebaptisée «centre de documentation et d'information» (C.D.I.). Il n'y a jamais eu autant de titres en librairie (en France, vingt mille nouveautés par an) et des tirages aussi colossaux. Mais le lectorat diminue sans cesse, et *l'aura* du livre, ou ce qu'il en subsiste, s'est reporté sur son auteur, fugacement, mais «réellement», puisque c'est lui qu'on voit à la télé. Dévalorisation de l'écrit, starisation de l'écrivain. Bref, ce n'est pas le débit, mais le régime de la trace qui fait critère aux yeux du médiologue. Non pas : quelle énergie s'investit dans l'imprimé? Mais : quelle force développe-t-il? De quelle dynamique est-il solidaire? La question n'est pas de savoir si les gens noircissent plus ou moins du papier, mais si et comment ces opérations individuelles peuvent devenir des opérations sociales. Ou si la performance dire-faire, verbe-chair, signe-événement, peut s'effectuer aux mêmes coûts et conditions. Conditions de lieu : dépôt et conservation ; de temps, d'apprentissage et de mémorisation. Le « ferment » a-t-il encore les moyens de fermenter? Si le livre s'ordonne à une société de simultanéité, un espace ouvert et lisse, à un temps saccadé et peu cumulatif (celui du scandale, de l'éclat, de la surprise), on comprend que sa population puisse croître et sa fécondité baisser. Des mots imprimés peuvent encore tuer, exceptionnellement. Peuvent-ils encore donner naissance, et à quoi?

Premier élément de réponse : la temporalité. La métaphore (thermique : de la propagation [de chaleur] ; ou fluide : de la diffusion), avec ce qu'elle implique de capillarité ou de porosité, n'évoque-t-elle pas un phénomène assez lent de modification insensible du milieu? En 1850, ou 1880, une idée sociale inaperçue ou ignorée le jour même n'était pas perdue pour le lendemain. La chimie avait le temps d'opérer. Un message pouvait survivre en stock, pour confrontation ultérieure. Pas de meilleur exemple de cette acoustique à retardement que la propagation de l'*opus* marxien. L'action de ses ouvrages édités a demandé au mieux *vingt à trente années* — le retard de l'information sur son émission constituant le ressort de la prise doctrinale. Il a fallu *vingt-cinq ans* pour épuiser la première édition française du premier livre du *Capital* (à laquelle Marx avait travaillé cinq ans).

Vous connaissez la lettre «au citoyen Maurice Lechâtre» qui sert toujours de préface au tome I : «J'applaudis à votre idée de publier la traduction du *das Kapital* en livraisons périodiques. Sous cette forme, l'ouvrage sera plus accessible à la classe ouvrière et pour moi cette considération l'emporte sur toute autre...» (Londres, 18 mars 1872). Rappelez-vous le temps qu'il a fallu à ladite «classe ouvrière» pour «accéder» au savoir de ses conditions d'exploitation. Il y eut, chez Lechâtre éditeur, 38, boulevard Sébastopol, quarante-quatre livraisons de quarante pages chacune, entre 1872 et 1875 (Marx étant très lent à corriger les épreuves). Les premières — coup d'audace — furent tirées à dix mille, et vendues dix centimes chacune (à très bas prix donc). Le plus beau chiffre de vente fut obtenu le premier jour : deux cent trente-quatre exemplaires vendus. Après, le désastre. Plus d'argent pour la publicité. Aucune organisation politique pour appuyer. Il faudra vingt-cinq ans et la rescousse du Parti ouvrier français de Jules Guesde pour venir à bout des ballots de fascicules[1]. En fait c'est seulement après 1890, donc sept ans après sa mort, que *Le Capital* commence à diffuser sérieusement dans quelques milieux militants et scientifiques. Jusqu'alors, il ne s'était fait connaître qu'à travers des abrégés (celui de Deville, en 1883, fait deux cent cinquante-trois pages), ou des conférences de Lafargue,

---

1. Voir Maurice Dommanget, *L'Introduction du marxisme en France*, 1969, Lausanne, Éditions Rencontre.

des petites brochures de Guesde, tel son *Essai de Catéchisme socialiste* (un assez grossier malentendu sur la teneur de l'œuvre *princeps*) plutôt qu'à travers l'édition originale[1]. Le *Manifeste communiste*, publié en allemand à Londres, ne circule presque pas. Au moment de la Commune, en 1871, il restait encore, au dire de Vandervelde, « une curiosité bibliographique ». Il fut publié en français seulement en 1872, *vingt-quatre ans après l'original*, par les soins de Laura Lafargue, la fille de Marx, et ne connut un très timide succès qu'à partir de 1885. La *Misère de la philosophie* fut éditée par Marx à ses frais à Paris, en juin 1847. Six mois après, on avait vendu quatre-vingt-seize exemplaires. L'éditeur envoya aux amis de l'auteur des spécimens gratuits, demandant seulement en échange les quinze sous des frais d'expédition : on les lui retourna *tous*.

Le pape du socialisme, il est vrai, c'était Proudhon. Et Marx passait pour un pédant frustré. L'*Histoire du Communisme* d'Alfred Sudre, publiée en novembre 1848, compte cinq cent trente-deux pages et pas un mot sur Marx et Engels. Et la première édition du *Capital* n'eut droit qu'à deux comptes rendus en français, dans deux minuscules revues savantes. L'un de Maurice Bloch, dans le *Journal des Économistes* ; et l'autre, dans la *Philosophie Positive* de Roberty, qui reprochait à l'auteur de « se borner à une critique sans rien apporter de concret pour l'avenir ». Pourtant, en 1865, « cet Allemand inconnu » était apparu, une fois, sous la plume de ce vieil érudit de Sainte-Beuve, à propos de Proudhon,

---

[1]. Voir Neil MAC INNES, « Les débuts du marxisme théorique en France et en Italie (1880-1897) », *Cahiers de l'ISEA*, nº 102, juin 1960.

dans une note en bas de page, comme « un écrivain de la jeune école hégélienne qui se distingue dans la lutte contre l'école de Berlin ». *Le Grand Dictionnaire Universel du XIXe siècle* (Larousse, 1873) consacrera à ce deuxième couteau deux colonnes un quart, en le confondant du reste plus ou moins avec Lassalle (tous les Allemands se ressemblent...) mais dix-neuf colonnes au célèbre Proudhon, « l'un des penseurs les plus originaux, les plus profonds et les plus universels du XIXe siècle ». Je ne porte pas de jugement de valeur. Il eût peut-être mieux valu que le proudhonisme survive un peu mieux à sa gloire et le marxisme un peu moins à son obscurité, là n'est pas le problème. Même si on trouve du sel et du sens à ce type d'anecdotes. Un jour de 1870, Lafargue rencontre avec sa femme Benoît Malon, figure de proue du socialisme français : « Tu sais, lui souffle-t-il à l'oreille, rougissant de fierté, c'est la fille de Karl Marx... — Marx, fait Malon, un peu perplexe... Je crois avoir déjà entendu ce nom-là. N'est-ce pas un professeur d'allemand ?... — Mais non, c'est l'auteur du livre *Das Kapital*...! — *Das* comment ? » Il y a aussi Marx au chevet de son épouse agonisante, l'hiver 1881, brandissant sous les yeux de la mourante une revue anglaise où ne figurait rien de moins qu'un article sur son œuvre, pour « illuminer ses derniers instants », écrira-t-il dans une lettre. Ce qui intéresse le médiologue, du fond d'un monde où la biographie de l'auteur et son image sociale soutiennent et mesurent la portée d'une recherche théorique en sciences humaines, c'est qu'un auteur quasiment inconnu de livres difficiles dont aucun n'a « fait événement », et dont les obsèques en 1883 se sont déroulées en présence de huit personnes (dont trois de la famille), ait pu ensuite « informer » le monde entier pendant un siècle.

Deuxième élément : les conditions de la lutte pour la vie (ou de la survie des traces pour un décodage décalé). Les mammifères n'ont pas pu se propager sur notre terre tant que cette dernière fut dominée par les dinosaures, soit pendant les cent quarante millions d'années de l'ère secondaire. Il a fallu la brusque disparition de ces derniers à la fin du crétacé pour que les mammifères en réserve sortent de leurs « niches » très spécialisées et se répandent sur l'ensemble des terres émergées. Jusqu'à ce qu'un bouleversement géophysique des masses continentales propres à l'ère mésozoïque provoque ce changement de climat (et donc de flore et de faune), la concurrence avec les reptiles volants et autres brachiosaures de cinquante tonnes n'était simplement pas soutenable, tant était forte la *disproportion* des moyens de survie entre les espèces.

Les biotopes culturels ont des équilibres non moins délicats et dans la jungle des idées sociales, la survie du plus apte suppose une certaine proportion dans les moyens de lutte. Marx a bénéficié d'une rareté bien tempérée, celle des graphosphères préindustrielles. À une moindre population d'hommes sur la planète, et d'hommes alphabétisés dans l'espace occidental, correspondait une moindre population de livres sur le marché, donc une bataille moins féroce pour la reconnaissance, à armes égales ou à peu près.

Du temps de Marx, de Hugo ou de Michelet, le tirage (ou rayon d'action éventuelle) d'une publication « difficile » et celui d'un grand succès commercial se trouvaient dans un rapport approximatif de un à dix, et plus sûrement de un à cinq. Il est devenu aujourd'hui de un à mille (un best-seller peut atteindre un million, un idéologue médiatique sachant « syntoniser », cent mille). Aux alentours de 1848, le jeune Marx tirait ses brochures ou ses périodiques à mille exemplaires ou à peu près (huit cents exemplaires exactement pour la *Misère de la philosophie* — avec un public estimé à quatre-vingt mille exilés et artisans allemands en France ; mille, pour les *Annales franco-allemandes* où furent publiés *Sur la question juive*, *Contribution à la Critique de la philosophie du droit de Hegel*, etc.). Mais les prosateurs du premier rayon ne dépassaient pas trois ou quatre mille. Tel est encore aujourd'hui, malgré l'augmentation du public lettré, le chiffre de vente moyen des ouvrages de théorie politique, d'histoire économique ou de sociologie : l'auteur d'une thèse ou d'une recherche critique, s'il est à contre-courant, peut s'estimer comblé avec deux mille lecteurs. Mais du côté des dominances de l'air du temps (là où fonctionne le feed-back positif entre les médias et les œuvres, les journalistes et les auteurs), les rampes de lancement mises à disposition pulvérisent ces petites productions savantes, plus complexes, donc plus fragiles et vulnérables, qui n'ont plus le temps de creuser leur lit en raison du raccourcissement drastique de l'espérance de vie moyenne des livres. Ce dernier peut à présent être estimé à trois mois, pour les succès, et à trois semaines, pour les autres (temps d'exposition en librairie). Inflation des chiffres d'affaires éditoriaux, mais élévation du taux de mortalité des traces.

La critique marxiste du capitalisme moderne n'aurait pu se diffuser, semble-t-il, si le capitalisme industriel avait déjà au même moment annexé la sphère des biens symboliques. Marx a en quelque sorte tiré profit du retard des circuits culturels par rapport à la grande production marchande. À cent ans près, le grand barbu ratait son coup. Toutes choses égales par ailleurs, dans une logique d'image et de marché (émission littéraire et palmarès hebdomadaire des best-sellers), un *Das Kapital* traduit en français serait resté ce qu'il a commencé par être en France, une extravagance érudite pour bibliophiles, non le point de départ d'un courant politique. Imaginons pour nous amuser un face-à-face Proudhon/Marx à *Apostrophes*, et la face de l'Europe en eût été changée. Car entre le Franc-Comtois gouailleur et chaleureux, aux saillies étincelantes, et le laborieux Rhénan empêtré dans ses abstractions et d'interminables démonstrations, l'issue du match oral arbitré par le grand public n'aurait fait aucun doute. À l'écrit en revanche, entre La *Philosophie de la misère* de Proudhon et *Misère de la philosophie* de Marx, la polémique arbitrée par la communauté philosophique n'a pas tourné à l'avantage du sympathique autodidacte. Relisez les livres l'un à la suite de l'autre, et voyez vous-même. Plus sérieusement : Marx et Engels ont noirci du papier à la jointure de deux âges techniques : l'âge des machines de type mécanique (soulagement du système musculaire humain) et celle des machines énergétiques (relais des forces naturelles). Le socialisme d'État s'est développé sur une deuxième jointure, celle qui articule les machines à produire du mouvement et les machines à produire de l'information. Double changement d'échelle : vers le bas, quant aux énergies mobilisées (l'impulsion électronique est portée par le courant faible) ; vers le haut, quant aux volumes des énergies humaines mises en branle. Ordre minuscule de la néguentropie appelée information. Ordre majuscule des nouveaux réseaux planétaires. D'où il dérive une tout autre sélection et distribution des signaux et du bruit, une nouvelle économie sociale de l'amnésie ou, si l'on préfère, une tout autre pratique de la conservation.

De même, le spectacle du flux et reflux communistes, conquête et rejet, nous a fait pivoter, en l'espace d'un siècle, sur deux âges, deux sortes de mémoire, la littérale et l'analogique. Le socialisme « scientifique » n'aura pas survécu au passage de la transmission électromécanique (rotative, presse, télégraphe, etc.) à la diffusion électronique. Marxisation, ultime avatar de l'alphabétisation du monde chrétien ou confucianiste illettré ; démarxisation, première conséquence de l'électronisation du monde oriental alphabétisé. Hertz-Bell ont tué « Marx-Lénine ». Le parti unique, ça ne collait déjà pas bien avec le téléphone. La radio, passe encore, mais le transistor, c'était limite. Le tube à vide et la puce, crise générale. Le faisceau hertzien transfrontière a balayé la relique, et le satellite de diffusion directe veille sur les obsèques.

Une crise de reproduction culturelle comme celle du socialisme a l'avantage de faire affleurer les lois de production des autres cultures. N'imitons pas ce trotskiste américain qui, constatant après guerre l'extinction du trotskisme aux U.S.A., se mit à théoriser la mort des idéologies sur la planète. Confondre *la* culture avec *une* culture, la fin d'un temps avec la fin des temps est la traditionnelle méprise des traditionalistes. Un système donné de circulation ne marque pas l'étiage de toutes les circulations. Toute décadence est l'envers ou l'annonce d'une renaissance et les dieux enfuis par la grande porte reviennent tôt ou tard par la fenêtre.

LA PRISON, L'EXIL ET LE TÉLÉPHONE

Une écologie socialiste doit prendre en compte les facteurs extraculturels, voire anticulturels, qui ont assuré la cohésion communautaire. Un militant, comme un chrétien ou un musulman, n'est jamais un isolé; c'est un membre collectif, un être de groupe. L'engagement politique procède d'un transfert de l'image du groupe sur l'individu (à travers l'image du ou des chefs de groupe), et l'intensité de son sentiment d'appartenance mesure les capacités d'initiative du militant ou du fidèle. L'éthologie nous a appris qu'«une société de primates est d'autant plus rigoureusement intégrée que le milieu lui est hostile», et les révolutionnaires à cet égard, comme tous les croyants, sont un peu plus primates que la moyenne des humains (primates = mammifères placentaires à dentition complète et à main préhensile). Ils ont un besoin *vital*, individuel et collectif, de la relégation, de la réclusion et du bannissement. Telles furent bien les conditions historiques de l'intégration culturelle et de la formation d'un milieu de pensée autonome et réfractaire. Sa propre promotion à l'officialité a désintégré «le Mouvement ouvrier», dont le cerveau s'est arrêté de fonctionner à partir du moment où il a échangé le statut enviable de réprimé contre le statut fatal de répresseur. Dans la «culture d'opposition», à gauche, c'est l'opposition qui fait la culture, et le gouvernement qui tue. Là est l'immense supériorité énergétique, spirituelle, des dissidents d'Europe de l'Est sur les bureaucrates en poste, ils leur ont repris toutes les forces de l'intelligentsia sécessionniste d'antan, la prison et l'exil au premier chef. L'histoire du XIXe siècle et de la première moitié du XXe articule clairement l'expansion du socialisme à sa compression. Tant qu'il y a de la répression, il y a de l'espoir. Slogan possible pour une minorité déclinante : une seule solution, l'incarcération.

Expliquons-nous. Le socialisme fut une tentative historique d'instaurer en milieu hostile un contre-milieu de diffusion. L'idée serait-elle devenue «idéologie» si, à l'intérieur d'un espace informatif plissé, enchevêtré, désordonné, sans axe ni loi d'ensemble, ne s'était creusé un micro-milieu autour de microcircuits de solidarité ? Réseaux d'information mal unifiés, empruntant leurs performances à leur dispersion même. Assez peu coûteux pour entretenir une longue durée. Contre-société et contre-légende qui ont dû leur capacité de résistance à tous les *contre* qui les cernaient du dehors. Pour faire passer le courant du mythe écrit vers l'action sociale, les ouvriers électriciens de l'Émancipation ouvrière ont dû déconnecter les câbles diurnes, cultiver le repli et le recoin. Une mémoire minoritaire est toujours un écart de conduite. Le souterrain et le sous-le-manteau ont été des manchons de protection pour la télégraphie prolétarienne, contre le brouillage et les interférences bourgeoises. Au fond, le romantisme de la clandestinité n'est peut-être qu'un pragmatisme communicatif. Une étude du cheminement révolutionnaire depuis deux siècles passe par une étude de la clôture et de l'abri, de tous ces murs, plis et digues qui permettent à un imaginaire collectif de se recueillir, à un conspiration de murmurer. «Où mur y ha par devant et derrière, y ha force murmur, envie et conspiration» (Rabelais). Dès lors que tout le monde et n'importe qui a chaque soir les yeux et les oreilles occupés par un même journal télévisé en trois ou quatre exemplaires, ces millions de petits démons de Maxwell juchés sur les parois aujourd'hui transpercées du cercle ou du cénacle, de la cellule, de la section, de la secte, s'évaporent dans la passivité, balayés par les ondes centrales. Ils avaient jusqu'alors, bon an, mal an, vaille que vaille, réussi à maintenir une *différence* de température, et donc une *productivité*. L'homogénéisation électromagnétique des flux symboliques tend à casser les codes minoritaires, à dissoudre les noyaux d'étrangeté dans un gaz hégémonique commun. Interface principale de tous les groupes sociaux, grands et petits, la télé rase les murs, supprime les démarcations dedans/dehors et égalise l'accès à l'information. Pourquoi me déplacer, moi militant de base, aux réunions de mon parti puisque la télé me dira en deux minutes l'essentiel de huit heures de débat, et surtout, puisque mon voisin de palier en saura ce soir autant que moi sur mon parti, sans avoir, lui, perdu son temps. Quant au journaliste, il en sait autant et parfois plus que le dirigeant (car il parle avec tous et tous lui parlent). Ceux qui sont à l'extérieur de l'organisation sont au moins aussi bien placés que ses membres pour en connaître l'intérieur. « L'emprise idéologique » de la télé domine l'emprise des partis parce que sa forme d'organisation des citoyens nivelle et englobe, nationalise, et donc désorganise, les organisations restreintes ou spécialisées. Or le journaliste qui transmet ne croit pas au discours qu'il transmet : il est normal que l'indifférence du présentateur déteigne sur l'objet présenté et le sujet auquel il est présenté. « Le peuple de gauche est agnostique » — oui, et pour beaucoup de raisons dont la dernière n'est pas que sa principale source d'information est elle-même agnostique et incrédule, par nécessité professionnelle, ou plutôt qu'elle met en jeu un autre régime de croyances (on y reviendra dans l'*Ordre Nouveau*).

La productivité des dénivellations et décrochages permet de mieux comprendre pourquoi les deux « niches » privilégiées de l'espèce « socialiste révolutionnaire », primates du genre ruminant, nourris au recueillement, ressassement, remâchement (ressentiment, ajoutera le nietzschéen), ont été la prison et l'exil, bienfaits suprêmes. La prison pour concentrer ; l'exil pour dispatcher. La première pour étudier et rédiger ; le second pour transmettre et confronter. Une prison qui s'ouvre est une école d'opposants qui se ferme. Un exil qui s'achève est un esprit de recherche qui s'endort, et vivra désormais sur l'acquis. Boutade ? Non, expérience. Et logique. Lecture et écriture sont par définition des conduites de luxe puisqu'elles supposent du temps libre (de l'*otium* au sens latin). En quel lieu a-t-on plus de temps à soi qu'en prison (du moins dans les détentions policées du XIXe siècle, ou celles des pays avancés du XXe, à régime politique) ? Si le temps est pour l'homme la valeur des valeurs, c'est en prison qu'on s'enrichit le plus car c'est là qu'on en perd le moins. Luxe suprême, la prison est l'université *bis* ou la première *alma mater* du dissident, son lieu d'excellence professionnelle, le site de sa plus haute tension morale. « Quand un homme sait qu'il va être pendu, disait Samuel Johnson, cela concentre merveilleusement son attention. » Et Proudhon : « Tout ce que je suis, je le dois au désespoir. » L'impuissance provisoire de la honte — le sentiment révolutionnaire par excellence — jointe à l'immobilité motrice de la méditation, font un mélange détonant. Méfiez-vous, bureaucrates, des intellectuels qui sortent de prison : ils ont mûri et ils ont des muscles. Pendant un siècle, l'histoire de la critique sociale du capitalisme à l'Ouest et, pendant un demi-siècle, l'histoire de la critique sociale du communisme à l'Est ont eu pour jalons et laboratoires les lieux de détention et de concentration semés par toutes les dictatures d'Europe. Droite et gauche, «révolutionnaires» et «contre-révolutionnaires» (de Joseph de Maistre à Soljenitsyne, de Dostoïevski à Maurras), ont tour à tour bénéficié de ces privilèges médiologiques. Des bagnes soviétiques, la foi religieuse orthodoxe est ressortie beaucoup plus exigeante et forte qu'elle n'y était entrée : elle emportera tout sur son passage, jusqu'à ce que les communistes russes sortent à leur tour des prisons du nationalisme orthodoxe.

Le palmarès des prisons d'Europe entre 1840 et 1930 dresse la liste des lauréats du marxisme. Elle s'arrête à l'Est où commence le camp de travail — avec Victor Serge et le camp stalinien. Mais peut reprendre là où il finit : en Pologne et en Tchécoslovaquie, par exemple. À l'Ouest, l'anticapitalisme a fait la chaîne avec les chaînes des prisonniers du Capital. De Babeuf à Gramsci, en passant par Proudhon, chaque prison, un maillon. Les loisirs de Blanqui lui permirent d'être l'un des premiers Français qui ait lu Marx, à une époque où rien n'avait transpiré de son travail. Bebel, aussi, en Allemagne, plus tard — il en sortit le parti social-démocrate (S.P.D.). Le peu qu'a écrit Jules Guesde le fut en prison, où il alla en 1883 en compagnie de Lassalle. La déportation en Sibérie vaut à Lénine de pouvoir terminer son premier ouvrage de fond, *Le Développement du capitalisme en Russie*, commencé à la prison de

Saint-Pétersbourg, et le jeune Trotski, arrêté pour délit d'imprimerie, découvre au fil des prisons de Nikolaïev, Odessa et Moscou, Labriola, Darwin, avant de dépouiller *Le Capital* au bagne. Liebknecht, Rosa Luxemburg, Trotski et les siens, Gramsci, Léon Blum (qui écrit son meilleur livre en prison) : tout ce qui a fait date dans la pensée socialiste est passé un jour ou l'autre du bon côté des murs. La situation d'exil nous a valu «Marx-Engels», proscrits dès leur jeunesse. Quasiment toute l'intelligentsia russe entraînée sur un demi-siècle par l'autocratie tsariste à la clandestinité et donc à l'effort. Le socialisme français est né en Angleterre, le communisme italien en France, comme le chinois et le vietnamien. Propulsé par les policiers-Gribouille, c'est en étant chassé de partout que le vieux socialisme a pu franchir les frontières et s'épurer par mélange. Devenir ce pur produit de la culture européenne, métèque et sang-mêlé. Vienne fin de siècle. Avec pour berceau de l'austro-marxisme cette mosaïque d'influences entrecroisées, la *MittelEuropa* judaïsante d'avant-guerre. En France même, ce sont des métis culturels multilingues, à cheval sur l'Allemagne, sur la Russie, l'Espagne ou l'Italie, les Herr, Andler, Lavrov, Lafargue, Sorel, etc. — qui l'ont apporté et colporté. Le degré d'une civilisation, disait Lucien Herr, se mesure à son degré de cosmopolitisme. Le déracinement éveille la raison puisqu'il éveille à la comparaison, bon début.

Staline et Mao manquent à l'appel de l'exil. Kim-Il-Sung aussi. Autochtones, autocrates. Les despotes du social-féodalisme ont l'âme sédentaire. Staline n'est (pratiquement) jamais sorti de Russie, ni Mao de Chine (sauf pour se rendre à Moscou où il s'enfermait dans sa résidence, pour ne rien voir du monde extérieur). En règle générale, les grands paranoïaques ne parlent pas d'autre langue que la maternelle. Cloués dans leur indigénat, rivés à leur sol. Comme si leur avait manqué la curiosité de l'autre. S'affronter à. Se perdre dans. Il y a dans le despotisme une sombre jouissance sédentaire. L'autocrate craint le voyage, ses dépaysements et ses mauvaises rencontres. On s'enferme sous sa tente, à peine débarqué quelque part. Plus près de nous, dans l'espace, Guernesey rend Hugo à son immensité, Londres libère Vallès de sa trilogie, et la plupart des communards proscrits de leur crédulité rustique. Ce qui vaut pour la théorie vaut aussi pour la littérature. Le roman latino-américain contemporain n'est-il pas un effet d'exil (García Márquez, Cortázar, Vargas Llosa, Fuentes, etc.)? Les exils européens n'ont pas perdu toute valeur formatrice. On l'a vu dans les années soixante-dix de ce siècle avec les milliers de révolutionnaires latino-américains, notamment du cône Sud. Beaucoup ont connu chez nous une nouvelle dynamique intellectuelle, un dépassement démocratique de leur ancien credo. Ceux dont la montre était provinciale, et qui ont survécu, ont saisi l'occasion de la remettre à l'heure du monde.

Notre médiasphère, cependant, a peut-être enlevé aux diasporas d'antan leur fécondité. La dispersion des individus favorisait jadis les précipités intellectuels, en stimulant les échanges par voie écrite. La parole empêchée compensait par «en haut»; les corps se rencontraient moins, les esprits se fréquentaient plus. L'affrontement des personnes passait, distance oblige, par la confrontation des plumes, je veux dire par la poste. Pensons à tout ce que la littérature socialiste doit à l'art épistolaire. Après tout, la moitié de la théorie de Marx et d'Engels est à chercher dans leurs lettres; et la quasi-totalité de leur activité politique est passée dans la boîte aux lettres (la Première Internationale ne fut d'ailleurs conçue par Marx que comme un « Bureau Central de Correspondance ouvrière »). Aujourd'hui, les militants d'un même mouvement se parlent et se connaissent beaucoup plus, et leurs idées beaucoup moins. Plus de conversations, moins de controverses. Plus d'affects, moins d'archives; un horizon plus vaste et des croisements plus flous. Le téléphone a tué l'art de la correspondance, non sans diminuer l'ascendant moral des essais de systématisation rationnelle. Au bout du fil, la voix compte plus que ce qu'elle dit, les modulations affectives brouillent les traits logiques du message. On n'expose pas à l'appareil un enchaînement de principes et de thèmes, on se raconte des histoires. Indexation du discours général sur des pans d'intimité. Les habitudes téléphoniques et les facilités de transport (avion et voiture) facilitent l'organisation de rencontres internationales (colloques, congrès, etc.), mais rendent la solidarité moins organique. Elles déplacent les relations politiques hors de l'élément de la généralité. Le téléphone, comme à présent le fax, qui oralise l'écrit, particularise en même temps qu'il englobe. Il élargit la sphère des relations individuelles, mais les privatise. Bon moyen d'internationalisation, fatal à l'internationalisme : la prise téléphonique convoque le monde entier, mais abonné par abonné, et chasse l'universel des têtes.

*

Y a-t-il un rapport entre les facilités d'existence et les pensées faciles ? On se pose la question à voir les gauches européennes. N'y souffre-t-on pas, dans les cercles dirigeants, d'une certaine absence de loisirs ? D'un défaut de lecture, d'une certaine faiblesse de mémoire ? L'ancien peuple de gauche ne devrait-il pas demander aux pouvoirs publics d'expédier en maisons d'*arrêt* (soyons chics : à tour de rôle et pour des périodes limitées) ses cadres de direction, pour qu'ils ne soient plus dirigés et ballottés par les chefs de ballets électroniques ? Le décervelage des animaux politiques en vidéosphère est un fait clinique découlant de leurs rythmes de déplacement, de vie et de travail. Chez les hommes publics arrivés à un certain niveau de « responsabilité », toutes les conditions physiologiques d'une désintégration de la personne, et donc de l'irresponsabilité intellectuelle, sont réunies. Lorsque leur vie ou leur identité sont en jeu, un individu comme une collectivité ont toujours avantage à perdre de l'espace pour gagner du temps. Mieux vaut rétrocéder un peu de surface sociale que ses neurones et ses valeurs. On sait bien que le temps pris sur l'action fait gagner du temps à l'action, mais comment en trouver pour nos hommes pressés ? Y a-t-il des cours de prison qui se perdent ?

*

Le socialisme démocratique, après l'ablation de la monstrueuse excroissance baptisée « socialisme réel », devrait pouvoir reprendre en force son cours originel, qui est occidental, encyclopédique et rationaliste. Le drame pour lui est qu'il peut reprendre sans complexes ses principes politiques de départ, mais non sa logistique culturelle de départ, ses circuits d'élaboration et de diffusion. L'écroulement de la graphosphère l'a entre-temps contraint à rallier avec armes et bagages les réseaux pensants de la vidéosphère, qui sont mortels à sa culture. À commencer par un détail pratique : pour s'informer de ce qui se passe au-dehors il faut regarder la télé, *et donc rester à la maison*. Assignation à résidence bourgeoise car un «chacun pour soi» était en filigrane, qu'on le veuille ou non, dans le «chacun chez soi». La démobilisation du citoyen commence par l'immobilisation physique du téléspectateur. L'individualisme, tête-à-tête familial avec le récepteur individuel? Les dominés ont fait leur la culture dominante, celle de leurs adversaires. Aussi le quidam en France a-t-il les meilleures raisons du monde de ne plus pouvoir différencier gauche et droite. Mêmes médias, mêmes messages, merci McLuhan.

Le quidam hexagonal peut néanmoins s'aviser d'une différence ou d'une rémanence symptomatique. Le concussionnaire de gauche laisse des traces écrites : il prend des notes et les archive. Bon sang ne peut mentir. Le concussionnaire de droite s'embarrasse moins de documents, il improvise. Or l'âge des fluidités orales avantage ceux qui touchent en liquide, s'arrangent par téléphone et s'esbignent en avion.

DIXIÈME LEÇON

PROPOSITIONS
POUR UNE MÉDIOLOGIE CIVIQUE

Onze thèses
À la charnière des Léviathan
Les réponses de la «science politique»
Pour un identikit de la domination
Ordo, Lex, Medium

ONZE THÈSES

Excusez-moi de commencer sur le ton autoritaire des prophètes politiques d'avant-hier. Pour introduire la discussion, je poserai d'emblée, *ad limina*, quelques thèses qui résument notre parcours tout en annonçant ses prochaines étapes.

1. Les médias pensent. Plus avancent l'innovation et l'interposition médiatiques, plus les médias pensent pour nous, et plus la pensée du média dominant devient la pensée dominante de l'époque.

2. Est *dominant* par rapport aux médias antérieurs, le médium le plus *performant*, c'est-à-dire celui dont le rapport coût/efficacité est le meilleur. Soit celui qui balaye le plus large, le plus vite, à moindre *frais* pour l'émetteur et moindre *effort* pour le récepteur (synonyme de plus grand *confort*). La télé, *en ce sens*, domine la radio qui domine le journal, qui domine la brochure, qui domine le livre, qui domine le manuscrit, etc.

3. Tout comme une formation économique donnée voit se chevaucher en son sein plusieurs modes

de production sous la dominance de l'un d'entre eux, généralement le dernier venu, chaque médiasphère réordonne ses divers réseaux en fonction de sa mémoire la plus efficace.

4. Les déterminations techniques des organes de transmission déterminent plus que les conditions d'exercice de l'hégémonie, son contenu même et l'organisation des luttes pour le pouvoir d'État. On ne peut donc pas séparer le mode de domination politique des modes d'inculcation symboliques.

5. La corrélation médium dominant/pensée hégémonique se traduit, à chaque stade du développement technique, par la correspondance existant entre la *technologie culturelle* et la *technologie politique* d'une société.

6. Il s'ensuit qu'une théorie du «changement social» ne peut plus se dissocier, comme contenu valable en soi, des formes et conditions matérielles de sa transmission. En cette matière, un *quid* sans *quomodo* doit être réputé nul et non avenu. Tout le monde a des vues sur la société idéale, beaucoup peuvent les exprimer, quelques-uns leur impriment une cohérence discursive. Mais si ces idées ne passent pas de la tête des uns à la tête des autres, il n'y aura jamais conception du monde, c'est-à-dire «une certaine articulation entre pratiques et représentations collectives». Pour un intellectuel comme pour un politique, voués l'un et l'autre à la communication sociale, la question de savoir *comment* se faire entendre et sous quelles conditions ne se situe pas en aval mais en amont de leur activité. D'elle dépend le sens ou le non-sens de ce qu'ils font, l'être ou le non-être de ce qu'ils sont.

7. La *corrélation* entre l'idéologie dominante d'une époque et les propriétés de son médium dominant

n'est pas mécanique, sans quoi on serait dans l'incapacité d'expliquer la différence entre des régimes de domination dotés des mêmes moyens de diffusion (différences qui tendent au demeurant à disparaître par alignement des systèmes de domination moins «médiatiques» sur les systèmes qui le sont le plus). Cette corrélation signifie simplement que n'importe quelle vision du monde ne peut pas passer à chances égales par n'importe quel canal, ni régner à deux époques médiologiques par les mêmes moyens. Chaque «idéologie» a un *indice de performance* médiologique qui lui est propre, solidaire qu'elle est de la médiasphère qui lui a donné naissance.

8. Une idéologie sociale propre à la graphosphère (Livre - Chemin de fer - Journal), est tôt ou tard éliminée par l'idéologie corollaire de la vidéosphère (Télé - Radio - Avion). La première, ne pouvant résister à un état de libre concurrence, doit recourir, pour protéger sa survie, à une protection coercitive de type administratif ou militaire (ainsi du «marxisme-léninisme» à l'Est ou en Chine), ou à un abri indolore, de type muséologique ou universitaire (ainsi l'idéologie républicaine en France).

9. Aujourd'hui, et pour la première fois dans l'histoire de l'humanité, la sphère de *circulation* des idées et représentations commande directement leur *production*. Il s'ensuit que la critique des idées et représentations dominantes ne peut plus être une critique idéologique mais la critique des organes de leur domination.

10. Une révolution médiologique est une révolution politique. L'inverse ne vaut pas. En résumé, la politique n'est plus au poste de commande.

11. Un groupe social, un parti dirigeant, un chef,

ne peuvent pas longtemps «raconter n'importe quoi», ou prétendre «faire passer» n'importe quel message par n'importe quel conduit. Qu'il en ait ou non la tutelle administrative, l'État n'est plus maître des médias, les médias sont les maîtres de l'État, qui doit négocier sa survie avec ses maîtres à penser, et à faire croire.

S'il est parmi vous des ptérodactyles ou des brachiosaures, ils auront reconnu ici une frappe et un vocabulaire qui eurent leur siècle de gloire, jusqu'aux alentours de 1968. J'ai en effet pris le moule antédiluvien des *thèses sur Feuerbach* du jeune Marx — roulement de tambour optimiste et humaniste par lequel, rompant avec le matérialisme spéculatif de son aîné, Marx proclamait la mobilisation générale sous le nouveau labarum de la *Praxis*. «Les philosophes jusqu'ici n'ont fait qu'interpréter le monde. Il s'agit de le transformer.» Magnifique programme auquel manquait seulement un mode d'emploi. Par quels *moyens* pratiques le transformer? Par quels médias et médiations faire passer l'intention de la tête illuminée du Prophète aux millions de prolétaires dans la nuit? Cela n'était pas dit. Silence qui, cent cinquante ans plus tard, nous remet au pied du mur, à la case départ, avec, entre le monde ancien et nous, beaucoup de morts pour rien.

L'ironie du pastiche réside en ce que nous articulons sous une batterie de termes anciens — «hégémonie», «domination», «idéologie» — un point de vue qui suggère l'impropriété de ces termes eux-mêmes pour comprendre l'évolution actuelle du monde. Non sans dénoncer la naïveté de l'espoir anthropologique qui sous-tendait l'appel marxiste.

Prométhée n'était pas médiologue. Spartacus, non

plus. Une chance pour l'humanité. Il y a des savoirs dont il vaut mieux se passer quand on veut pousser les feux de l'espérance. La naïveté est une vertu roborative.

Ce n'est pas parce que le médiologue n'est pas dupe de l'optimisme humaniste qu'il est brouillé comme citoyen avec tout projet d'émancipation politique. La médiologie politique, comme la sociologie du même nom, ne fait pas de politique. Elle commence par isoler un champ et décrire ce qui s'y passe. Sans jugement de valeur ni proposition à faire valoir. Libre au citoyen de croire et d'espérer, c'est-à-dire de poursuivre cela qu'il sait de science certaine rigoureusement hors d'atteinte comme l'égalité de tous, la liberté sans limites et la fraternité universelle. Simplement, en mettant en évidence que toute entreprise de transformation collective est assujettie à un système technique de transmission, la médiologie politique peut épargner aux théoriciens de la chose nombre de considérations oiseuses (sur la fin et les moyens par exemple) et faire en outre gagner un temps précieux à tout praticien, aspirant au pouvoir — démocrate ou tyran.

Elle attirera son attention, paradoxalement, sur la vanité du cynisme.

À LA CHARNIÈRE DES LÉVIATHAN

Si à chaque médiasphère correspond un médium dominant; si à chaque médium dominant, correspondent à la fois un certain mode d'organisation de la classe morale (clergé, intelligentsia, médiocrates) et un certain mode de fonctionnement de la classe administrative. Si en résumé, le système des supports et moyens de transport symboliques détermine le système de commande de l'homme sur l'homme en sélectionnant les messages les mieux communicables, le champ de la médiologie civique peut se définir comme *l'ensemble réglé d'interdépendances unissant à une époque et pour une aire de civilisation données, une technique de transmission, la fonction symbolique, et un mode de domination.*

Ce champ en forme de triangle circonscrit une aire d'opérations et d'explorations. Polygone de base à géométrie variable qui paraît devoir justifier une spécialisation. L'histoire technique en fait varier les côtés, ou plutôt leur nom, et chaque côté fait en lui-même isolément l'objet d'une discipline constituée. Il y eut jadis une configuration Roi-Église-Oralité populaire. On parlera à présent du polygone État-Intelligentsia-Médias. Le premier intéresse le chercheur en sciences politiques ; le second l'historien de la culture ; le troisième l'ingénieur en télécommunications. Les mettre en rapport (autre qu'anecdotique) peut paraître farfelu. Ils n'ont pas même rang ni même âge. Dans son acception moderne, *État* date du XVIe siècle, *intelligentsia* du XIXe, *médias* du XXe. D'évidence, les fonctions existaient avant ces organes-là, et leurs noms. La médiologie politique raccorde en pointillé les trois sommets du triangle. Elle voudrait fermer la figure pour chercher les fonctions.

Elle peut, ce faisant, contribuer à éclaircir de bien vieux mystères. Rien qu'en doublant la question machiavélienne : « Ce que c'est que la souveraineté, combien d'espèces il y en a, comment on l'acquiert, comment on la garde, comment on la perd », par un corrélat comme : « Ce que c'est que la transmission, combien d'espèces il y en a, etc. » et par cet autre : « Ce que sont les médiateurs, combien d'espèces, etc. »

*

Chacun sait que la contrainte est au cœur de l'institution étatique ; mais qu'il n'y a pas contrainte sans discours, ou, en termes nobles, *potestas* sans *auctoritas*. La force n'a pas toujours raison, mais elle a toujours une raison. Si le monopole de l'usage légitime de la violence publique suppose en amont une idée partagée de la légitimité, il s'en déduit qu'une théorie de l'autorité publique exige quelques lumières sur les procédures de persuasion propres à telle ou telle médiasphère. Cela d'autant plus que les États démocratiques modernes ont appris depuis longtemps que « l'inculcation des modes de pensées, des comportements, aboutit à des résultats plus durables et à un moindre coût que l'usage de la force qui entraîne une énorme dépense d'énergie, laisse subsister les racines profondes des conflits[1] ».

Souvenons-nous du frontispice allégorique qui précède l'édition originale du *Léviathan* de Hobbes : émergeant par-dessus bois, cités et champs, un géant moustachu et couronné tient dans la main droite un glaive et dans la gauche une crosse. Plus bas, en vis-à-vis : un fort, une cathédrale ; une couronne, une mitre ; un canon, une foudre d'excommunication ; une bataille, un concile. « Hôtel de ville et N.R.F. », les deux points clefs pour le stratège nazi en arrivant à Paris en 1940.

---

1. Jacques CHEVALIER et Danièle LOSCHACK, *Science administrative*, Paris, 1978.

Sur quelles charnières pivotent les deux volets de la puissance publique ? Le méchant sourire du Prince-État en fait mystère. Et pour cause, s'il tient son pouvoir de ce mystère même... Nous pouvons tenter de localiser un peu mieux cette zone charnière : c'est celle qui articule les unes sur les autres les opinions et les adhésions.

Éternel rébus des Léviathan anciens et modernes : disposer des corps par la force, *et* des âmes par l'autorité. Depuis vingt-cinq siècles qu'ils donnent de leurs nouvelles, tous les philosophes politiques sont tombés d'accord sur cette double nature, leur seul lieu commun. Observation banale : disposer de la force physique n'est pas rien, mais si l'on ne se voit pas reconnaître le droit de s'en servir, ce n'est pas assez. Machiavel : « Ceux qui simplement veulent faire les lions, ils n'y entendent rien. » État = « Lion + renard », « violence + légitimité », « Coercition + hégémonie ». Si chacun des termes est en lui-même connu, le signe + reste le grand inconnu de la science politique, et La Boétie notre contemporain. Il y a là un constant motif d'épouvante pour les promeneurs de la planète. Aujourd'hui comme hier.

Jean Jaurès, à Paris, au début du siècle : « Je fus saisi, un soir d'hiver, dans la ville immense, d'une sorte d'épouvante sociale. Il me semblait que les milliers et milliers d'hommes qui passaient sans se connaître, foule innombrable de fantômes solidaires, étaient dénués de tous liens. Et je me demandais avec une sorte de terreur impersonnelle comment tous ces êtres acceptaient l'inégale répartition des biens et des maux, et comment l'énorme structure sociale ne tombait pas en dissolution. Je ne voyais pas de chaînes aux mains et aux pieds, et je disais : "Par quel prodige ces milliers d'individus souffrants et dépouillés subissent-ils tout ce qui est?" La chaîne était au cœur, la pensée était liée, la vie avait empreint ses formes dans les esprits, l'habitude les avait fixées. Le système social avait façonné ces hommes, il était en eux, il était en quelque façon devenu leur substance même, ils ne se révoltaient pas contre la réalité parce qu'ils se confondaient avec elle. »

Qui n'a ressenti la même énigme en se promenant quelques jours à Bucarest et à Caracas, à La Havane ou à Shanghai? Mais Sarcelles suffit peut-être à l'inquiétude... Pourquoi ne voit-on pas ce qui crève les yeux, accepte-t-on l'inacceptable? D'où viennent ces liens d'imagination dont se ligotent les hommes et les femmes pour endurer l'aberrant comme naturel?

LES RÉPONSES DE LA « SCIENCE POLITIQUE »

Nos langues mortes sont des mots pour répondre. « Idéologie dominante », disait le marxisme. « Hégémonie », précisait Gramsci. Nous dirions aujourd'hui, pour cerner ce résidu envahissant et inclassable des charcutages disciplinaires, « consensus ». Le mot fait évidence. Il est singulièrement obscur.

Étrange et fascinant bâtard en vérité que ce terme de physiologie importé au XIXe siècle dans la sociologie grâce à Auguste Comte qui (par l'une de ces géniales intuitions sur l'oubli desquelles s'est bâtie la sociologie, fille ingrate s'il en est) voyait, dans « cette co-relation essentielle entre l'idée de société et l'idée de gouvernement », « l'idée mère de la statique sociale », permettant enfin « une conception positive de l'harmonie sociale »[1]. Curieusement, ce qui unit l'une à l'autre « société » et « politique », soit « la communauté de valeurs et de choix » inhérente à toute cohésion sociale, reste à l'état d'entité baladeuse, comme un furet que le sociologue renvoie à l'historien, l'historien au juriste, le juriste au psychologue social. « Notion extrêmement fluide » (Georges Burdeau) ; « nébuleuse » et « phénomène jusqu'ici mal cerné » (Jean Rivero) ; « cette sorte de mystère » (Jacques Rigaud) ; cette manifestation d'une « ambiguïté fondamentale » (Jean Baechler) — tous conviennent qu'on ne peut s'en passer sans tomber d'accord sur un début de définition. On apprendra donc que le consensus « relève davantage de l'ordre affectif que de l'ordre rationnel » (comme s'il n'y avait pas une rationalité de l'affectif), et qu'il convient de le référer à « ce que l'on osait appeler naguère l'âme des peuples » et « la psychologie des profondeurs » (souvent la plus superficielle des psychologies). Les sciences politiques seraient-elles les seules des sciences occultes à être reconnues d'utilité publique ? La vertu dormitive du sommeil ne fait-elle pas écho à une définition comme celle-ci : « Le consensus est une disposition de l'esprit collectif qui traduit un accord avec une situation » ? C'est donc une manifestation de psychologie sociale ; mais aussi un état de société, ou encore un ensemble de propositions dénombrables. Le consensus, en ce cas, fait l'objet d'évaluations chiffrées. On montrera pour la France de telle année, par exemple, au moyen d'enquêtes et de sondages d'opinion, sur quoi il y a consensus « dans la sphère politique », et l'on pourra procéder à des classements comparés selon les

---

1. A. COMTE, *Philosophie positive*, 48e leçon.

diverses catégories socio-professionnelles, tranches d'âge, niveaux d'instruction, appartenances partisanes, etc., et selon les objets du consensus (la nation, la menace extérieure, l'ennemi public numéro un, le service militaire, le divorce, etc.). Malheureusement, un entassement inorganique de faits empiriques ne fait pas un concept. La nature du consensus relève d'une interrogation métaphysique, quand elle est isolée de son mode de fonctionnement. Rappelons-nous que la philologie, mère des sciences humaines, place le consensus à l'intersection de *concentio*, art de chanter ensemble, et de *consensio*, ou conformités des sentiments[1]. La nature des instruments et l'acoustique de la salle nous en diront plus sur l'air du temps qu'une réflexion sur le solfège. Il est peut-être plus éclairant d'observer les cordes vocales d'une société en anatomiste que sa partition mythologique en mélomane. Tant que ses thèmes sont considérés indépendamment des instruments de la musique d'ambiance, le consensus risque de jouer les utilités au titre de vide unificateur des enquêtes d'opinion. Il se définit pour le moment comme une addition de négations. Ce n'est pas un terme *juridique*, comme l'est la *légitimité* qui implique la conformité à une norme positive (un pouvoir n'est pas plus ou moins légitime, il l'est formellement ou pas du tout). Ce n'est pas un terme *politique*, puisque aucune institution ou procédure ne lui sert de critère et qu'il désigne moins le conflit que l'unité. Ce n'est pas une catégorie *morale*, puisque le consensus est de l'ordre du fait, sans imputation de valeur et encore moins de res-

---

1. René PUCHEU, « À la recherche du consensus », *Pouvoirs*, n° 5, 1978, p. 17.

ponsabilité : qu'il y ait eu consensus, indiscutable et massif, dans l'Allemagne nazie n'excuse pas le nazisme, ne l'accuse pas non plus. Circonstance ni atténuante ni aggravante. Trop culturelle pour être politique, trop politique pour être culturelle, la notion de consensus désigne en réalité *ce qui dans chaque société a force de loi sans prendre la forme de la loi ni les moyens de la force*. Bref, nous voilà revenus au mystère initial, dont le côté ténébreux épouvantait déjà Jaurès. Ne serions-nous pas plus avancés, en cette fin de siècle, qu'au début ?

Les marxistes ont cru naguère changer de terrain en troquant l'âpre hégémonie contre le doucereux consensus. Gramsci n'a pas inventé le mot. Il a repris le concept à la tradition social-démocrate russe (Plekhanov, Axelrod, Lénine), où il désignait le rôle dirigeant assigné au prolétariat dans ses alliances avec la paysannerie et la bourgeoisie libérale contre l'aristocratie tsariste. Gramsci l'a simplement fait glisser à l'Ouest, du domaine des alliances sociales du prolétariat à celui des structures du pouvoir bourgeois[1]. Progrès notable encore que négatif. Premier mérite : souligner tout ce que comporte de culturel une domination politique. Se trouveraient donc simultanément récusées, au dire des disciples de Gramsci, « l'interprétation juridico-libérale » du consensus selon laquelle c'est le consentement qui crée la force (théorie du droit naturel et du Contrat Social) et l'interprétation « étatico-politique » selon laquelle la force crée le consentement par simple décalque ou projection (selon les théories mécanistes de « l'idéologie » comme pur reflet d'un

---

1. Perry ANDERSON, *Sur Gramsci*, Paris, Maspero, 1978, chap. I.

rapport de force préétabli, sans efficace spécifique)[1]. En indexant d'emblée l'accord réciproque postulé par le *consensus* sur un rapport de domination, en dévoilant l'asymétrie réelle sous l'unité idéale (des croyances et représentations collectives), ce marxisme intelligent nous rappelle qu'il n'y a pas de chœur sans chambre ni de chorale sans partition.

Reste qu'on ne peut prendre la flèche pour la route. De même qu'il n'y a pas d'État ni d'intellectuel dans l'abstrait, il n'y a pas d'hégémonie «en général», indépendante de ses conditions médiatiques d'exercice. Si cette catégorie spéculative ne porte pas en elle-même le principe explicatif des changements d'hégémonies auxquels on assiste dans une même société, on comprend pourquoi le discours soi-disant matérialiste en la matière multipliait les «il faut» et les «n'y-a-qu'à» — phraséologie sans contenu, impératifs sans moyens d'application. «Il faut» opposer à la révolution passive de la bourgeoisie la révolution active du socialisme, celle qui remontera la société civile à la société politique. «Il faut» que la classe ouvrière fonctionne comme classe hégémonique et non seulement corporative, porteuse «d'une direction intellectuelle et morale» pour toute la société : mais quels sont les *instruments* de cette direction dans *cette* société-ci ? Et sont-ils bien des instruments purement «techniques», des formes polyvalentes et neutres qu'on puisse indifféremment remplir de tel ou tel «contenu de classe ? »

---

1. Christine BUCI-GLUCKSMANN, «Du consentement comme hégémonie : la stratégie gramscienne» (*Pouvoirs*, n° 5, 1978) et son remarquable ouvrage, *Gramsci et l'État*, Paris, Fayard, 1977.

« Il faut » d'abord *diriger* (les esprits et les comportements) pour pouvoir ensuite *dominer* (par l'État et la force). Et si les moyens de « direction » n'étaient pas eux-mêmes dirigeables ? Et si l'accession aux « appareils d'hégémonie » faisait passer les heureux élus sous l'hégémonie desdits appareils, comment briser le cercle vicieux ? Gramsci a sans doute repéré un vide béant dans le marxisme de son temps en se fixant pour tâche de penser les médiations. Mais cette pensée purement politique fait l'impasse sur le caractère techno-économique de ces médiations, et donc sur leur *contenu* culturel propre. C'est pourquoi la doctrine de l'hégémonie n'a pas constitué une révolution théorique, un renversement du regard. Elle n'était pas porteuse d'indications pratiques parce qu'elle n'est pas entrée dans le secret pratique de sa propre histoire. Le bon militant qui invoque aujourd'hui saint Gramsci pour proclamer que « l'hégémonie est d'abord une stratégie d'acquisition du consentement actif des masses par leur auto-organisation » se paye de mots, comme le brave curé qui répond à la pilule anticonceptive par des citations de saint Paul sur le mariage. Car l'auto-organisation des téléspectateurs, en régime de monopole ou d'audimat, c'est la quadrature du cercle (dont les Pays-Bas au demeurant ont le mieux approché la solution). Et quand tel ou tel groupe d'« intellectuels de gauche » — tous experts en stratégies d'hégémonie — se voit dans l'incapacité de se doter d'un organe d'expression, d'influence et de regroupement, il peut se consoler en se rappelant que ceux qui ont perdu depuis longtemps les moyens de leur théorie manquaient dès le départ d'une théorie des moyens (de communication).

On comprend que dans les démocraties industrielles, où, jusqu'en 1968, pouvait être dite à l'ordre du jour « l'alliance des forces de travail et de la culture » la philosophie de la « praxis » (comme appelait Gramsci le matérialisme historique) ait présenté tous les symptômes de l'« apraxis idéomotrice » : incapacité d'adapter ses mouvements à ses idées, ses moyens à ses buts.

POUR UN IDENTIKIT
DE LA DOMINATION

Reproduction des pouvoirs et production des discours ne sont pas séparables. Pourquoi ? Parce qu'elles partagent la même cliente, « l'opinion », qui les fait vivre l'une et l'autre. Cela peut sembler bien léger, et friable. Mais c'est le sol de toute domination. Alluvial et sablonneux, il semblera à qui veut du solide. Il l'est de fait. Mais la pédologie, branche de la géologie appliquée, n'est pas une science friable parce qu'elle étudie la composition de sols qui le sont. Il faut prendre le sable au sérieux parce que tout édifice étatique est bâti en dur mais sur du sable. En dur : taillé dans le *répressif* et le *juridique*. Mais sur le sable de « l'esprit public ». Un fin chroniqueur politique du XIXe siècle remarquait : « Une collection de baïonnettes ou de guillotines ne peut pas plus arrêter une opinion qu'une collection de louis ne peut arrêter la goutte » (Henri Beyle, dit Stendhal). Un bon professeur de droit public confirme au XXe siècle : « Que l'opinion se dérobe, et le pouvoir s'effondre. S'il est récusé par ceux qu'il entend régir, il cesse d'être ; et la légitimité suppose l'existence[1]. » Napoléon disait redouter plus l'hostilité de trois journaux que mille baïonnettes. Et La Boétie avait compris que les esclaves et non le tyran font la servitude volontaire. Le juge énonce les règles et le gendarme les fait respecter. Mais l'un et l'autre perdent pied, et avec eux l'État qu'ils font tourner, dès lors que les administrés cessent d'y croire. Le désarroi des sociologues devant le furet du *consensus* trouve son répondant dans la panique des gouvernants de tout temps et pays devant les brusques épidémies de *désobéissance civile* qui déclenchent d'imparables glissements de terrain (Europe de l'Est) ou de vertigineux passages à vide (Mai 68 en France). Quand l'adhésion des joueurs est suspendue. Quand le sol se dérobe, les matraques frappent en pure perte. Police, Justice, Armée, ces institutions demeurent impuissantes devant l'insaisissable (qui peut se traduire par un refus de l'impôt, une grève de la faim, le refus de combattre chez les soldats, de s'enrôler chez les civils, etc.), au point qu'elles-mêmes peuvent s'affaisser (refus de servir, ou de rendre la justice). Le juge et le gendarme n'ont pas le droit de grève mais si leur opinion les y pousse, peu importent la loi et la Constitution. En somme, l'État aussi, comme la peinture, est « cosa mentale ». La science politique pourra-t-elle rivaliser un jour avec l'histoire de l'art ?

Elle souffre d'une sorte d'aporie épistémologique. Elle devrait culminer dans une science de l'opinion. Mais comment peut-il y avoir une science de la déroute de la « science », quand l'opposition de l'opinion et du savoir, *doxa* et *épistèmé*, sert de base à la constitution du Logos occidental, de Platon à Popper ? Cet *opinari* dont le sage stoïcien doit, par prin-

---

1. Jean RIVERO, « Le consensus », *Pouvoirs*, n° 5, 1978.

cipe, s'abstenir, voilà ce que doit d'abord considérer la haute sagesse d'un politique ? Au sommet des honneurs, voilà qu'il faut revenir au plus bas degré du savoir, à ce que la science ignore comme ce dont elle a à se dégager pour devenir égale à elle-même, à ce que la philosophie méprise comme ce avec quoi il ne faut pas la confondre ? Cette entité immatérielle et consistante, brutale et capricieuse, qui ne se laisse ni déduire d'un principe ni référer à une norme, plus facile à sonder qu'à expliquer, n'est-ce pas à son insaisissable fluidité que l'art politique doit de n'avoir pas acquis, au sein de la tradition classique, la dignité d'objet de science ?

La vérité n'est pas affaire d'opinions, son universalité s'impose par elle-même à tout être doué de raison. C'est pourquoi l'on ne dira jamais d'une proposition scientifique qu'elle fait l'objet d'un consensus, mais d'une reconnaissance (que les femmes aient une âme, par exemple, c'est une thèse politique, puisqu'elle a dû faire l'objet d'un vote majoritaire au concile de Nicée : c'est proprement un dogme, comme l'était du reste la dotation spirituelle du sexe mâle). Toujours le vieux paradoxe : ce qui ne peut être fondé en raison fonde l'autorité politique. D'où son intérêt pour les opinions qui font autorité.

Qu'est-ce que l'opinion ? Le contraire d'une connaissance, dira le philosophe. L'opinion, c'est ce que je sonde ; la preuve qu'elle existe, c'est que je la mesure, lui répond le statisticien, oracle suprême. Le sociologue rétorque au politologue que c'est son sondage lui-même, avec sa grille et ses postulats, qui produit l'opinion publique qu'il est censé refléter[1].

---

1. Pierre BOURDIEU «L'opinion publique n'existe pas», *Les Temps Modernes*, janvier 1973.

Toutes les opinions sont possibles sur l'opinion, et le médiologue ne rentre pas dans ce débat, malgré son importance. Il reste dans la matérialité et la prend pour ce qu'elle est : un fait de discours. À l'instar de Platon, *Théétète*, 190 a : « Je dis qu'opiner c'est parler et que l'opinion consiste en un discours explicitement prononcé. » Définition minimale et considérable qui suffit à l'État comme tel, le plus comme le moins démocratique, pour susurrer son éternel « votre opinion m'intéresse ». La question de savoir qui a la possibilité de manifester sa pensée ne peut pas ne pas le concerner. Car si la nature intime de la chose, réalité ou illusion, est sujette à controverse, ce qui ne souffre pas contestation ce sont les effets de la croyance sur le cours de la Bourse et des choses. Si donc l'on entend par *médium* tout moyen de produire une opinion ou de transmettre un discours, c'est-à-dire de susciter ou modifier une croyance collective, on comprend que le médium dominant d'une époque soit l'enjeu d'un rapport de forces politiques. Exemple très schématique en premier survol : au XVIIIe siècle, en France, le principal organe de l'opinion c'était le livre ; au XIXe, le journal ; au XXe, l'audiovisuel. Le gouvernement s'est défendu au XVIIIe contre le livre ; au XIXe, contre le journal ; au XXe, contre l'audiovisuel, selon des procédures à chaque fois différentes, mais pour les mêmes motifs. Il s'est défendu *contre* parce qu'il ne pouvait triompher qu'*avec* et *par*.

Or, le fait est que contre chaque médium l'État a fini par perdre sa bataille. Pour survivre, il s'est rendu.

Au XVIIIe siècle, duel du livre et de l'absolutisme — victoire du livre. Au XIXe, duel du journal et de la réaction (impériale, monarchique ou bourgeoise) —

victoire du journal. Au xxᵉ, duel de l'audiovisuel et de l'État monopoliste — victoire de l'audiovisuel.

Cette constante impuissance du pouvoir face à ses « instruments » méritait à la fin réflexion. D'où cette recherche.

Synthétisons.

Les deux questions — comment ça fonctionne la croyance ? comment ça fonctionne le pouvoir ? — se recoupent dans la sphère des moyens de diffusion. Carrefour où se croisent producteurs d'opinions et instances de contrôle. Point d'intersection des « commis à l'hégémonie » et des fonctionnaires de la coercition, point d'application de deux forces complémentaires et concurrentes, point critique de notre organisation politique. Le médium est de nature réversible : il permet à l'esprit de devenir force et à la force de se faire esprit. Il n'est pas étonnant que ce Janus à double entrée intéresse à la fois le sabre et le goupillon, le Prince et le Scribe, l'homme d'affaires et l'homme d'influence.

La distinction violence symbolique/violence physique répondant à la double nature et face du lien politique — revoir l'image du Léviathan —, on peut mettre en vis-à-vis « Intelligentsia » et « État », avec « Médias » au milieu, et faire fonctionner le vieux modèle d'hégémonie comme un tableau à deux entrées. À gauche, par « l'intellectuel », à droite par « l'État » ; avec, au milieu, l'outil commun qu'il faut bien se partager puisque le clerc et le seigneur, l'intellectuel et le dirigeant, en ont tous les deux un besoin fonctionnel.

Entrée de gauche : l'acte de rendre publique une conviction privée est l'acte intellectuel par essence. Pas d'intervention dans les affaires publiques sans possibilité de publication (le substantif lui-même d'*intellectuel*, redisons-le, est né, en 1898, de cet acte même). Tout le monde peut avoir des convictions mais tout le monde n'a pas la possibilité d'en faire état (c'est-à-dire de contribuer à faire ou défaire l'État existant dans les esprits). C'est ce privilège/aptitude qui fait de la personne privée de l'intellectuel une personne publique, une puissance sociale. Un esprit ne peut agir sur un autre qu'en prenant corps dans une matérialité sensible (parole, écriture, image), et en se déposant sur un support. Sans cette objectivation ou publication, nulle pensée ne peut devenir événement, ni prendre effet, comme force à capter ou à neutraliser. Une opinion qui n'a pas les moyens de se faire connaître n'est plus un danger. Ma pensée ne regarde l'État qu'à partir de l'instant où elle se rend visible, audible ou bien audiovisuelle. Elle doit pour ce faire avoir accès aux moyens matériels d'imprimer, de reproduire et de transmettre. Souvenons-nous que, dans *le délit d'opinion*, le délit n'est pas provoqué par le contenu propre de l'opinion mais par sa matérialisation sensible. Ce n'est pas l'auteur, mais l'imprimeur Étienne Dolet qui monte sur le bûcher ; pas le journaliste, mais le directeur de la publication qui est poursuivi en justice. Cette prise de corps est doublement conditionnée. D'abord, par une capacité de mise en œuvre produite par une qualification technique : apprendre à parler en public, à écrire, à tourner. Ensuite, par un privilège ou droit d'accès aux sites et moyens de publication, produit d'une qualification juridique ou intellectuelle : n'importe qui ne peut pas accéder à la place du village ou à la chaire de l'église pour prêcher ou sermonner les paysans analphabètes, comme, plus tard, n'importe qui ne peut pas imprimer un livre à sa guise, coller une affiche sur les murs ni représenter une pièce sur la scène; comme n'importe qui aujourd'hui, du moins en temps normal, ne peut accéder à un studio de télévision ou de radio, s'il n'y est pas dûment convié par les ayants droit.

Entrée de droite: par l'État. L'acte de rendre privée une conviction publique parachève la puissance de l'État. C'est parce que et dans la mesure où les opinions des dirigeants sont transmises ou relayées aux dirigés, et incorporées par eux comme valables, qu'un pouvoir de fait se transmue en un pouvoir légitime librement accepté. Seule l'adhésion des individus privés à «l'idéologie régnante» la fait telle. Représenter l'intérêt particulier de «ceux d'en haut» comme l'intérêt général de «ceux d'en bas» — vœu et accomplissement de toute domination — suppose qu'on fasse passer le message de haut en bas. Ce qui pousse au contrôle, sinon à l'appropriation directe, des moyens de communiquer. Cette poussée ou pulsion, c'est le «ça» des autorités centrales. Son refoulement ou sa maîtrise par un «surmoi» juridique marque l'accès des systèmes de gouvernement de la sauvagerie à la civilisation, encore appelée «démocratie».

Ainsi, l'acte hégémonique est à double sens, et entrée. Publication et privatisation viennent buter l'une et l'autre sur l'instrument de la matérialisation ou médium. Objet d'une lutte corps à corps entre État et Intelligentsia parce que le pouvoir politique prend effet par le médium, le pouvoir spirituel (moral ou institutionnel) aussi. Avec lui, nous sommes bien in *medias res*. Cheville ouvrière par laquelle chaque élément se change en son contraire pour devenir lui-même, le *medium* transforme l'acte de pensée en opérateur politique et le pouvoir politique en opérateur intellectuel. C'est le point de croisement des deux flèches en direction d'une cible commune : les gouvernés.

Un système de souveraineté peut ainsi se schématiser par un Christ en croix, ou une figure de crucifixion ; deux entrées principales et quatre pôles. En bas, la collectivité réceptrice (fidèles, sujets, citoyens). De chaque côté, les deux bras écartés du Détenteur symbolique et du Contrôleur politique. Au milieu, la tête ou médium, centre d'aspiration et de redistribution des flux d'information, enjeu et moyen des luttes pour la prééminence. Ce corps écartelé changera de visage selon le type de rapport unissant les deux pôles de la circulation symbolique et la nature du médium central.

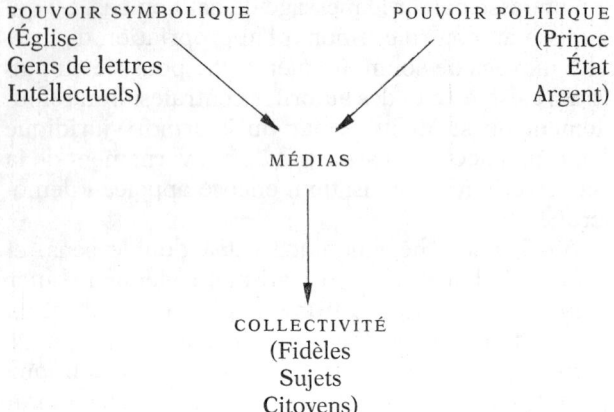

En quoi le tableau peut fonctionner comme un identikit.

Sur quels critères établir une typologie historique ? Sur les diverses procédures de contrôle des discours publics, elles-mêmes fonction du caractère technique de la relation d'influence. Deux grands cas de figure :

Quand le rapport de l'homme à l'homme est direct et s'opère par la parole vivante (discours, sermons, prêches, allocutions, etc.), le contrôle opère à la source. Il porte directement sur les hommes autorisés à parler, et indirectement sur la parole.

Quand le rapport de l'homme à l'homme est indirect et passe par un support matériel objectif, le contrôle est indirect : son centre de gravité passe du corps des émetteurs d'information sociale aux moyens et canaux d'émission.

Pour prendre l'exemple français, on distinguera selon ce canevas trois systèmes de canalisation symbolique. Après la période médiévale de régulation ecclésiastique, suivie, après Gutenberg, d'une phase de régulation juridico-politique sous la monarchie et les trois premières républiques, elle est entrée en phase de régulation économique (avec un certain retard sur les sociétés comparables : U.S.A., Allemagne, Italie, etc.).

Une histoire de la censure en France pourrait s'écrire comme l'histoire de sa dissolution comme entité séparée par incorporation progressive (et productive) aux dispositifs d'information.

Dans la régulation ecclésiastique, les procédures de contrôle sont intégrées à l'apprentissage des règles du discours licite, système et contenu de l'enseignement (théologie), par le biais de l'initiation cléricale. La délégation du droit à la parole s'opère de haut en bas, par une cascade de mandats réguliers et étroitement hiérarchisés (ainsi du *Munus* épiscopal : « Seul le mandat de l'évêque confère le pouvoir de prêcher la parole de Dieu »). Mais l'État n'exerce pas de contrôle direct sur les détenteurs et émetteurs. Si l'Église ou ce qui, ailleurs, en tient lieu (le « clergé » islamique, aujourd'hui) cesse de jouer le jeu du pouvoir politique, on entre dans une zone de turbulences graves.

À partir du XVIe siècle, quand la diffusion de l'imprimerie a brisé, chez nous, le monopole clérical, le contrôle s'est exercé de façon rigide, par des règlements corporatifs et un arsenal juridique portant sur l'imprimerie et la presse (les pupitres et les chaires professorales faisant l'objet d'un contrôle indirect par le biais de l'institution universitaire encore dépendante de l'Église). C'est l'État qui joue le rôle principal, en contrôlant les moyens légaux d'émission des discours publics. Mais ces moyens, comme nous le verrons, passé un certain stade de développement, ne sont plus contrôlables (le coût du contrôle excède les avantages).

L'État alors passe la main, au bénéfice d'une autorégulation par l'offre et la demande. Nous assistons aujourd'hui, bien que la radio-télé soit encore partiellement placée dans l'orbite des pouvoirs publics, au retour à un contrôle indirect et souple de la production du discours par le jeu interne de l'audience et des lois du marché. Rien n'est interdit mais tout n'est pas vendable, et si le citoyen a le droit de tout voir et entendre, la distribution, elle, a ses contraintes.

Le communisme et le fascisme combinent le contrôle ecclésiastique sur l'émetteur (délégation du droit de parole au Parti, avec ses initiations, sa hiérarchie, ses écoles, ses journaux, etc.) et le contrôle administratif sur l'appareil de diffusion (censure sur imprimeries, radio et télévision). Ce qui est deux fois anachronique.

Le capitalisme libéral n'a évidemment rien à craindre (hormis en temps de guerre) de l'autocontrôle économique. Exemple : le 5 janvier 1990, TF1 a déprogrammé un film sur la vie de Lénine à 20 h 30. Nulle censure. Simple décision technique du directeur d'antenne, eu égard aux susceptibilités du public et aux événements en cours. « Il ne faut pas mettre à côté de la plaque, a-t-il dit, nous verrons plus tard. » Pour localiser dans une société l'instance du pouvoir réel, demandez-vous d'où vient la hiérarchisation des nouvelles, où est le rédacteur en chef du groupe social. Celui qui préside à la circulation et à la distribution des traces a aussi la faculté de présider à leur soustraction. Qui censure programme et vice versa. Un proverbe espagnol dit : *Quien paga la orquesta escoge la musica*.

La suprématie de « l'Ouest », l'Amérique, sur « l'Est », la Russie, c'est que la logique interne aux médias, la recherche d'une audience instantanée maximale, est la logique du marché. Les deux vont d'un même pas dans le même sens, et la conquête du monde par l'audiovisuel vaut pour conquête économique du monde par le libéralisme. La rationalité médiatique sert de main invisible à la déesse de la Liberté new-yorkaise, qui a le bras long.

En plaçant face à face un bloc d'émetteurs et un bloc de policiers du discours, ce schéma simplet a deux grands inconvénients : d'abord, il pourrait assigner le pôle du pouvoir politique à un rôle négatif ou restrictif de contrôleur des messages, comme s'il était l'autre muet du pouvoir symbolique, gendarme soupçonneux extérieur à l'univers du sens. Or la parole est un devoir d'État, elle lui est consubstantielle. Si on ne gouverne pas sans laconisme (un ordre doit être bref), un chef réduit au silence n'est plus un chef. Lui couper la parole c'est déjà le destituer ; lui arracher le micro c'est le mettre à mort. Un seul et même geste de clôture institue un espace de souveraineté, aussi minuscule soit-il, et réglemente l'accès aux sites de la parole collective. Le moindre système hiérarchique véhicule un sous-système de restriction, canalisation ou concentration du discours autorisé, susceptible de faire autorité. Le pouvoir de monter à la tribune et de faire connaître son opinion n'est pas qu'un attribut parmi d'autres du «Centre» — une récompense honorifique attribuée aux apparatchiks qui ont gagné la bataille interne du Parti, «la bataille politique». Dans un parti, le pouvoir de parler, de s'adresser au groupe, est autant le but que le moyen du pouvoir. Qui parle réduit l'autre au silence, au moins provisoirement, et le facteur d'obéissance n'est pas la parole mais son écoute. Et si tout le monde parle en même temps, comment se faire entendre ? Ce n'est donc pas la parole mais sa solitude dans un certain contexte qui fait commandement. D'où les divers rituels, protocoles, délégations et mises en scène destinés à exhausser une parole, à cerner pour consacrer, en instaurant autour le silence légitime (celui des autres). Qui ne dit mot consent. L'art de faire chanter ensemble (celui du consensus) postule l'art de faire taire, en faisant régner le silence non par injonction ou sommation mais comme recueillement spontané et bienfaisant.

La «profonde logophobie» que Foucault décelait dans nos sociétés n'est peut-être que la petite monnaie, la rançon d'une logophilie congénitale de l'État. Au fond, le pouvoir a besoin de parler et de faire parler : le discours est son élément, il en réclame, il en vit. Il le préfère utile, c'est-à-dire productif, constructif, positif. Ou alors complètement inutile, luxueux, décoratif, c'est-à-dire peu gênant. Il préfère en somme le sien au discours des autres. Car tout auteur de messages est candidat et concurrent, même à son insu. Le politique doit donc surveiller l'irrigation de son territoire. Il veut domestiquer sa source d'énergie. De même qu'une terre arable privée d'eau est économiquement improductive, une société sourde et muette deviendrait politiquement stérile, proprement ingouvernable. La canalisation de la parole, force politique productive, joue peut-être aujourd'hui le même rôle stratégique que la canalisation de l'eau dans les sociétés agraires archaïques. Il y a eu, en Asie et dans l'Amérique précolombienne, des sociétés hydrauliques, avec leur mode de production, leurs fonctionnaires, leurs tributs. L'âge des *sociétés logorrhéiques* point à l'autre bout de l'histoire, devant nous. Et c'est parce que ça émet et circule de plus en plus, et de mieux en mieux, que le réseau des digues et des canaux qui captent le flux symbolique gagne chaque jour en complexité et en soins attentifs. Et que le système des réservoirs, écluses, vannes et dérivations du discours se fait à la fois omniprésent et invisible, impénétrable et transparent — formidablement public et secret.

Ensuite, ce schéma (où il y a trop de séparation et pas assez d'interaction) pourrait faire du médium un lieu inerte, une simple voie de passage, un canal et non une matrice. Avec des usagers qui se le disputeraient pour monter dedans le premier, comme des passants un taxi. Ce serait nier, à la façon humaniste, non seulement l'autonomie mais *la maîtrise du médium sur ses maîtres*, ou de la machine sur les mécaniciens. Ce serait en revenir à la pensée classique, gramscienne, de l'hégémonie : un groupe social, à travers un état-major politique, *élabore* une vision du monde à bureaux fermés; puis va s'occuper de la *diffuser*, pour en faire un phénomène de société, une force matérielle. Les organes de diffusion étant de simples *intermédiaires* entre « ceux d'en haut » et « ceux d'en bas ». Quand on est dans l'opposition, et que l'audiovisuel est d'État, on s'attache d'ordinaire à dresser la liste des actes d'arbitraire, exclusion, pression, manipulation, etc., commis par les gens en place. Critique courte et remarquablement myope : humaniste, en un mot. On réactive ainsi la magie noire du pouvoir méchant qui truque, cache, caviarde, combine, etc., siège métaphysique d'une éternelle volonté de tromper, d'une congénitale intention de nuire. C'est ne pas comprendre que la puissance d'un régime médiatique est négative : vous ne pouvez pas, si vous avez le pouvoir, faire autrement que... Une médiasphère est un transcendantal technique qui fixe *a priori* les conditions de production du sens et de l'événement à quiconque veut s'en servir (voir Bougnoux, *Le Prince esclave*). Plutôt rat dans un labyrinthe qu'expérimentateur en laboratoire, le manipulateur de médias est le premier manipulé par eux.

Car la machinerie véhicule sa propre vision du monde — indépendante des partis et s'imposant à eux. Les candidats et détenteurs du pouvoir politique ne peuvent pas ne pas se mettre à son service, lui servant au moins autant d'auxiliaires et de faire-valoir que l'inverse. La télévision ne choisit pas que la couleur de leur costume, l'heure et la forme de leur meeting (démarrer à 20 heures pile et trois petites phrases tout de suite pour la prise en direct), mais le positionnement au centre, le vocabulaire, la phrase courte et les trois cents mots rituels, etc.

De même, et plus généralement, ne cesse-t-on de demander à nos chaînes des enquêtes approfondies au lieu de témoignages anecdotiques et «non significatifs»; des perspectives et des cohérences d'ensemble au lieu de ce voyeurisme et pointillisme «exaspérants». Et si la télé était faite pour «l'entertainment» et adéquate à sa fin? Elle homogénéise le divers, fictionne le réel. Machine «à décroire» (Anzieu), déréaliser, sérialiser, simplifier, indifférencier, dont la fonction propre et légitime est de plaire, non d'instruire. Elle ne propose pas une séquence de signes mais un flux d'images sans syntaxe, une grille de programmes sans lien discursif, qui juxtapose sans hiérarchiser, sans totaliser, sans distinguer. La démotivation dont se plaignent les politiques n'a pas peu à voir avec cet enchaînement non cumulatif d'images équivalentes, aux connexions arbitraires, dotées d'une vitesse obligatoire, qui, faisant défiler un temps sans nécessité interne, l'efface au fur et à mesure, instantanément. La petite lucarne est onirique, répétitive, sélective; elle fusionne principes de plaisir et de réalité. Elle programme d'avance ses programmateurs. Bref, elle n'en fait qu'à sa tête, et non à la nôtre. Et c'est très bien ainsi.

La télé est d'abord une machine économique, et non un conduit d'idées, un tuyau de sens. C'est à ce titre le premier inducteur et conducteur de l'idéologie appelée économisme. La machine a la morale de son entretien, homogène à une société d'individualisme hédoniste et de consommation instantanée. Elle n'est pas de nature à susciter des démarches d'abstraction ou d'inférence, de synthèse, ni de critique, mais à produire des minispots à la chaîne, véhicules de consommation (impensable à l'école). Elle n'est pas faite pour transmettre des idées ni pour produire de la conviction, mais quelque chose entre l'assentiment superficiel et la rumeur sociale, l'assentiment à la rumeur (sondage, air du temps, opinion générale, etc.).

ORDO, LEX, MEDIUM

Pour modélisables qu'elles soient, les questions domaniales liées en régime de propriété des moyens de diffusion ont une portée assez restreinte. La Cité à télévision publique n'est pas substantiellement différente de la Cité à télévision privée — la première en retard sur la seconde, mais les deux appartiennent déjà à la même médiasphère, et chaque médiasphère remodèle le Contrat Social. Dans une société éclatée, le médium audiovisuel assure l'indispensable principe de catholicité, comme clef de voûte du kaléidoscope, dénominateur commun des facteurs et tendances adverses. Nous ne sommes d'accord sur rien sinon sur le fait que c'est à la télé, point de passage obligé, que les désaccords doivent s'exposer, pour arbitrage final par le téléspectateur qui formalisera son verdict par son vote. Il fallait être catholique pour avoir droit de cité au royaume de France. Il faut être télégénique pour prétendre au trône de la Cité démocratique. On a le droit de ne pas passer à la télé, mais qu'on ne prétende pas alors jouer un rôle dans la République. Cet accord est susceptible de neutraliser l'effet de tous les autres désaccords.

La télé va plus vite et plus loin mais moins profond, bien sûr, qu'un ouvrage imprimé. Les degrés d'imprégnation sont peut-être en raison inverse des surfaces de balayage. Et la solidité de nos convictions diminue quand s'accroît la vitesse des informations et de défilement du signal. Les médias dominants ne sont pas ceux qui « marquent » le plus, mais qui moulent le mieux. Ils donnent leur style et leur couleur à un régime de croyance collective qu'on peut définir, avec Clément Rosset, comme « un dogmatisme de l'incertitude ». Un électron chasse l'autre, rien ne dépose tangiblement, personne n'y mettrait sa main au feu. La télé fonctionne comme l'agent d'une cohésion sans adhésion, à base d'adhérences semi-passives. La télé a bien une fonction re-ligieuse, et ses rendez-vous, sa grille, ses jingles rythment le temps quotidien et hebdomadaire, comme jadis, dans les campagnes, les cloches du village, ou dans les monastères, les offices divins, de matines à complies. Mais c'est une religion froide, d'in-différence, dont la seule prière signifie : « Regardez-moi d'abord, le reste est sans importance. » Plus étymologiquement encore, notre dernière religion civique est une antireligion car elle délie au lieu d'assembler, elle égrène au lieu de recueillir, disperse au lieu de concentrer. « La notion de négligence, écrit Michel Serres, fait comprendre notre temps » ; et la machine audiovisuelle rend palpable la notion. Negliger, ne pas lire. D'ordinaire, les temples sont faits pour recueillir et se recueillir, par retranchement et clôture. Nous sommes la première civilisation qui avons élevé un autel domestique à la dissipation, notre récepteur.

Le temps qui passe dans une société, la façon dont il passe et ce qui s'y passe s'éclairent au temps qu'il y fait. *Ordo, lex et medium* sont à penser ensemble Une médiasphère, avons-nous vu, c'est une atmosphère, un climat intellectuel et moral ; c'est aussi un *ethos*, et donc un État. Révolution médiatique veut toujours dire «catastrophe» climatique et éthique (calamité pour ceux d'avant, aubaine pour ceux d'après). C'est-à-dire changement des valeurs communément admises par mise en facteur commun de nouvelles matrices. On se plaint, aujourd'hui, de la multiplication des «propos en l'air» — privés de réflexion en amont ou de référence intellectuelle solide —, sans s'aviser que ce sont ceux qui s'adaptent le mieux aux supports aériens. On déplore la décadence des notions de loi, d'universel, de vertu civique, on parle de la crise des principes de service public, d'intérêt général, de citoyenneté et de laïcité. Les voilà «lettre morte». Et pour cause, si elles étaient portées, de leur vivant, par tout un culte, une ascèse de la Lettre.

Faut-il rappeler qu'il n'est de loi qu'écrite ? D'universalité que consignée sur un support stable ? L'universel n'est pas oral, c'est le doigt de Dieu qui a *écrit* le premier Décalogue. L'oralité fondatrice, toujours circonstancielle, fait droit à la circonstance et à la singularité de fait. Jésus combat oralement le pharisaïsme de la Loi, mais parce qu'il la connaît. On a remarqué que le droit humanitaire était la partie la plus vivante du droit international. C'est en effet le plus médiatisable. Conceptuellement limité, mais émotionnellement riche car sous-tendu par des images à circulation mondiale. Les champions de l'humanitaire ne sont pas par hasard les vedettes du petit écran, et vice versa. L'administration du *certum* est constitutif du *certum*, et en vidéosphère, une certitude non visible, non sensible, purement intelligible, n'est plus une certitude. Il en résulte une modification de l'espace public par modification du principe de publicité. Le sensationnel fait reculer le normatif, l'image couleur, le noir sur blanc ; et l'image en direct, immédiatement émotionnelle, mobilise l'État et l'opinion, l'opinion de l'État et l'état de l'opinion, en court-circuitant les lents (mais invisibles) rouages de l'administration et les libellés subtils (mais invisibles) de la législation écrite. État, service public, bien commun, sont des universaux contraignants dans la graphosphère mais des billevesées improbables en « régime médiatique ». La Justice, combien de minutes d'antenne ? L'Armée, quelle surface rédactionnelle ? L'Éducation nationale, combien de caméras ? Les handicapés ne peuvent pas facilement descendre dans la rue pour casser les vitrines et c'est tant pis pour eux. Bientôt en effet, le budget de l'État se ventilera au prorata des audimats.

Croire en l'État comme garant universel, croire en la Loi et qu'elle vaut pour tous, c'est croire aux Tables et aux Textes, ces anciens réceptacles du sacré social. La crise du livre emporte une crise du vrai et du juste. Je veux dire : l'avènement d'un autre régime de vérité et de justice. L'oralité moderne fouette la demande d'originalité — pour le meilleur et le pire ; et la loi qui est la même pour tous et que nul n'est censé ignorer ne peut rien contre un particulier — groupe ou individu — qui entend à cor et à cri se créer ses propres règles de conduite, hors norme, hors texte. Mai 68 fut une rébellion de la parole contre les textes, la victoire du transistor sur la machine à écrire. Changez les supports, gardez les énoncés, et la loi du forum ne sera plus la même (au sens de : qu'est-ce qui fait loi sur le forum ?). Le Parlement a toujours moins d'autorité et l'Exécutif toujours plus. Pour beaucoup de raisons dont la dernière n'est pas que la télévision est un médium bonapartiste, qui met face à face un peuple atomisé, délesté de ses corps intermédiaires, et un chef qui lui parle les yeux dans les yeux et en gros plan. L'autorité du Parlement est liée au raisonnement par les mots et à la culture délibérative de l'échange d'arguments (la version écrite faisant foi au *Journal officiel*). Coincé entre l'ordinateur et la télé, elle s'estompe. Pour que les députés retrouvent en France un minimum de prestige social, il faudrait d'abord que les affiches électorales dans nos rues soient à base de mots (programmes et professions de foi) et non de visages. Car alors, un député pèsera toujours cent fois moins qu'un acteur de cinéma et mille fois moins qu'un présentateur de télévision.

La démocratie parlementaire est un régime où les décisions sont issues d'une *délibération publique*; la démocratie médiatique est un régime où les décisions sont issues tantôt d'une *manifestation* publique tantôt d'une prestation *individuelle*, les deux s'enchaînant sous la loi du *temps court*. Élargissement du nombre des opinants par le biais du sondage, raccourcissement des échéances chez le décideur. L'homme spectaculaire vit dans l'urgence, car il lui faut à tout instant faire événement. «Démocratie de l'événement et spectacularité ont progressé du même mouvement», note Pierre Nora[1]. Effacement des perspectives; moins de stratégie et plus de tactique. Le calendrier d'un «responsable», c'est la semaine, et s'il est futuriste, le mois qui vient. Disons: l'intervalle qui sépare la prochaine émission

---

1. Pierre Nora, «Le retour de l'événement», in *Faire de l'Histoire*, I, Paris, Gallimard, 1974.

de la prochaine élection. Parlez-lui d'un problème qui n'est pas de demain matin, le politique hausse les épaules. L'avenir comme le passé perdent leur légitimité de recours. La vidéosphère, nervosité sans répit, fait vivre le présent au présent.

La lettre tue. C'est vrai. Mais plutôt moins que l'esprit. La violence des textes est sans doute la pire à l'exception de toutes les autres. C'est à Sparte, non à Athènes, que la parole avait force de loi.

ONZIÈME LEÇON

LOGIQUE DE LA CENSURE

La relation inverse

La course-poursuite

La censure : l'hommage du pouvoir à la puissance

Le besoin de contrôle

Il est interdit de ne pas interdire

L'histoire politique de la communication est souvent scandée comme une montée épique vers la liberté : inexorable et radieuse émergence brisant les noirs corsets de la servitude. Légende sympathique mais sommaire. L'histoire longue des institutions de censure, qu'on abordera ici avec le temps de l'imprimerie, présente un certain nombre de mécanismes récurrents, où les intentions, bonnes ou mauvaises, ne règnent pas en maîtres.

LA RELATION INVERSE

Tout se passe comme s'il y avait un jeu à somme nulle, hier, entre le libraire et le Prince, aujourd'hui, entre le journaliste et le ministre. Plus le premier est puissant et sûr de lui, plus le second est humble et précaire.

Vous trouverez dans *Le Scribe* une petite description du jeu de bascule entre pouvoir politique et pouvoir intellectuel : quand l'un s'abaisse, l'autre monte, et vice versa. En témoigne aussi bien l'histoire de France que l'histoire de chaque République.

Le système des vases communicants a eu une traduction quantitative dans le commerce de librairie. Au XVIe siècle, explosion de l'imprimé, implosion de l'Église romaine. Au XVIIe (après la Fronde et sa pluie de «mazarinades»), déflation et recul des imprimés, apogée de la royauté. Au XVIIIe, gonflement livresque et folliculaire, affaissement de la monarchie. Comme si tout ce qui se gagnait à un pôle était autant de perdu pour l'autre.

À partir de son expérience radiophonique, puis à l'O.R.T.F., au service de la Recherche, Pierre Schaeffer a résumé l'affrontement Pouvoir/Communication par la formule des gaz parfaits : « P.C. = constante ». À communication nulle, pouvoir infini et réciproquement. Selon cette relation hyperbolique, écrit-il, « dans une société idéale où tout le monde, à chances égales, communiquerait, le pouvoir devrait tendre vers zéro[1] ». Esquisse d'hyperbole à nuancer aussitôt, comme il le fait lui-même, puisque, à prolonger la courbe vers le zéro et l'infini, on trouverait d'un côté l'anarchie et de l'autre la dictature. L'anarchie comme bruit pur et la dictature comme silence parfait. Dans un groupe où tout le monde parlerait en même temps, faute d'une autorité reconnue pour donner la parole successivement à l'un et à l'autre, plus personne ne s'entendrait : communication zéro. Mais si personne en dehors du leader n'ose prendre la parole devant lui, communication zéro aussi. Plutôt qu'une parabole, il y aurait donc une courbe de Gauss, avec ses valeurs optimales en zone médiane.

---

1. Pierre Schaeffer, *Machines à communiquer 2*, Paris, Le Seuil, 1972, pp. 243 et suiv.

Reste que la formule d'algèbre sommaire offre un invariant utile pour mettre en ordre les variations historiques de la censure. Et d'abord, cette constante volonté du pouvoir, confronté au surgissement d'un médium, de raréfier au maximum canaux et signaux.

Il faut le comprendre, le pauvre. Aucun pouvoir politique ne chérit le hasard et tous portent en eux un rêve d'éternité. C'est en dernier recours et en désespoir de cause qu'un gouvernement se résigne à « gérer l'imprévisible ». Mais la meilleure façon de maîtriser l'événement — et toute parole est un événement lourd de menaces et d'imprévus — serait encore de l'annuler à sa source. Ainsi les secrets seraient gardés — pas de divulgation intempestive. La police de la parole publique traduit le fantasme de programmation absolue dont le pouvoir absolu permet de s'approcher. En Corée du Nord, on assure que le seul journal quotidien, celui du Parti, est imprimé avec quelques jours d'avance sur le jour de sa diffusion — les travailleurs et la rédaction étant alors félicités pour leur enthousiasme dans le dépassement des normes d'exécution du Plan. Informer, dit la science moderne, c'est produire de l'improbable. Or « gouverner c'est prévoir », et prévoir, ramener l'inattendu à la norme. En limitant le nombre des émetteurs d'information ou en appauvrissant l'information émise, je réduis les marges de l'imprévu, de l'anormal, de l'aléatoire. Je gouverne mieux car je prévois mieux. Ainsi fait l'information officielle en pays socialiste, Kim Il-Sung exauçant le vœu secret de l'inconscient politique. Dans tous les cas (et pays), conjurer le hasard, à défaut de pouvoir le résorber dans le Plan, suggère de restreindre les possibilités d'occurrence de la parole ainsi que le champ de ce qui peut être licitement proféré. De l'événement, il en faut, mais régularisé et quadrillé autant que possible. Du XVIe au XXe siècle, l'absolutisme politique a toujours eu la hantise des multiplicateurs intellectuels. Richelieu ne voit que danger dans la multiplication des collèges, comme Colbert dans celle des imprimeries. L'imprimerie dissémine, la monarchie concentre (les imprimeurs, à Paris, autour de la rue Saint-Jacques). « En se multipliant jusqu'à l'infinité par le moyen de l'impression [les livres] persuadent des nations entières en se communiquant partout », notait en 1631 un audacieux publiciste, Colomby, dans *De l'autorité des Rois*, qui espérait un peu légèrement consolider par ce biais la supériorité des « livres de bonne trempe » sur les cris et révoltes des égarés. Quant à Napoléon, il disait à Eugène : « Il faut imprimer peu et le moins sera le mieux. » Rétablissement de la censure préalable, création d'une direction centrale de l'imprimerie, serment et brevet exigés des libraires, plus la classique réduction à la source : l'Empire ferme 97 imprimeries sur 157. Réduction à quatre du nombre des gazettes parisiennes, plus une feuille par département. Ainsi, on sera tranquille.

Passé le premier délai d'insouciance, les pouvoirs établis, Église et Royauté, face à l'agression proliférante de l'imprimé, se sont sentis en état de légitime défense, tenus à raréfier, filtrer, assécher.

Peu après l'affaire des « placards » — affichage sur la porte de la chambre du roi d'un pamphlet contre la transsubstantiation et la consubstantiation (18 octobre 1534) —, François Ier n'avait-il pas été, en 1535, jusqu'à interdire purement et simplement qu'on imprime aucun livre dans son royaume « sous peine de la hart », la pendaison ? Dans sa terrifiante naïveté, l'exorcisme panique évoque déjà celui des régimes communistes interdisant ronéos et photocopieuses ou, comme Ceaucescu en Roumanie, soumettant à autorisation préalable la détention à domicile de machines à écrire. Les mesures prises sous le règne de Charles IX, avant la Saint-Barthélemy (1572), mettent en place un dispositif cohérent échelonné sur deux lignes de défense — permission politique et privilège économique — qui se maintiendra, revu et corrigé, tout au long de l'Ancien Régime. C'est un *double filtrage*, juridique et corporatif. Le premier régente le contenu des messages : organisation d'une censure. Le second réglemente les moyens et conditions de transmission : organisation de la profession.

Ordonnance de Charles IX du 10 septembre 1563 : « Défenses sont faites à toutes personnes de quelque état, qualité et condition qu'elles soient, sur peine de confiscation de corps et de biens, de publier, imprimer, faire imprimer aucun Livre, Lettres, Harangues, n'autre écrit, soit en rythme ou prose, faire semer Libelles diffamatoires, attacher Placards, mettre en évidence aucune autre composition de quelque chose qu'elle traite ; et à tous Libraires d'en imprimer aucun sans permission dudit Seigneur Roy, sur peine d'être pendus et étranglés... »

Arrêt du Parlement du « dernier juillet » 1565 :

> « Par lequel il est défendu à tous Imprimeurs, Libraires, Colporteurs, ou autres personnes de quelque état qu'elles soient, d'imprimer ou faire imprimer aucuns Livres pleins de blasphèmes, convices ou contumélies, pétulans et ne tendans qu'à troubler l'État et repos public, sur peine de confiscation de corps et de biens. »

Ordonnance de Moulins, de 1566 :

> « Défendons à toutes personnes que ce soit d'imprimer ou faire imprimer aucuns Livres ou traités sans notre Congé ou Permission, et Lettres de Privilège expédiés sous notre grand Scel. »

Un leitmotiv à la clef de tous ces règlements — édits, ordonnances, arrêts — qui régiront en France « la vie de l'esprit » pendant trois siècles : « Défense ». Contenir. Endiguer. Tarir.

Dès 1535, le nombre des imprimeurs parisiens était ramené à douze, et leur production aux « livres approuvés et nécessaires pour le bien de la chose publique ». Deux imprimeurs et un libraire étaient montés sur le bûcher, place Maubert, et des sacs de livres jetés dans le feu avec leurs lecteurs hérétiques. Tous les métiers du Livre sentaient le fagot. Le prince des arts et des lettres, protecteur de Vinci et créateur du Collège de France, qui impose le français dans les jugements et actes notariés (1539), jette sur l'imprimé le premier filet législatif, avec la création par lettres patentes du « dépôt légal », obligatoire en 1537 ; l'imposition de l'examen avant mise en vente par des censeurs recrutés dans l'Université, en 1542 ; la première parution d'un index national (1545) ; l'interdiction d'imprimer ou vendre tout ouvrage concernant la Sainte Écriture venant de Genève ou d'Allemagne (1547).

Les décisions de François Ier n'ont pas enrayé la multiplication des livres, et donc la contagion de l'hérésie. Le coup d'arrêt de 1535 et les processions expiatoires (comme celles des intégristes contre Salman Rushdie) peuvent diminuer cette année-là la production des imprimeurs français. Les volumes narguent règlements et censures, s'impriment aussitôt hors de France, passent de main en main, ici sous forme d'almanachs, là de fausses bibles, bréviaires ou psautiers. Des titres anodins couvrent des infamies. Après 1550, l'hérésie pullule. Le fait technique a déjoué l'ordre politique. Le médium est passé à travers les mailles.

Les coûts de la défense, doctrinale et nationale, n'ont depuis lors cessé de s'élever : la miniaturisation et la capacité de pénétration des vecteurs de messages élèvent à proportion les coûts de la détection et de la prise. La police de l'imprimerie n'avait déjà pas la tâche facile, malgré la cruauté des sanctions et l'encombrement des machines à surveiller. La police des ondes électromagnétiques, par les investissements en personnel, temps et matériels qu'elle requiert, a un rendement faible. Le repérage par camion-gonio n'est pas opérationnel en milieu urbain dense, et sa précision laisse à désirer. La deuxième parade, le brouillage, dont l'efficacité est sans failles, suppose des cibles fixes, peu nombreuses et de faible puissance — sauf à immobiliser des moyens considérables. Le filtrage des ondes hertziennes est franchement un casse-tête ; et les satellites de diffusion directe, joints aux antennes paraboliques, contournent les brouillages.

Le désarroi des États du tiers monde, où les réseaux hertziens et les centres d'émission sont sous contrôle étatique, face à la révolution de la vidéo, évoque à s'y méprendre celui des États d'Ancien Régime face à la révolution de l'imprimé. Déstabilisante comme le livre, la vidéocassette est portative, peu chère, reproductible et propice à la contrebande. Elle subvertit la propagande officielle, contourne les interdits religieux (musulmans en particulier), devient une arme politique pour les oppositions — forçant les polices, comme les nôtres jadis, à transiger ou fermer les yeux. Le sud est beaucoup plus frappé que le nord de la planète par la déstabilisation médiatique, grosse de révoltes urbaines. La différence est que le livre arrivait en Europe par « le haut » et que la vidéo envahit par le « bas », massivement, compte tenu des taux d'analphabétisme élevés (60 % en Inde) et de la baisse des coûts des magnétoscopes (mais les villages ont leur salle de projection). La vidéo est encore plus dangereuse pour les autorités établies des pays en voie de développement que le fut jadis le livre chez nous.

C'est bien à son corps défendant que le pouvoir prend acte de la défaite du politique devant la technique, en découvrant que le remède, finalement, était dans le poison. Car le bruit est un censeur plus économique que le silence (plus efficace et moins coûteux). Le moins mauvais des ordres. Le modèle « concentration », l'étatisme, échoue toujours à la fin ; et le modèle « concurrence », le libéralisme, s'avère moins « catastrophique » que prévu. L'événement s'annule dans son propre foisonnement, le brouhaha des nouvelles en amortit l'impact, le livre se noie dans sa crue, comme l'atteste l'insensibilité croissante à la mitraille des publics occidentaux bombardés. Seule l'alarme d'un despote oriental devant un livre sacrilège, publié en Occident et le concernant, devant une émission scandaleuse, devant une publication qui porte atteinte à la dignité du peuple X ou Y, ranime de temps en temps les cendres froides du scandale. Ce sont là frémissements d'importation, provoqués par le court-circuit de deux phénomènes : le décalage chronologique des phases d'évolution culturelle sur la planète et le synchronisme technique de l'actualité mondiale dû à l'instantanéité des transmissions. Il y avait depuis longtemps des *fatwa* en Orient et des charges contre Mahomet en Occident. Le fait nouveau, c'est qu'avec les télés, avions et télex, les fulminations intégristes peuvent sauter par-dessus les souverainetés nationales. Le monde entier devient « la Maison de l'Islam », qui aura moins de replis secrets que l'Empire ottoman.

LA COURSE-POURSUITE

Nous avons vu que chaque nouveau moyen de transmission s'assimile à l'ancien (l'imprimé au manuscrit, le cinéma au théâtre, la radiodiffusion à la télégraphie sans fil, la télé à la radio, etc.). Il traverse ainsi une phase d'imitation. La conséquence est un déphasage de l'institution de contrôle sur l'invention à contrôler. Les pouvoirs, surpris, sont pris de court.

Qui assurait la régulation du manuscrit ? L'Église. C'est elle qui va prendre en charge l'imprimé. Elle n'en a pas les moyens. Elle passe donc le bébé à l'État. Mais un peu tard.

Qui assurait la régulation de l'imprimé ? C'est l'État. Il va donc prendre en charge l'audiovisuel. Il n'en a pas les moyens. Il passe donc le bébé au marché. Mais un peu tard.

Au début, le pouvoir est tranquille. Il accueille même le nouvel arrivant avec un large sourire et en se frottant les mains. À la fin, c'est la panique.

L'accélération du progrès technologique raccourcit évidemment les temps de latence entre l'accueil répressif et l'abandon final à la logique commerciale.

Reprenons par le début, en revenant à notre chère tourmente, le XVIe siècle.

Les premières impressions par caractères mobiles eurent lieu entre 1450 et 1455, la première imprimerie s'installe à Paris en 1469. En 1475, le pape confie à l'université de Cologne le privilège de surveiller imprimeurs, éditeurs et auteurs. Pendant plus d'un demi-siècle, jusqu'à l'excommunication de Luther en 1521, la répression sera l'apanage de l'Église, via ses universités. La plus ancienne puissance d'Occident, qui asseyait son pouvoir sur son monopole de la transmission de la lettre, avait pourtant expérimenté dans sa chair la charge déflagrante des discours, avec les anciennes glissades de la spéculation à la subversion, de la théologie à la politique. Elle avait chèrement payé sa « clôture informationnelle ». Elle savait que la police de l'esprit ne relève pas de l'esprit pur mais du pouvoir qui lui donne corps, qu'un corps de doctrine est un organisme à défendre dont l'immunité exige la destruction des corps étrangers. Et pourtant, elle se contente d'intégrer le nouveau procédé dans les dispositifs de surveillance existants. Elle a attendu le concile de Trente (1571) pour instituer la congrégation de l'Index, « cette manifestation de la bonté maternelle de l'Église qui colle une étiquette rouge sur certains livres capables de nous surprendre », et qui nous rappelle si bien au sérieux de la pensée — comme l'hérésie au sérieux d'une doctrine. « L'intelligence de l'Index n'est que le premier chapitre de la pédagogie de la lecture », dit excellemment un théologien[1].

Jusqu'à Gutenberg la stagnation des moyens de

---

1. J. CALVET, article Index, *Catholicisme hier, aujourd'hui, demain*, Paris, Letouzey, 1962.

publication facilitait le contrôle à la source. D'un côté, l'Église dominait l'École, seul centre de divulgation intellectuelle : les « stationnaires », pour vendre leurs manuscrits, devaient recevoir l'approbation des recteurs de l'université dont ils dépendaient. De l'autre, le coût très élevé et la rareté des manuscrits joints à l'analphabétisme limitaient le rayon et la vitesse d'action des écrits dangereux qui auraient pu passer à travers les mailles. Ce double verrou bouclait la pensée dans le sein de l'Église. Que ce soit dans les *scriptoria* des moines ou des ateliers de copie pour étudiants, aussi bien au cours de la période monastique du manuscrit (sept siècles) que dans l'élargissement laïque consécutif à la création des universités, la production de textes avait *son appareil de contrôle incorporé*. En dehors du périmètre ecclésiastique, les textes étaient fabriqués par des « suppôts d'universités », jouissant comme tels de l'exemption de la taille et du guet ainsi que du for judiciaire. On restait encore en famille. Les libraires — simples commissionnaires en livres — et les stationnaires (terme romain remis en usage par les universités d'Italie) — seuls habilités à faire des copies de l'*exemplar* canonique pour les louer aux écoliers — prêtaient serment à l'Université, qui en retour fixait les tarifs de location des exemplaires et le montant des cautions.

C'est ce moule institutionnel éprouvé qui va accueillir l'imprimerie sans crier gare, en toute innocence. De même que les premiers imprimeurs sont issus de la corporation des orfèvres, dont ils héritent les règlements et coutumes, de même les premiers imprimés iront s'abriter auprès des vieilles juridictions ecclésiastiques, qui leur firent passer les mêmes examens de passage qu'auparavant : approbation épiscopale ou universitaire, contrôle par l'Inquisition, privilèges de censure délégués par le pape aux universités (comme celle de Cologne, en 1475). L'Église agit — au moins jusqu'au concile de Latran (1515) qui renforce la législation sur le blasphème — comme si le «régime de vérité» n'avait en rien changé, comme si l'administration de la parole divine pouvait encore obéir aux tranquilles partages de l'orthodoxe et de l'hérétique. Comme si la police d'une pensée, lourde, lente, centralisée, pouvait rester opérationnelle face à une pensée mobile, portative, démultipliée et déterritorialisée, dotée d'une vitesse de propagation et d'une sphère de circulation sans précédent. En une génération, vingt millions de volumes avaient été imprimés et diffusés en Europe, soit plus, en quelques décennies, qu'on avait vu de manuscrits au cours des dix-huit siècles précédents. Pour le XVIe siècle et toute l'Europe, de 150 à 200 millions d'ouvrages. Autour de 25 000 éditions publiées à Paris, de 13 000 à Lyon. Après la bonace, le cyclone.

« Les pensées ne paient pas de droits de douane », disait Luther. Mais il fallait bien des douaniers aux frontières. L'Église n'ayant pas autorité sur les foires, les routes et les douanes d'Europe, elle demande l'appui du bras séculier. Dans le Saint Empire, l'empereur, dès le début du XVIe siècle, vient au secours du pape, en instaurant une commission de censure impériale et un surintendant des imprimeries : ces derniers se heurtent aux princes allemands (*cujus regio, ejus religio*), et font fuir les marchands de Francfort à Leipzig, en pays saxon. En France, et dans le reste de l'Europe, la surveillance de la production imprimée qui se faufilait en terrain laïque, entre banques et boutiques, passe aux mains du roi, par le truchement des monopoles commerciaux et privilèges dont il se réserve l'octroi. Les censeurs, qui furent d'abord des docteurs en Sorbonne, donc des hommes d'Église, deviennent au XVIIe siècle des laïques, dépendant du chancelier, ministre du roi. Le censeur royal remet à l'auteur des lettres de privilège, et si l'écrit n'excède pas deux feuilles en caractères cicéro, une permission du lieutenant de police suffit. Chénier voyait dans les hommes de lettres du XVIIIe siècle «une troupe d'aigles gouvernée par des dindons» — les censeurs, collègues des premiers (beaucoup étaient eux-mêmes des hommes de lettres). Mais le contrôle était indirect — sur les moyens de circulation principalement, car l'autorité, à bon escient, se souciait moins des auteurs que des libraires imprimeurs et colporteurs qui transportent et multiplient les pensées des autres.

L'autorisation d'imprimer — ou de circuler —, délivrée par la chancellerie, pouvait prendre deux formes : la forme onéreuse du *privilège*, qui équivalait à un monopole d'impression, ou la forme gratuite des *permissions du Sceau*. Les historiens nous ont raconté par le menu comment, débordée et attaquée, la censure royale substitue peu à peu, au cours du XVIIIe siècle, la canalisation à la répression ; comment les autorisations et privilèges disparurent derrière les «permissions simples», qui s'obtenaient simplement du directeur général de la Librairie, et comment Malesherbes lui-même, mi-impuissant, mi-complice, finit par leur préférer «permissions tacites» (ou non publiques), et simples «tolérances».

Pourtant, les règlements du XVIe siècle, enfreints ou tournés, ne furent pas abrogés mais répétés avec acharnement. Les textes se durcissent au fur et à mesure que l'exécution mollit devant le triomphe inexorable de l'ordre marchand. Car, article de consommation et d'exportation, le livre est source de profit. 1728 :

> Art. 1er — Que les Édits, Ordonnances, Déclarations et Règlements rendus sur le fait de l'Imprimerie [...] soient exécutés selon leur forme et teneur dans tous les points auxquels il ne sera pas dérogé par ces Présentes ; défendons à tous Imprimeurs, Libraires, Colporteurs et autres d'y contrevenir sous les peines qui y sont contenues.

À savoir : carcan, galères, bannissement hors du ressort du Parlement, et en cas de récidive, hors de notre Royaume et à perpétuité (Art. II, III, IV, V). Texte en vigueur jusqu'à la fin de l'Ancien Régime. En 1739, un arrêt de la cour supprimait toutes les imprimeries dans quarante-trois villes du royaume. 1744 : publication d'un Code de la librairie et imprimerie de Paris. L'édit d'avril 1757 renouvelle la peine de mort contre les auteurs ou imprimeurs de livres non autorisés ; celui de mars 1764 défend de faire paraître quoi que ce soit concernant l'administration des finances. En 1767, un arrêt du Parlement interdit de rien publier sur les affaires de la religion ; ou plutôt sur « ceux des points controversés parmi les ministres de l'Église en matière de religion, qui peuvent troubler la paix et la tranquillité et sur lesquels le Roy a imposé "silence" », comme le précisera Joly de Fleury dans une lettre au Chancelier[1]. Un an plus tard, un garçon apothicaire convaincu d'avoir acheté *Le Christianisme dévoilé* était condamné à neuf ans de galère, le col-

---

1. Du 18 décembre 1768. Cité in J.-P. BELIN, *Le Commerce des livres prohibés à Paris de 1750 à 1789*, Paris, Belin frères éditeurs, 1913.

porteur qui l'avait vendu à cinq ans et sa femme à la prison perpétuelle.

À l'origine, les sauvageries de l'économie de marché avaient fait le jeu des pouvoirs politiques. Au début du XVIe siècle, réimpressions pirates et contrefaçons ruinaient les éditeurs, qui se tournèrent vers les pouvoirs publics pour obtenir un privilège leur garantissant un monopole d'impression. En 1563, déplaçant parlements et tribunaux de bailliage, le roi se plaçait en amont du processus de fabrication (tout comme le souverain pontife en Italie), en s'adjugeant un monopole de concession des monopoles d'impression aux imprimeurs-libraires. Ces derniers se pressèrent donc à Paris, autour du pouvoir royal et de la chancellerie, dispensateurs des sceaux, ruinant par contrecoup les éditeurs de Lyon, au profit de ceux d'Amsterdam, de Genève ou d'ailleurs. Déséquilibre commercial renforcé par l'exil des éditeurs réformés et le Grand Départ des huguenots, qui allait jeter les bases, au XVIIIe siècle, de la contrebande de livres — dont l'importance fut décisive pour l'essor des Lumières et la sape de l'ordre. Fausses déclarations, débarquements de nuit, corruption des douanes, substitution de marchandises, etc., tous ces stratagèmes propres à la contrebande d'armes du XXe siècle se pratiquaient déjà au XVIIIe dans la circulation des idées. «Guerre littérale» (Campanella) qui culmina en 1789.

Les interdictions du pouvoir ruinaient à terme les intérêts du pays, en même temps qu'elles servaient ceux du marché illicite : les livres interdits étaient les plus chers. Concurrence, productivité et rentabilité, ces impératifs seront plus forts que les injonctions de Dieu et du Roi. Le commerce de librairie eut finalement raison de la direction de la Librairie, et Panckoucke de Malesherbes. Les «tolérances» de ce dernier entérinaient autant l'impuissance à maîtriser la circulation des imprimés que la volonté de minimiser les gains de l'adversaire, puisque les livres interdits sont les plus demandés, et l'enfermement le chemin le plus court de l'anonymat à la célébrité (Morellet: «Ces six mois de Bastille seraient une excellente recommandation et feraient infailliblement ma fortune»). L'*Encyclopédie* — mauvaise affaire politique mais bonne affaire commerciale — fut, à la fin des fins, tolérée en raison du manque à gagner considérable qu'eût représenté pour la librairie parisienne son édition en Hollande ou en Suisse. De toute façon échappaient à la prise, par la force des choses, les bas et les hauts de gamme de la production: la littérature populaire dite de colportage et la littérature élitaire de contrebande[1]. Soit les petits et les gros calibres. Un pouvoir en crise a peut-être plus à craindre des premiers, à courte portée mais efficaces, que des seconds. Malesherbes: «Il n'y a nulle puissance sur la terre qui puisse empêcher les chansons, les épigrammes ni même les pamphlets assez courts pour qu'il soit aisé d'en tirer des copies [...] Ce genre de satires courtes est le plus redoutable parce que non seulement elles sont connues dans le temps, mais qu'on les retient...» Le matériel d'impression est coûteux: il doit donc s'amortir. Donc produire sans cesse plus, et peu

---

1. Sur le colportage: Charles NISARD, *Histoire des livres populaires ou de la littérature de colportage*, Paris, 1964; Geneviève BOLLÈME, *La Bibliothèque Bleue. La Littérature populaire en France du XVIe au XVIIIe siècle*, coll. «Archives», n° 44, Paris, Julliard, 1971. Voir aussi Jean-Jacques DARMON, *Le Colportage de librairie en France sous le second Empire*, Paris, Plon, 1972.

importe quoi. La logique économique de la production brise la logique politique du contrôle. C'est une constante. En se détachant de son organe naturel — la parole — pour se déposer sur un support matériel, artisanal, et bientôt industriel — les presses — la communication voit la logique de la fonction (politique) heurter bientôt la logique de l'organe (économique). L'ingénieur et le marchand courent toujours plus vite que le gendarme.

*

« La libre communication de la pensée et des opinions est un des droits les plus précieux de l'homme ; tout citoyen peut donc parler, écrire, imprimer librement, sauf à répondre de l'abus de cette liberté dans les cas déterminés par la loi. »

En supprimant le système corporatif et le principe de la censure préalable, les Constituants de 1789, par le célèbre article 11 de la Déclaration des Droits, firent s'écrouler en quelques mois un système de défense vieux de trois siècles. Pour un instant seulement : la floraison des « feuilles » (qui se multiplièrent avec la même incoercible gaîté en 1848, lors de la Commune, à la Libération et même en Mai 1968) s'achève en août 1792, avec la guerre et la mobilisation. Le gouvernement révolutionnaire dut alors démentir l'immortel principe de « la libre communication », notamment par les décrets des 25 et 30 juillet 1793 qui conféraient à l'État le monopole des premières télécommunications par signaux optiques. L'innovation des frères Chappe tombe aussitôt dans le domaine militaire, pour faciliter la communication avec les armées — pendant cinquante ans, le télégraphe sera financé par le ministère de la Guerre. Empêcher qu'il ne tombe entre les mains du public sera l'obsession[1]. La Convention fit construire la première liaison télégraphique du monde entre Paris et Lille, et en 1844 le réseau français des sémaphores s'étendait sur plus de cinq mille kilomètres. Mais toujours réservé aux dépêches officielles, et dans le plus grand secret pour plus de garantie (les opérateurs sur les tours étaient illettrés). Le décret de 1793, relayé par la loi de 1837 et un décret-loi de 1851 (trois semaines après le coup d'État de Louis Napoléon Bonaparte), fut en effet étendu aux signaux transmis par fil électrique (lignes ouvertes au public le 1er mars 1851), sous la condition d'exciper de son identité et d'un domicile fixe; après quoi, la T.S.F., considérée à l'origine comme une extension de la radio télégraphie, fut soumise au même régime du soupçon. Et la télévision à son tour. Le retard du design et de l'usage frappe aussi l'encadrement législatif et administratif de chaque nouveau média. L'article 39 du code des P.T.T., fondement du monopole, décalque littéralement la loi de 1837 réglementant le télégraphe aérien: «Quiconque transmettra sans autorisation des signaux d'un lieu à un autre, soit à l'aide de machines télégraphiques *soit par tout autre moyen*, sera puni d'un emprisonnement de un mois à un an et d'une amende de 1 000 à 10 000 francs.» L'article 39 gardait la peine et augmentait l'amende, ne laissant choir, et pour cause, que la dernière phrase des prédécesseurs: «Le tribunal en outre fera démolir la machine et les moyens de transmission.» En somme, le statut juridique du

---

1. Voir à ce sujet: Catherine BERTHO, *Histoire des télécommunications en France*, Toulouse, Érès, 1984, et *Télégraphes et téléphones, de Valmy au microprocesseur*, Paris, Livre de poche Hachette, 1981.

monopole d'État de l'O.R.T.F. était un arrière-petit-fils de la Convention.

Avec l'audiovisuel, la course poursuite se rejoue en accéléré, n'exhibant que mieux le subtil retournement du gibier contre son chasseur — en sorte qu'on ne sait plus très bien, du médium ou de l'État, lequel chasse l'autre. Même désarroi réglementaire, même jeu d'esquive de l'invention technique qui ne cesse d'échapper à la prise de l'État-Nation, contraignant ce dernier à déplacer sans cesse ses rets et arrêts. Exemple : il faut un visa de contrôle avant la diffusion d'un film, délivré par une commission, sous l'autorité du ministre de tutelle. Mais comment contrôler un film 16, un super-huit, et *a fortiori* une bande vidéo ? Le magnétoscope nargue toute tutelle administrative. De même l'obligation récente (1975) du dépôt légal pour les produits audiovisuels «diffusés sur le territoire français», qui fait écho au premier mais tardif décret de François Ier (1537), se heurte aux frontières mal délimitées du document édité (direction : B.N.), diffusé (direction : I.N.A.), ou distribué (C.N.C.). Et comment contraindre bandes vidéo ou programmes diapo à prendre le chemin de la B.N. ?

LA CENSURE : L'HOMMAGE
DU POUVOIR À LA PUISSANCE

Il n'y a pas d'«Ordre du Discours» indépendant de ses modes de reproduction et de transmission. Il n'y a pas plus de parole en soi que de censure en soi. En France, par exemple, on a toujours censuré mais pas de la même façon ni les mêmes canaux.

Un bref survol du *pouvoir intellectuel en France* nous avait jadis permis de repérer « l'acoustique comme fil conducteur » de ses déplacements internes. C'est aussi, et pour cause, l'axe des déplacements de la censure officielle, qui se dirige à chaque fois, comme l'intelligentsia elle-même, sur le médium le plus performant, là où l'asymétrie est la plus grande entre l'émetteur et le récepteur des messages. « Où l'auditoire est le plus nombreux et l'écoute de meilleure qualité », écrivions-nous, « là est le pôle d'aimantation qui structure le champ magnétique des forces intellectuelles du moment. » On comprend que ce pôle mobilise simultanément les efforts législatifs et réglementaires du pouvoir politique. Le médium optimal est par définition le plus dangereux, donc le plus convoité — l'axe des soucis se déplaçant avec l'axe des performances.

Les mainmises successives de l'État sur le médium le plus efficace expriment sa vulnérabilité à ce même médium. On n'arrête pas Voltaire ? Certes, Voltaire a le droit d'écrire les lettres qu'il veut depuis Ferney, mais non de faire circuler les livres qu'il veut dans le royaume, parce que l'ordre public de l'absolutisme n'est plus à la portée d'un trait d'esprit, mais éventuellement d'une diffusion inconsidérée. Sartre peut faire circuler les livres et les journaux qu'il veut, non faire la série télévisée qu'il veut parce que l'ordre public libéral est hors d'atteinte d'un pamphlet en librairie ou d'une vente à la criée dans la rue, mais peut-être pas d'un rendez-vous télévisuel. Dis-moi, émetteur, ce à quoi on t'oblige, je te dirai ce que tu peux. Il y a des canaux où tu as le droit de tout dire ? Ce sont ceux-là où ton dire peut le moins. L'Église de l'Incarnation rendait à l'efficacité du Verbe l'hommage de l'Inquisition, de l'Index, du *nihil obstat*, de l'*imprimatur*. La censure administrative est un hommage rendu par l'État à la puissance, et la levée des contrôles à l'innocuité d'un médium.

Comme si un thermostat secret réglait la liberté de diffusion. Lorsqu'elle cède sur le livre (1830), l'autorisation préalable se concentre sur la presse et le théâtre. Lorsqu'elle abandonne la première à l'argent (1881), et le second à son caractère inoffensif (1906 et 1945), cette mesure passe au cinématographe (1909); réorganisée en 1961, elle est toujours en vigueur. Lorsque la régulation fléchit sur l'industrie du cinéma (1975), elle se durcit sur la radiodiffusion et lorsqu'elle s'y trouve contestée (par les radios périphériques), elle s'est tournée, via le monopole, vers la télévision (où *Le Chagrin et la Pitié*, de Marcel Ophüls, est interdit d'antenne quoique autorisé à l'écran). La portée acoustique des médias concurrents ou successifs s'indiquant à l'attention que leur prêtent les pouvoirs publics, c'est le volume de l'audience qui mesure à chaque fois la sévérité des lois.

Comme si l'abondance *ici* recréait *là*, automatiquement, la rareté ; comme si chaque discrimination sociale abolie reportait un cran au-dessus la nouvelle pierre de touche entre le *vulgum* et l'élite, le plouc et le chic. Par exemple, la « démocratisation » de la parole est conquise lorsque l'accès aux moyens d'impression est devenu réglementé. Quand tout le monde a pu faire des discours dans la rue ou sous un arbre, seuls quelques-uns pouvaient imprimer les livres. La « démocratisation » de l'imprimé intervient lorsque l'accès à l'audiovisuel devient hautement sélectif. Aujourd'hui, tout alphabétisé peut publier ce qu'il veut, seuls quelques-uns sont invités à présenter leurs publications à la télévision (ajoutant à la satisfaction de se lire noir sur blanc l'espoir de se faire lire par d'autres). Et le jour où chaque village, où chaque quartier aura sa radio locale, son réseau câblé et son micro-magazine, gageons qu'un nouveau tamis médiatique aura été mis ailleurs en place.

1789-1792 : la Révolution a donné à la France trois années de totale liberté d'imprimer, la plus longue période de liberté entre 1536 et 1881. Cela suffit pour déplacer, *ipso facto*, la mire du livre vers le journal. L'essor des gazettes sous le Directoire (73 à Paris en 1799), la politisation latente des villes, les progrès techniques qui iront en s'accélérant (1815, première machine à papier continu ; 1823, première presse mécanique importée d'Angleterre, etc.), font de la presse l'arme numéro un des oppositions, et de sa raréfaction l'urgence numéro un des gouvernements. Priorité donc à la censure de la presse sur celle du livre. Autorisation préalable, cautionnement, timbre, etc. : le débat politique pivote autour de ces discussions, comme aujourd'hui autour des « rapports du pouvoir et des télés ». Montée « à l'assaut de la monarchie », la presse finit par la renverser et cette révolution de journalistes que fut 1830 porte au pouvoir une monarchie de Juillet qui ne pensera plus qu'à lui remettre sa muselière. La censure préalable sur le livre est définitivement supprimée en 1830, toute saisie supposant une décision de justice préalable, la seule question en litige étant désormais de choisir entre les assises, option libérale, et la correctionnelle, option autoritaire. On peut donc laisser couler le livre, quitte à intervenir en aval, mais le journal demeure filtré à la source. Et la justice, malgré ses ridicules célèbres — Flaubert acquitté, Baudelaire condamné —, le ridicule en la matière finissant par tuer à la fin du siècle (1890, acquittement de Lucien Descaves poursuivi devant la cour d'assises pour *Les Sous-offs*), se montrera toujours plus tolérante à l'égard du livre qu'à l'égard du journal. Parce que les dangers ne sont pas les mêmes. Comme l'avouait un ministre de la Justice de l'époque, « le danger résultant des écrits, prospectus, dessins et objets obscènes est en effet limité par les circonstances dans lesquelles ils sont offerts et mis en vente, par la surveillance que le père de famille peut exercer à leur égard beaucoup plus facilement qu'il ne saurait le faire en ce qui concerne les imprimés obscènes envoyés par la poste[1]... ». Après l'insouciance révolutionnaire de 1848 (du moins jusqu'aux journées de juin), le second Empire fait sienne la phobie de ses prédécesseurs, en élevant ses défenses à la hauteur des menaces nouvelles (apparition des rotatives, presse populaire à gros tirage).

La liberté de la presse dut attendre la fameuse loi du 29 juillet 1881 (celle du « interdit d'afficher ») qui stipule en son article premier que « l'imprimerie et la presse sont libres ». La presse passe alors du régime de l'autorisation préalable à celui de la déclaration. Liberté aussitôt tempérée par la vénalité qui ruinera bientôt l'indépendance des grands quotidiens (« arrosés » par les fonds secrets, des États étrangers, les banques et syndicats patronaux). Remarquons que le législateur n'en conserva pas moins d'importantes dérogations, qu'elles tiennent soit à la nature des publications, soit à l'exercice par l'administration de son pouvoir de police général, soit à l'existence de circonstances exceptionnelles. Et que cette libération, conditionnée mais réelle, sanctionne un consensus sur la nature du régime et une certitude

---

1. Maurice Garçon, *L'Affaire Sade*, Paris, Pauvert, 1957.

de cohésion nationale. Lorsque le régime républicain eut définitivement écarté le danger monarchiste (la loi fut mise en chantier en 1878, un an après la victoire des républicains sur de Broglie) et qu'il s'estima assez solide pour n'avoir plus à craindre des lames de fond. Et lorsque l'extraordinaire foisonnement des titres (entre 10 et 90 quotidiens, rien qu'à Paris, à la fin du siècle) rendait à la fois plus diffuse la menace (par neutralisation réciproque des organes) et plus difficile un contrôle à la source.

Il est significatif que la levée de la censure sur le théâtre n'ait pas accompagné toutes ces libérations de l'imprimé. Elle ne sera acquise officieusement qu'en 1906, par le biais d'une suppression de crédits (non reconduits par l'Assemblée), et officiellement en 1945. La Révolution elle-même s'était montrée très prudente sur ce point, estimant que la charge émotive d'une représentation théâtrale était bien supérieure à la lecture solitaire d'une pièce. Une réflexion médiologique de Roederer, publiée sous le Directoire dans le *Journal d'économie publique*, et intitulée «Essai analytique sur les divers moyens établis pour la communication des pensées» (1797), fixe une hiérarchie des dangers publics qui, dans l'écrit, va du grand au petit format (le placard plus redoutable que le journal, qui l'est plus que la brochure, qui l'est plus que le livre), mais qui place l'écrit derrière l'oral. Cet ancien jacobin a quasiment inventé le «chaud» et le «froid» de McLuhan. Il faut d'abord craindre, dit-il (renouvelant les vieilles hantises monarchiques du cri, de la rumeur, du murmure séditieux, de toute cette oralité première assimilée à la populace, à l'émotivité, à l'instinct, à la foule incontrôlable comme la marée ou la tempête), les harangues, les lectures à haute voix, les tribunes d'assemblées, et surtout le théâtre. « Cinq cents personnes, note-t-il dans l'article cité du *Journal d'économie politique*, qui liront séparément un discours, le liront de sang froid. Le sentiment de croyance qui a ses degrés de force et de faiblesse comme les autres ne deviendra pas en eux un enthousiasme insensé, l'amour effréné de leur propre opinion. On n'échauffe point un public épars comme un public assemblé ; on discute les livres, on les approuve, on les réfute froidement [...]. On a vu des orateurs pleurer à la tribune en lisant des discours qu'ils avaient écrits et composés sans aucune émotion ; des prédicateurs pleurer en chaire en récitant des sermons composés froidement ; des musiciens s'attendrir par leurs chants, par leurs instruments. La puissance qui les émouvait était celle des accents. On ne peut les méconnaître [1]. »

Le théâtre a fait l'objet d'une constante surveillance des pouvoirs publics au XIXe siècle. Car la pensée faite son était jugée plus percutante, et l'anarchie orale du direct plus efficace que la médiation imprimée pour gens instruits. « Il est curieux de constater, remarque un excellent juriste, que la suppression de la censure coïncide avec une époque où le théâtre n'était plus un spectacle capable de toucher et d'ébranler les foules, mais un divertissement rarement contestataire et trop onéreux pour atteindre un large public. Le temps où à Bruxelles la représentation d'un opéra, *La Muette de Portici*, donnait le signal de la Révolution de 1830 paraissait en 1945 bien dépassé [2]. Ce qu'il juge curieux, le médiologue

---

1. Cité par Hans-Jurgen LUSEBRINK, *op. cit.*, p. 165.
2. Jean RIVERO, *Les Libertés publiques*, Paris, P.U.F., 1973, t. II, p. 276.

l'estime normal, qui sait que l'investissement du principal accompagne chaque recul sur l'accessoire. La censure du théâtre fut abolie lorsque radio et cinéma étaient devenus les vecteurs potentiels des perturbations sociales. Non que les spectacles fussent entièrement «libres» — les maires ayant toujours, localement, la faculté d'interdire telle ou telle pièce en vertu de leurs pouvoirs de police. Faculté étendue, dès 1909, aux films d'actualité et policiers. En 1945, l'ordre public, c'est la radio. C'est donc elle qu'il faut domestiquer. La même année, l'émetteur T.V. de la tour Eiffel entre en service, et le téléjournal est créé en 1949. Pas d'audience, pas de danger, pas d'intérêts, pas de contrôle. Mais à peine le million de téléspectateurs est-il atteint, en 1956 que, thermostat oblige, se crée la «Direction de l'information radiodiffusée et *télévisée*», dépendante du ministère de l'Information. 1962, 2 547 000 téléviseurs, 10 millions de téléspectateurs, création du S.L.I.I. (Service de liaison interministériel pour l'information).

LE BESOIN DE CONTRÔLE

Quelle télécommunication ne met en cause la cohésion et l'ordre public dans le groupe ? La transmission de pensées, cela ne regarde pas que les penseurs. Le rêve libertaire d'une communication libre et spontanée rejoint celui d'une société sans État, d'une économie sans rareté. Du seul fait que l'être parlant lance un message, il met en branle l'«homéostase» de son groupe, ses équilibres internes. Une parole indivise et communale circulant librement entre égaux renvoie à la même parousie religieuse que la « société non divisée » dont elle est l'insaisissable écho : la première est un silence et la seconde un non-lieu. Rien de plus réglé, quadrillé, hiérarchisé qu'un territoire linguistique effectif. Toute parole naît serve, de ses supports, de sa syntaxe, des institutions, de ses dépositaires. Les historiens jésuites du Paraguay avaient inspiré à Voltaire l'idée d'envoyer Candide se déniaiser dans « l'ancienne patrie des Incas ». Tous les ethnologues de retour du Paraguay n'ont pas eu cette chance. Tel le regretté Pierre Clastres évoquant les chants sacrés des Indiens Guaranis : « Leur grand dieu Nâmandu surgit des ténèbres et invente le monde. Il fait qu'advienne d'abord la Parole, substance commune aux divins et aux humains. Il assigne à l'humanité le destin d'accueillir la parole, d'exister en elle et d'en être l'abri. Protecteurs de la Parole et protégés par elle : tels sont les humains, tous également élus des divins. La société, c'est la jouissance du bien commun qu'est la Parole [1]. »

Il n'y a pas la société, *puis* le pouvoir ; le spontané, *puis* l'institué ; la libre parole, *puis*, par-dessus et du dehors, la mauvaise contrainte. Il n'y a pas plus, et pour les mêmes raisons, l'émission, *puis* son contrôle ; le flux, *puis* la digue. Dédoublement mythologique, dans le fait tout vient ensemble. Le second terme ne fait pas capoter, mais advenir le premier. Avant la Chute il n'y a rien. La Chute, c'est l'Être. Tertullien disait que l'hérésie suit nécessairement le dogme. Nous savons que ce fut l'inverse.

---

1. Pierre CLASTRES, *Liberté, Malencontre, Innommable*, in Étienne DE LA BOÉTIE, *Discours de la servitude volontaire*, Paris, Payot, 1976, p. 246.

Il y a eu censure dès que des signes ont circulé en public, des rouleaux et des codex. César et Tibère ont fait brûler des exemplaires. Lesquels ? Les écrits d'Épicure parce qu'ils critiquaient la religion — et que leur traduction en latin les mettait à la portée du premier venu. Auguste a expurgé les bibliothèques publiques (des auteurs pseudo-sibyllins). La disparition des bibliothèques au IVe siècle a résolu le problème au moins autant que celle des instances impériales à Rome.

Dès que l'Église prend corps, elle filtre. Le premier acte de censure de la chrétienté date de la naissance de la chrétienté, du concile de Nicée. Ce dernier porte condamnation de la *Thalia* d'Arius, qui sera suivie par celle d'Origène, des manichéens, des classiques païens, de Joachim de Flore, etc. La condamnation théologique d'un auteur emportait la destruction matérielle des manuscrits.

Dès que les universités se développent en Occident, au XIIIe siècle, on voit aussitôt le renforcement des organes de contrôle (ordonnance de Philippe le Hardi, 1275).

*

« La liberté, disait Thomas Mann, est une chose plus complexe et plus subtile que la violence. » Quand un texte de loi proclame en fanfare, telle la loi de 1982 en son article premier, « la communication audiovisuelle est libre », les subtilités vont ressurgir plus tard, ailleurs, dans d'autres codes, ou bien hors texte. Plus rigoureux est l'article 11 de la Déclaration des droits de l'homme, qui ne sépare pas le principe de ses complications : « Tout citoyen peut donc parler, écrire, imprimer librement, *sauf* à répondre des abus de cette liberté dans les cas

Logique de la censure

déterminés par la loi.» Ma liberté d'émettre n'est jamais simple ni totale, mais toujours conditionnée par la liberté de mon voisin, bien sûr, mais aussi par d'autres facteurs objectifs, non individuels. Ce n'est pas un hasard si toutes les conventions internationales — comme la Convention européenne des droits de l'homme, par exemple — font suivre dans le même paragraphe du même article (article 10) l'énoncé du droit de la personne (à «la liberté de recevoir et de communiquer des informations et des idées sans qu'il puisse y avoir ingérence d'autorités publiques et sans considération de frontière») par l'énoncé du droit des États à adopter toutes dérogations nécessaires («Le présent article n'empêche pas les États de soumettre les entreprises de radiodiffusion, de cinéma ou de télévision à un régime d'autorisations»).

Ainsi la reconstitution, dès l'automne 1789, d'une censure municipale, quelques mois après l'abolition complète et la loi restrictive d'août 1791. Le régime de liberté absolue avait, par exemple, fait passer en un clin d'œil le nombre des journaux parisiens de six à cent quarante. Multipliant *ipso facto* les appels au meurtre, la délation, les violations de la vie privée, etc. Comment et où fixer la limite entre liberté et licence? À preuve, également, les interdictions pénalement sanctionnées venant aussitôt moduler la loi de 1881, loi de tolérance doublée d'un régime répressif qui n'oublie pas de punir «les cris ou chants séditieux» proférés en public; qui retient pour délit «l'offense au président de la République», l'atteinte à l'ordre public, aux bonnes mœurs, au moral des armées, etc. Loi toujours soumise aux impératifs de la défense de l'État et donc au va-et-vient des menaces. Intérieures en 1884, avec les «lois scélérates » frappant la provocation au crime et la propagande anarchiste ; extérieures en 1914, avec le Bureau de presse du ministère de la Guerre et « le bourrage des crânes ». À preuve encore, les actuelles restrictions à la liberté de publication par la loi de 1949 de protection des mineurs (le ministre de l'Intérieur pouvant alors interdire le livre à la vente et la publicité), les cas d'atteinte à l'ordre public (compétence du maire ou à défaut du préfet), d'atteinte à la vie privée, ou d'apologie de crimes et délits, la loi de 1972 contre le racisme et l'antisémitisme, l'interdiction de la propagande révisionniste, etc.

Ces mesures législatives et judiciaires peuvent être discutables dans leur détail et leur application. Elles répondent néanmoins à une logique incoercible : la subordination des libertés individuelles aux contraintes économiques et politiques.

Une liberté totale de communication supposerait un état de paix et d'abondance perpétuelles. La censure ne sera abolie sur le fond que le jour où la guerre et la pénurie auront été chassées de l'horizon des hommes. C'est-à-dire jamais. D'ici là, toute transmission de pensée à un public intéressera l'État ou l'autorité régulatrice qui en tient lieu, directement ou non.

Les marges de dissidence sont tolérables tant qu'elles ne menacent pas une nation dans son intégrité physique ou son capital génétique. Le jour où les États-Unis seront attaqués ou envahis sur leur sol, ou bien menacés d'éclatement par l'intérieur, la *Federal Commission of Communications* changera de nature et d'attributions. La *lex suprema* de la survie collective, seule loi qui ne connaisse pas d'exception. Il n'est pas de démocratie qui ne change les règles du jeu libéral à l'apparition d'un état de guerre, internationale ou civile, déclarée ou non. La caractéristique des démocraties, c'est seulement, et c'est énorme, de ne pas prolonger la censure au-delà de la guerre. En France, la guerre d'Algérie a fait ressurgir, en pleine République, sous la gauche comme la droite, les interdictions et saisies de livres, de journaux et d'émissions. Et en pleine paix civile et mondiale, le moindre bruit de bottes à la périphérie, le moindre début d'opérations militaires remet les journalistes, radios et télévisions, privées ou publiques peu importe, dans la ligne de mire des autorités gouvernementales qui commencent par inviter les communicants à l'autocensure. Réflexe récurrent comme les protestations des professionnels, oublieux des précédents et de cette constante, transpolitique, quoique rarement formulée, selon laquelle, en cas de danger, les droits de la cité ont le pas sur les droits de l'homme (comme une règle de droit constitutionnel a le pas sur une loi ou un décret). C'est sous l'horizon de la guerre et dans la hantise d'une perte d'indépendance qu'Athènes condamne à mort Socrate pour impiété (civique).

Remarquons en passant l'étonnante complicité historique de la violence et des télécommunications. La première fouette les secondes. C'est régulièrement une situation de guerre civile ou extérieure — qui accélère le développement des machines à transmettre : du télégraphe optique aux radio-transmissions (en passant par le siège de Paris, en 1871, pour le télégraphe électrique). C'est aussi la situation de guerre qui renforce la mainmise politique de l'État sur les médias existants — guerres de Religion et Fronde pour l'organisation de la censure royale sur l'imprimerie ; Deuxième Guerre mondiale et guerres coloniales pour le contrôle républicain des radios et de la télévision. La guerre fait brutalement sortir chaque système médiatique de sa préhistoire administrative et juridique. Avant, règnent l'inertie, la transaction, l'imbroglio. Dans la radio d'avant-guerre, définie *service public* après la victoire de 1918, des postes d'État coexistent avec des postes privés (munis d'autorisations). Déjà la drôle de guerre de 1939 avait transformé la radiodiffusion en « nationale », comme service autonome sous administration unifiée, distinct du ministère des P.T.T. Radio Stuttgart oblige. Peu avant, le Conseil national supérieur de la radiodiffusion avait suggéré qu'on oblige les Français à apporter leur poste de radio à la mairie pour les soustraire à la propagande ennemie et aux ruses de l'espionnage. Vichy instaure un service de propagande homogène, en zone sud, sous l'autorité d'un secrétaire général à l'Information, pendant que l'Allemagne, dès 1940, fédère sous la direction de la *Propaganda Abteilung* l'ensemble des émetteurs de la zone nord. Goebbels tenait la T.S.F. pour la « quatrième arme », et on peut voir dans la Résistance un « miracle de la radio ». C'est le gouvernement de la Libération qui a réquisitionné par arrêté les postes émetteurs privés, prononcé le retrait de toutes les autorisations antérieures et instauré par ordonnance le monopole. Parce que l'expérience de « la guerre des ondes », le « général micro », la B.B.C. et *La Lune est pleine d'éléphants verts* [1] ont révélé à l'État le caractère stratégique du médium. La Deuxième Guerre mondiale s'est faite avec des chefs radiogéniques. La troisième exigerait des leaders télégéniques.

1. Voir le livre passionnant de Dominique Decèze, ainsi intitulé, sur l'histoire des messages de Radio-Londres à la Résistance française (1942-1944), Paris, J. Lanzmann et Seghers, 1979.

Autre condition maîtresse, souvent liée, mais pas toujours, à la première : la rareté. Qui dit partage d'un bien rare dit arbitrage et arbitraire. La France de 1945 était sortie de la guerre mais la pénurie de papier n'a pas peu contribué à restreindre alors la liberté de la presse, puisque le papier, condition matérielle de la liberté d'imprimer, était alloué jusqu'en 1947 par le gouvernement, d'après les critères et selon des quantités autoritairement fixés. Le bien rare aujourd'hui, pour les médias dominants, c'est la fréquence. La limitation physique du spectre électromagnétique comme des répéteurs disponibles sur un satellite suppose une instance de régulation et d'arbitrage pour le partage (de la bande modulaire de fréquences des réseaux de radio, des fréquences hertziennes pour les télévisions, des canaux sur un satellite, etc.). Qu'il s'agisse d'une autorité administrative indépendante du gouvernement (F.C.C. américaine ou C.S.A. française) n'empêche pas l'acte d'autorité dans le choix des critères d'allocation. En somme, la suppression du monopole en France n'a pas évacué la police des ondes. De politique, elle est devenue technique, ce qui ne veut pas dire apolitique. On définit la censure comme la nécessité d'une autorisation administrative *préalable* à la divulgation d'une œuvre de l'esprit. Elle ne règne plus en matière d'imprimé, et elle est réapparue indirectement en matière d'émission ; et elle ne peut pas ne pas être, sauf brouillage généralisé des émetteurs (comme on en a un avant-goût sur la F.M.).

Vous noterez que, même s'il y avait une abondance illimitée de fréquences et donc de chaînes possibles, suite à une découverte technique, le problème se déplacerait vers le partage d'un autre bien rare, lui incompressible ou non multipliable pour des raisons naturelles : le temps d'écoute ou de vision des personnes. La rareté est un rapport, non une propriété. Sous le monopole, il y avait trop de temps de consommation pour pas assez de produits ; maintenant, il y a trop de messages pour pas assez de destinataires. L'encombrement permanent des canaux (comme des espaces disponibles dans un journal) repose la question du tri, donc de la décision. La communication audiovisuelle est libre, mais il faut bien que quelqu'un décide si mon émission est destinée à une audience large ou restreinte, car toutes les émissions ne peuvent pas monter en même temps en *prime time*. Il y aura toujours une transmission à deux vitesses, deux tarifs ou deux classes. Toujours, c'est-à-dire tant que le soleil ne se couchera pas deux fois le même jour, tant que les hommes n'auront que deux yeux et deux oreilles sans possibilité de déconnexion interne. Le temps et le corps, astronomie et *sensorium*, ne sont pas élastiques. Le plafond *naturel*, immobile, du déploiement *technique*, mobile, aiguisera toujours plus la question politique inhérente à toute répartition de la rareté.

IL EST INTERDIT
DE NE PAS INTERDIRE

Une autre raison, plus fondamentale, révoque comme illusoire « la suppression de toute censure » si souvent réclamée par les meilleurs esprits. L'inepte « il est interdit d'interdire » ne tient pas compte du sacré social, seul apte à boucler une société sur elle-même en vertu de l'incomplétude. Le sacré n'est pas une propriété de l'être individuel mais du groupe humain, et j'ai essayé de montrer ailleurs comment ce qui scelle l'unité d'un groupe ne peut qu'être posé par lui comme transcendant ou sacré. Qui ne veut pas dire surnaturel ni confessionnel, mais simplement extérieur au champ de l'expérience. Le sacré est le hors-jeu : ce qu'on n'est pas libre de manipuler, de brocarder, ni de transgresser. La part non ludique des sociétés ludiques. La laïcité est sacrée pour le républicain, la constitution des États-Unis pour l'Américain, comme l'est la langue du Coran pour le musulman, etc. Il y a toutes sortes de sacralités et l'une ne disparaît qu'au bénéfice d'une autre. Oskar Panizza, auteur du *Concile d'amour*, violente diatribe contre le catholicisme, fut condamné en 1885 à un an de prison. L'auteur d'un scandaleux *Merde à Jésus*, en 1989, Marcel Paquet, passe inaperçu. C'est qu'à un siècle de distance le sacré de l'Europe moderne n'est plus le Christ mais Auschwitz. Et ce d'autant plus que les derniers témoins d'Auschwitz vont disparaître avec les derniers survivants. Le sacré est la cote d'alerte d'une mémoire collective ; son sentiment s'avive lorsque le souvenir risque de disparaître. C'est pourquoi les auteurs d'une bande dessinée au second degré *Hitler = SS* passent en correctionnelle à Paris, en 1989, « pour complicité d'injures raciales » mais en réalité pour blasphème, trangression du tabou unificateur. L'irrespect est de toujours, heureusement. Mais les coûts en varient selon les cibles.

Une société qui ne se scandaliserait de rien aurait renoncé à toute sacralité, donc toute cohésion. Notre humour collectif s'imagine pouvoir faire l'économie d'une transcendance mais ces passages à vide traduisent généralement le passage d'une transcendance à une autre, c'est-à-dire d'une interdiction à une autre, souvent pire. Une communauté qui vit dans l'obsession du scandale est meurtrière (fascisme, stalinisme, intégrisme, etc.); mais une communauté où le scandale est impossible est une communauté qui se meurt. La censure par le bruit, qui libère l'expression, la mithridatise. C'est la nôtre. L'industrie du porno au cinéma a pratiquement succombé à la levée des interdits doublée de taxes diverses. L'affranchissement des communicateurs est toujours dans la multiplication des vecteurs, des chaînes, journaux, éditeurs, etc. Mais aussi l'affadissement des messages. Moins ils sont contrôlables, plus ils sont anodins. Or noyer la parole dans l'insignifiance, c'est aussi recréer une autre sorte de danger, et il me semble à présent nécessaire, par exemple, de sortir la laïcité républicaine du vieux cercle vicieux : Si Dieu n'existe pas, tout est permis; si tout est permis, alors j'ai bien envie qu'un dieu revienne. Comment faire pour qu'un sacré social survive à la nécessaire disparition des sacrilèges — c'est le casse-tête du libre penseur agnostique. Au « capucins de tous les pays, unissez-vous ! », il voudrait bien opposer un « esprits libres de tous les pays, unissez-vous ! », sans que cet idéal d'unité devienne *ipso facto* la clef de voûte d'une nouvelle francmaçonnerie, d'un théisme sans Dieu. Comment faire pour ne pas passer de la neutralité d'indifférence (par suppression des interdits) à la désagrégation du lien civique (par suppression des métaniveaux) qui, affaiblissant la résistance aux fanatismes et aux cléricalismes, finit par ouvrir la voie au retour des inquisitions ? Ne sommes-nous pas à ce moment charnière par où sont passées nombre de civilisations avant nous, lorsque le culte égocentrique de l'intérêt et du plaisir en vient à faire le jeu des ennemis du libre arbitre ? Quand le refus du dogme devient le seul dogme, l'inviolable ultime, que rien n'est inviolable, la dernière croyance commune qu'aucune croyance commune n'est souhaitable ; quand chacun, en somme, tient que le relatif d'une valeur jamais ne vaudra l'absolu d'une vie, l'équivaloir généralisé des « sociétés du vide » en vient à casser le minimum de « clôture informationnelle » nécessaire à l'organisation d'un espace public de libertés. Un minimum d'intolérance à l'intolérance est indispensable à une République laïque où l'on pose en principe commun que l'humanité vaut mieux que l'homme, du moins si l'*homo politicus* ne veut pas céder la place à plus sévère que lui, l'*homo religiosus*. De deux sacrés, il faut, je crois, choisir le moindre. C'est pourquoi, soit dit en passant, je tiens que l'école, en France, aujourd'hui, doit être capable d'interdits et de règlements comme garante d'unité entre les citoyens. C'est la dernière enceinte où peuvent se côtoyer sans se déchirer différentes appartenances ou credos communautaires, par une mise en suspens temporaire et localisée, mais intransigeante.

Personne — individu, communauté, religion, parti — ne doit pouvoir annexer le domaine public à son profit et caprice. C'est désormais à l'État de défendre la personne contre le groupe, et notamment la liberté d'expression. Car nous avons en France assisté à un curieux retournement : ce n'est plus l'État qui menace les libertés d'expression mais les pouvoirs privés. Depuis 1975, renonçant à son pouvoir discrétionnaire, le ministre de la Culture accorde automatiquement son visa aux films. Une autre sorte de zèle s'est alors manifestée. Les mesures d'interdiction requises contre un film de Scorsese (1988) ou de Godard (1985) ont fait suite à des demandes en référé d'associations familiales catholiques, comme des associations musulmanes demandent l'interdiction des *Versets sataniques* (1989). Des particuliers invoquent, pour ce faire, non plus la moralité publique mais les droits subjectifs individuels. La liberté consistant à faire tout ce qui ne nuit pas à autrui, il paraît, disent les autorités religieuses, que c'est nuire à autrui que de blesser ses convictions. À ce compte-là, plus aucun débat philosophique n'est possible puisqu'il n'est pas d'opinion qui ne puisse s'habiller en conviction vivante et vulnérable. Enseigner l'évolutionnisme à l'école blesse sans doute les convictions des croyants dans un Dieu créateur ; interdire la propagande raciste blesse incontestablement les convictions des tenants de l'inégalité des races. Il est bien vrai que les croyances religieuses ont droit au respect, qu'elles doivent être protégées contre toute intrusion agressive dans leur sphère de vie. L'État doit interdire les faits de contrainte exercés sur les fidèles. Il serait atroce de contraindre les catholiques d'aller voir *Ave Maria* ou *La Dernière Tentation du Christ*, ou les musulmans de lire Rushdie, comme il le serait de fermer autoritairement tel ou tel lieu de culte. Mais il est scandaleux de barrer aux autres, soit par des voies de fait soit par des saisies judiciaires, le libre accès individuel à ces œuvres de l'esprit, sous prétexte qu'elles scandalisent telle ou telle orthodoxie. Ce scandale est celui de l'Ordre Moral. L'*ordre public* consiste à faire coexister pacifiquement des croyances rivales ; l'*ordre moral* consiste au contraire à imposer les convictions d'une communauté particulière à toutes les autres, en tenant que certaines valeurs transcendent l'autonomie du consentement individuel. Mais ce qui est transgression pour les uns ne l'est pas pour les autres, et on ne voit pas pourquoi il faudrait nationaliser tels scandales privatifs plutôt que d'autres. *Hic et nunc*, un certain ordre moral pourrait reprendre mais par «en bas», par le privé, et il appartient à l'État de subordonner les particularités revendicantes à la loi républicaine, qui défend l'intégrité des lieux clos où des individus viennent volontairement pratiquer leur culte, mais défend à quiconque de faire la loi dans les espaces publics. La République garantit l'autogestion des sacralités. Mais pour pouvoir faire respecter un «à chacun sa transcendance», il faut que l'agent protecteur soit lui-même reconnu comme transcendant à ces transcendances particulières. *La régie des espaces communs* ne doit être cédée à aucun intérêt ou fanatisme particulier sous peine de se détruire elle-même, nul ne pouvant être juge et partie. Dire que le principe de laïcité républicaine est sacré, c'est-à-dire au-dessus des autres principes particuliers, c'est garantir à tous qu'aucune partie au pacte social ne devienne seul juge des autres. Si la laïcité se dégradait en une simple neutralité abstentionniste au lieu d'être un principe d'exhaussement de l'intérêt général au-dessus des pouvoirs de fait, bref si elle achevait de se désacraliser en refusant de réglementer et d'interdire, elle ne serait bientôt plus un rempart de nos libertés mais une porte grande ouverte à leur renversement.

DOUZIÈME LEÇON

LA LOI DES TROIS ÉTATS

Cela tuera ceci

La Contre-Réforme cathodique

La voix de la vie

Le grand retour de l'immédiat

L'histoire : entrée et sortie

Trois âges en même temps

CELA TUERA CECI

J'aurais voulu, avant de conclure, éclairer un siècle par un autre. Un basculement par un autre. Les «vies parallèles», jadis, mettaient en vis-à-vis un Grec illustre et un Romain illustre. Permettez-moi de tenter un jeu de miroir entre le XVIe et le XXe siècles — un «Siècles parallèles». Les médiologues, vous le savez, résistent à tout sauf à l'analogie. Tant pis pour notre réputation académique. Pour un historien idiographique, qui décrit une époque au plus près sans trop chercher à comprendre ce qu'elle a de nouveau, la pratique du jumelage à distance est un jeu de l'esprit. Pour un «philosophe de l'histoire» (comme disent avec mépris les savants historiographes), c'est un jeu payant car la variation anachronique dégage les invariants et les différences. Puisque les métaphysiciens nous quittent, il y a de la place, après tout, pour les méta-historiens.

Un jeu que je résumerais d'emblée ainsi: nous vivons un XVIe siècle au carré, à la puissance n. Mais un XVIe siècle à l'envers, une bascule en sens inverse.

Commençons par les similitudes.

Siècles-catastrophes, siècles-catapultes. Une seule et même réaction en chaîne apporte à l'Europe catholique du xvie la poudre, l'imprimerie et l'Amérique. Comme elle a apporté à l'Amérique puritaine du xxe l'atome, l'électron et la Lune. Comme si c'était un même train d'ondes qui, par périodes, apporte à l'humanité l'ordre et le désordre, les grandes découvertes et les génocides, le principe de peuplement et le moyen de la dépopulation. La puissance matérielle d'une civilisation s'élève simultanément sur tous les registres — moyens de transport, d'extermination et de communication — qui s'équilibrent et s'annulent peut-être entre eux par un subtil principe de constance. Les caravelles auraient alors été à l'imprimerie ce que sont les fusées à la télévision, nos astronautes répondent aux navigateurs d'antan, l'exploration de l'espace à celle des océans. Hier, pour dominer les esprits et le marché des idées, il fallait dominer la mer, comme aujourd'hui le marché des images et des informations exige la maîtrise de l'espace. La médiologie exacte n'est jamais loin de la stratégie, tant on ne peut isoler les panoplies communicantes des rapports de force entre les peuples qu'elles modifient directement. La Renaissance eut l'Italie pour phare, comme notre siècle a l'Amérique. Et c'est un Génois, Christophe Colomb, qui a transmis à son insu le flambeau, ou le virus, ou les deux, de l'Ancien Monde au Nouveau.

Siècles fiévreux, performatifs, cannibales. Grandes époques d'Incarnation du Verbe, dévorées par leurs propres messages, prises à leurs filets, à fort dégagement de chaleur (quand le symbole est de lui-même froid et distancié) qui branche le délire individuel sur la passion collective et transforme la lente efficacité des signes en violence de masse. Milices de Dieu, Armées du peuple. Des signes se déchaînent en meurtres, des livres en mythes et en insurrections à vocation universelle, au-delà de la bisbille ethnique. Espérance religieuse au XVIe siècle, « idéologique » au XXe. Terreur religieuse, terreur politique. Dérive absolutiste des Églises, dérive totalitaire des partis. Réforme ou Contre- Réforme, Révolution ou Contre-Révolution, on part d'une dispute spirituelle pour aller à la bataille temporelle. Siècles messianiques, où chaque prophète armé d'abord de mots ou de paroles fait advenir en personne ce qu'il annonce. Luther, Calvin, Loyola, Münzer. Lénine, Trotski, Mussolini, Hitler, Mao, de Gaulle. Des quidams émergent, qui n'ont de puissance, au départ, que langagière, par ce qu'ils disent ou écrivent. Qui alignent des mots, puis des troupes derrière ; qui alignent des bataillons derrière des symboles, ou des interprétations nouvelles de symboles anciens. Qui, forts de leur seule autorité symbolique, vont faire sortir des Églises, nations, ordres, partis, États, de leurs méditations... Ou de leurs allocutions. Car, à notre siècle, les gisements de parole vive se sont déplacés vers le Sud, chez les pauvres, les paysans. Mao, Staline, Enver Hodja, rédigent avant de haranguer ou d'intervenir : en quoi ces despotes semi-asiatiques font encore figure d'Occidentaux, aberrants rejetons de la Lettre et des Lumières. Gandhi comme le pandit Nehru, Nasser, Perón, Soekarno, Castro, Khomeyni, Kadhafi, ne sont pas de la famille : ce sont des oraux. Ces grands semeurs de paroles ont chez eux le prestige du sage ou du saint, non du « savant » ; ils réclament l'écoute et non le déchiffrement ; entretiennent un bouche à oreille spontané plus que la glose cléricale à retardement. Les « œuvres complètes » de ces mobilisateurs d'énergie populaire sont pour l'essentiel des recueils de discours, proverbes et libres propos. Le populisme socialisant du tiers monde comme toutes les formes du nationalisme révolutionnaire sont de culture verbale, à vocation radiophonique (d'où un autre régime d'autorité). Le grand artilleur du Signe, lui, télescope sur l'espace d'une vie, la sienne, un écrire et un faire, suit en personne le parcours de son discours au point de s'identifier à lui et ne délègue la mise en œuvre à d'autres que contraint et forcé.

C'est ce court-circuit du symbolique au politique qui apparente le xvie siècle au xxe. Les deux siècles nous rappellent combien ont tort ceux qui ne voient dans les délirants à l'esprit de système que des songe-creux ou des alibis. *Mein Kampf* ne sublime pas un *statu quo*, il préfigure des actes (en quoi Hitler est un « idéologue » comme les autres, au sens fort du mot, et non un psychopathe). L'idéologue n'était donc pas chien de garde mais lion et loup. Pas seulement garant de l'ordre mais pour le meilleur et le pire (SS ou France libre), fondateur d'Ordre. Et puis, le dérapage final. Évangélisme et socialisme nés dans les mots glissent dans le sang. De minuscules énergies en libèrent d'énormes, qui refluent et écrasent les sources. Le sourire des promesses devient grimace à mi-parcours et s'achève en rictus. Après l'enchantement des premières décennies, l'enténèbrement des dernières. Retournement de l'humaniste en fanatique, du persécuté en policier. De l'individualisme renouvelé en un conformisme renouvelé. Le xvie siècle comme le xxe commencent « à gauche » et finissent « à droite ». L'examen critique libérateur retombe en doctrine dogmatique traditionnelle, le rationalisme est cerné par le « retour du sacré », la modernité tend la main à l'archaïsme. Que ce soit par la Saint-Barthélemy ou le bûcher de Michel Servet, l'effraction réformée comme la révolutionnaire se retournent en clôtures renforcées, territoriales et morales. Les anciennes dissidences refont systèmes et suscitent à leur tour leur propre dissidence.

Ces analogies politico-chronologiques valent ce qu'elles valent. Miroitements de surface, j'en conviens, mais passons à l'essentiel : le pivotement médiologique. Les deux grandes crises d'autorité de l'Occident furent d'abord des crises d'héritage, des remises en jeu de l'archive, par une transmission bouleversée des traces. D'où le bouleversement hiérarchique sur les sommets. Les hommes de l'information, qui gèrent l'actualité, sont courtisés ou réprimés par les Princes (c'est-à-dire, dans les deux cas, reconnus) comme l'étaient les hommes de l'archive, qui géraient la mémoire. De nouveaux opérateurs de légitimité apparaissent, qui ont barre sur le pouvoir politique, mais ce n'est plus le même pouvoir, ni la même barre, ni la même légitimité. Le médiocrate est le nouveau clerc, qui fixe l'ordre du jour de la Cité, en déterminant chaque jour par sa mise en page ce qui est à penser, à redouter, à espérer par le plus grand nombre. Le quatrième pouvoir devient le premier parce que c'est lui, tout simplement, et non le pouvoir politique qui hiérarchise les objets d'attention ; qui trie par ses titres et ses espaces l'important de l'accessoire, le dangereux de l'anodin, le bon grain de l'ivraie. XVIe : « *Cujus regio, ejus religio* ». XXe : « *Cujus medium, ejus religio* ».

Milieu, médium, morale, mentalité et mode de vie : un brutal changement de médiasphère s'indique par la crise des cinq *m*. La révolution culturelle du

XVIe siècle (à savoir l'usage massif d'une découverte du XVe), comme la nôtre à présent, qui refait passer l'écrit par les canaux de l'image-son. Dans «audio-visuel», le plus important me semble être, finalement, l'élimination du trait d'union, par la fusion qu'elle suggère de l'ouïe et de la vue. Léonard de Vinci assimilait ce qui s'appellera plus tard la Renaissance à la séparation des deux et à une permutation délibérée de l'*auditus* (*fides* et *traditio*) et du *visus* (la vue et l'intuition). Au XVIe siècle, l'œil comme organe des sens et du savoir triomphe de l'oreille, l'organe du préjugé et de l'indistinction. Voulant élaborer une science du visible, Léonard faisait de la philosophie et de la peinture un même combat de type platonicien contre la confusion des apparences, *perché l'occhio meno s'enganna*. Or le XXe siècle semble suivre un chemin inverse, du silence vers le bruit, du trait vers la tache. Le rythme n'est-il pas devenu le principal agent fédérateur des jeunesses et des cultures du monde ?

Les délais de chaque mutation n'ont sans doute pas été les mêmes. En France, l'entrée des masses populaires dans la culture écrite s'est échelonnée sur trois siècles, disons de Louis XIV à Jules Ferry[1]. Le moteur de l'opération a peut-être été, dans les deux cas, l'économie de marché, mais il a fallu trois cents ans pour passer de l'alphabétisation restreinte à l'alphabétisation générale, trente ans pour un branchement électronique général. Processus d'un côté, séisme de l'autre. Ici et là, cela s'inscrit dans un développement économique objectif, mais le vouloir

---

1. F. Furet, J. Ozouf, «L'alphabétisation des Français (XVIIe-XIXe). Trois siècles de métissage culturel», *Annales E.S.C.*, mai-juin 1977.

politique a joué un plus grand rôle pour l'écrit, en particulier avec les lois sur l'instruction gratuite et obligatoire de l'école républicaine, qui a couronné en France le vaste mouvement social. L'écrit est *descendu*, via la généralisation populaire d'un modèle culturel élitiste. L'écran est *monté* : il était présent chez les ouvriers avant de l'être chez les bourgeois, les intellectuels l'ont dédaigné et la très haute société internationale l'ignore encore. La diffusion de l'écrit a épousé les rigoles et reliefs du terrain social. Facteur d'inégalité, elle a commencé par creuser l'écart entre villes et campagnes, entre les campagnes à haute productivité du nord de la Loire et les terroirs plus arriérés du Midi, entre les bourgeois et les ouvriers à la ville, et, partout, entre les hommes et les femmes. N'exigeant ni apprentissage technique ni supériorité hiérarchique l'accès à l'image électronique a été égalitaire et démocratique, comme l'atteste la redevance (la même pour tous et quel que soit le nombre des postes au foyer). Les femmes l'ont regardée en même temps que les hommes, les paysans très peu de temps après les citadins, les catholiques plutôt mieux que les protestants, et le nord de la Loire n'a pas été avantagé. Si inégalités il y eut, elles furent contingentes et physiques (difficultés de retransmission en terrain encaissé).

À partir du XVIᵉ siècle, la transition à l'écrit est celle du fidèle à l'administré, de la paroisse au département. L'individu affranchi s'extrait du groupe restreint, sous contrôle des anciens et des prêtres, pour s'insérer dans le groupe large, sous contrôle du notaire, du gendarme et du légiste. Passage du statut au contrat, de la coutume au règlement, de l'homélie dominicale à l'affiche de mobilisation. De la propagation de la foi par la chaire à la profession de foi sous le préau, d'une propagande religieuse à une propagande politique. À travers registres, codes, rôles, règlements, etc., l'État recense ses hommes et comptabilise ses richesses. Exalté au début par les impératifs du salut individuel, l'imprimé débouche sur la feuille d'impôt. On a accédé à l'écrit à travers le fait religieux, mais l'imprimé va aider à en sortir Pour faire entrer dans l'orbite du fait politique.

La transition de l'imprimé à l'audiovisuel correspond au passage de l'École à l'Entreprise, du Ministère à la Bourse. Du citoyen au consommateur, du cadre national au marché mondial. On a accédé à l'image domiciliaire, via le monopole d'État, par le fait politique, et l'image nous aide à nous libérer de la politique. Au bénéfice de la publicité, des fantasmes de consommation et de statut. Un contrôle pour un autre, mais direct et rigide ici, souple et mimétique là. C'est un progrès dans l'individualisation, si l'on veut. L'individu protestant était en tête à tête avec Dieu, le républicain avec la Loi, le téléspectateur avec le Dow Jones.

Desserrant les liens religieux, l'imprimé avait renoué le lien civique — au point de faire, plus tard, de l'illusion politique la nouvelle religion du citoyen lecteur. En desserrant le lien politique, l'électron resserre le lien économique — faisant de l'illusion économique la religion nouvelle du consommateur d'images.

Mouvement de balancier qui a sa traduction sociale. L'imprimé précipitait l'ascension de la bourgeoisie de robe et le déclin de la bourgeoisie d'épée. L'électron précipite le déclin des héritiers de la basoche (professions libérales et intellectuelles) et l'ascension des héritiers de la boutique (managers et entrepreneurs). Les dominances permutent. Les sacralités symboliques aussi. L'imprimerie accélère le transfert d'*aura* du Livre de Vérité aux livres des vérités, c'est-à-dire du monastère à l'université, du cloître à la ville, du prêtre au lettré. Les marches vers l'*aura* sociale s'inversent en conséquence. Sous la féodalité, l'Écriture étant d'Église, chevaliers et manants vivaient en culture orale et gestuelle. Les manants s'embourgeoisent, se font légistes et clercs d'État, férus de droit romain. L'histoire sociale de l'imprimé, du XVIe au XXe siècle, peut se lire comme la longue lutte des dominés pour s'approprier, à la suite de ceux-là, péniblement, la culture du texte. L'alphabétisation (qui atteint le seuil critique des 50 % de la population mâle juste avant la Révolution), l'école primaire, le journal et sa popularisation, l'enseignement technique, la création des universités populaires et l'effraction dans l'enseignement supérieur, les cours du soir et les bibliothèques municipales — autant de jalons sur la route de cette belliqueuse appropriation. Et voilà qu'au siècle même où les hauteurs stratégiques du textuel étaient enfin conquises par ceux d'en bas, la position littérale perd soudain son enjeu, contrecoup des techniques de reproduction dont Walter Benjamin pronostiquait, avec la lucidité d'un poète de l'intelligence, qu'elles allaient imposer «une nouvelle sélection, une sélection devant l'appareil; ceux qui en sortent vainqueurs sont la vedette et le dictateur[1]». Juste au moment où les brodequins des faubourgs se faisaient «protestants», en épousant la religion de la lettre

---

1. En note de *L'Œuvre d'art à l'ère de sa reproductivité technique*, Paris, Denoël, 1971, p. 160. [Nouvelle édition: W. BENJAMIN, *Écrits français*, présentés par J.-M. Monnoyer, Paris, Gallimard, 1991.]

dans sa version républicaine et socialiste — l'escarpin pirouettait et redevenait «catholique», par la vertu des micros et des caméras. Retranchés dans leurs bastions livresques, les débris de l'ancienne «alliance des forces de la culture et du travail» se retrouvent ainsi tournés vers la «gauche», par l'émotif, l'oral et le populiste. Amusant chassé-croisé: les premiers à l'écrit deviennent les derniers à l'oral, mais en démocratie médiatique, les cancres du porte-plume sont les premiers au petit écran. Programme contre prestation, cours magistral contre interview, amphi contre plateau, ce sont flèches contre winchesters. Derrière les murailles branlantes de leurs cahiers trimestriels, verra-t-on un jour les derniers des Mohicans de la «guerre littérale» placés sous vitrine au musée des Arts et Traditions européennes? Il n'est pas dit que les ethnologues de 2500 ne s'intéressent pas en priorité aux peuplades de l'Alphabet.

Un XVIe siècle à l'envers donc. Le récit de l'émancipation scande ces deux siècles charnières en continuité, comme deux temps forts de la liberté, le premier, éclosion, et le deuxième, apothéose de l'individualisme moderne. Le problème est qu'il ne s'agit pas du même individu. La Réforme fut le soulèvement du signe contre l'image. Du livre saint contre la statue du saint. De la sainte lecture, familiale ou privée, contre la sainte communion. Nous vivons la Contre-Réforme de l'image contre le signe, de la musique contre la lecture et de l'audiovisuel contre les tableaux noirs.

La Réforme a peut-être échoué dans ses utopies. La Révolution très certainement. Mais l'échec de la Réforme n'est pas celui de l'école ni du livre; alors que l'échec de la Révolution marque le déclin de l'école et l'apogée de l'image. Le XVIe siècle voulait croire, mais vaille que vaille, il a appris à lire. Le XXe siècle, fatigué des idées, désapprend à lire et se remet à croire, et d'abord en l'image. Il croit naïvement se libérer des emprises de ce qu'il nomme «idéologie» par un nouveau culte des images ou *iconologie*, cette idéologie aggravée. Iconoclaste, la Réforme a aidé au passage, au sens de Peirce, de l'icône au symbole. Idéoclastes, iconolâtres, nous revenons du symbole à l'icône. Vers un nouveau Moyen Âge.

LA CONTRE-RÉFORME CATHODIQUE

La poésie n'est ni vraie ni fausse. Elle signifie. Il y a une poésie médiologique, à base de coïncidences et de résonances. Elle ne fait pas une connaissance mais une stimulation. Dans notre discipline, ne l'oublions pas, ce sont les poètes qui ont ouvert la voie aux critiques, l'analogie a précédé l'analyse, Victor Hugo introduit Walter Benjamin. Revenir aux inspirés, c'est remonter aux sources. En 1831, Victor Hugo écrit *Notre-Dame de Paris*, qui se déroule aux alentours de 1480. Claude Frollo, l'archidiacre de la cathédrale, prononce, en feuilletant un Pierre Lombard tout neuf édité à Nuremberg et en contemplant la cathédrale, une phrase énigmatique : « Le livre tuera l'édifice. » S'ensuit une célèbre méditation prophétique, anachronique (car nous savons que les Frollo réels ont soupiré de joie devant les presses à bras) et follement sagace. Imaginez un romancier mettant en scène un archidiacre communiste en

Mai 1968 : « Le secrétaire de section considéra quelque temps en silence la monumentale maison de verre, puis étendant avec un soupir sa main vers le poste de télé qui était posé sur la table et sa main droite vers le siège du Colonel-Fabien : "Hélas, dit-il, ceci tuera cela". » Le romancier ferait une erreur de psychologie (c'était trop tôt) mais un bon pronostic médiologique (l'audiovisuel fait basculer « à droite » comme l'imprimé « à gauche »).

Ceci tuera cela est un délire de prescience. Le mage Hugo fait deux annonces en une, nous présente les deux faces, voltairienne et hégélienne, d'une même intuition.

Côté Voltaire, « la presse tuera l'église », parce qu'elle permet Luther. Victoire du livre sur la chaire, de l'intelligence sur la foi, de l'opinion publique sur l'autorité papale.

Côté Hegel, « l'imprimerie tuera l'architecture ». Dans le long cortège des figures du Verbe, un art en détrône un autre. L'architecture a été la première écriture du genre humain. Mais « la pensée humaine, en changeant de forme, allait changer de mode d'expression. L'idée capitale de chaque génération ne s'écrirait plus de la même façon. Le livre de pierre, si solide et si durable, allait faire place au livre de papier, plus solide et plus durable encore ».

Livre de pierre, la cathédrale gothique a été depuis déchiffrée et lue par les historiens de l'art (comme Panofsky). Bâtiment de papier avec ses colonnes justifiées en forme de colonnades, chaque page faisant comme un plan de basilique avec ses nefs, ses travées et ses bas-côtés, le Livre rectangulaire a été rendu par les historiens de l'imprimé (telle Yvonne Johannot) à ses métaphores originaires[1]. Comme la cathédrale est une Bible de pierre, une Bible comme celle d'Alcalá au XVᵉ siècle est une cathédrale en parchemin ou en papier (et le codex une cathédrale de poche, une église paroissiale). Les comparaisons de Hugo, confirmées par la recherche érudite, peuvent être prises au pied de la lettre. Pourtant, on nous dit ici et là qu'il s'est trompé sur le fond. Pourquoi ? Parce que l'architecture et le religieux reviennent en force dans le monde contemporain. Ceci n'a donc pas tué cela ? Si fait. Hier. Mais aujourd'hui, ceci, en déclinant, redonne vie à cela. Hugo a décrit l'élan du balancier vers la graphosphère ; nous assistons à son retour vers la vidéosphère et donc à l'effet inverse. Simplement, l'histoire repasse les plats.

Le texte écrit n'est plus *stable*, garant de permanence. Il n'est plus au fondement, avec pour pierres d'angle les notions d'œuvre, d'auteur, de génie. « L'immuable multiple » a été victime de sa propre multiplication. Le Livre n'est plus assez (grand), et il y a trop de (petits) livres. Ceci explique cela. Plus le type d'écriture. Le bâtiment livresque s'est liquéfié avec les cristaux liquides de nos écrans. Il retombe en pluie lumineuse, en traits évanescents. Les écritures informatiques sont euphorisantes, labiles, volatiles, bien éloignées du dur désir de durer, du pesant travail d'inscription. La dématérialisation des supports a tué la symbolique architecturale du Livre comme temple de vérité, avec frontispice, colonnes verticales et façade-couverture. Alors revient le texte de pierre. Seul garant de l'immuable, le plus apte à traverser la parlote et les paillettes, à émerger

---

[1]. Yvonne JOHANNOT, *Tourner la page, Livre, rites et symboles*, Jérôme Millon, 1988.

comme un roc de la fluidité des croyances et des mots. «L'idée capitale» de la génération s'exprime dès lors par le grand architecte et non par le grand écrivain. Fin des monuments écrits, recommencement des écritures monumentales. Peï remplace Malraux auprès du Prince comme le projet d'architecture le tableau du peintre dans les biennales officielles. L'enveloppe de pierre escamote le contenu, car le contenu est retourné à l'enveloppe. Le livre n'étant plus temple de Vérité, il ne trône même plus au centre des anciens Temples du Livre, et dans la conception des grandes bibliothèques modernes, souvent rebaptisées médiathèques, l'édifice et l'architecte ont le pas sur le lecteur et l'archiviste. Le «bâtir» a quitté le papier? Le revoilà en dur. L'écrivain proteste. Le Prince préfère (la pierre est marque de pouvoir et passe mieux à l'image).

Le médiologue Hugo a pu être nuancé, non réfuté par les historiens de métier. «Avant l'imprimerie, nous dit l'auteur de *ceci tuera cela*, la Réforme n'eût été qu'un schisme, l'imprimerie l'a faite révolution. Ôtez la presse, l'hérésie est énervée. Que ce soit fatal ou providentiel, Gutenberg est le précurseur de Luther.» Qu'a-t-on lu, depuis, chez les hommes de sciences? Chaunu: «Sans le livre imprimé, pas de révolution humaniste. L'humanisme du XVe siècle serait tombé comme celui du VIIIe et du IXe ou celui du XIIe, parce que sans lui le travail humaniste est un travail de Pénélope[1].» Mandrou: «Est-il donc trop audacieux d'affirmer que la Réforme et la Renaissance sont tout entières filles de l'imprimé (...)? Sans jouer à refaire l'histoire, jeu puéril, c'est une

---

1. CHAUNU, *Le Temps des réformes*, Paris, Fayard, 1975, p. 316.

hypothèse valable (...)[1]. » Dickens : « On ne saurait trop estimer le rôle qu'a joué l'imprimerie dans la dispersion des idées religieuses. À l'inverse des hérésies de Wyclif et de Walden, le luthéranisme fut dès le début le produit du livre imprimé. Grâce à ce véhicule nouveau, Luther fut à même de marquer la mentalité européenne d'une empreinte précise, uniforme et indélébile. Pour la première fois dans l'histoire des hommes, un vaste public de lecteurs a pu juger de la validité d'idées révolutionnaires grâce à un mode de communication s'adressant à la masse qui utilisait les langues vernaculaires[2]. » L'évangélisme est sans doute plus une religion de la lecture que du livre ; il s'est peut-être dégradé sur le tard en un simple individualisme moral, mais toujours doublé d'une pédagogie de la lettre. En Suède, l'Église d'État luthérienne rendit même la lecture de la Bible obligatoire (ordonnance de 1686). Sans doute y avait-il loin, en matière de lecture universelle, du prône à l'acte, et la lecture visuelle, silencieuse, intérieure, resta longtemps réservée à un petit nombre. Avec son « lisez peu mais lisez bien », Luther a peut-être fait contre mauvaise fortune bon cœur (cet homme d'ordre craignait les débordements). N'oublions pas que les anabaptistes pratiquent la lecture communautaire, à la catholique si l'on veut. Reste que la Réforme qui n'a gardé que deux sacrements sur sept a enlevé aux liturgies sacramentelles du rite romain le temps du déchiffrement et de l'épellation. L'individualisation des vieilles psalmodies a fait suc-

---

1. MANDROU, *Histoire de la civilisation française*, Paris, Armand Colin, t. I, p. 301.
2. Arthur DICKENS, *La Réforme et la société du XVIe siècle*, Paris, Flammarion, 1969.

céder à l'ancien ordre auditif communautaire une médiation silencieuse et intime du texte saint. Personnalisation de la vie religieuse aussi nuisible à la gloire de l'institution qu'à l'ostentation du nouveau rituel. La subordination calviniste de l'oral à l'écrit vaut pour domestication de la chair et répression d'une certaine libido communautaire ; comme si les hommes de l'élite urbaine avaient dû mettre leurs corps et toute leur gestuelle verbale sous le boisseau pour pouvoir retrouver, en solitaires, le corps nu de la Parole de Dieu. Et il est vrai que les protestants ne sont pas gens de fête et de danse. L'impression des signes nuit à l'expression des cœurs, Rousseau, citoyen de Genève, vivra déchiré entre la loi et la fête. Après la frénésie vitale du très bas Moyen Âge, le XVIe siècle évangélique est pour le moins maussade. Mais cette domestication, cette autopunition parpaillote, assure une souveraineté de conscience, un «for intérieur» qui garantit plus de laïcité et même, par la suite, plus de droits démocratiques. Puisque aux yeux de Dieu un laïc qui lit correctement vaut mieux qu'un pape qui saute des lignes.

Certains protestants éminents se demandent : « Le protestantisme doit-il mourir ? » (Jean Bauberot). Car il est menacé, non de mort individuelle, bien sûr, mais institutionnelle. Les protestants sont florissants dans notre société, assimilés, intégrés — mais le protestantisme en tant que collectif semble bien retombé dans l'anonymat, désidentifié, dissous dans l'œcuménisme catholique. C'est que sa «différence», malgré les efforts méritoires de Billy Graham et les prêcheurs d'outre-Atlantique, lui fait un fort handicap publicitaire. Le protestantisme est comparable à une bibliothèque et le catholicisme à un cinéma. Nous assistons en même temps à une baisse de fréquentation des salles et des églises, mais d'abord, en France surtout, à une « désertification » de la lecture, publique et privée. On se doute qu'un deuxième Désert ne peut faire peur aux Réformés.

La graphosphère a « branché » la Réforme ; la vidéosphère rebranche l'*unam, sanctam et apostolicam*. La visibilité sociale des réformés diminue parce que le catholicisme donne plus à voir et à entendre, et le protestantisme plus à lire. Les cultures de la radio et de l'image ont fait perdre à ce dernier, du moins en France, beaucoup de sa capacité relationnelle. Les « télévangélistes » américains auront beau faire, le petit écran n'a pas d'affinité pour le *sola scriptura* et la justification par la foi. L'intériorité morale aussi a ses exigences écologiques.

C'est avec plaisir que nous retrouvons le langage médiéval des images et les vieux arts de la parole, les vertus du rire, de l'absurde, de la digression, cette culture populaire comique et carnavalesque évoquée par Bakhtine à propos de Rabelais. Dans le nouvel espace public, les rhéteurs déplacent les scribes, tandis que reviennent au premier plan politique les succédanés doctrinaux du « modernisme réactionnaire » cultivé par nos traditionalistes de l'entre-deux-guerres. Dans nos loisirs, lasers, amplis et décibels libèrent à nouveau tout un univers émotionnel et tribal, lourd de *revivals* et d'envoûtements. Ils réveillent le goût des grandes messes collectives. Magies et sorcelleries, sons et lumières, la Vierge et les saints. Au plan religieux, les charismes autoritaires, fouettés par les ondes, reprennent une plénitude, une force d'attraction sensorielle insolite pour les fils de la Lettre, même au sein de l'Église. Hugo : « Après le pape, le papier. » Oui. Et *après le papier, le pape*. Ce n'est plus le même pape certes, mais ce n'est pas n'importe quel pape.

Au sein du monde catholique en effet — mais ce microcosme parle pour tous les autres et mieux que les autres —, les dominances se sont inversées. Le catholicisme, nous l'avons vu, est la médiation faite religion. Il le reste mais les nouveaux supports ont provoqué un *recyclage de la médiation sur la droite*. Car il y a deux lignes dans la médiation chrétienne en général, comme dans toutes les autres. Renouveau charismatique contre tradition herméneutique. Expérience vécue contre réflexion intellectuelle. Valeurs de spiritualité ou valeurs d'intellectualité. Le témoignage ou l'argumentation. Le « vivre ensemble son engagement, c'est physique, c'est une expérience fantastique de Dieu, une fête sauvage et relationnelle qui vous fait vivre le Christ en direct », comme on dit du côté des groupes de prière en pleine ascension aux lisières de l'Église, là où l'on peut se proclamer à bon droit « directement branché sur la sensibilité contemporaine ». Ou bien la conformité contrôlée des croyances et des pratiques mise en œuvre par l'Institution. Le « religieux flottant » préfère l'effusion mystique, l'Église permanente a besoin d'une dogmatique. La ligne Chair vante l'authenticité, la ligne Verbe invoque la vérité. La première bénéficie d'une inculturation spontanée aux valeurs électroniques de la modernité, la seconde souffre des rigueurs d'une acculturation d'apprentissage et de compétence. C'est la Parole vivante contre l'Écriture, le curé du Horsaint contre Jean Guitton, le charisme contre l'académisme. Le parler vrai contre le dire du vrai, l'âme contre la culture. Le best-seller explosif contre le petit tirage à vente ralentie. C'est, aurait dit Michelet, le montagnard contre le girondin, le souffle contre le scribe, l'esprit de foi contre l'esprit légiste. Or il se trouve, paradoxe, que la ligne Chair, populiste, est plutôt autoritaire et la ligne Verbe, élitiste, plutôt libérale. Avec l'image-son, les Walesa ont de bonnes chances de gagner partout.

Aujourd'hui, la préséance n'est pas à la preuve mais au témoignage. Pas au discours, au locuteur. Pas à l'argument, à la «présence». Branchez-vous, tournez le bouton. On ne *démontre* rien à la télé mais on y *témoigne* de tout. Faites pareil.

Ainsi le veut le médium dominant. Ce n'est pas perversion de sa part mais obligation. D'où ce renversement : la Chair désormais commande au Verbe. L'énonciation à l'énoncé. Le ton au fond. Dans l'information de masse, l'émotion chasse l'exactitude. Triomphe de la ligne Chair.

N'allez pas croire, croyants, que le règne de l'affectif et le culte de l'effet sont tombés du ciel. Ils sont dans votre tube cathodique.

N'allez pas croire, Européens, que la revanche de l'Europe catholique et tridentine sur l'Europe des Lumières (tchèque, prussienne, française, etc.), à laquelle nous assistons sous le pieux couvert de la construction communautaire, n'est due qu'au génie politique du pape et à la myopie des braves commissaires de Bruxelles. La deuxième féodalisation de notre continent, livré aux seigneurs de l'argent et aux démembrements communautaires, sera considérablement accélérée par l'obsolescence du Livre et l'arrivée des «télés transfrontières». L'électron sert le coup de cœur autant que le coup de Bourse.

LA VOIX DE LA VIE

« Au fond, tout cela vraiment importe assez peu. Assez peu, tant que subsistera ce qui est l'essentiel : l'écriture à la base. Assez peu, tant que dans le grand conflit qui oppose la forme orale et la forme scripturaire des communications entre êtres humains, la première, depuis des siècles refoulée et surclassée progressivement par la seconde, ne se redressera point et, de ce chef, ne viendra pas menacer ce qu'on peut, sans exagération, nommer le progrès de notre civilisation. Progrès lié à celui, ne disons pas de l'écriture (le mot désigne avant tout, pour nous Français, une technique) — mais de l'*écrit* s'opposant à l'*oral*. »

Voilà ce qu'écrivait Lucien Febvre, dans son avant-propos à *La Civilisation écrite* (1939).

Un demi-siècle après cette mise en garde, où en est «le grand conflit»? Faut-il refaire nos comptes? Les craintes de l'historien étaient-elles fondées?

On sera aussitôt tenté de répondre non. La trace écrite, à première vue, se porte mieux que jamais. L'écriture électronique est venue la relayer. Febvre pensait radio; nous pensons minitel. Chaque époque son gadget, ou son leurre. Le changement de support, par exemple le passage du papier à l'écran (celui des consoles de visualisation de nos terminaux domestiques), n'équivaut pas à une disparition du trait. D'inscriptions, il y aurait plutôt trop-plein que pénurie. En plus d'un stock toujours croissant de textes, nous disposons maintenant, la numérisation aidant, des hypertextes (mosaïques dynamiques de signes mobiles); sans compter les intertextes et paratextes inventés par la critique littéraire. Dans les bibliothèques de demain, la lecture assistée par ordinateur va démultiplier, pour les chercheurs, les usages et les richesses de l'écriture. Quant aux outils de la vie quotidienne, des systèmes optiques comme le courrier électronique, le vidéotex et la vidéomatique, l'ordinateur personnel, le télécopieur, complément et antidote du téléphone, paraissent remettre l'écrit à l'honneur. Au poste de pilotage de notre civilisation. L'époque, apparemment, n'est pas à la rhétorique mais au calcul.

Ces observations que Lucien Febvre auraient jugées rassurantes ne peuvent voiler un très réel renversement d'hégémonie. On est fondé à estimer que l'écrit, aujourd'hui, opère sous dominance orale. Socialement, la culture de la télévision englobe celle de l'ordinateur (et non l'inverse).

L'antithèse écrit/oral peut par ailleurs nous paraître sommaire. D'abord, elle suggère un jeu à somme nulle entre les deux termes, comme si toute avancée de l'écriture faisait reculer l'oralité — et nos sociétés papivores et graphomanes montrent précisément qu'il n'en est rien. Ensuite, il n'y a pas exactement symétrie et vis-à-vis : l'écriture est autre chose qu'un simple enregistrement de la voix humaine, et l'expression orale autre chose qu'une séquence de sons qui ne laissent pas de traces. Ce sont deux mondes autonomes, qui ont chacun leur unité et leurs exigences propres. Enfin et surtout, il y a plusieurs sortes d'oralité. Celle des peuples sans écriture : l'oralité *primordiale*. L'oral océanique, sans rivages ni îlots. L'oralité-monde, d'avant l'histoire. C'est pour nous abstraction pure, fantasme théorique ou curiosité d'ethnologue. Il y a ensuite l'oralité d'après l'écriture, celle du « monde antique », qu'on dira *fondamentale*. Il y a l'oralité propre à une civilisation de l'écriture, celle du «moyen âge», celle qui se survit ici ou là, notamment dans le monde coranique, aujourd'hui même. Oralité secondaire ou «mixte», comme l'appelle Paul Zumthor, dont *La Lettre et la voix* permet de cerner, à propos ou à partir de la littérature médiévale, le paradoxe d'une époque où la théologie, qui a pour socle un Livre, est la reine des sciences et où l'écrit est néanmoins en position subalterne. Chansons de geste, poésie lyrique, ou mystère, l'œuvre littéraire médiévale n'existe qu'en performance. L'auteur d'un texte s'en fait l'interprète, la lecture à voix haute est un spectacle, on mémorise à l'oreille. Quant aux messages religieux, ils sont encore plus chantés que dits, murmurés que lus, et la transmission interpersonnelle des textes fondateurs (litanie, sermons, chœurs, prédications, etc.) s'effectue à la chaleur d'émotions collectives. C'est le chaud et froid des grands secrets divulgués, celui des oulémas ou des séculiers, interprètes autorisés et exclusifs des textes saints, propre à une religion du livre rare diffusée à destination de foules largement analphabètes. L'oralité qui fait retour dans le monde développé, portée par la nouvelle médiasphère, qu'on peut dire *tertiaire* ou dérivée, présente évidemment d'autres caractéristiques. Elle n'est plus soudée à une symbolique de groupe fermée, comme dans les célébrations collectives de l'office, les mémorisations de l'école ou la lecture pieuse en famille. De communautaire, elle est devenue individuelle. La radio et la télévision ont privatisé la réception passive des messages sociaux, jadis publique; personnalisé l'inertie, domicilié l'extase. De réglementaire, enchaînée à des codes d'autorité préétablis, l'oralité est devenue plus sauvage, inventive, imprévisible: non plus signe de sujétion mais de libération. À preuve la disparition de la rhétorique comme apprentissage d'un art de la parole doté de règles générales et transmissibles. Nos voix ont conquis leur autonomie, ou quelques degrés de liberté dans la tribu. Elles valent pour signatures.

Mais sa nature intime n'a pas changé. La voix est corps, souffle, vie, couleur. Existence immédiate. Par le timbre, l'intonation, la hauteur, la voix *indique* et ne *symbolise* pas. L'écriture détache et distancie. Le locuteur est en retrait de son message écrit, et absent de son écrit imprimé. L'opérateur de l'objectivité rationnelle est en soi objectivité neutre. La voix en revanche attache, fait participer. Impose tout un contexte, plie le sens aux circonstances, la parole à l'élocution. Elle existentialise l'intelligible. Nous avons retrouvé notre corps. Nous vivons le grand retour du corps dans la culture, le corps recentre sur lui notre culture ; parce que nous avons régressé du symbole à l'indice, comme nous l'explique si bien Daniel Bougnoux, en articulant Peirce sur Freud. Le monde ne se re-présente plus, il redevient présence sensible, immédiate : image, et non plus signe. C'est l'effet de réalité propre à l'image télévisuelle, plus fort qu'au cinéma. En s'archaïsant, en se désymbolisant, le monde s'est réchauffé. Maternisé. Sensibilisé. Féminisé. Nous avons retrouvé le féminin. Et l'enfance. Et le fœtal. Le pouls des choses, les vocalises de bébé, les bruits de la mère, les vibrations, la respiration, les émissions. Les bonnes ou les mauvaises ondes comme disent nos sœurs, pour signaler l'empathie avec tel ou tel, ou son défaut. La longueur d'ondes. Le contact. Le «feeling». Moins on lit, plus on se lie. Moins on cultive la déliaison symbolique, plus on a besoin de liens sensoriels et pragmatiques. Le déclin de la lecture rehausse les valeurs du moitoi, la dévaluation du texte resserre la texture des socialités environnantes. La désacralisation de l'écrit resacralise les valeurs de contact et de présence, les données affectives se transforment en catégories politiques. Aujourd'hui, on s'engage moins mais on participe plus. On n'argumente pas, on syntonise. On se met « au diapason », « à l'écoute de » (les politiques de la société civile, les vieux des jeunes, etc.). Nous voulons que tout soit proche, vécu, senti, sympa, authentique, « parler vrai », bref, « nature ». La liberté se pense désormais moins en termes d'autonomie que de spontanéité — déroute de la Raison pratique, Kant a succombé sous les coups de cœur de la nouvelle morale audiovisuelle. Ce n'est pas forcément un mal, ni un bien. On pourrait parler d'une revanche du cœur sur la raison, du sentiment sur la réflexion, de la sensation sur la signification, de l'autorité (personnelle) sur la vérité (objective), etc., mais il conviendrait plutôt de dire : l'accès aux deuxièmes termes s'effectue par le biais et sous les conditions des premiers. Le *visus* s'est derechef subordonné à l'*auditus*, dirait Leonardo. La recherche du vrai objectif à l'autorité du locuteur, car l'ouïe est un organe autoritaire. Il est plus facile de fermer les yeux que de se boucher les oreilles et les Big Brothers travaillent les masses aux haut-parleurs. L'œil a la faculté de discriminer, comparer, reconstruire. L'écoute flotte, berce ou excite — sans recul, et surtout sans revenir en arrière. Notre œil a-t-il été rééduqué, ou plutôt déséduqué, par nos habitudes sonores ? Le fax nous habitue, délicieusement, à une sorte d'écriture parlée et un téléspectateur regarde son poste comme on écoute un fond musical, vaguement, ou comme on regarde les tableaux d'une exposition un jour de vernissage, *en passant*. Sans s'attarder. L'œil contemporain survole, butine, glane. Comblé, blasé, il n'a plus le temps d'observer ; comme si tous nos sens s'étaient mis à naviguer à vue sur les surfaces du monde. Flottaison générale des cours et des corps, donc des esprits. Parmi les nombreux motifs que nous avons de nous réjouir de l'esprit de tolérance qui imprègne nos sociétés désabusées, et particulièrement les jeunes générations, n'oublions pas l'hommage à l'*auditus*, ni que la tolérance morale ou religieuse a son envers intellectuel. En une heure, on entend en moyenne neuf mille mots, quand on peut en lire trente mille, voire cent mille en lecture rapide. Nous tolérons de mieux en mieux l'à-peu-près, le décousu, l'incohérent, qui «passent» fort bien à l'oral mais non sur le papier. L'écoute ne peut pas rebrousser une chaîne d'énoncés oraux — ce qui aide à gommer la redondance d'abord, mais aussi la contradiction logique, ou le caractère invertébré du discours. Zigzags et palinodies ont un accueil différent selon les médiasphères ambiantes. Un livre, n'importe qui n'importe quand peut le confronter à lui-même — parce que l'espace pardonne moins l'erreur que le temps, que je peux le feuilleter vers l'arrière, autant de fois que je le veux. Je n'ai pas besoin d'une machine pour le «lire» et le remettre en mémoire.

LE GRAND RETOUR DE L'IMMÉDIAT

Notre culture vécue (qui n'est pas la culture des gens cultivés) paraît bien avoir exaucé le vœu d'Alphonse Allais. Oui, on peut construire les villes à la campagne parce que l'air y est plus pur. Oui, on peut reconstruire l'Afrique à New York, l'oral au sommet de l'écrit, c'est-à-dire *la plus forte immédiateté à la pointe des perfectionnements médiatiques*. Formidable effet opéra. La dématérialisation des supports, l'intellectualisation des outils, la formalisation des langues naturelles dans le langage informatique du calcul binaire, tout ce dégraissage de la communication contemporaine produit le choc en retour de l'archaïque. Dont l'oralité n'est qu'une manifestation parmi d'autres. Regardez la poésie moderne. Elle a coupé les ponts avec la diction et les rythmes, elle est devenue typographie pure, cérébralité, théorie ? « Illisible » parce qu'indicible ? Mais moins on lit les poètes, plus on écoute les chanteurs. Les géomètres ou mathématiciens du mot, façon Oulipo ou Lettrisme, à trop négliger la musique, à trop charger la barque sémantique et graphique, rétrocèdent la poésie à la chanson. Le walkman solitaire appelle le grand rassemblement rock. Le langage émotionnel des corps, celui de la création chorégraphique, n'a jamais été aussi présent dans la Cité des arts qu'aujourd'hui. L'abstraction des mnémotechniques contemporaines pousse à l'avant-scène ces « informations qui ne se transmettent que d'Homme à Homme », et la danse, ce contre-transfert, réarticule la mémoire sur le corps. Karine Saporta : « Les danseurs ne font pas l'art. Ils sont l'art. Ils sont dans l'œuvre absolument confondus avec l'œuvre. Ils en sont la chair. Ils sont la chair de leur art. » « Serions-nous incompatibles, ajoute la pénétrante chorégraphe, avec les multiples transferts de la mémoire sur des supports non humains si efficaces aujourd'hui dans quelques autres domaines ? Notre rapport à la mémoire est "archaïque" au sens noble du terme. C'est-à-dire relié à l'ancien. Lié aux souterrains, aux soubassements, aux sous-sols de l'édifice de chair et de civilisation, de nature et d'artifice, qui continue de constituer l'organisme humain[1]. » La ligne Chair triomphe sur scène comme à l'église, en petit et en grand, fêtes de la musique à Paris et nuits de prières à Taizé. À la cour comme à la ville, où les galeries de peinture s'honorent de ne plus accrocher de tableaux, re-présentations tristes, mais d'exécuter des « performances », des « happenings » ; où les metteurs en scène au théâtre font avaler le corps du texte par le corps de l'acteur. Boucle bouclée. La « communication » qui est née de la brisure des communions médiévales (Oresme) culmine sur son point de départ, au degré zéro de l'échange, dans la joie muette, inspirée, des ferveurs communautaires. Au comble de l'effusion, l'aphasie.

Curieux retournement. L'épopée de la Raison se lisait hier comme le cheminement émancipateur du sensible à l'abstrait, de l'immédiat au construit, comme le lent dégagement des apparences vers les lois, car la raison des choses ne traîne pas parmi les choses, au milieu des bruits et des couleurs. Les lois des phénomènes visibles et audibles ne se voient pas à l'œil nu, ne s'entendent pas, la loi de la gravité ne se cueille pas comme une pomme. Et voilà que se libérer du corps se renverse en libération par le corps. Que le pulsionnel, l'indiciel ou le fusionnel ne sont plus ce à quoi il faut s'arracher mais ce à quoi il faut arriver. Le grand voyage était-il une Odyssée, un retour au lieu de naissance ? Connectez-vous au

---

1. Karine SAPORTA, *L'Art, le Rêve et la Mémoire*, Centre chorégraphique de Caen (1990).

réseau, disent à présent les chefs-pédagogues. C'est la défaite du maître républicain qui nous disait: « Séparez ; distinguez, détachez-vous. Faites abstraction. Prenez vos distances par rapport à votre culture, cette masse de préjugés qui vous collent à la peau. »

Le rejet du discursif a gagné les vétustes sanctuaires du discours, réduits à l'état d'organes de communication. Toutes les réformes contemporaines de l'école tendent à y subordonner l'écrit à l'oral, la distance au contact. Cela est libéral, nous dit-on, car toute écriture est d'État et la dictée un acte répressif. Cela est écologique, car l'écriture est artificielle et la voix naturelle. Cela est démocratique car les enfants défavorisés ou immigrés maîtriseront plus facilement un français parlé qu'un français écrit. Cela est idiot (antihistorique, antirationnel, antidémocratique, etc.) mais la substitution du « lieu de vie » au « lieu d'études » sonne juste dans le « contexte » sonore. C'est « moderne ». Comme la réforme de l'orthographe, qui veut phonétiser autant que possible le code écrit (l'allégement du support englobe aussi le lexique et la grammaire). Il y a une solidarité entre l'autonomie de l'institution scolaire dans la cité et l'autonomie du système graphique dans la langue. Qui récuse l'une récuse l'autre. La haine de la lettre est la forme autorisée de la haine de l'école, et les deux traduisent, sinon une haine de la Raison, du moins un instinctif refus de l'abstraction. Ne dites plus: « instruction publique », dites activités d'éveil, dialogue, échange. N'écrivez plus, jeunes gens, ne lisez plus des œuvres, ces monuments funéraires ; branchez-vous tout de suite, écoutez les informations, regardez vos écrans, éclatez-vous sans tarder. Moins vous laisserez de traces, plus vous serez libres.

La loi des trois états

Cette attitude est à la fois induite et validée par les dernières générations techniques et juvéniles de l'immédiateté. Elle emporte un rejet, un discrédit certain des corps intermédiaires. Le croyant veut un Dieu immédiat, sans cléricature interposée (« À quoi sert l'Église ? ») ; le citoyen veut une Cité à la fois transparente et effervescente, sans délégation régulière ni représentation (« Le Parlement est superflu »). Le salarié veut des « coordinations », révocables et éphémères, émanations de la base sans programmes ni organisation (« Des syndicats, pour quoi faire ? »). Le consommateur veut des supermarchés en libre-service, avec accès direct aux rayons de marchandises, sans l'entremise de préposés. Les ministres et les médias rêvent d'une école sans maîtres, supermarché des savoirs où chaque élève viendrait se servir directement, et où le visuel d'ordinateur remplacerait le cahier de textes. Le téléspectateur et l'auditeur veulent du direct, vrai ou simulé, comme s'ils tenaient le différé ou la retransmission avouée pour une émission de seconde main, de moindre qualité. Et nous sublimons l'anthropologie philosophique qui sublime la pensée sauvage, sanctifie le primitif, condamne l'écriture comme ruse asservissante (Lévi-Strauss). L'époque est dure aux intercesseurs. La remontée catholique aurait dû, en bonne logique, redonner goût aux intermédiaires. Elle a elle-même négocié son retour en se pliant aux lois de l'immédiat, incarné en l'espèce par les mouvements charismatiques, pour se remettre à jour. La puissance des médias s'indique dans nos sociétés autant par l'impatience aux délais que par une intolérance généralisée aux médiations (à quoi reviennent « la défaite de la pensée » et « le rejet de la politique »).

Alors, régression ou progrès ? Et pourquoi assimiler civilisation et écriture, comme le fait Lucien Febvre ? Il est vrai que le partage du barbare et du civilisé est une opération quelque peu barbare, qui en dit plus sur les limites mentales de l'opérateur que sur la ligne de démarcation par lui proposée. Il serait assez ridicule d'inscrire l'oral sous la colonne du Mal et l'écrit sous celle du Bien. L'interrogation de Lucien Febvre peut cependant, me semble-t-il, trouver sa pleine légitimité dans un domaine où le mot de barbarie fait sens, la pragmatique des discours, qui fixe peu ou prou les règles du jeu politique. C'est une polarité reconnue par les linguistes que dans l'énonciation orale l'émetteur tourne autour du récepteur, alors que dans l'écrit le récepteur tourne autour de l'émetteur. Cela fait bien deux champs de gravité, comme nous l'indique Bougnoux : dans l'un, l'auditoire satellise l'émetteur. Dans l'autre, le message solaire satellise son lectorat. C'est dire que l'oralité recèle, techniquement pour ainsi dire, une fatalité tribale et démagogique, une pente à la facilité et à la complaisance, une politisation du vrai et du juste dont nous pouvons avoir une illustration, plaisante ou dégoûtante, selon l'humeur, avec les émissions phares du petit écran comme *l'Heure de Vérité* ou *Meet the Press*. On y voit des hommes publics, super-sophistes, courir en temps réel après l'audience et les approbations, dûment comptabilisées par un score immédiatement livré par un arbitre. Soit la forme la plus nue de la barbarie communicative, quelque chose comme les jeux du cirque du Logos, où s'annulent d'un coup ces trois mille ans d'effort pour libérer le discours des attentes de l'auditoire qu'on appelle la civilisation, processus aléatoire et réversible, la preuve.

Il y a, là-dessous, un enjeu très lourd. « Culture de

connivence» ou recherche de connaissance? «Pensée *ad hominem*», à la carte, à la demande, ou adéquation de l'esprit et de la chose? Chaque société, bien sûr, combine les deux modalités du discours, le scientifique et le politique, et l'histoire nous a montré, fantasme pour fantasme, que le gouvernement des savants n'est pas moins cruel que celui des rhéteurs. Mais la logique de séduction impliquée par une prédominance de l'oralité à l'intérieur de l'espace public est au moins aussi meurtrière que la logique de conformité à un Code écrit, surplomb immuable et supposé savoir. La pulsion libricide s'avérera sans doute plus liberticide que l'ancien culte du Livre.

La ligne Chair aboutit à la Démocratie, mosaïque chaude et colorée de micromilieux communautaires bouillonnant au jour le jour. La ligne Verbe, à la République, entité historique délibérément désincarnée, amie des lois, des livres et de l'interprétation, antipathique à l'immédiat (et dont la seule évocation révulse nos responsables médiatiques). Si la République est apollinienne, et nos médias fondamentalement dionysiaques, on les comprend. Les responsables politiques d'une République ne s'estiment pas tenus à tout instant de s'identifier à leur public car ce sont des tempéraments «secondaires» plus portés aux délais de l'écriture et de la réflexion qu'à la prise de parole pour transmission immédiate. Les leaders d'une démocratie ressemblent un peu et par nécessité au Zelig de Woody Allen, cet hystérique compatissant qui devient tout ce qu'on veut, à la demande, au gré de l'interlocuteur. Zelig est un oral intégral, captif du face-à-face, écho sonore de la radio. Quand vous ne pratiquez plus la «différance» à la mode derridienne, vous vous condamnez à devoir faire la différence, du tac au tac, à tout prix.

L'HISTOIRE : ENTRÉE ET SORTIE

Les habitants de la graphosphère inclinaient à penser la nature sur fond d'histoire. Nous tendons à penser l'histoire sur fond de nature, en replongeant les catégories dialectiques (contradiction, projet, conflit, totalité, stratégie, etc.) dans un milieu anhistorique. Pourquoi cette inversion ? Il faut peut-être, je ne dirais pas expliquer l'un par l'autre, mais penser ensemble la désacralisation de l'écriture et la dépréciation de l'histoire, c'est-à-dire la consécration de la voix et la resacralisation de la nature. Le retour en grâce du panthéisme et des mythologies païennes du cosmos — la vénération renouvelée de Gaïa, notre mère universelle, par les nouveaux cultes de la Terre — et la remontée informatique de la culture d'écran, intuitive et sensorimotrice. Le grand Être n'est plus l'Humanité, mais la Planète, boule divinisée, *totum* fétichisé, sujet de plein droit («la grande Matrie» d'Edgar Morin). Quand le linéaire se dévalue, les valeurs historiques dégringolent. Quand l'iconique remonte, la nature et la grâce vont bien. Platon méprisait l'écriture et l'histoire. Le dieu Pan n'a pas dit son dernier mot, Athènes peut venir derrière Jérusalem. La vogue écologique frémit-elle comme une annonciation ? Autre cycle à reparcourir ?

Gardons-nous de prendre un simple changement de temporalité pour la fin des temps. Mais qui

La loi des trois états

contestera que ce que nous appelons «histoire» par habitude — à décompter depuis Gutenberg — a pris un sérieux coup de vieux ?

Dans le temps, le récit épique transmis de bouche à bouche a précédé l'histoire fondée sur des textes. Homère, Hérodote. Mais c'est le texte qui fonde l'histoire comme science ; le sens historique non plus n'est pas fils de l'image ni des fluidités orales. Ce sixième sens dépend d'une aptitude à l'écriture et à la conservation des documents. «Ce mystère terrible, écrit Michelet de l'histoire, ne peut se lire que feuille à feuille et lentement.» Il y a quelque chose d'invinciblement graphique dans la prise d'un homme sur son temps. Pas seulement parce que les grands hommes de l'histoire sont ordinairement des hommes d'écritures, fussent-ils capitaines et gens d'armes, encore que Napoléon et Alexandre se contentent de secrétaires, déléguant à d'autres le soin des traces pérennes. Mais parce qu'il y a un lien obscur entre la dynamique des volontés et la statique des stocks, agraires ou symboliques, greniers et bibliothèques, qui fait écho à la dialectique, elle, mieux élucidée, de l'engramme et du programme, de la tradition et du projet. Chacun sait qu'un individu, un groupe, une société sans souvenirs, ont du mal à se tailler un avenir qui leur soit propre. La naissance concomitante de l'agriculture et de l'écriture, de l'entaille et du labour, la communauté originaire de l'argile et de l'humus apparient le scribe et le paysan. Le soc et la plume. La *page* de nos livres vient du *pagus* latin, qui veut dire «champ cultivé», et l'écriture grecque dite «boustrophédon», qui va de droite à gauche et de gauche à droite, fait tourner le bœuf à la barrière. Ce sont là faits d'histoire et d'étymologie. L'agriculteur tire l'écrivain et l'histoire se fait en s'écrivant, se déploie comme horizon dès lors qu'elle se dépose en inscription. Mise en mémoire et souci de postérité vont en tandem. Enfouissement de traces à la verticale, dégagement de perspectives à l'horizontale. Il y a quelque chose de lourd, d'ardu, de lent, qui unit l'élaboration des traces, la mise en ordre des faits et la maturation du grain. Quelque chose de laborieux, de rugueux, d'incompatible avec la glisse des signes, la labilité des supports, l'évanescence des sols et des laboureurs. Avec le *soft* de nos réceptions et la facilité des voyages. L'instantanéité — images-sons et données circulant à la vitesse de la lumière — décourage la quête du sens, relâche la tension des attentes. C'est trivial : quand on peut être partout à la fois, on n'a plus envie d'aller nulle part.

Dans programme, il y a gramme, grammaire, graphie. Qu'il soit scolaire ou politique, on comprend le discrédit qui entoure la notion et le mot. Il n'est en somme de véritable histoire qu'écrite ; il n'est d'écriture qu'historique. Par l'évolution des graphies, d'abord. Je peux regarder et apprécier toutes les images, même si leur code de déchiffrement culturel m'échappe. Je ne peux pas lire toutes les écritures, fût-ce celles de l'alphabet latin (l'onciale, la gothique, la caroline, etc.). Par la singularité des langues, ensuite, qui me rattache à un groupe humain en particulier et à son passé. Apprendre une langue étrangère, c'est nécessairement apprendre l'histoire d'un peuple étranger. Apprendre l'écriture chinoise d'aujourd'hui, c'est s'incorporer trente siècles de civilisation, l'hébreu et le grec, un peu moins. L'image, elle, n'est pas soudée à une mémoire. Elle peut circuler « à plat » d'un bout de la terre à l'autre, cosmopolitisme inné qui fait du regardeur, immédiatement, un citoyen du monde à coordonnées temporelles faibles. Mais surtout et plus profondément, l'image physique comme présence pleine, affirmative et positive court-circuite le vieux travail du négatif par ceci qu'*elle ne peut jamais être elle-même une négation*. Un non-fumeur, comme un absent, et un projet, ça ne se montre pas. J'attends une amie, elle n'est pas venue, elle viendra peut-être, comme l'Apocalypse, la Justice ou la Révolution, ça n'a pas de traduction optique. Notre cinquième sens, celui de l'orientation historique, n'a pas d'équivalent sensible et sensoriel. Il dépend entièrement des techniques écrites de la symbolisation. Une civilisation de l'image au sens fort ferait un monde sans imagination où l'être a vaincu la néantisation, l'optique, la dialectique et le présent, le temps. Ce serait un monde sans histoire ni relief et dépourvu de symboles, un monde impossible car sans possibles, abstrait à force de concrétude, et tellement plein qu'il sonnerait creux. Mais de ce monde-là, nous nous rapprochons selon une courbe asymptotique. *La disparition du néant est devenue notre problème numéro un*.

Tout le paradoxe de l'Ordre Nouveau est contenu dans le *Ceci n'est pas une pipe* de Magritte.

Nous nommons en somme « histoire » une certaine pratique de l'*indirect*; un effet de différé et de décalage. Un retard à la transmission, tout simplement. L'histoire se faufile dans l'intervalle qui sépare l'événement de son enregistrement. Que restera-t-il de l'activité qui consiste à transformer le chaos en ligne, une broussaille de faits en un livre d'histoire peigné comme un champ, lorsque l'événement m'est *livré* à l'état brut, avec son décodage incorporé, via l'A.F.P. ou, mieux, en direct, par retransmission télévisée ? Lorsqu'il n'y a plus rien à écrire puisque tout est déjà enregistré ? Pourquoi mettre en mémoire si *l'oubli dorénavant marche au même pas que la mémoire* ? Si l'histoire se montre au fur et à mesure, effaçant ses traces à mesure qu'elle se dit ou se montre, qu'ai-je besoin d'y intervenir ? Le support analogique me donne le fruit et la graine en même temps : qu'ai-je besoin de labourer ? Nous économisons de la sueur et du sang. Mais en perdant notre capacité d'arriver en retard, nous n'aurions pas seulement dévalué les sortilèges littéraires de la répercussion comme Chateaubriand « enregistrant », deux mois après, la mort de Napoléon (le temps que la nouvelle arrive de Sainte-Hélène à Paris). Nous ressentirions moins le besoin de prendre de l'avance sur le moment collectif. Avec le recul et la prise de champ sont compromis le bond en avant mental, le « coup d'œil » stratégique de l'anticipateur. « Maintenant tout est maintenant » veut dire : le présent nous a capturés, et nous traite en otages. Je ne prends plus mon temps, je suis pris par lui. Je suis un homme criblé, saturé, engorgé, asphyxié par les détritus instantanés de la consommation d'infos, car même si l'A.F.P. garde par-devers elle ses déchets de chaque jour, soit les 14 000 dépêches quotidiennes qu'elle reçoit et ne redistribue pas, elle m'en « balance » encore huit cents par jour, assez pour me dégoûter et m'enlever l'idée d'aller faire le mariol le lendemain au Kamtchatka. Pour les poubelles ? Les bottes de poireau ? Les coups d'œil négligents du passant ? « L'événement, c'est le merveilleux des sociétés démocratiques » (Pierre Nora). Il remplace la chronique par le conte. *L'événementialisation du temps est une déshistorisation du temps.* Il n'y a plus de mise en situation et en perspective de mes circonstances lorsqu'il est devenu non seulement prestigieux mais matériellement possible de «vivre avec son temps», d'«être à jour», de «coller à l'événement». Car il est plus facile de résister à une mode, une morale, une pression sociale, qu'à une jouissance physique effective. Or le flux d'instants sans passé ni futur qui s'appelle l'actualité est pour notre psychisme source de plaisir, décharge, satisfaction hallucinatoire d'un désir latent d'ubiquité et de toute-puissance. L'aspirant-producteur d'histoire ou de sens doit alors choisir à son corps défendant entre la télétransmission-*live* et l'inscription à longue portée. Plus exactement, passé un certain seuil d'intensité, la transmission joue comme démission de l'énoncé. Quand la transmission tue le message et devient le message lui-même, quand le porteur de nouvelles est en lui-même la nouvelle, le souci d'efficacité conspire avec d'autres sentiments moins avouables pour remplacer le désir d'histoire par l'ambition de faire savoir, ou désir de contrôler les centres de tri et de mise en page. Puisque celui qui fait l'événement est celui qui le transmet, les protagonistes de l'histoire universelle deviennent les contrôleurs des réseaux mondiaux de diffusion. Les ringards aspirent au Panthéon mais les gens sérieux vont en régie. Napoléon aujourd'hui s'appelle Ted Turner.

Ambivalence de l'information : elle sert à la fois d'acolyte et d'ennemie à l'événement. Elle défait en faisant et fait en défaisant car les deux sont fléchés en sens contraire. L'information se dévalorise avec le temps, l'événement se valorise avec lui. Ce qui est durable, dans le monde de l'information, n'est pas valorisant : allez donc vendre à *TF1* le théorème de Pythagore ou les *Voyelles* de Rimbaud ! Au rebours, ce qui est momentané, dans le monde des mémoires, n'est pas valorisé. Un tuyau boursier, un scoop, une dépêche d'agence, engagent dès leur naissance une course contre la montre et la mort, et mon journal de ce matin ne vaudra plus un kopeck demain matin. L'actualité boursière peut servir d'étalon à l'auto-dévoration de l'actualité tout court, catoblépas toujours plus affamé de soi. Le journalisme, comme disait Gide, c'est tout ce qui intéressera demain moins qu'aujourd'hui, mais l'histoire des sciences, de l'art ou politique procèdent à rebours : de l'amorphe et de l'insignifiant prennent lentement forme et sens à travers une consignation et une justification de signes. Le fait qu'on s'intéresse plus à de Gaulle, à Van Gogh, au professeur Kastler, morts que vivants paraît absurde ou répréhensible aux hommes de l'immédiat : ils ont peine à comprendre que ce « retard à l'admiration » représente ce qui reste de la culture quand on en a tout oublié.

En bref, il y a deux façons d'échapper à l'histoire (au sens traditionnel du mot) : par l'Écriture sainte et les news. La Bonne nouvelle et les dernières nouvelles marquent les deux stades, initial et suprême, de l'*immédiateté*. À vrai dire, toute immédiateté est infaillible, donc dogmatique, qu'elle prenne la forme d'une Révélation religieuse ou d'une banque de données, et la tyrannie de l'ici et du maintenant (toute cette promotion de l'anecdotique, de l'instantané et du localisé) rejoint, par un autre tour de malice, l'immobilisation des hommes par un Dieu éternel. Quoi de plus répétitif qu'un journal télévisé sinon l'éternel présent du rite ? Je ne mets pas en question une dépêche d'agence, je ne réfère pas une émission à une longue durée. J'avale tout et sans recul. On apprend à penser mais on n'apprend pas à croire et à voir. Ici, le fait est son propre droit. Définissons *l'immédiatisme*, sans en faire un démon, comme le régime d'autorité propre aux sociétés sous contrôle médiatique. La «dictadouce» de l'information n'implique pas seulement le crépuscule des œuvres (une grande œuvre est incomprise au moment de son apparition), et la revanche des préjugés (ces évidences spontanées et non problématisées). Elle disqualifie dans le même geste l'idée de processus et le jugement de validité, le temps de l'histoire et le temps de la critique, tous deux sinueux et cumulatifs, qui supposent à la fois une accumulation d'archives fixes comme repères et témoins, et la successivité d'un écoulement dûment consigné. Vérifier une source, recouper un témoignage, remonter une chronologie, établir un fait, une date, un texte — toutes ces opérations qui étaient censées jadis faire gagner du temps —, il est clair désormais qu'elles en font perdre sans nécessité aux responsables toujours pressés de la circulation publique. Le kaléidoscope rejoint, rejoue le cercle. La négation relativiste de toute valeur, l'affirmation répétitive de la valeur absolue.

Il se pourrait en définitive que le grand dégel du temps humain apparaisse un jour comme un intermède entre deux immobilités, le temps-cristal des Écritures primordiales et le temps-fumée des communications immédiates. Entrés par le biais religieux dans le temps historique, nous serions en train d'en sortir par la porte à tambour de «l'actualité».

À chacun d'apprécier, selon qu'il estimera cette création récente, l'histoire, comme un cauchemar dont il est bon de se réveiller, ou bien comme une fenêtre ouverte indispensable à l'oxygénation de l'individu. Les deux se disent, et doivent sans doute se dire ensemble. Mais sachons que la mise à la roue, l'alternative la plus plausible quand on ne va plus à la ligne, n'ouvre pas une ère de justice. Un esclave enchaîné à son sillon a toujours plus d'espoir qu'un esclave attaché à une roue. Nos cercles sont en pointillés : on y sautille assez gaiement, à première vue. Le « ça tourne ! » est une marque de satisfaction, un indice de performance. Mais le retour d'un Éternel new-look, sans promesse de salut ni certitude de résurrection, sans vecteur ni finalité, disons la roue cosmique sans l'âme et les dieux correspondants, sera le temps des plus grands désespoirs. Retour donc à l'avant-Réforme, à la case médiévale. Fin des révolutions, début des révoltes, convulsions et jacqueries. Les secondes, à en croire les historiens, sont encore plus cruelles que les premières.

Michelet, encore : « Homme de livres, sache bien que l'homme sans livre et de faible culture a en récompense quelque chose qui en tient lieu : il est maître en douleurs. »

TROIS ÂGES EN MÊME TEMPS

Vous ne pouvez pas refuser à un adepte d'Auguste Comte, pour terminer canoniquement ce premier cycle universitaire, une petite joie des « trois états », de nature à ordonner « la marche de l'esprit humain ». C'est un plaisir intellectuel socialement coûteux, dont le caractère jugé subjectif ou fantaisiste ne risque pas d'accroître notre légitimité « scientifique » tout en contredisant, apparemment, notre intention de positivité. Pourtant, la meilleure façon d'abandonner toute recherche des causes propre à l'âge métaphysique n'est-elle pas de mettre en évidence la globalité et l'interaction des phénomènes correspondant à chaque étape ?

Expliquons des mots déjà utilisés. Prenant « l'esprit humain » au stade de l'écriture, j'ai donné à la longue période s'étendant jusqu'à l'imprimerie le nom de *logosphère*. Âge théologique, ostensiblement. L'écriture est de Dieu : hiéroglyphe, au sens fort. Dieu dicte, l'homme note et dicte à son tour. On lit avec les lèvres, et en groupe. Les grandes religions fixent par l'écrit une révélation orale. Une et non pas deux. La Bible dit tout sur tout. Le Coran aussi. D'où la sainteté du Langage (l'unicité sacralise), et la toute-puissance théologique de la Parole indiquée par la notion du *Logos* ou Verbe éternel. À la fois souffle et Raison, le Principe suprême est une Parole perdue et recueillie dans un corps fermé de textes référentiels, support d'une tradition orale aux mille facettes. L'esprit humain n'invente pas. Il transmet une vérité reçue.

La période de la typographie, je l'ai indiquée comme *graphosphère*. Subordination de l'image au texte, apparition de l'auteur (et de l'artiste) comme garant de vérité, abondance des références écrites, liberté d'invention. On lit avec les yeux. Âge métaphysique, si l'on veut.

L'âge de l'électron, qui fait descendre le livre de son piédestal symbolique, comme *vidéosphère* (malgré le rôle accru de l'*auditus*). Le visible en effet y fait autorité, en contraste avec l'omnipotence antérieurement reconnue aux grands Invisibles (Dieu, l'Histoire ou la Raison). Il devrait mais ne peut pas répondre, disons-le d'emblée, aux critères idéaux de l'âge positif (dont Comte attendait qu'il abolisse la fiction, la guerre et les désordres intérieurs, donnant le pouvoir spirituel aux savants et le pouvoir temporel aux industriels).

	ÉCRITURE (LOGOSPHÈRE)	IMPRIMERIE (GRAPHOSPHÈRE)	AUDIOVISUEL (VIDÉOSPHÈRE)
MILIEU STRATÉGIQUE (PROJECTION DE PUISSANCE)	LA TERRE	LA MER	L'ESPACE
IDÉAL DE GROUPE (ET DÉRIVE POLITIQUE)	L'UN (Cité, Empire, Royaume) absolutisme	TOUS (Nation, Peuple, État) nationalisme et totalitarisme	CHACUN (population, société, monde) Individualisme et anomie
FIGURE DU TEMPS (ET VECTEUR)	CERCLE (Éternel, répétition) Archéocentré	LIGNE (histoire, Progrès) Futurocentré	POINT (actualité, événement) Autocentré: culte du présent
ÂGE CANONIQUE	L'ANCIEN	L'ADULTE	LE JEUNE
PARADIGME D'ATTRACTION	MYTHOS (mystères, dogmes, épopées)	LOGOS (utopies, systèmes, programmes)	IMAGO (affects et fantasmes)
ORGANON SYMBOLIQUE	RELIGIONS (théologie)	SYSTÈMES (idéologies)	MODÈLES (iconologie)
CLASSE SPIRITUELLE (DÉTENTRICE DU SACRÉ SOCIAL)	ÉGLISE (prophètes et clercs) Sacro-saint: LE DOGME	INTELLIGENTSIA laïque (professeurs et docteurs) Sacro-saint: LA CONNAISSANCE	MÉDIAS (diffuseurs et producteurs) Sacro-saint: L'INFORMATION
RÉFÉRENCE LÉGITIME	LE DIVIN (il le faut, c'est sacré)	L'IDÉAL (il le faut, c'est vrai)	LE PERFORMANT (il le faut, ça marche)

MOTEUR D'OBÉDIENCE	LA FOI (fanatisme)	LA LOI (dogmatisme)	L'OPINION (relativisme)
MOYEN NORMAL D'INFLUENCE	LA PRÉDICATION	LA PUBLICATION	L'APPARITION
CONTRÔLE DES FLUX	ECCLÉSIASTIQUE, DIRECT (sur les émetteurs)	POLITIQUE, INDIRECT (sur les moyens d'émission)	ÉCONOMIQUE INDIRECT (sur les messages)
STATUT DE L'INDIVIDU	SUJET (à commander)	CITOYEN (à convaincre)	CONSOMMATEUR (à séduire)
MYTHE D'IDENTIFICATION	LE SAINT	LE HÉROS	LA STAR
DICTON D'AUTORITÉ PERSONNELLE	DIEU ME L'A DIT (vrai comme parole d'évangile)	JE L'AI LU DANS LE LIVRE (vrai comme un mot imprimé)	JE L'AI VU À LA TÉLÉ (vrai comme une image en direct)
RÉGIME D'AUTORITÉ SYMBOLIQUE	L'INVISIBLE (l'Origine) ou l'invérifiable	LE LISIBLE (le Fondement) ou le vrai logique	LE VISIBLE (l'Événement) ou le vraisemblable
UNITÉ DE DIRECTION SOCIALE	L'Un SYMBOLIQUE : le Roi (prince dynastique)	L'Un THÉORIQUE : le Chef (principe idéologique)	L'Un ARITHMÉTIQUE : le Leader (principe statistique, sondage, cote, audience)
CENTRE DE GRAVITÉ SUBJECTIF	L'ÂME (Anima)	LA CONSCIENCE (Animus)	LE CORPS (Sensorium)

Tableau à entrées multiples où les traits pertinents doivent en fait se lire en simultané, se donner tous ensemble à l'intuition. D'où l'intérêt du tableau noir.

La colonne de gauche liste des fonctions et des normes d'organisation invariantes, inhérentes à toute collectivité historique : c'est, si vous voulez, la «statique sociale» de Comte. Nous parlons, nous, de structure et de synchronie. Les colonnes de droite font varier les organes et les formes qui viennent y répondre successivement. C'est la dynamique sociale, ou les indices du progrès médiologique. On parle de nos jours de diachronie et de processus. La question de savoir si la dynamique est subordonnée à la statique, le progrès à l'ordre, ou l'inverse, relève d'un domaine spéculatif qui déborde les cadres de l'observation médiologique.

On n'entrera pas dans cette discussion en remarquant que :

1º Ceux par qui le monde existe comme monde unifié, les pivots de la syntaxe, sont les dépositaires du sacré de ce monde. Pour éclaté que soit un univers historique, il y a du nœud et du lien : les médias montent aujourd'hui la garde auprès de l'Un (ne serait-ce qu'en faisant communiquer Bucarest, New York, Jérusalem, sur un horizon commun, l'actualité, etc.). Mais c'est une unification sans universel, une mondialisation des codes locaux par l'image, sans la double articulation symbolique.

2º Ceux qui donnent le ton sont bien, à chaque époque, les travailleurs du fond, c'est-à-dire les opérateurs de la cohésion imaginaire.

3º Le fond des choses étant «le support des supports» ou la piété sociale, le fond ne fait jamais défaut mais ce n'est jamais le même. Les hommes restent pieux mais changent de credos. Les formes du crédible et les règles d'accréditation se modifient en fonction des supports de la transmission et du dépôt symboliques.

Il va de soi que ces états se succèdent dans l'histoire comme autant de prédominances ou de polarités fortes mais qu'un contemporain a tous les âges à la fois. Comte nous avait déjà prévenus que la loi des trois états ne s'applique pas aux actions et aux affections humaines. Il y a dans notre âme, simultanément, un Orient calligraphié, une Europe imprimée, une Amérique sur grand écran, et ces continents négocient en nous sans discontinuer leur place respective. Chacun d'entre nous, en un sens, est à la fois Dieu, Raison et Émotion ; saint, héros et star ; théocrate, idéocrate et vidéocrate. Notre volonté de puissance compose et jongle avec chacun de ces trois âges. Nous nous rêvons hors du temps, nous spéculons sur le siècle, et nous ne savons que faire de notre soirée.

Cependant, au nouvel étalonnage médiologique qui se dessine sous nos yeux, correspond bien un Ordre Nouveau, une configuration psychique, esthétique et sociale, assez singulière pour justifier un parcours propre, un cours plus serré à l'intérieur du grand cercle parcouru cette année.

Ce pourrait être l'objet d'un nouveau rendez-vous.
Et d'un deuxième tome.

Postface

Dix ans se sont écoulés depuis la publication de ce *Cours*, qui n'échappe pas aux défauts du genre. *Cours*, exposé oral fait devant des étudiants. Cela ne va pas sans digressions ni primesaut, défaut de bibliographie jointe et abus de formules cavalières, de celles qui font image et facilitent l'accès. Il y avait du programmatique dans l'exposé à grandes guides des principes, auquel on n'a apporté ici aucune retouche. Ils se sont monnayés depuis en analyses concrètes, dûment étayées. Une dizaine de *Cahiers de médiologie* (semestriel, Gallimard), œuvre collective, ont mis à l'épreuve, sur des objets précis (du théâtre à la bicyclette), la démarche ici engagée. Une collection éditoriale (*Le champ médiologique*, Odile Jacob) a ouvert le compas des recherches. Une décade à Cerisy-la-Salle a accéléré les échanges entre chercheurs et philosophes. Une *Introduction à la médiologie* (PUF, 2000) a resserré les boulons et affiné les jointures, d'une façon plus analytique et peut-être plus méthodique (au début est la synthèse hâtive, puis vient l'anatomie explicative). Bref, un carrefour a pris forme, plus qu'un champ. Car la médiologie, on l'a compris malgré son nom qui porte à un grossier malentendu (à cause duquel l'auteur se voit rituellement invité à dire son mot sur la communication, Internet, la télé et la grande presse) ne couvre pas un *domaine* particulier d'études et les médias ne sont pas sa cible favorite. C'est à la fois moins et plus : une *méthode* de connaissance, applicable à maints domaines d'enquête, consistant, pour le dire plaisamment, à aborder les « grandes questions » culturelles (voire politiques) par leurs petits côtés, ceux qu'on appelle dédaigneusement « techniques » ou « pratiques ». Remettre l'intendance en tête et à l'honneur, si l'on préfère.

Prouver le mouvement en marchant est le lot de cet effort de mieux en mieux partagé vers plus d'intelligibilité (la médiologie est un sport d'équipe). En marchant, comme de juste, à travers quelques quolibets et beaucoup de quiproquos, lesquels sont de rigueur à toutes les étapes de la pensée. Ce n'est pas vouloir se comparer à la sociologie, majestueuse centenaire, que de rappeler les dédains dont celle-ci fut l'objet dans sa petite enfance, il y a un siècle, de la part d'esprits très éminents. « Je me refuse à considérer comme scientifique ce qu'on pourra construire sur cette base et avec ces matériaux », écrivait Lucien Herr en 1894 dans la *Revue universitaire*. Et dans la *Revue de Métaphysique et de Morale* (mars 1896), Andler déclarait monstrueux qu'on fît « de la sociologie sans psychologie et sans histoire ». C'est une fausse science, concluait-il, « qui ne peut ni résoudre ni même poser » les problèmes dont elle s'occupe, et « le seul conseil de bonne méthode que l'on puisse donner à des travailleurs engagés dans une voie où tout est ténèbres, est de les décourager ». Et Daniel Halévy, au lendemain de la Première Guerre, de dresser ce constat : « la sociologie durkheimienne est restée une impasse où la jeunesse étudiante a été malencontreusement poussée ». Ladite jeunesse, résignée à son sort avec le temps, ne s'en est pas finalement trop mal trouvée. Il est trop tôt pour deviner ce que le siècle à venir fera de la médiologie. Contrairement à sa glorieuse aînée, et à ce qu'en disent ses détracteurs, sur la foi des échos de presse, celle-ci se garde bien de se poser en « science », et encore moins « nouvelle ». Elle ne postule pas au statut prestigieux mais combien précaire, vu de près, de « science sociale ». Elle se rattache aux humanités, dont elle se voudrait une sorte de discipline auxiliaire, et ne propose qu'une grille conceptuelle d'interprétation destinée à éclairer les interactions passées et présentes — interzone d'autant plus cruciale qu'obscure — entre la « technique » et la « culture » (entre guillemets, car le partage reçu des deux domaines est précisément ce qu'un médiologue remet en question). Elle s'efforce de faire valoir les impératifs de la transmission et du temps long face aux urgences de la communication et de la mise en réseau de l'espace, matérialisée et symbolisée aujourd'hui par Internet.

L'histoire culturelle n'a pas attendu les médiologues pour mettre à l'honneur les matérialités de la culture et les technologies de l'intelligence. Certes, mais l'historien professionnel — cette modestie fait sa vertu — discerne les singularités sans envisager les invariants de la transmission symbolique (qui est le synonyme concret de « culture »). C'est ce que cherche le médiologue, en faisant jouer systématiquement, audacieusement, les variations empiriques, par un *comparatisme* résolu, dans l'histoire et dans la géographie. Il perce ses diagonales à travers époques et situations, rubriques et contrées. N'est-ce pas ce que recommandait Rousseau, le fondateur de l'anthropologie ? « Quand on veut étudier les hommes, il faut regarder près de soi ; mais pour étudier l'homme, il faut apprendre à porter sa vue au loin ; il faut d'abord observer les différences pour découvrir les propriétés. » Ainsi fait le médiologue, l'auxiliaire volant de l'historien, pour tenter une anthropologie de la transmission : rassembler les observations les plus disparates pour dégager les permanences. Confronter les arabesques pour identifier la trame de la *continuité créatrice* propre à l'espèce humaine, mais dont il est de plus en plus clair qu'elle ne va nullement de soi, et qu'elle peut connaître suffisamment de troubles (comme on parle de troubles de la personnalité) pour engendrer par contrecoup de redoutables soubresauts, sous forme d'insurrections identitaires, communautaires ou religieuses.

Régis Debray, 15 octobre 2000.

INDEX DES PERSONNES
ET PERSONNAGES CITÉS

Abel, 339.
Abou Bakr, 148.
Abraham, 143, 340, 342.
Achille, 179.
Adam, 339.
Ader, Clément, 277.
Agulhon, Maurice, 231 n. 1.
Alain, Émile Chartier, dit, 128.
Alceste, 53.
Alexandre, 525.
Allais, Alphonse, 517.
Allemane, Jean, 366.
Allen, Alan Steward Konigsberg, dit Woody, 523.
Althusser, Louis, 55, 81, 261.
Ambroise de Milan, *saint*, 162.
Amenhotep, 186.
Anderson, Perry, 424 n. 1.
Andler, Charles, 384, 405, 540.
Antonello da Messina, 93.
Anzieu, Didier, 441.
Apollinaire, Wilhelm Apollinaris de Kostrowitzky, dit Guillaume, 168, 293.
Aragon, Louis, 247, 381, 384.

Aristote, 36.
Arius, 158, 159, 478.
Aron, Raymond, 63.
Astier, Emmanuel d', 384.
Atatürk, Kemal Mustafa, dit, 110.
Athéna, 37.
Attis, 185.
Auguste, 478.
Augustin, *saint*, 162, 163, 232, 342.
Axelrod, Pavel Borissovitch, 424.

Babeuf, Gracchus, 351, 363, 364, 365, 404.
Bachelard, Gaston, 29, 37, 63, 335.
Baechler, Jean, 422.
Bakhtine, Mikhaïl, 509.
Bakounine, Mikhaïl Aleksandrovitch, 367, 383.
Balzac, Honoré de, 44, 273.
Barère de Vieuzac, Bertrand, 364.
Barrès, Maurice, 381, 382.
Barret-Kriegel, Blandine, 242.
Barthes, Roland, 56, 63, 76.

Basile de Césarée, *saint*, 162.
Bauberot, Jean, 508.
Baudelaire, Charles, 293, 472.
Bazin, Hervé, 134.
Beauharnais, Eugène de, 454.
Bebel, August, 404.
Beckmann, Max, 17.
Belin, Jean-Paul, 464 n. 1.
Bell, Alexander Graham, 399.
Belloin, Gérard, 365, 366 n. 1, 377, 378.
Benda, Julien, 375, 381.
Benjamin, Walter, 45, 48, 102, 501, 503.
Berdiaev, Nikolaj Aleksandrovic, 135.
Bergson, Henri, 119, 153, 341.
Beria, Lavrenti Pavlovitch, 129.
Berman, Antoine, 43 n. 1.
Bernanos, Georges, 97.
Berque, Jacques, 213.
Berth, Édouard, 234.
Bertho, Catherine, 299, 326, 468.
Beyle, Henri, (voir Stendhal).
Bismarck, Otto, *prince von*, 77.
Blanc, Louis, 363.
Blanqui, Louis Auguste, 360, 364, 365, 385, 404.
Bloch, Maurice, 394.
Blum, Léon, 351, 359, 364, 365, 369, 381, 382, 384, 388, 405.
Boèce, 165, 280.
Boileau, Nicolas, 328.
Bollème, Geneviève, 466 n. 1.
Borges, Jorge Luis, 206.
Bossuet, Jacques Bénigne, 70, 71, 192, 260.
Bottéro, Jean, 143, 336.

Bouddha, 53, 167.
Bougnoux, Daniel, 11, 12, 29, 55, 56, 57, 194, 440, 515, 522.
Bourdieu, Pierre, 429 n. 1.
Boutmy, Eugène, 352 n. 1.
Braque, Georges, 168.
Brasillach, Robert, 247.
Bréhier, Émile, 173.
Bruno, Pierre, 358.
Buchez, Philippe, 382.
Buci-Glucksmann, Christine, 425 n. 1.
Budé, Guillaume, 278, 281.
Buonarroti, Philippe, 364, 365.
Burdeau, Georges, 422.

Cabanis, Georges, 320.
Cabet, Étienne, 383.
Caïn, 339.
Calvet, J., 460.
Calvin, Jean, 31, 129, 278, 495.
Campanella, Tommaso, 274, 465.
Camus, Albert, 386.
Candide, 477.
Canguilhem, Georges, 18.
Carneiro, Paulo, 33.
Carrel, Alexis, 190, 191.
Casanova, Giovani Giacomo, 328.
Castro, Fidel, 258, 261, 361, 495.
Catherine de Sienne, *sainte*, 153.
Caton, 362.
Ceaucescu, Nicolae, 455.
Cellard, Jacques, 352.
Celse, 174.
César, Jules, 53, 207, 478.
Changeux, Pierre, 90.

Index

Chappe, Claude et Ignace, 467.
Charcot, Jean Martin, 32.
Charlemagne, 202.
Charles V, 43, 343.
Charles IX, 455.
Charon, 294.
Chartier, Roger, 224, 226, 227 n. 1, 345.
Chartres, *duc de*, 225.
Chateaubriand, François René, *vicomte de*, 224, 362, 528.
Chaunu, Pierre, 83, 100, 275, 506.
Chénier, Marie-Joseph, 224, 463.
Chevalier, Jacques, 419 n. 1.
Chrysostome, voir Jean Chrysostome.
Churchill, *sir* Winston Leonard Spencer, 60.
Clastres, Pierre, 477.
Clémenceau, Georges, 363.
Clément de Rome, 212.
Cloots, Jean-Baptiste du Val de Grâce, *baron de*, dit Anacharsis, 239, 241.
Cochin, Augustin, 45, 218, 228, 229, 231, 232, 233 n. 1, 234, 235.
Cogniot, Georges, 375.
Colbert, Jean-Baptiste, 454.
Colomb, Christophe, 280, 362, 494.
Colomby, 454.
Comte, Auguste, 16, 17, 22, 27, 33, 34, 35, 37, 153, 190, 231, 232, 348, 421, 422 n. 1, 532, 533, 536, 537.
Condorcet, Jean Antoine Nicolas de Caritat, *marquis de*, 135, 240, 285, 355.
Constant, Benjamin, 294.

Constantin Ier, 159, 172, 202.
Corbin, Henry, 213.
Cortázar, Julio, 406.
Cyprien, *saint*, 162.
Cyrille, *saint*, 133, 160, 189.

Dagognet, François, 269.
Daniélou, Jean, *cardinal*, 157.
Darmon, Jean-Jacques, 466 n. 1.
Darwin, Charles, 405.
Debray, Régis, 248.
Decèze, Dominique, 482 n. 1
Deffand, Marie, *marquise du*, 243.
Derrida, Jacques, 44, 361 n. 1.
Descartes, René, 110, 112, 119, 281.
Descaves, Lucien, 473.
Desmoulins, Camille, 365.
Destut de Tracy, Antoine, 320.
Dickens, A.G., 278 n. 1.
Dickens, Arthur, 507.
Diderot, Denis, 44, 110, 373, 379.
Didot, *famille*, 366.
Diéguez, Manuel de, 156.
Diogène l'Aréopage, 150.
Dionysos, 185.
Dolet, Étienne, 432.
Dommanget, Maurice, 393.
Don Quichotte, 345.
Dostoïevski, Fedor Mikhaïlovitch, 371, 404.
Drieu La Rochelle, Pierre, 247.
Duby, Georges, 95.
Duhamel, Georges, 97, 293.
Duns Scot, John, 280.
Dupront, Alphonse, 223, 226.
Durkheim, Émile, 39, 90.
Duveau, Georges, 358 n. 1.

Edison, Thomas, 344.
Einstein, Albert, 54, 134.
Eisenstein, Elizabeth L., 99, 261, 278 n. 1.
Ellul, Jacques, 97.
Élie, 144, 183.
Éloi, *saint*, 205.
Éluard, Paul, 370.
Elzévir, *famille*, 307.
Engels, Friedrich, 383, 394, 398, 405, 406.
Énoch, 183.
Enthoven, Jean-Paul, 232.
Épictète, 135, 168.
Épicure, 478.
Érasme, 278, 281, 316.
Eschyle, 362.
Ésope, 285.
Estienne, *famille*, 316, 366.
Estival, Robert, 224.
Étienne, *saint*, 164, 211.
Ève, 189, 199.

Faizant, Jacques, 332.
Faust, 96.
Faye, Jean-Pierre, 77.
Febvre, Lucien, 63, 94, 273 n. 1, 280, 281, 302, 332, 347, 512, 513, 522.
Ferry, Jules, 498.
Feuerbach, Ludwig, 67, 136.
Flaubert, Gustave, 246, 472.
Fliess, Wilhelm, 38.
Flore, Joachim de, 478.
Fodera, 17.
Fontenelle, Bernard Le Bovier de, 242.
Foucault, Michel, 44, 63, 65, 66, 68, 438.
Fourier, Charles, 32, 351, 383.
Fourier, *baron* Joseph, 64.
François Ier, 454, 456, 469

Franklin, Benjamin, 356.
Frédéric II, 242.
Freud, Sigmund, 32, 37, 38, 69, 81, 82, 189, 192, 219, 253, 362, 515.
Froben, *famille*, 316.
Frollo, Claude, 503.
Fuentes, Carlos, 406.
Furet, François, 223 n. 1, 233, 373, 498 n. 1.
Fust, Johann, 275.

Gabriel, 146, 150, 151.
Gaïa, 524.
Galilée, 55, 134.
Gall, Franz Josef, 90.
Gandhi, Mohandas Karamchand, 495.
Garaudy, Roger, 190, 261.
García Márquez, Gabriel, 406.
Garçon, Maurice, 473 n. 1.
Gary, Romain, 120.
Gauchet, Marcel, 207 n. 1.
Gaulle, Charles de, 72, 100, 119, 120, 199, 247, 381, 495, 530.
Gauss, Carl Friedrich, 452
Gavroche, 224.
Gide, André, 101, 250, 530.
Gigot, 364.
Giotto di Bondone, 139.
Girard, René, 190.
Godard, Jean-Luc, 488.
Gödel, Kurt, 12.
Goebbels, Joseph Paul, 482.
Goncourt, Edmond et Jules Huot de, 246.
Goody, John Rankine, 99.
Goppelt, L., 209 n. 1.
Grabar, André, 174 n. 1.
Graham, Billy, 508.
Gramsci, Antonio, 231, 404, 405, 421, 424, 426, 427

Grave, Jean, 383.
Greco, Dhominikos Theotokopoulos, dit le, 197.
Grégoire, *abbé*, 391.
Grégoire, *saint*, 205.
Grégoire de Nazianze, *saint*, 162.
Grégoire le Grand, *saint*, 140.
Groddeck, Walter Georg, 38.
Grosjean, 125.
Grunsinski, Serge, 323.
Guderian, Heinz, 100.
Guénon, René, 97.
Guesde, Jules, 366, 375, 383, 393, 394, 404.
Guevara, Ernesto, dit Che, 245, 251, 258, 261, 361.
Guitton, Jean, 510.
Guizot, François, 364.
Gutenberg, Johannes Gensfleisch, dit, 83, 218, 236, 239, 273, 275, 279, 282, 290, 305, 344, 345, 346, 351, 355, 435, 460, 506, 525.

Haeckel, Ernst, 312, 316, 319.
Halévy, Daniel, 540.
Hammourabi, 325.
Havel, Vaclav, 244, 263.
Hector, 179.
Hegel, Georg Wilhelm Friedrich, 34, 314, 361 n. 1, 504.
Heidegger, Martin, 81, 96.
Héraclite, 130, 211.
Hergé, Georges Rémi, dit, 174.
Hermès, 143, 149, 239, 300.
Hermès Trismégiste, 32, 43, 50.
Hérodote d'Halicarnasse, 163, 525

Herr, Lucien, 283, 369, 384, 388, 405, 540.
Hertz, Heinrich, 347, 399.
Herzen, Alexandr Ivanovitch, 371.
Hilaire de Poitiers, *saint*, 162.
Hitchcock, Alfred, 192.
Hitler, Adolf, 100, 485, 495, 496.
Hobbes, Thomas, 60, 419.
Hobsbawm, Éric, 367.
Hodja, Enver, 495.
Holbach, Paul Henri Dietrich, *baron d'*, 230.
Homère, 163, 179, 525.
Hugo, Victor, 112, 362, 363, 369, 396, 406, 503, 504, 505, 509.
Hus, Jan, 278.
Huysmans, Camille, 383.

Iglesias, Pablo, 366.
Ignace de Loyola, *saint*, 209, 495.
Irénée, *saint*, 138, 162.

Jacob, 342.
Jacques, *saint*, 211.
Jamblique, 173.
Janus bifrons, 12, 431.
Jaurès, Jean, 359, 364, 365, 369, 375, 381, 382, 383, 384, 420, 424.
Jean, *saint*, 84, 125, 128, 134, 136, 137, 138, 180, 213.
Jean Chrysostome, *saint*, 181.
Jean-Paul Ier, 150.
Jean-Paul II, 151, 153, 167, 202.
Jérôme, *saint*, 84.
Jésus-Christ, 32, 33, 35, 38, 53, 125-168, 172, 173, 175-178, 180, 183-185, 187,

188, 192, 197-203, 206-211, 213, 268, 339, 340, 434, 444, 485, 510.
Job, 280.
Johannot, Yvonne, 181, 504, 505 n. 1.
Johnson, Samuel, 403.
Joly de Fleury, 464.
Julien, dit l'Apostat, 178.
Jung, Carl Gustav, 32, 38.

Kadhafi, *colonel* Mu'ammar al-, 495.
Kanapa, Jean, 375.
Kant, Emmanuel, 44, 240, 384, 516.
Kastler, Alfred, 530.
Kennedy, John Fitzgerald, 345.
Khomeyni, Ruhollah, 261, 495.
Kim-Il-Sung, *maréchal*, 405, 453.
Koyré, Alexandre, 141.
Kuhn, Thomas, 308.
Kundera, Milan, 141, 380.
Kung, Hans, 165, 166.

La Boétie, Étienne de, 420, 428, 477 n. 1.
Labriola, Antonio, 405.
Lacan, Jacques, 72, 81, 190.
Lafargue, Laura, 394.
Lafargue, Paul, 393, 395, 405.
Laffite, Pierre, 33.
La Fontaine, Jean de, 61, 249.
Lagneau, Jules, 209.
Lamarck, Jean-Baptiste de Monet, *chevalier de*, 17.
Lamartine, Alphonse de, 223, 363.
Lamennais, Félicité Robert de, 280.
Laplace, Pierre Simon, *marquis de*, 22.
Lassalle, Ferdinand, 395, 404.
Latour, Bruno, 57.
Lavrov, 405.
Lechâtre, Maurice, 393.
Leclerc, Charles Victor Emmanuel, 237.
Le Goff, Jacques, 71, 89, 94.
Leibniz, Gottfried Wilhelm, 44, 281.
Lengsfeld, Peter, 81 n. 1.
Lénine, Vladimir Ilitch Oulianov, dit, 73, 134, 136, 215, 280, 355, 359, 367 n. 1, 371, 383, 399, 404, 424, 437, 495.
Leroi-Gourhan, André, 45, 74, 98, 104, 275, 276 n. 1, 306.
Leroux, Pierre, 357, 379.
Lévi-Strauss, Claude, 521.
Lévy-Bruhl, Lucien, 388.
Lévy-Leblond, Jean-Marc, 57.
Liebknecht, Wilhelm, 405.
Lombard, Pierre, 280, 503.
Loisy, Alfred, 197.
Loschack, Danièle, 419 n. 1
Louis XIV, 498.
Louis XVI, 225, 226.
Louis-Philippe, 366.
Loyola, voir Ignace de Loyola.
Lucrèce, 382.
Lumière, Auguste et Louis, 134, 344.
Lüsebrink, Hans Jürgen, 240 n. 1, 475 n. 1.
Luther, Martin, 31, 277, 278, 355, 367, 460, 462, 495, 504, 506, 507.
Luxemburg, Rosa, 405.
Lycurgue, 362.
Lyotard, Jean-François, 270.

Mabillon, Jean, 242.
Mably, Gabriel Bonnot de, 77, 235, 363.
Machiavel, 46, 420.
Mac Innes, Neil, 394.
McLuhan, Edme Patrice, 44, 128, 236, 269, 344, 409, 474.
Magellan, Fernand de, 327.
Magritte, René, 527.
Mahomet, 32, 137, 148, 167, 172, 173, 340, 459.
Maistre, Joseph de, 404.
Malebranche, Nicolas de, 260.
Malesherbes, Chrétien Guillaume de Lamoignon de, 463, 466.
Malherbe, François de, 249.
Malon, Benoit, 395.
Malraux, André, 45, 381, 506.
Mandrou, Robert, 506, 507 n. 1.
Mann, Thomas, 478.
Manuce, Aldo, 289.
Mao Tsé-Toung, 351, 364, 405, 495.
Marc, *saint*, 176.
Marchais, Georges, 385.
Marconi, Guglielmo, 203, 344.
Marcuse, Herbert, 96, 250.
Marie, *sainte*, 35, 147, 148, 150, 151, 213, 214, 509.
Marie-Madeleine, *sainte*, 148.
Marinoni, Hippolyte, 358.
Martin, H.-J., 273 n. 1, 280, 281.
Marx, Karl, 32, 33, 34, 35, 62, 67, 81, 82, 84, 90, 92, 107, 127, 129, 146, 189, 190, 199, 215, 351, 364, 367, 367 n. 1, 368 n. 1, 381, 383, 393-396, 397, 398, 399, 404, 405, 406, 407, 416.
Mauriac, François, 386.
Maurras, Charles, 381, 404.
Maxwell, James Clerk, 402.
Mayer, Daniel, 365.
Mesa, 366.
Michel, 151.
Michel, Louise, 375.
Michel-Ange, Michelangelo Buonarroti, dit, 138, 343.
Michelet, Jules, 237, 363, 386, 396, 510, 525, 532.
Mithra, 32.
Mitterrand, François, 365.
Moïse, 138, 182, 183, 220, 325, 340, 342.
Mollet, Guy, 375.
Monatte, Pierre, 366.
Monnoyer, J.-M., 501 n. 1.
Montaigne, Michel Eyquem de, 328.
Montesquieu, Charles-Louis de Secondat, *baron de*, 225.
Montgolfier, Joseph et Étienne, 362.
Morand, Paul, 328.
Morellet, André, 466.
Morin, Edgar, 65, 524.
Mornet, Daniel, 224, 225.
Münzer, Thomas, 495.
Mussolini, Benito, 495.

Nabuchodonosor, 249.
Nâmandu, 477.
Napoléon Ier, 46, 53, 428, 454, 525, 528, 529.
Napoléon III, Charles Louis Napoléon Bonaparte, 468.
Nasser, Kamal Abdel, 261, 495.
Nehru, Jawaharlal, 495.

Nietzsche, Friedrich, 243, 312, 316, 318, 319, 324, 362.
Nisard, Charles, 466 n. 1.
Nizan, Paul, 384.
Nora, Pierre, 446, 528.

Omar, 172.
Omeyyades, 172.
Ophüls, Marcel, 471.
Oresme, Nicole d', 43, 519.
Origène d'Alexandrie, 162, 178, 362, 478.
Orphée, 178.
Ory, Pascal, 374.
Osée, 341.
Osiris, 32, 185.
Ostwald, Wilhelm, 200.
Owen, Robert, 351.
Ozouf, Jacques, 498 n. 1.

Pan, 524.
Panckoucke, *famille*, 466.
Panizza, Oskar, 485.
Panofsky, Erwin, 504.
Paquet, Marcel, 485.
Parra, Violetta, 261.
Parain, Brice, 29.
Parménide, 81.
Pascal, Blaise, 249.
Patton, George, 100.
Paul, *saint*, 36, 38, 67, 72, 136, 145, 164, 176, 181, 189, 197, 202, 209, 210, 211, 212, 213, 214, 426.
Paulhan, Jean, 30.
Peï, *ou* Peï Ieoh Ming, 506.
Peignot, Jérôme, 357.
Peirce, Charles Sanders, 503, 515.
Pénélope, 506.
Perón, Juan Domingo, 261, 495.

Pétain, Philippe, *maréchal*, 120.
Peyrefitte, Alain, 121.
Pham Van Dong, 361.
Philippe III le Hardi, 478.
Philon d'Alexandrie, 130, 144.
Picasso, Pablo Ruiz, 53, 168.
Pie XI, 203.
Piero Della Francesca, 139.
Pierre, *saint*, 159, 166, 198, 201, 211.
Pinochet Ugarte, Augusto, 366.
Pisarev, 277.
Plantin, Christophe, 316, 366.
Plantu, Jean Planture, dit, 332.
Platon, 92, 145, 174, 362, 428, 430, 524.
Plekhanov, Gueorgui Valentinovitch, 424.
Pline, 329.
Plotin, 133, 145, 173.
Poe, Edgar Allan, 19, 249.
Pohier, Jacques-Marie, 165.
Pol Pot, Saloth Sar, dit, 372.
Popper, Karl Raimund, 428.
Porphyre, 173.
Prévert, Jacques, 20.
Prométhée, 96, 178, 416.
Protagoras, 107.
Proudhon, Pierre Joseph, 32, 356, 366, 394, 395, 398, 403, 404.
Proust, Marcel, 168.
Pucheu, René, 423 n. 1.
Pythagore, 135, 145, 529.

Rabelais, François, 401, 509.
Racine, Jean, 168.
Rancé, Armand Jean le Bouthillier de, 242.
Rancière, Jacques, 353.

Raphaël, 151.
Reclus, Élisée, 383.
Rembrandt, Rembrandt Harmenzoon van Rijn, dit, 53, 93.
Renan, Ernest, 165, 280.
Restif de la Bretonne, 238, 356.
Ricardo, David, 40.
Richelieu, Armand Jean du Plessis, *cardinal de*, 328, 454.
Rigaud, Jacques, 422.
Rimbaud, Arthur, 529.
Rivera, Diego, 261.
Rivero, Jean, 422, 428 n. 1, 475 n. 2.
Roberty, 394.
Robespierre, Maximilien de, 380.
Rocha, Glauber, 261.
Roche, Daniel, 224, 226, 231 n. 1.
Rockefeller, John Davison, 129.
Rodin, Auguste, 93, 112.
Roederer, Pierre Louis, 474.
Roosevelt, Franklin Delano, 100.
Rosmer, Pierre, 366.
Rosset, Clément, 443.
Rousseau, Jean-Jacques, 199, 224, 225, 226, 235, 239, 250, 363, 508, 541.
Roussel, Raymond, 75.
Rubens, Petrus Paulus, 197.
Ruffié, Jacques, 319.
Ruppel, Aloys, 274.
Rushdie, Salman, 456, 488.

Sainte-Beuve, Charles Augustin, 357, 394.
Saint-Étienne, Rabaut, 376.
Saint-Simon, Claude Henri de Rouvroy, *comte de*, 72, 84, 356, 366.
Salomon, 144.
Sancho, 344.
Sand, Aurore Dupin, *baronne* Dudevant, dite George, 357.
Saporta, Karine, 518, 519 n. 1.
Sartre, Jean-Paul, 107, 246, 250, 470.
Saül de Tarse, (voir Paul).
Saussure, Ferdinand de, 74, 75, 76.
Schaeffer, Pierre, 452.
Schillebeeck, Edward, 165.
Schöffer, Peter, 275.
Scorsese, 488.
Scot, voir Duns Scot.
Sennep, J. Pennes, dit, 332.
Serge, Victor, 404.
Serres, Michel, 44, 50, 57, 443.
Servan-Schreiber, Jean-Jacques, 98.
Servet, Michel, 497.
Sévigné, Marie de Rabutin-Chantal, *marquise de*, 328, 329.
Shakespeare, William, 281.
Siqueiros, David Alfaro, 261.
Sisyphe, 178.
Sixte Quint, 202.
Socrate, 481.
Soekarno, 261, 495.
Soljenitsyne, Aleksandr, 263, 404.
Sorel, Georges, 228 n. 1, 234, 351, 405.
Spartacus, 261, 416.
Spengler, Oswald, 216.
Spinoza, Baruch, 281.
Staline, Joseph, 405, 495.

Stendhal, Henri Beyle, dit, 238, 427.
Stiegler, Bernard, 45, 314.
Stone, Lawrence, 236.
Sudre, Alfred, 394.

Tacite, 209.
Taine, Hippolyte, 215, 224, 225, 229, 230, 231, 232, 324.
Tardieu, André, 381.
Tchernychevski, Nikolaï Gavrilovitch, 371.
Teilhard de Chardin, Pierre, 65.
Tertullien, 130, 162, 477.
Thalès de Millet, 163.
Thérèse d'Ávila, *sainte*, 153, 184.
Thiers, Adolphe, 246.
Thomas d'Aquin, *saint*, 280.
Thorez, Maurice, 376 n. 1, 381, 382.
Thot, 269.
Tibère, 478.
Timothée, 212.
Tocqueville, Charles Alexis Clérel de, 229.
Toffler, Alvin, 98.
Trotski, Lev Davidovitch Bronstein, dit Léon, 261, 317, 381, 383, 404, 405, 495.
Truman, Harry S., 60.
Turner, Ted, 529.

Urbain II, 221, 222.

Vaculik, L., 244.
Vadier, Marc Guillaume, 364.
Vaillant, Édouard, 364, 365, 375.
Valéry, Paul, 44, 58, 59, 317.
Vallès, Jules, 354, 369, 383, 406.
Vandervelde, Émile, 383, 394.
Van Gogh, Vincent, 530.
Vargas Llosa, Mario, 406.
Vaux, Clotilde de, 35.
Vélasquez, Diego Rodrigues de Silva y, 140.
Venturi, Franco, 385.
Vercors, 247.
Verdi, Giuseppe, 128.
Verne, Jules, 96, 280, 362.
Veyne, Paul, 27.
Vinci, Leonard de, 456, 498, 516.
Virilio, Paul, 104, 284, 299, 326.
Voltaire, François Marie Arouet, dit, 38, 70, 189, 224, 225, 239, 243, 250, 329, 470, 477, 504.

Walden, 507.
Walesa, Lech, 511.
Washington, George, 362.
Weber, Max, 63.
Welles, Orson, 279.
Wells, H. G., 279.
Wyclif, John, 507.

Yersin, Alexandre, 69.

Zapata, Emiliano, 261.
Zaraï, Rika, 190.
Zarathoustra, 135.
Zeus, 37, 155.
Zola, Émile, 293.
Zumthor, Paul, 514.

Avant-propos, 11.

I. *Le droit à l'indépendance*

Que signifie «médiologie»?, 17. — La définition par l'objet: une impasse?, 23. — La définition par la méthode: un carrefour, 29. — Une injustice éclairante: Auguste Comte, 33. — La médiologie, fille de son temps, 39. — L'intersection, théorie et pratique, 47.

II. *Le domaine médiologique*

Énoncés et messages, 53. — Connaître le croire, 59. — L'épistémologie, 64. — L'archéologie, 65. — L'histoire des mentalités, 69. — La sémiologie, 73. — La tradition fait l'Écriture, 78. — Un bon médiologue est un chien, 84.

III. *Cinq dragons entre la technique et nous*

Dualisme, 90. — Spiritualismes, 96. — Humanisme, 101. — Individualisme, 109. — Modernisme, 114.

IV. *Le mystère de l'Incarnation*

Le problème théorique, 125. — Les effets historiques, 134. — Révolution dans la Révélation, 142. — Les enjeux pratiques, 154. — Cruciale christologie, 164.

V. *L'expérimentation chrétienne*

La supériorité du faible : une stratégie médiatique, 173. — Les moyens de l'universalité, 179. — Publi-conseils, 189. — Transmettre, c'est organiser : utilité des interfaces, 195. — Une institution exemplaire, 201. — C'est l'Église qui fait le dieu, 206.

VI. *Est-il vrai que « les idées mènent le monde » ?*

Un reste de magie, 219. — « Les livres font-ils les révolutions ? », 222. — Un médiologue avant la lettre : Augustin Cochin, 231. — La République de Gutenberg, 236. — Un modeste témoignage, 243. — Les étages de croyance, 253.

VII. *La dynamique du support*

La commande par la matière, 267. — La révolution du papier, 272. — Évolution ou progrès ?, 275. — Les enjeux de la dématérialisation, 286. — Fragiles monuments, 295. — Démocratisation : l'envers et l'endroit, 299.

VIII. *La notion de médiasphère*

Exposé général, 313. — De Nietzsche à Haeckel, 316. — Les règles de la méthode écologique, 319. — Le système transmissions/transports, 326. — La nouvelle lutte pour le temps, 330. — Médiologie du monothéisme, 335. — L'encastrement des médiasphères, 343.

IX. *Vie et mort d'un écosystème : le socialisme*

Au pied de la lettre, 352. — L'hélice génétique, 357. — Le Petit Livre rouge, 366. — Alma mater, 373. — Notre sacro-saint quotidien, 382. — La loi quantité/qualité : plus et pire, 390. — La prison, l'exil et le téléphone, 400.

X. *Propositions pour une médiologie civique*

Onze thèses, 413. — À la charnière des Léviathan, 417. — Les réponses de la « science politique », 421. — Pour un identikit de la domination, 427. — Ordo, Lex, Medium, 442.

XI. *Logique de la censure*

La relation inverse, 451. — La course-poursuite, 459. — La censure : l'hommage du pouvoir à la puissance, 469. — Le besoin de contrôle, 476. — Il est interdit de ne pas interdire, 484.

XII. *La loi des trois états*

Cela tuera ceci, 493. — La Contre-Réforme cathodique, 503. — La voix de la vie, 512. — Le grand retour de l'immédiat, 517. — L'histoire : entrée et sortie, 524. — Trois âges en même temps, 532.

Postface, 539.
Index, 543.

DU MÊME AUTEUR

Œuvres littéraires

UN JEUNE HOMME À LA PAGE, *nouvelles*, *Le Seuil*, 1967

L'INDÉSIRABLE, *roman*, *Le seuil*, 1975

LES RENDEZ-VOUS MANQUÉS, *Le Seuil*, 1975

JOURNAL D'UN PETIT-BOURGEOIS ENTRE DEUX FEUX ET QUATRE MURS, *Le Seuil*, 1976

LA NEIGE BRÛLE, *roman*, *Grasset*, 1977 (prix Femina)

ÉLOGES, *Gallimard*, 1986

COMÈTE MA COMÈTE, *Gallimard*, 1986

LES MASQUES. Une éducation amoureuse, (LE TEMPS D'APPRENDRE À VIVRE I) *Gallimard*, 1988 (Folio n° 2348)

COLOMB, LE VISITEUR DE L'AUBE, *La Différence*, 1991

L'ŒIL NAÏF, *Le Seuil*, 1994

CONTRE VENISE, *Gallimard*, 1995 (Folio n° 3014)

LOUÉS SOIENT NOS SEIGNEURS, Une éducation politique (LE TEMPS D'APPRENDRE À VIVRE II), *Gallimard*, 1996 (Folio n° 3051)

PAR AMOUR DE L'ART. Une éducation intellectuelle, (LE TEMPS D'APPRENDRE À VIVRE III), *Gallimard*, 1998 (Folio n° 3352)

SHANGAI, DERNIÈRES NOUVELLES. La mort d'Albert Londres, *Arléa*, 1999

Œuvres philosophiques

LE SCRIBE, *Grasset*, 1980

CRITIQUE DE LA RAISON POLITIQUE OU L'INCONSCIENT RELIGIEUX, *Gallimard «Bibliothèque des Idées»*, 1981 (*Tel* n° 113)

LE POUVOIR INTELLECTUEL EN FRANCE, *Gallimard*, 1989 (Folio Essais n° 43)

COURS DE MÉDIOLOGIE GÉNÉRALE, *Gallimard, «Bibliothèque des Idées»*, 1991

CONTRETEMPS, Éloges des idéaux perdus, *Gallimard*, 1992 (Folio Actuel n° 31)

VIE ET MORT DE L'IMAGE, Une histoire du regard en Occident, *Gallimard «Bibliothèque des Idées»*, 1992 (Folio Essais n° 261)

L'ÉTAT SÉDUCTEUR, Les révolutions médiologiques du pouvoir, *Gallimard*, 1993 (Folio Essais n° 312)

MANIFESTES MÉDIOLOGIQUES, *Gallimard «Hors-série»*, 1994

TRANSMETTRE, *Odile Jacob*, 1997

LES ENJEUX ET LES MOYENS DE LA TRANSMISSION, *Pleins feux*, 1998

CROIRE, VOIR, FAIRE, Traverse. *Odile Jacob*, 1999

Œuvres politiques

RÉVOLUTION DANS LA RÉVOLUTION, *Maspéro*, 1967

LA CRITIQUE DES ARMES I et II, *Le Seuil*, 1974

LA GUÉRILLA DU CHE, *Le Seuil*, 1974

MODESTE CONTRIBUTION AUX DISCOURS ET CÉRÉMONIES DU DIXIÈME ANNIVERSAIRE, *Mapéro*, 1978

LA PUISSANCE ET LES RÊVES, *Gallimard*, 1984

LES EMPIRES CONTRE L'EUROPE, *Gallimard*, 1985

QUE VIVE LA RÉPUBLIQUE, *Odile Jacob*, 1989

TOUS AZIMUTS, *Odile Jacob*, 1989

À DEMAIN DE GAULLE, *Gallimard*, 1990 (Folio Actuel n° 48)

LA RÉPUBLIQUE EXPLIQUÉE À MA FILLE, *Le Seuil*, 1998

LE CODE ET LE GLAIVE. Après l'Europe, la nation ? *Albin Michel*, 1999

Composition Interligne.
Impression Bussière Camedan Imprimeries
à Saint-Amand (Cher), le 12 janvier 2001.
Dépôt légal : janvier 2001.
Numéro d'imprimeur : 010116/1.

ISBN 2-07-041651-8./Imprimé en France.

97799